中国教育统计年鉴

EDUCATIONAL STATISTICS YEARBOOK OF CHINA

2000

中华人民共和国
教育部发展规划司

DEPARTMENT OF DEVELOPMENT & PLANNING
MINISTRY OF EDUCATION
THE PEOPLE'S REPUBLIC OF CHINA

图书在版编目(CIP)数据

中国教育统计年鉴.2000/教育部发展规划司编.
北京:人民教育出版社,2001
ISBN 7-107-14887-7

Ⅰ.中…
Ⅱ.教…
Ⅲ.教育统计—统计资料—中国—2000—年鉴
Ⅳ.G526.6-54

中国版本图书馆 CIP 数据核字(2001)第 066801 号

人民教育出版社 出版发行
(北京沙滩后街 55 号 邮编:100009)
网址:http://www.pep.com.cn
山东新华印刷厂德州厂印装 全国新华书店经销
2001 年 11 月第 1 版 2001 年 11 月第 1 次印刷
开本:787 毫米×1 092 毫米 1/16 印张:26 字数:560 千字
定价:60.00 元

说　　明

《中国教育统计年鉴》(2000)是一本全面反映中华人民共和国教育事业发展情况的资料性年鉴，是由教育部发展规划司根据全国各省、自治区、直辖市教育委员会、高教局、教育厅(局)填报的学校基层报表数字整理汇编而成的。教育部教育管理信息中心承担了数据的计算机处理汇总工作。

本年鉴包括以下部分:综合部分、高等教育、中等教育、初等教育、幼儿教育、特殊教育、成人教育、全国各级各类学校的分布情况、办学条件、科学研究等。

本年鉴是各有关部门研究教育改革和发展的必备资料工具书,是教育界各机关、学校指导部门制定教育计划、指导教育改革必不可少的依据。

本年鉴所列资料，暂缺台湾省的数字;凡未注明年份的均为2000年的数字。

Notes from the Compiler

The Educational Statistics Yearbook of China for 2000 is an informational yearbook comprehensively reflecting the development of the educational undertaking of the People's Republic of China, and it was compiled by the Department of Development and Planning of Ministry of Education, based on the synthetic statistical returns relating to schools of various types and levels completed by the Educational Commissions (or the Bureaus of Education and Higher Education) of the provincial governments and the goverments of various autonomous regions and municipalities directly under the State Council. All data were processed and calculated using Computers by the Educational Management Information Center of Ministry of Education.

The yearbook is composed of the following parts: summary tables, higher education, secondary education, primary education, pre-primary education, special education, adult education, geographical distribution of schools by type and level, Physical Facilities, Scientific Research Activities.

The yearbook is a requisite reference for all departments concerned with the study of educational reform and development, and provides indispensable factual information to the educational community (circles), the state organs, and all supervisory bodies of education (schools) engaged in curricular development and the guidance of educational reform.

The yearbook lacks the data of Taiwan Province. Data in tables are for 2000, unless otherwise notified.

目　录

第一部分　教育事业发展

一、综合部分

二、普通教育

(一) 高等教育

三、成人教育

四、各级各类学校分布情况

第二部分　办学条件

一、教育经费

二、教育基本建设投资

三、仪器设备

第三部分　科学研究活动及其他

一、自然科学与技术

二、社会科学

附表:

CONTENTS

PART Ⅰ

THE DEVELOPMENT OF THE EDUCATIONAL UNDERTAKING

SUMMARY TABLES

REGULAR EDUCATION

HIGHER EDUCATION

VOCATIONAL SCHOOLS

PRIMARY EDUCATION (PRIMARY SCHOOLS)

SPECIAL EDUCATION

PRE－PRIMARY EDUCATION

ADULT EDUCATION

HIGHER EDUCATION

SECONDARY EDUCATION AND PRIMARY EDUCATION

GEOGRAPHICAL DISTRIBUTION OF SCHOOLS BY TYPE AND LEVEL

PART Ⅱ PHYSICAL FACILITIES

PUBLIC EXPENDITURE ON EDUCATION

CAPITAL CONSTRUCTION INVESTMENT IN THE EDUCATIONAL SECTOR

INSTRUMENT AND EQUIPMENT

PART Ⅲ SCIENTIFIC RESEARCH ACTIVITES & OTHER

NATURAL SCIENCE AND TECHNOLOGY

SOCIAL SCIENCE

APPENDIXES

第一部分

Part I

教育事业发展

The Development of the Educational Undertaking

一、综合部分

SUMMARY TABLES

全国各级各类学校基本情况

Basic Statistics of Regular and Adult Schools in China by Level & Type

单位:万人 **in 10 thousand**

	学校数(所) Schools	毕业生数 Graduates	招生数 Entrants	在校学生数 Enrolment	教职工数 Teachers, Staff & Workers 计 Total	其中:专任教师 Of which: Full-time Teachers
总　计 Total	1492814	15209.19	15841.58	32092.90	1592.80	1240.61
一、高等学校 Higher Educational Institutions	1813	188.90	389.60	939.86	129.98	55.62
二、中等学校 Reg. Secondary Schools	599464	12092.29	11515.36	15372.61	682.47	505.50
三、初等学校 Primary Schools	714162	2923.67	2400.22	13498.49	661.56	590.65
四、特殊教育学校 Special Education Schools	1539	4.34	5.29	37.76	4.37	3.20
五、幼儿园 Kindergartens	175836	0.00	1531.11	2244.18	114.43	85.65

全国各级普通学校基本情况

Basic Statistics of Regular Schools in China by Level & Type

单位:万人 **in 10 thousand**

	学校数(所) Schools	毕业生数 Graduates	招生数 Entrants	在校学生数 Enrolment	教职工数 Teachers, Staff & Workers 计 Total	其中:专任教师 Of which: Full-time Teachers
总　计 Total	825667	4825.00	6818.39	24383.92	1484.38	1193.49
一、研究生 Graduate Education	738	5.88	12.85	30.12		
1. 高等学校 Inst. of Higher Education	415	5.48	12.14	28.39		
2. 科研机构 Research Organizations	323	0.39	0.71	1.73		
二、普通高等学校本专科 Reg. Inst. of Higher Edu. Undergraduates	1041	94.98	220.61	556.09	111.28	46.28
本科院校 University	599	68.70	150.82	414.24	92.69	37.08
专科院校 Non-university Tertiary	442	17.85	48.69	100.87	17.50	8.66
分校、大专班及其他 Undergraduate Classes Branch Sohool and others		8.43	21.10	40.98	1.08	0.53
三、普通中等学校 Reg. Secondary Schools	93629	2300.63	3102.07	8502.51	608.82	472.34
1. 中等专业学校 Specialized Sec. Schools	3646	150.72	132.59	489.52	48.81	25.64
中等技术学校 Sec. Technical Schools	2963	119.58	111.57	412.54	39.80	20.38
中等师范学校 Teacher Training Schools	683	31.14	21.02	76.98	9.01	5.26
2. 技工学校 Skilled Worker Schools	3792	64.62	50.38	140.10	23.96	14.00
3. 普通中学 General Sec. Schools	77268	1908.60	2735.99	7368.91	491.10	400.55
高中 Senior	14564	301.51	472.69	1201.26		75.69
初中 Junior	62704	1607.09	2263.30	6167.65		324.86
4. 职业中学 Vocational Schools	8849	176.28	182.66	503.21	44.69	32.00
高中 Senior	7655	149.92	150.39	414.56		28.18
初中 Junior	1194	26.36	32.27	88.64		3.83
5. 工读学校 Correctional Work-study Schools	74	0.40	0.44	0.77	0.27	0.15
四、小学 Primary Schools	553622	2419.18	1946.47	13013.25	645.49	586.03
五、特殊教育学校 Special Education Schools	1539	4.34	5.29	37.76	4.37	3.20
六、幼儿园 Kindergartens	175836		1531.11	2244.18	114.43	85.65

注:普通高等学校本专科中的"分校、大专班及其他"学生数中含:分校、大专班学生、成人高校招收的普通学生和原电大普通专科班学生数。

全国各级成人学校基本情况

Basic Statistics of Adult Schools in China by Level & Type

单位：万人
in 10 thousand

	学校数(所) Schools	毕业生数 Graduates	招生数 Entrants	在校学生数 Enrolment	教职工数 Teachers,Staff & Workers 计 Total	其中:专任教师 of which: Full－time Teachers
总 计 Total	655423	10138.31	8789.20	7516.54	107.93	46.88
一、成人高等学校 Higher Educational Institutions for Adults	772	88.04	156.15	353.64	18.70	9.34
1、广播电视大学 Radio/TV Universities	45	9.90	15.91	34.70	5.68	2.83
2、职工高等学校 Workers'Colleges	466	9.86	14.18	33.24	7.38	3.81
3、农民高等学校 Peasants'Colleges	3	0.04	0.04	0.08	0.02	0.01
4、管理干部学院 Institutes for Administration	117	6.41	7.35	16.70	2.84	1.20
5、教育学院 Educational Colleges	138	6.25	13.19	25.78	2.71	1.44
6、独立函授学院 Independent Correspondence Colleges	3	0.44	0.59	1.27	0.08	0.05
7、普通高等学校举办：Run by Reg. Inst. of HEIs		55.16	104.88	241.87		
函授部 Divisions of Correspondence		31.00	60.00	141.28		
夜大学 Evening Schools		10.60	19.09	48.64		
成人脱产班 Short－cycle Courses for Adults		13.55	25.79	51.96		
二、成人中等学校 Sec. Education for Adults	494111	9545.77	8179.30	6677.66	73.16	32.93
1、成人中等专业学校 Specialized Sec. Schools for Adults	4634	111.40	74.94	240.28	20.85	11.84
广播电视中等专业学校 Radio/TV Specialized Sec. Schools	148	20.30	13.43	48.30	1.88	0.95
职工中等专业学校 Specialized Sec. Schools for Staff & Workers	1807	29.67	19.27	65.09	7.83	4.26
干部中等专业学校 Specialized Sec. Schools for Cadres	213	3.84	1.99	7.10	1.10	0.56
农民中等专业学校 Specialized Sec. Schools for Peasants	381	6.99	5.87	16.48	1.81	1.17
函授中等专业学校 Correspondence Specialized Sec. Schools	77	5.92	4.09	10.48	0.96	0.46
教师进修学校 In－service Teacher Training Schools	2008	12.60	8.73	21.81	7.27	4.44
其他类学校举办 Run by Other Type School		32.08	21.56	71.02		
2、成人中学 General Sec. Schools for Adults	3921	38.15	44.92	50.73	2.91	1.76
职工中学 General Sec. Schools for Staff & Workers	1299	18.65	26.34	25.56	1.62	0.94
农民中学 General Sec. Schools for Peasants	2622	19.50	18.57	25.17	1.29	0.82
3、成人技术培训学校 Technical Training Schools for Adults	485556	9396.22	8059.44	6386.65	49.40	19.33
职工技术培训学校 Technical Training Schools for Staff & Workers	10630	588.89	542.88	364.07	8.89	4.74
农民技术培训学校 Technical Training Schools for Peasants	474926	8807.33	7516.56	6022.58	40.51	14.59
三、成人初等学校 Adult Primary Schools	160540	504.49	453.76	485.24	16.07	4.62
1、职工初等学校 Worker Primary Schools	627	10.97	11.18	11.78	0.19	0.09
2、农民初等学校 Peasant Primary Schools	159913	493.52	442.58	473.46	15.88	4.53
其中：扫盲班 of which: Literacy Classes	107501	258.04	214.01	252.99	10.87	2.84

注：成人中等专业学校中"其他类学校举办"是指：在成人高等学校和普通中等专业学校中招收的成人中专学生数。

全国各级自学

Basic Statistics of Applicants for State－administered

	1983－2000 合计 Total	1983 上半年 First half year	1983 下半年 Second half year	1984 上半年 First half year	1984 下半年 Second half year
毕业生人数 Gradutes					
本科 Nonmal course	336434				
专科 Short－Cycle course	2739875			133	1345
中专 Specialized Secondary	403467				
单科合格科次数 Passed Main－courses					
本科 Nonmal course	14040591	422	697	796	991
专科 Short－Cycle course	82006621	38845	183048	333081	604054
中专 Specialized Secondary	4939318	697	2347	3531	7418
报考人数 Applicants					
计 Total					
本科 Nonmal course	14770330	884	1217	1639	2305
专科 Short－Cycle course	118627085	63873	262022	622088	848654
中专 Specialized Secondary	5499782		3424	5033	6541
首次报考人数 First Time					
本科 Nonmal course	5020891	27	229	134	542
专科 Short－Cycle course	31712703	155490	179385	395455	506255
中专 Specialized Secondary	1436507		3424	1726	1628
报考科次 Main－courses to be Examined					
本科 Nonmal course	44401517	2002	2691	3655	5030
专科 Short－Cycle course	239564642	122070	493654	1200947	1773843
中专 Specialized Secondary	9909387		6519	10760	15748
实考人数 Actural Examined					
本科 Nonmal course	10939344	764	1015	1159	1680
专科 Short－Cycle course	81827187	51302	184494	467105	646309
中专 Specialized Secondary	3486356		2739	4026	5232
实考科次 Actural Main－courses Examined					
本科 Nonmal course	25086964	1345	2252	2608	3632
专科 Short－Cycle course	176118877	89637	379350	881387	1338541
中专 Specialized Secondary	7977887		5540	8276	13466
在档考生人数 Exmainees on File					
累计数 Sum.					
本科 Nonmal course	16241391	32	138	200	314
专科 Short－Cycle course	160319158	12133	87335	223148	420059
中专 Specialized Secondary	10943852		2191	3651	4406
其中:新生数 of Which: Curent session					
本科 Nonmal course	2299796	5	106	62	114
专科 Short－Cycle course	14062838	9650	75202	135813	207389
中专 Specialized Secondary	958261		2191	1460	755

考试基本情况

Examination for Self－learners by Level

1985		1986		1987		1988	
上半年 First half year	下半年 Second half year	上半年 First half year	下半年 Second half year	上半年 First half year	下半年 Second half year	上半年 First half year	下半年 Second half year
14	12	11	14	47	51	110	297
2060	6565	29693	43189	35358	44585	62168	61371
20481	58	40872	26354	36235	6458	24353	7018
1459	1051	2209	3909	20393	26218	26032	37060
737796	1083782	1070299	1215432	1123822	1284691	1137868	1094216
306865	126506	327902	182631	316528	267492	370725	292607
2871	2298	3055	5183	26519	30260	36623	44275
1075594	1421211	1346466	1573841	1644984	1672448	1720821	1437775
173459	92108	25701	205532	306449	288042	337384	285974
437	260	908	1076	22193	13077	18657	22046
451823	659196	372588	468172	4325534	455694	458736	422219
77273	36963	128020	72036	145919	107781	155492	99285
6163	4907	6760	12395	61389	74391	86939	111530
2348639	2810102	3029215	3608182	3715386	3930776	3933345	3262016
412224	114254	649167	449848	703118	642607	802734	630291
2144	1339	2184	3614	19106	22508	25306	32639
773841	1103508	1065145	1226720	1271532	1312029	1282150	1148626
141533	74167	203477	161941	241953	225098	268656	221898
4522	3054	4950	9037	43809	53187	57371	65374
1662720	2145185	2298087	2673822	2748537	2910030	2711644	2262622
364624	178952	503119	347333	533521	501135	616610	475617
445	532	995	1569	9969	16639	24326	34070
612138	941438	1089218	1285689	1448597	1643128	1789585	1942242
110901	77402	139667	151457	225168	279959	389175	428824
131	87	463	574	8318	6689	7689	9806
199941	330492	196752	222011	204010	231031	194104	192385
106495	14983	53713	42049	61600	52382	90641	55804

全国各级自学

Basic Statistics of Applicants for State-administered

		1989		1990	
		上半年 First half year	下半年 Second half year	上半年 First half year	下半年 Second half year
毕业生人数	Gradutes				
本科	Nonmal course	569	475	968	996
专科	Short-Cycle course	65231	68691	55900	62165
中专	Specialized Secondary	22541	13650	22421	19232
单科合格科次数	Passed Main-courses				
本科	Nonmal course	39168	64327	78114	81320
专科	Short-Cycle course	1198715	1191751	12192921	384306
中专	Specialized Secondary	364207	250955	288846	229963
报考人数	Applicants				
计	Total				
本科	Nonmal course	57221	722553	94678	100954
专科	Short-Cycle course	1583220	15505211	17430211	967666
中专	Specialized Secondary	311221	236820	244444	211646
首次报考人数	First Time				
本科	Nonmal course	28295	35163	42355	30534
专科	Short-Cycle course	488568	477809	563357	560707
中专	Specialized Secondary	93647	52421	52835	54243
报考科次	Main-courses to be Examined				
本科	Nonmal course	123281	162051	223191	226670
专科	Short-Cycle course	3575839	3321740	39265904	429172
中专	Specialized Secondary	722308	525811	528329	453117
实考人数	Actural Examined				
本科	Nonmal course	38411	54234	68138	74413
专科	Short-Cycle course	1179460	1176964	13142811	527055
中专	Specialized Secondary	251625	188288	195981	169272
实考科次	Actural Main-courses Examined				
本科	Nonmal course	76907	113512	151073	153152
专科	Short-Cycle course	2484042	2469332	26100463	166408
中专	Specialized Secondary	578516	413627	425431	366461
在档考生人数	Exmainees on File				
累计数	Sum.				
本科	Nonmal course	46679	66738	86317	91789
专科	Short-Cycle course	2098872	2299196	25394802	802246
中专	Specialized Secondary	479678	496265	520414	536915
其中:新生数	of Which: Curent session				
本科	Nonmal course	12783	20192	21338	16678
专科	Short-Cycle course	215460	254243	282812	304963
中专	Specialized Secondary	53868	40255	29821	39219

考试基本情况(续一)

Examination for Self－learners by Level

1991		1992		1993		1994	
上半年 First half year	下半年 Second half year	上半年 First half year	下半年 Second half year	上半年 First half year	下半年 Second half year	上半年 First half year	下半年 Second half year
1493	2097	1882	2335	3131	4405	2926	3189
50873	57261	56544	68783	64314	79240	61573	71139
27747	17188	12116	15385	7727	11518	3703	5289
91453	92914	101001	83496	89330	120632	129329	158578
1541534	1409168	1724308	1712135	1892727	1932457	1523309	1811068
229039	122986	125314	123432	84250	94233	48341	82260
107773	119108	144169	131202	130662	149559	146231	181233
2317126	2452597	2747837	2555932	2448307	2282192	1961769	2101827
201985	1556631	134711	136804	85942	77898	33286	49597
39122	36192	51494	44324	40888	66450	57200	65373
785899	699302	767826	698494	746191	585416	643421	592417
58508	44063	28003	29684	26066	19355	5978	12951
261323	275544	321831	281634	269341	329869	302314	391276
5251674	5466671	6347546	5628587	5523236	5083088	4094754	4503667
457455	310859	303599	298516	188349	175525	85108	137956
80177	89894	108670	85516	87518	109209	95629	129937
1709769	1879978	2019650	1823672	1800286	1809209	1396486	1508963
164397	117728	104537	99785	62300	61176	32900	50784
170282	190586	218633	170168	167123	215850	216800	278165
3594482	3818644	4218246	3798290	3852910	3783069	3033011	3367729
363477	229198	230898	222968	136876	138481	73259	122654
122406	139306	161447	178047	191352	220839	179567	244819
3144251	3943844	3765591	4100882	4318000	4598507	2930253	3678144
545690	540773	555862	572808	575283	577479	204775	267577
21969	19320	24748	19405	14282	33806	36576	33358
388122	352568	363639	373677	376662	465778	298456	293360
26654	24870	19542	15873	15433	14283	6875	10550

全国各级自学

Basic Statistics of Applicants for State-administered

	1989		1990	
	上半年 First half year	下半年 Second half year	上半年 First half year	下半年 Second half year
毕业生人数 Gradutes				
本科 Nonmal course	4038	5356	6367	10542
专科 Short-Cycle course	93512	94441	111174	132161
中专 Specialized Secondary	6509	6998	5192	3539
单科合格科次数 Passed Main-courses				
本科 Nonmal course	254752	309574	475722	1109072
专科 Short-Cycle course	2446593	2679101	3254101	4228469
中专 Specialized Secondary	99495	48173	76389	52094
报考人数 Applicants				
计 Total				
本科 Nonmal course	266767	319935	473368	563962
专科 Short-Cycle course	2690697	2972271	3697085	3847639
中专 Specialized Secondary	69959	36144	56749	38723
首次报考人数 First Time				
本科 Nonmal course	98559	124282	191034	207316
专科 Short-Cycle course	846470	983974	1242201	1174411
中专 Specialized Secondary	19723	10909	19391	11357
报考科次 Main-courses to be Examined				
本科 Nonmal course	630083	794966	11555214	1551981
专科 Short-Cycle course	6287980	7148558	8821241	9288200
中专 Specialized Secondary	185242	107238	157664	99076
实考人数 Actural Examined				
本科 Nonmal course	19665	250499	368030	439792
专科 Short-Cycle course	2110719	2403378	2949857	3025277
中专 Specialized Secondary	61053	39468	49581	32042
实考科次 Actural Main-courses Examined				
本科 Nonmal course	453270	575933	841700	1158977
专科 Short-Cycle course	4930802	5505422	6774769	7135008
中专 Specialized Secondary	163501	93965	134506	86619
在档考生人数 Exmainees on File				
累计数 Sum.				
本科 Nonmal course	320303	408028	510616	742738
专科 Short-Cycle course	4582744	4906938	6288806	6516221
中专 Specialized Secondary	279226	230057	259359	250632
其中:新生数 of Which: Curent session				
本科 Nonmal course	45182	61209	101294	169958
专科 Short-Cycle course	362996	396765	642875	693354
中专 Specialized Secondary	13420	6776	13974	11039

考试基本情况(续二)

Examination for Self-learners by Level

1997		1998		1999		2000	
上半年 First half year	下半年 Second half year	上半年 First half year	下半年 Second half year	上半年 First half year	下半年 Second half year	上半年 First half year	下半年 Second half year
11968	14397	20995	26883	35649	49722	62921	62574
120143	142260	142959	154532	162957	173643	172049	191863
4644	7494	3897	4881	4913	6574	3796	4684
766218	889266	1060654	1203668	1320084	1561469	1768725	2070488
3699496	3716269	3815468	3625667	4075143	4022122	4081551	3941308
80439	73433	63766	47858	71544	48490	24161	4401
764068	858627	1085391	1285720	1419295	1624756	1788181	2077788
4254102	4266257	4700993	4735980	4987845	5019729	4662616	4748199
56493	50900	43814	37126	42653	32639	13513	10437
311324	313261	460927	476071	493832	475022	625491	626796
1377656	1240486	1707067	1525575	1520849	1207332	1259220	1167508
8327	12679	10312	11272	11323	8932	2320	2661
1865408	2147826	2603249	3151309	3413241	3896095	4277219	4968749
10261520	10232875	11293634	11114518	12271102	11914135	11037303	11173523
144500	129130	116865	89191	110630	75549	35421	34679
611844	698959	896439	1020578	1136176	1264476	1452732	1644950
3564459	3590675	3966594	3883557	4084862	4029519	3847426	3863800
49926	45363	38989	33388	38918	26625	11985	9525
1388387	1605291	1972423	2319280	2541013	2886914	3241944	3728440
8059057	7915029	8881093	8547288	9118389	9142498	8680325	8641009
127671	111046	101827	76808	99004	68485	32301	32115
876431	1237555	1487435	1857008	2048267	2189494	2744981	
7281740	7951516	8864050	9397127	9982109	10229401	11749208	
312656	341143	247502	365202	371406	371906	228443	
180815	174282	262682	390717	306769	298389		
1180048	706471	959792	1504782	803393	643842		
61742	15329	14581	17210	15525	9349		

各级普通学校校数

Number of Regular Schools by Level & Type

单位：所
Unit:Number of Sohools

	1949	1965	1978	1980	1985	1999	2000
普通高等学校 Reg. Inst. of Higher Education	205	434	598	675	1016	1071	1041
普通中等学校 Reg. Secondary Schools	5219	81274	167118	128065	108494	95255	93629
中等专业学校 Specialized Sec. Schools	1171	1265	2760	3069	3557	3962	3646
中等技术学校 Sec. Technical Schools	561	871	1714	2052	2529	3147	2963
中等师范学校 Teachers Training Schools	610	394	1046	1017	1028	815	683
技工学校 Skilled Worker Schools	3	281	2013	3305	3548	4098	3792
普通中学 General Sec. Schools	4045	18102	162345	118377	93221	77213	77268
高中 Senior	1597	4112	49215	31300	17318	14127	14564
初中 Junior	2448	13990	113130	87077	75903	63086	62704
职业中学 Vocational Schools	–	61626	...	3314	8070	9636	8849
工读学校 Correctional Work－study Schools	–	–	–	...	98	82	74
小学 Primary Schools	346769	1681939	949323	917316	832309	5822915	53622
特殊教育学校 Special Education Schools	...	266	292	292	375	1520	1539
幼儿园 Kindergartens	...	19226	163952	170419	172262	181136	175836

各级普通学校学生数

Enrolment of Regular Schools by Level & Type

单位:万人
in 10 thousand

	1949	1965	1978	1980	1985	1999	2000
研究生（人） Graduate Education(Person)	629	4546	10934	21604	87331	233513	301239
普通高等学校本专科 Undergraduate Education	11.65	67.44	85.63	114.37	170.31	413.42	556.09
普通中等学校 Reg. Secondary Schools	127.05	1441.97	6675.37	5747.83	5167.46	8002.71	8502.51
中等专业学校 Specialized Sec. Schools	22.88	54.74	88.92	124.34	157.11	515.50	489.52
中等技术学校 Sec. Technical Schools	7.71	39.24	52.93	76.13	101.29	424.98	412.54
中等师范学校 Teacher Training Schools	15.17	15.50	35.99	48.21	55.82	90.52	76.98
技工学校 Skilled Worker Schools	0.27	10.10	38.20	70.04	74.17	156.05	140.10
普通中学 General Sec. Schools	103.90	933.79	6548.25	5508.08	4705.96	6771.28	7368.91
高中 Senior	20.72	130.82	1553.08	969.79	741.13	1049.71	1201.26
初中 Junior	83.18	802.97	4995.17	4538.29	3964.83	5721.57	6167.65
职业中学 Vocational Schools	–	443.34	–	45.37	229.57	533.92	503.21
高中 Senior	–	77.50	–	31.92	184.34	443.84	414.56
初中 Junior	–	365.84	–	13.45	45.23	90.08	88.64
工读学校 Correctional Work-study Schools	–	–	–	–	0.65	0.71	0.77
小学 Primary Schools	2439.10	11620.90	14624.00	14627.00	13370.20	13547.96	13013.25
特殊教育学校 Special Education Schools	–	2.29	3.09	3.31	4.17	37.16	37.76
幼儿园 Kindergartens	–	171.30	787.70	1150.80	1479.70	2326.26	2244.18

各级普通学校招生数

Number of Regular School Entrants by Level & Type

单位:万人
in 10 thousand

	1949	1965	1978	1980	1985	1999	2000
研究生 (人) Graduate Education(Person)	242	1456	10708	3616	46871	92225	128484
普通高等学校本专科 Undergraduate Education	3.06	16.42	40.15	28.12	61.92	159.68	220.61
普通中等学校 Reg. Secondary Schools	50.97	673.11	2769.29	2044.92	1825.70	2955.47	3102.07
中等专业学校 Specialized Sec. Schools	9.74	20.85	44.70	46.76	66.83	163.37	132.59
中等技术学校 Sec. Technical Schools	4.28	14.64	26.79	25.29	45.36	134.25	111.57
中等师范学校 Teacher Training Schools	5.46	6.21	17.91	21.47	21.47	29.12	21.02
技工学校 Skilled Worker Schools	–	–	25.70	33.13	35.54	51.55	50.38
普通中学 General Sec. Schools	41.23	345.78	2698.89	1934.31	1606.91	2546.00	2735.99
高中 Senior	7.11	45.89	692.91	383.40	257.51	396.32	472.69
初中 Junior	34.12	299.89	2005.98	1550.91	1349.40	2149.68	2263.30
职业中学 Vocational Schools	–	306.48	–	30.72	116.10	194.14	182.66
高中 Senior	–	55.67	–	24.06	98.49	160.38	150.39
初中 Junior	–	250.81	–	6.66	17.61	33.76	32.27
工读学校 Correctional Work-study Schools	–	–	–	–	0.32	0.41	0.44
小学 Primary Schools	680.00	3296.02	3315.36	2942.34	2298.17	2029.53	1946.47
特殊教育学校 Special Education Schools	–	–	0.59	0.59	0.92	5.01	5.29
幼儿园 Kindergartens						1617.54	1531.11

各级普通学校教职工数

Number of Regular School Teachers, Staff & Workers by Level & Type

单位: 万人
in 10 thousand

	1949	1965	1978	1980	1985	1999	2000
总计 **Total**	102.30	567.87	1083.45	1167.61	1209.56	1480.70	1484.38
普通高等学校本专科 Undergraduate Education	4.60	33.30	51.80	63.20	87.06	106.51	111.28
普通中等学校 Reg. Secondary Schools	12.80	110.50	422.06	437.21	439.45	602.71	608.82
中等专业学校 Specialized Sec. Schools	2.40	12.20	23.70	29.80	40.32	52.86	48.81
中等技术学校 Sec. Technical Schools	1.10	10.10	17.60	22.30	31.31	42.14	39.80
中等师范学校 Teacher Training Schools	1.30	2.10	6.10	7.50	9.01	10.72	9.01
技工学校 Skilled Worker Schools	–	–	6.66	13.61	21.53	26.98	23.96
普通中学 General Sec. Schools	10.40	67.70	391.70	389.70	355.69	475.36	491.10
职业中学 Vocational Schools	–	30.60	–	4.10	21.59	47.23	44.69
工读学校 Correctional Work-study Schools	–	–	–	–	0.32	0.28	0.27
小学 Primary Schools	84.90	407.50	562.00	605.40	602.10	647.12	645.49
特殊教育学校 Special Education Schools	–	0.37	0.69	0.80	1.15	4.51	4.37
幼儿园 Kindergartens	–	16.20	46.90	61.00	79.80	115.83	114.43

各级普通学校专任教师数

Number of Regular School Full－time Teachers by Level & Type

单位：万人
in 10 thousand

	1949	1965	1978	1980	1985	1999	2000
总计 Total	93.43	476.89	902.31	939.48	933.48	1178.63	1193.49
普通高等学校本专科 Undergraduate Education	1.61	13.81	20.63	24.69	34.43	42.57	46.28
普通中等学校 Reg. Secondary Schools	8.22	70.93	330.96	323.30	305.65	460.16	472.34
中等专业学校 Specialized Sec. Schools	1.56	5.51	9.96	12.87	17.40	27.37	25.64
中等技术学校 Sec. Technical Schools	0.66	4.37	6.93	9.10	12.80	21.18	20.38
中等师范学校 Teacher Training Schools	0.90	1.14	3.03	3.77	4.60	6.19	5.26
技工学校 Skilled Worker Schools	–	–	2.80	6.14	8.89	15.03	14.00
普通中学 General Sec. Schools	6.66	45.71	318.20	301.97	265.16	384.05	400.55
高中 Senior	1.40	7.79	74.13	57.07	49.17	69.24	75.69
初中 Junior	5.26	37.92	244.07	244.90	215.99	314.81	324.86
职业中学 Vocational Schools	–	19.71	–	2.32	14.07	33.55	32.00
高中 Senior	–	5.29	–	1.65	11.58	29.61	28.18
初中 Junior	–	14.42	–	0.67	2.49	3.94	3.83
工读学校 Correctional Work－study Schools	–	–	–	–	0.13	0.16	0.15
小学 Primary Schools	83.60	385.71	522.55	549.94	537.68	586.05	586.03
特殊教育学校 Special Education Schools	–	0.26	0.42	0.48	0.73	3.14	3.20
幼儿园 Kindergartens	–	6.18	27.75	41.07	54.99	87.24	85.65

高级普通中等学校学生数的构成

Composition of Students in Regular Secondary Schools

	合 计 Total	普通高中 Senior General Secondary Schools	中等职业技术学校 Secondary Vocational-technical Schools			
			小 计 Subtotal	中等专业学校 Specialized Sec. Schools	技工学校 Skilled Worker Schools	职业中学 Vocational Schools
学生数(万人) No. of Students (in 10 thousand)						
1965	271.1	130.8	140.3	52.7	10.1	77.5
1980	1196.0	969.8	226.2	124.3	70.0	31.9
1985	1156.7	741.1	415.6	157.1	74.2	184.3
1990	1322.0	717.3	604.7	224.4	133.2	247.1
1997	1939.6	850.1	1089.5	465.4	193.1	431.0
1998	2084.1	938.0	1146.1	498.1	193.1	454.9
1999	2190.3	1049.7	1140.6	515.5	181.3	443.8
2000	2245.5	1201.3	1044.2	489.5	140.1	414.6
比重(%) Percentage						
1965	100	48.2	51.8	19.5	3.7	28.6
1980	100	81.1	18.9	10.4	5.8	2.7
1985	100	64.1	35.9	13.6	6.4	15.9
1990	100	54.3	45.7	17.0	10.0	18.7
1997	100	43.8	56.2	24.0	10.0	22.2
1998	100	45.0	55.0	23.9	9.3	21.8
1999	100	47.9	52.1	23.5	8.3	20.3
2000	100	53.3	46.5	21.8	6.2	18.5

教育规模

Size of Education

单位:万人

Unit: in 10 Thousand persons

年 份 Year	学校数(万所) Schools (in 10 Thousand)	学生数 Enrolment	教职工数 Teachers Scaff & Workers	教育人口* Educational Population	教育人口比重(%) Propotion of Education Population
1985	144	21753	1261	23014	22.0
1990	136	23654	1432	25086	22.2
1996	155	30401	1549	31950	26.2
1997	157	31076	1577	32653	26.7
1998	155	31809	1580	33389	27.0
1999	159	32672	1596	34268	27.5
2000	149	32093	1592	33685	26.8

* 教育人口为学生数与教职工数之和。

小学学龄儿童净入学率

Net Enrolment Ratio of School -age Children & Annual Retention Rate of Enrolment in Primary Schools

单位: %

Unit: %

年 份	按 7-11 周岁计算 the age 7-11	按各地相应学龄、学制计算 According to Provincial entrance Age Primary Sohooling years 小 计 Total	男 Male	女 Female	性别差 Gencler Gap
1990	97.80	96.30	–	–	–
1991	97.90	96.80	–	–	–
1992	98.00	97.20	98.20	96.10	2.10
1993	98.30	97.70	98.50	96.80	1.70
1994	98.70	98.40	99.00	97.70	1.30
1995	98.70	98.50	98.90	98.20	0.70
1996	99.10	98.80	99.00	98.60	0.40
1997	99.20	98.90	99.00	98.80	0.20
1998	99.30	98.90	99.00	98.90	0.10
1999	99.50	99.10	99.10	99.00	0.10
2000	99.50	99.10	99.14	99.07	0.07

注: 1992 年以前的入学率是按 7-11 周岁统一计算的。

从 1992 年起入学率是按各地不同入学年龄和学制分别计算的。

Note: Net Enrolment Rate of school-age chidren before year 1992 was calculated during the age of 7～ 11.

Since 1992, the rate varies according to provincial entrance age and primary schooling years.

各级普通教育毛入学率①

Gross Enrolment Ratio of Regular Schools by Level

单位: % Unit: %

年 份 Year	小学 Primary 按各地相应学龄计算 According to provincial entrant age primary Schools years	初中② Junior 12－14周岁 the age of 12－14	高中阶段③ Senior 15－17周岁 the age of 15－17		高等教育④ IHEs 18－22周岁 the age of 18－22
			职 前	全口径	
1990	111.0	66.7	21.9		3.4
1991	109.5	69.7	23.9		3.5
1992	109.4	71.8	22.6	26.0	3.9
1993	107.3	73.1	24.1	28.4	5.0
1994	108.7	73.8	26.2	30.7	6.0
1995	106.6	78.4	28.8	33.6	7.2
1996	105.7	82.4	31.4	38.0	8.3
1997	104.9	87.1	33.8	40.6	9.1
1998	104.3	87.3	34.4	40.7	9.8
1999	104.3	88.6	35.8	41.0	10.5
2000	104.6	88.6	38.2	42.8	12.5

注: ① 毛入学率指该级教育在校学生总数与政府规定的该级学龄段人口总数的百分比。

② 初中包括普通初中和职业初中。

③ 高中阶段教育(全口径)包括: 普通高中、职业高中、成人高中、普通中专、成人中专和技工学校; 职前高中教育阶段包括: 普通高中、 职业高中、技工学校和普通中专。

④ 高等教育包括研究生、普通高校本专科、成人高校本专科、军事院校本专科、学历文凭考试专科、电大注册视听生专科、高等教育自学考试本专科等形式教育。计算口径为:

$$高等教育毛入学率 = \frac{研究生 + 普通高等本专科 + 成人高校本专科 + 军事院校 + 学历文凭考试 + 电大注册视听生注册人数 \times 0.3 + 高等教育自学考试毕业生 \times 5}{18-22岁年龄组人口数} \times 100\%$$

各级普通学校毕业生升学率

Promotion Rate of Regular School by Level & Type Graduates

单位: % Unit: %

年份 Year	小学升学率 Promotion Rate of Primary School Graduates: 小学毕业生数 No. of Primary School Graduates	初级中等学校招生数 No. of Junior Sec. School Entrants	升学率(%) Promotion Rate (%)	初中升学率 Promotion Rate of Junior Sec.School Graduates: 初中毕业生数 No. of Junior Sec. School Graduates	高级中等学校招生数 No. of Senior Sec. School Entrants	升学率(%) Promotion Rate (%)	高中升学率 Promotion Rate of Senior School Graduates: 普通高中毕业生数 No. of Senior Sec. School Graduates	普通高等学校招生数 No. of Regular IHEs Entrants	升学率(%) Promotion Rate (%)
1990	1863.1	1389.2	74.6	1109.1	450.4	40.6	233.0	63.7	27.3
1991	1846.7	1435.1	77.7	1085.5	462.9	42.9	223.0	63.9	28.7
1992	1872.4	1491.7	79.7	1102.4	478.1	43.6	226.1	79.0	34.9
1993	1841.5	1505.6	81.8	1134.2	500.5	44.1	231.7	100.3	43.3
1994	1899.6	1644.9	86.6	1166.4	541.1	47.8	209.3	97.7	46.7
1995	1961.5	1781.1	90.8	1244.3	601.6	50.3	201.6	100.7	49.9
1996	1934.1	1791.4	92.6	1297.8	633.4	49.8	204.9	104.6	51.0
1997	1960.1	1836.5	93.7	1463.3	753.6	51.5	221.7	107.8	48.6
1998	2117.4	1996.3	94.3	1603.1	812.2	50.7	251.8	116.0	46.1
1999	2313.7	2183.4	94.4	1613.9	798.5	50.0	262.9	167.8	63.8
2000	2419.2	2295.6	94.9	1633.5	834.6	51.1	301.5	220.6	73.2

注: 高中升学率为普通高校招生数与普通高中毕业生数之比。

每十万人口各级学校平均在校生数

Number of Students per 100,000 Inhabitants by level

单位: 人

年份	高等学校① Higher Education	高中阶段② Senior	初中阶段③ Junior	小学 Primary	幼儿园 Kindergratens
1990	326	1337	3426	10707	1725
1991	304	1355	3465	10502	1907
1992	313	1365	3518	10413	2072
1993	376	1448	3599	10656	2190
1994	433	1293	3681	10819	2219
1995	457	1610	3945	11010	2262
1996	470	1780	4180	11273	2208
1997	482	1905	4289	11435	2058
1998	519	1978	4408	11287	1944
1999	594	2032	4656	10855	1864
2000	723	2005	4969	10335	1782

注: ① 高等学校仅含普通高校和成人高校。

② 高中阶段(全口径)包括: 普通高中、职业高中、普通中专、技工学校、成人中专和成人高中。

③ 初中阶段包括: 普通初中和职业初中。

各级普通学校生师比

Pupil－Teacher Ratio of Regular Education by level

单位: % Unit: %

年份 Year	小学 Primary	普通初中 Junior	普通高中 Senior	职业中学 Vacational Secondary Schools	普通中专 Regular Secondary Schools	普通高校 Regular Inst. of Higher Educations		
						全国 Total	本科院校 University	专科院校 non－university tertiry
1992	22.07	15.85	12.24	13.82	14.60	6.83	6.63	7.30
1993	22.37	15.65	14.96	13.86	14.55	8.00	7.82	8.61
1994	22.85	16.07	12.16	14.66	15.07	9.25	9.00	10.10
1995	23.30	16.73	12.95	15.35	15.95	9.83	9.71	10.16
1996	23.73	17.18	13.45	15.38	16.43	10.36	10.32	10.20
1997	24.16	17.33	14.05	15.88	16.71	10.87	10.80	10.85
1998	23.98	17.56	14.60	16.13	17.82	11.62	11.63	11.09
1999	23.12	18.17	15.16	15.91	17.88	13.37	13.67	12.23
2000	22.21	19.03	15.87	14.71	19.09	16.30	16.04	17.65

注: 普通高校"生师比"中所用学生数为折合数。折合系数分别为: 留学生×3, 研究生×2, 进修生×1.5 本专科学生数×1, 预科班学生数×1, 函授生×0.2, 夜大学生数×0.5, 成人脱产班学生数×1, 成人第二学历学生数×1.

普通高等学校校均规模

Average Size of Regular Inst.of Highter Education

单位: 人

	1992	1993	1994	1995	1996	1997	1998	1999	2000
全国 Total	2074	2381	2591	2758	2927	3112	3335	3815	5289
本科院校 University	2676	3094	3418	3632	3857	4062	4418	5275	6916
专科院校 non－university tertiry	1051	1235	1338	1405	1466	1594	1701	1975	2282

注: 校均规模是指全日制本、专科在校生平均规模。

各级普通学校女学生和女教职工数

Number of Female Students, Teachers, Staff & Workers by Level & Type of Regular Schools

单位:万人
in 10 thousand

	女学生 Female Students		女教职工 Female Teachers, Staff & Workers		女专任教师 Female Full-time Teachers	
	人数 Number	占学生总数的比重(%) Percentage	人数 Number	占教职工总数的比重(%) Percentage	人数 Number	占专任教师总数的比重(%) Percentage
普通高等学校 Regular I H E s	227.89	40.98	45.66	41.03	17.70	38.24
中等技术学校 Sec. Technical Schools	225.36	54.68	17.40	43.73	9.27	45.50
中等师范学校 Teacher Training Schools	51.95	67.49	3.71	41.20	2.23	42.49
普通中学 General Sec. Schools	3402.38	46.17	193.40	39.38	165.74	41.38
职业中学 Vocational Schools	237.36	47.17	18.02	40.33	13.71	42.86
工读学校 Correctional Work-study Schools	0.06	7.46	0.08	31.53	0.05	30.07
小学 Primary Schools	6194.56	47.60	314.34	48.70	296.73	50.63
特殊教育学校 Special Education Schools	13.54	35.87	2.57	58.79	2.04	63.69
幼儿园 Kindergartens	1034.07	46.08	105.96	92.60	80.27	93.72

各级普通学校少数民族学生和少数民族教职工数

Number of Minority Students Enrolled, Teachers, Staff & Workers in Regular Schools at Various Levels

单位: 万人
in 10 thousand

	少数民族学生 Minority Students		少数民族教职工 Minority Teachers, Staff & Workers		少数民族专任教师 Minority Full-time Teacher	
	人数 Number	占学生总数的比重(%) Percentage	人数 Number	占教职工总数的比重(%) Percentage	人数 Number	占专任教师总数的比重(%) Percentage
普通高等学校 Regular I H E s	31.73	5.71	5.71	5.13	2.51	5.43
中等技术学校 Sec. Technical Schools	28.98	7.02	2.25	5.66	1.26	6.19
中等师范学校 Teacher Training Schools	9.47	12.31	0.83	9.19	0.53	10.01
普通中学 General Sec. Schools	498.91	6.77	35.38	7.20	28.16	7.03
职业中学 Vocational Schools	23.88	4.75	2.25	5.03	1.63	5.08
工读学校 Correctional Work-study Schools	0.08	10.51	0.01	2.89	0.01	4.08
小学 Primary Schools	1181.56	9.08	62.29	9.65	55.30	9.44
特殊教育学校 Special Education Schools	1.10	2.91	0.24	5.44	0.16	5.05
幼儿园 Kindergartens	76.78	3.42	3.87	3.38	2.94	3.43

二、普通教育

REGULAR EDUCATION

（一）高等教育

HIGHER EDUCATION

普通高等学校校数

Number of Regular Higher Educational Institutions

单位: 所

	合 计 Total	大学、专门学院 Universities & Colleges	专科学校 Short-Cycle Colleges	职业技术学院 Short-Cycle Vocational Colleges
总 计 Total	1041	599	258	184
综合大学 Comprehensive University	83	73	10	–
理工院校 Natural Sciences & Technology	239	183	56	–
农业院校 Agriculture	44	37	7	–
林业院校 Forestry	6	6	0	–
医药院校 Medicine & Pharmacy	100	82	18	–
师范院校 Teacher Training	221	107	114	–
语文院校 Language & Literature	15	11	4	–
财经院校 Finance & Economics	68	36	32	–
政法院校 Political Science & Law	26	10	16	–
体育院校 Physical Culture	14	13	1	–
艺术院校 Art	29	29	0	–
其他院校 Others	12	12	0	–
	184	0	0	184

普通高等学校规模

Breakdown of Regular Higher Educational Institutions by Size of Enrolments

单位: 所

	学校数 Institutions	300人及以下 300 and under	301～500人 301 to 500	501～1000人 501 to 1000	1001～1500人 1001 to 1500	1501～2000人 1501 to 2000	2001～3000人 2001 to 3000	3001～4000人 3001 to 4000	4001～5000人 4001 to 5000	5001人及以上 5001 and over
总 计 Total	1041	23	14	49	75	83	194	146	101	356
综合大学 Comprehensive University	83	0	0	0	6	2	2	3	4	66
理工院校 Natural Sciences & Technology	239	2	3	3	2	7	25	25	20	152
农业院校 Agriculture	44	0	0	1	1	1	6	6	3	26
林业院校 Forestry	6	0	0	0	0	0	0	2	0	4
医药院校 Medicine & Pharmacy	100	1	2	2	6	14	27	29	12	7
师范院校 Teacher Training	221	2	0	3	9	17	52	41	30	67
语文院校 Language & Literature	15	0	0	0	3	1	3	5	2	1
财经院校 Finance & Economics	68	1	0	1	2	5	13	10	13	23
政法院校 Political Science & Law	26	0	0	2	8	2	7	2	2	3
体育院校 Physical Culture	14	0	0	1	3	2	6	2	0	0
艺术院校 Art	29	0	2	12	10	3	2	0	0	0
其他院校 Others	12	0	0	0	0	0	3	2	3	4
	184	17	7	24	25	29	48	19	12	3

普通高等学校设置专业数

Number of Specialities and Number of Educational Programmes Estabished by Field of Study in Regular Higher Educational Institutions

	合计 Total	哲学 Philosophy	经济 Economics	法学 Law	教育 Education	文学 Literature	历史 History	理学 Science	工学 Engineering	农学 Agriculture	医学 Medicine
种数 No. of Sp.	776	8	35	25	19	112	16	75	374	54	58
点数 No. of Ed. Prog.	27831	52	4433	1187	1098	4573	404	2873	10863	1141	1207

普通高等学校工科分大类学生数

Breakdown of Engineering Students by Subfield of Study in Regular Higher Educational Institutions

单位:人

	毕业生数 Graduates	招生数 Entrants	在校学生数 Enrolment
总　计 **Total**	354291	832124	2148329
地　矿 Applied Geology	5297	7924	26680
材　料 Materials Science	14231	25985	78673
机　械 Mechanical Engineering	62843	107433	318794
仪器仪表 Instrument & Meter	6213	11337	32228
热能核能 Thermal & Nuclear Energy	6622	11877	33675
电　工 Electrical Engineering	36982	74291	203871
电子与信息 Electronics & Information	98139	336861	763805
土　建 Civil Engineering & Architcture	45408	88616	243037
水　利 Hydraulics	4121	9785	26892
测　绘 Survey & Measure	1902	4667	12469
环　境 Environment	3606	18220	39660
化工与制药 Chernical Engineering & Pharmaceutics	19010	31701	94161
轻工粮食食品 Grain & Food	10086	20744	56336
农业工程 Agriculture Engineering	4457	9164	24730
林业工程 Forestry Engineering	1734	3577	9704
纺　织 Textile	4850	8660	23079
交通运输 Transportation	7834	17411	44778
航空航天 Aeronautics & Astronautics	1390	2844	8659
兵　器 Weaponry	341	385	1252
公安技术 Public Security Technology	1128	1972	5540
工程力学 Engineering Mechanics	752	1356	3912
管理工程 Management Engineering	17345	37314	96394

普 通 高 等 学

Basic Statistics of Regular Higher

	学校数(所) Institutions		本专科学生数 Undergraduate Students						
	计 Total	其中:中央部门所属学校数 Of Which Inst. under Central Ministries & Agencies	毕业生数 Graduates	招生数 Students Admitted	在校学生数 Enrolment	合计 Total	计 Subtotal	计 Subtotal	教授 Professors
总 计 Total	1041	116	949767	2206072	5560900	1112776	930068	462772	43674
其中:女 of which: Female	0	0	375187	928916	2278905	456618	381497	176965	6425
本科院校 University	599	105	687001	1508176	4142379	926916	757944	370838	41434
专科院校 Non-university Tertiry	442	11	178455	486862	1008691	175037	162099	86640	1997
分校、大专班及其他 Undergraduate Classes Branch School and other	–	–	84311	211034	409830	10823	10025	5294	243
综合大学 Comprehensive Universities	83	14	235441	400397	1108166	218941	179739	86770	11100
理工院校 Natural Sciences & Tech.	239	49	293542	676532	1786372	384838	302088	151069	16415
农业院校 Agriculture	44	4	40760	106671	266778	60129	46113	21570	2208
林业院校 Forestry	6	2	4967	14535	33808	7172	5648	2874	340
医药院校 Medicine & Pharmacy	100	4	44616	111102	312440	84289	67989	29906	3448
师范院校 Teacher Training	221	6	193127	460657	1099741	184388	168549	89388	5780
语文院校 Language & Literature	15	5	7961	22194	52380	11907	10489	5229	449
财经院校 Finance & Economics	68	7	54148	138783	337099	48339	44989	21756	1554
政法院校 Political Science & Law	26	7	12959	34733	83797	15927	15163	6210	366
体育院校 Physical Culture	14	6	5161	12586	32502	7159	6685	3229	232
艺术院校 Art	29	3	5193	14451	33945	12150	11268	6071	624
民族院校 Nationalities	12	6	9440	19102	52098	10549	9597	4816	340
职业技术学院 Shore-cycle Vocational Colleges	184	3	42452	194329	361774	66988	61751	33884	818
总计中 Of the total									
中央部委所属院校 Inst. under Central Ministries & Agencies	116	116	200433	363274	1105765	349037	260374	122180	20681
其中: of which:									
教育部所属院校 Inst. under MOE	72	72	159959	278668	868009	277686	208999	99479	17569
地方所属院校 Inst. under Local Auth.	925	0	749334	1842798	4455135	763739	669694	340592	22993

校基本情况

Educational Institutions

单位:人

教职工数 Teachers, Staff & Workers									
校本部教职工 Teachers, Staff & Workers in the College or Uni. Proper							科研机构人员 Personnel in Affiliated Research Org.	校办工厂、农场职工 Employees in School-run Factories, Farms	附设机构人员 Personnel in Other Subsidiary Units
专任教师 Full-time Teachers				教辅人员 Supporting Staff	行政人员 Adm. Personnel	工勤人员 Workers			
副教授 Asso. Professors	讲师 Lecturers	助教 Assistants	教员 Instructors						
138820	166607	89090	24581	138859	182948	145489	48334	54549	79825
43579	71698	43011	12252	74273	74999	55260	13056	18403	43662
116645	128322	66093	18344	119158	148025	119923	47321	47117	74534
20969	36168	21572	5934	18542	32722	24195	938	6971	5029
1206	2117	1425	303	1159	2201	1371	75	461	262
27735	30021	14010	3904	31878	34670	26421	12317	8570	18315
47195	53200	26823	7436	47686	56351	46982	19947	25667	37136
6637	7292	4307	1126	6696	9014	8833	2892	7404	3720
878	944	588	124	877	1087	810	310	601	613
9195	9607	6000	1656	12840	14271	10972	9002	2461	4837
25339	33005	19634	5630	20891	32410	25860	2169	4071	9599
1427	2015	1064	274	1236	2241	1783	206	214	998
6513	8817	3818	1054	5165	10331	7737	481	1248	1621
1678	2552	1324	290	1736	4670	2547	145	227	392
940	1277	665	115	571	1609	1276	63	14	397
1771	2090	1261	325	1008	2697	1492	212	224	446
1385	2004	804	283	1404	1933	1444	205	43	704
8127	13783	8792	2364	6871	11664	9332	385	3805	1047
41276	39369	16629	4225	48689	47017	42488	34520	18292	35851
33640	31614	13176	3480	39638	36602	33280	23326	16350	29011
97544	127238	72461	20356	90170	135931	103001	13814	36257	43974

普通高等学校

Number of Undergraduate Students by Type of

	毕业生数 Graduates			招生数 Students Admitted	
	计 Total	本科 Normal Courses	专科 Short-cycle Courses	计 Total	本科 Normal Courses
总计 **Total**	949767	495624	454143	2206072	1160191
国家任务 Students Enrolled according to State Plan	928487	478682	449805	2206072	1160191
委托培养 Students Enrolled by Contract	7207	5310	1897	0	0
自费生 Tuition-paying Students	12948	10865	2083	0	0
教师本专科 In-service Teacher Training Courses	1125	767	358	0	0
总计中 of the Total					
中央部委所属学校 Inst.under Central Ministries & Agencies	200433	170281	30152	363274	304053
其中：of which: 教育部所属学校 Inst.under MOE of Education	159959	139832	20127	278668	245538
地方所属学校 Inst.under Local Aut	749334	325343	423991	1842798	856138

普通高等学校

Supplementary Data for Special Categories

	学生总数中 Of Total Enrolment		成人第二专科学历 Students for secend diplomas	预科班 Pre-university Courses
	第二学士学位 Second Bachelor's Degrees	走读生 Students Who Not Live in Campus		
毕(结)业生数 Graduates	2415	23836	20933	8897
招生数 Students Admitted	5304	52722	37798	17395
在校学生数 Enrolment	10097	132696	104097	19290
毕(结)业班学生数 Graduates for Next Year	2560	26691	26972	12443

本专科学生数

Courses in Regular Higher Educational Institutions

单位：人

专科 Short-cycle Courses	在校学生数 Enrolment 计 Total	在校学生数 Enrolment 本科 Normal Courses	在校学生数 Enrolment 专科 Short-cycle Courses	毕业班学生数 Graduates for Next year 计 Total	毕业班学生数 Graduates for Next year 本科 Normal Courses	毕业班学生数 Graduates for Next year 专科 Short-cycle Courses
1045881	5560900	3400181	2160719	1067255	578823	488432
1045881	5556860	3397115	2159745	1064014	576439	487575
0	1822	1394	428	1403	1052	351
0	1108	869	239	1048	849	199
0	1110	803	307	790	483	307
59221	1105765	975676	130089	215893	187502	28391
33130	868009	791542	76467	172451	154129	18322
986660	4455135	2424505	2030630	851362	391321	460041

学生数补充资料

of Undergraduate Students

单位：人

外国留学生 Foreign Students	自考助学班 Tutored students for Self-exam	另有其他学生数 Students in Different Duration 三个月以下 Under 3 mouths	另有其他学生数 Students in Different Duration 三个月至一年以内 3 Mouth-one year	另有其他学生数 Students in Different Duration 一年及以上 Over one year
11910	88036	128200	74239	61381
13782	154994	59249	50276	60653
25636	389942	31689	62804	136343
7297	105350	21965	29662	55752

普通高等学校

Number of Students by Field of Study in

	毕业生数 Graduates			招生 Students	
	计 Total	本科 Normal Courses	专科 Short-cycle Courses	计 Total	本科 Normal Courses
总计 Total	949767	495624	454143	2206072	1160191
哲学 Philosophy	916	775	141	1847	1530
经济学 Economics	159299	78205	81094	363379	165173
法学 Law	44124	19806	24318	114682	51467
教育学 Education	42052	17939	24113	107259	49143
文学 Literature	146997	53826	93171	343418	151461
历史学 History	13661	6755	6906	22003	12803
理学 Science	98200	49214	48986	202466	131539
工学 Engineering	354291	212905	141386	832124	465508
农学 Agriculture	30370	19154	11216	68966	42099
医学 Medicine	59857	37045	22812	149928	89468
总计中:师范 Of the Total: Teacher Training	152583	52516	100067	280839	118567

分科学生数

Rrgular Higher Educational Institutions

单位: 人

数 Admitted	在校学生数 Enrolment			毕业班学生数 Graduates for Next Year		
专科 Short－cycle Courses	计 Total	本科 Normal Courses	专科 Short－cycle Courses	计 Total	本科 Normal Courses	专科 Short－cycle Courses
1045881	5560900	3400181	2160719	1067255	578823	488432
317	5608	4917	691	1196	1034	162
198206	876452	484579	391873	177021	88841	88180
63215	272016	147963	124053	53917	24836	29081
58116	236208	130533	105675	46966	21919	25047
191957	818568	413974	404594	167112	63515	103597
9200	62246	40288	21958	13645	7871	5774
70927	536776	363637	173139	109778	60225	49553
366616	2148329	1382357	765972	397718	246659	151059
26867	181828	126949	54879	35428	22201	13227
60460	422869	304984	117885	64474	41722	22752
162272	739729	360331	379398	168226	63910	104316

普通高等学校函授部、
Number of Students Enrolled in Correspondence Divisions、Evening Schools and Short－

	函授部、夜大学 Correspondence Divisions and Evening Schools							
	毕业生数 Graduates			招生数 Students Admitted			在校 Enrolment	
	计 Total	本科 Normal Courses	专科 Short－cycle Courses	计 Total	本科 Normal Courses	专科 Short－cycle Courses	计 Total	本科 Normal Courses
总计 Total	416030	94371	321659	790899	224250	566649	1899191	529109
哲学 Philosophy	68	0	68	242	0	242	470	0
经济学 Economics	138528	19766	118762	190102	49281	140821	487780	113914
法学 Law	23048	7903	15145	44448	17843	26605	107571	41301
教育学 Education	32198	11473	20725	82144	23134	59010	161249	56871
文学 Literature	74864	19598	55266	171671	40179	131492	375419	99942
历史学 History	4633	2217	2416	6448	3938	2510	16961	10005
理学 Science	18338	10552	7786	37343	25280	12063	89046	60387
工学 Engineering	89172	18836	70336	169471	47125	122346	444520	108898
农学 Agriculture	7846	747	7099	16281	1903	14378	35956	4160
医学 Medicine	27335	3279	24056	72749	15567	57182	180219	33631
总计中:师范 Of the Total: Teacher Training	67592	25100	42492	166260	57853	108407	356869	136617

普通高等学校学
Changes in

	上学年初报表在校学生数 Total enrolment at beginning of previous academic year	增加学生数 Factors of Increase					
		计 **Total**	招生数 No.of Students Admitted	复学 Students Resuming Studies	其他学校转入 Transfers from Other Inst.	其他 Others	计 **Total**
本专科学生 Undergraduate Students	4275392	2335130	2206072	5505	58808	64745	1049622

夜大学、成人脱产班分科学生数

cycle Courses for Cadres Attached to Regular Institutions of Higher Education

单位:人

学生数	成人脱产班 Short-cycle Courses for Cadres								
	毕业生数 Graduates			招生数 Students Admitted			在校学生数 Mnrolment		
专科 Short-cycle Courses	计 Total	本科 Normal Courses	专科 Short-cycle Courses	计 Total	本科 Normal Courses	专科 Short-cycle Courses	计 Total	本科 Normal Courses	专科 Short-cycle Courses
1370082	135530	9246	126284	257880	51277	206603	519551	99828	419723
470	0	0	0	24	24	0	24	24	0
373866	44212	1369	42843	60808	8850	51958	116853	17674	99179
66270	6480	224	6256	14217	3668	10549	27415	7303	20112
104378	2004	239	1765	3164	441	2723	5225	918	4307
275477	20779	1813	18966	42759	8936	33823	75740	14699	61041
6956	577	2	575	753	65	688	1429	86	1343
28659	3304	194	3110	5040	1131	3909	10472	1772	8700
335622	40697	3342	37355	80951	17944	63007	187951	40862	147089
31796	1818	104	1714	9667	1246	8421	11987	1616	10371
146588	15659	1959	13700	40497	8972	31525	82455	14874	67581
220252	10138	696	9442	18454	2342	16112	31800	4010	27790

生数变动情况

Undergraduate Enrolment

单位:人

减少学生数 Factors of Decrease								本学年初报表在校学生数 Total enrolment at beginning of current academic year
毕业生 Graduates	结业生 Completers of Courses without formal awards	休学 Suspended	退学 Quitting	开除 Expelled	死亡 Dead	转到其他学校 Transfers to Other Inst.	其他 Others	
949767	6037	7356	13663	813	471	42795	28720	5560900

普通高等学校分科专任教师数

Number of Full－time Teachers by Field of Study in Regular Higher Educational Institutions

单位：人

	合计 Total	教授 Prof.	副教授 Asso.Prof.	讲师 Lecturers	助教 Assistants	教员 Instructors	合计中公共课教师 Faculty Members Teaching Basic Courses
总计 Total	462772	43674	138820	166607	89090	24581	91105
其中：女 Of which: Female	176965	6425	43579	71698	43011	12252	35988
哲学 Philosophy	15669	1301	5051	6251	2530	536	8379
经济学 Economics	37772	3041	10588	15169	7199	1775	3659
法学 Law	14097	1003	3642	5752	2875	825	2982
教育学 Education	44416	1797	11552	18233	10123	2711	22201
文学 Literature	84009	5191	21106	31004	20433	6275	24128
历史学 History	8387	1041	2656	3201	1193	296	1420
理学 Science	78904	8660	26955	26500	13253	3536	19545
工学 Engineering	127758	14567	41212	43935	21875	6169	7326
农学 Agriculture	15494	2069	5042	5224	2493	666	321
医学 Medicine	36266	5004	11016	11338	7116	1792	1144

专任教师中本学年内不担任教学工作的人数

Number of Full－time Teachers Carrying No Teaching Load

单位:人

	合计 Total	教授 Prof.	副教授 Asso. Prof.	讲师 Lecturers	助教 Assistants	教员 Instructors
总计 Total	29970	1864	7076	12789	7414	827
脱产进修 On Leave for Upgrading	18457	525	3939	8458	5176	359
科学研究 Scientific Research	3922	789	1517	1163	422	31
外借人员 Working for other Institutions or Org.	641	70	213	244	93	21
因病休养 Convalescents	804	65	198	333	182	26
其他 Others	6146	415	1209	2591	1541	390

非教学人员中有教师职称的人数

Breakdown of Non－Teaching Staff with Academic Ranks

单位:人

	合计 Total	教授 Prof.	副教授 Asso.Prof.	讲师 Lecturers	助教 Assistants
总计 Total	48299	4616	12388	20064	11231
行政人员中 Adm.Personnel	26524	1976	7039	11135	6374
科研机构人员中 Personnel in Research Org.	10927	2324	3434	3906	1263
教辅人员中 Supporting Staff	6251	177	1036	2668	2370
校办厂、场职工中 Employees in School－run Factories & Farms	763	35	188	429	111
附设机构人员中 Personnel in Subsidiary Units	3834	104	691	1926	1113

普通高等学校专

Breakdown of Full－time Teachers by Academic

	合计 Total	研究生毕业 Completion of Postgraduate Courses		
		博士 Doctor's Degrees	硕士 Master's Degrees	未授博士、硕士学位的 Without advanced higher degrees
总计 Total	462772	28228	108210	8511
其中:女教师 of which: Female Teachers	176965	4240	37413	2699
教授 Prof.	43674	8535	9067	1470
副教授 Asso.Prof.	138820	12634	34519	2696
讲师 Lecturers	166607	6030	45678	3189
助教 Assistants	89090	557	14545	979
教员 Instructors	24581	472	4401	177

普通高等学校专

Breakdown of Full－time Teachers by Age

	合计 Total	30岁及以下 30 years & under	31～35岁 31～35years
总计 Total	462772	128463	91770
其中:女教师 of which: Female Teachers	176965	64622	38538
教授 Prof.	43674	23	825
副教授 Asso.Prof.	138820	458	13902
讲师 Lecturers	166607	30006	66311
助教 Assistants	89090	75144	9731
教员 Instructors	24581	22832	1001

普通高等学校教

Supplementary Data for Teachers,

	教职工总数中 Of the Total Number of Staff and Workers				
	函授部、夜大学教职工 Teachers, Staff & Workers in Correspondence Divisions, & Evening Schools		思想政治教育教师 Political Teachers	兼任教师 Part－time Teachers	编制外招聘教师数 Number of teachers recruited beyond authorized strength or size of Staff
	计 Total	其中:专任教师 of which: Full－time Teachers			
人数 Number	24310	10435	27926	21448	7837

任教师学历情况

Qualifications in Regular Higher Educational Institutions

单位:人

高等学校本科毕业 Completion of Normal Undergraduate Courses			高等学校专科毕业及本专科肄业二年以上 Completion of Short-cycle Courses or at least two years of undergraduate courses	高等学校本专科肄业未满两年及以下 Attendance in undergraduate Courses less than 2 years
学士 With Bachelor's Degrees	研究生肄业 Having Some Postgraduate Training	未授学士学位的 Without Bachelor's Degrees		
241097	1087	54639	19189	1811
106957	374	17730	6975	577
11258	98	12378	774	94
55422	360	26400	6387	402
91533	411	11707	7328	731
65420	188	3454	3573	374
17464	30	700	1127	210

任教师年龄情况

in Regular Higher Educational Institutions

单位:人

36～40岁 36～40 years	41～45岁 41～45 years	46～50岁 46～50 years	51～55岁 51～55years	56～60岁 56～60 years	61岁及以上 61years & over
93261	49210	30463	28985	30072	10548
33147	15678	9638	8051	5938	1353
4402	6258	4840	6746	11367	9213
41444	28433	18820	17894	16615	1254
44357	13326	6348	4157	2037	65
2701	1028	338	121	24	3
357	165	117	67	29	13

职工数补充资料

Staff & Workers in Regular HEIs

单位:人

另有其他人员 Employees not elsewhere classified					
聘期一年以上的外国专家、教授 Foreign experts with a term of one year and over	附属中学教职工 Staff & Workers in Attached Sec. Schools	附属小学教职工 Staff & Workers in Attached Primary Schools	现有离退休人员 Number of People on Pension	服务公司等集体所有制人员 Employees of Collective owned Units (Labour Service Co., etc.)	停薪留职人员 Personnel with pay temporarily suspended
2049	18041	7224	398586	27272	4065

普通高等学校专

Changes of Full－time Teachers in Regular

	上学年初报表专任教师数 Total number of full－time teachers at beginning of previous academic year	增加专 Factors				
		合计 Total	当年分配毕业生 New recruits from current year graduates			
			计 Total	其中：博士、硕士毕业 Of which: completing doc. & mas. deg. prog.	其中：本科毕业 Of which: completing 1st degree courses	计 Total
专任教师 Full－time Teachers	426131	68162	24101	8337	14942	32273

普 通 高 等 学

Condition of School Buildings in Regular

	合计 Total	教学及辅助用房 Teaching & Administritive					
		计 Subtotal	教室 Classroom	图书馆 Library	实验实习场附属用房 Lab. and Supplementary building	体育馆 Gymnasium	会堂 hall
校舍建筑总面积 Total Floor Space	207489971	66430329	25786365	8575875	27703396	2589026	1775667
其中:外单位借用面积 of which: Under lease by other units	907736	52146	25020	3069	22899	1158	0
危房面积 Floor space of dilapidated buildings	2814844	748176	282602	50577	360583	19762	34652
当年新增面积 New floor space added in current year	20027127	5475195	2782918	591303	1727538	278733	94703
正在施工面积 Floor space under construction	16898492	7710911	3369074	1104995	2593518	525069	118255
借租用校舍面积 Leased Floorspace	4098525	1378352	929601	97112	239281	86648	25710

任教师变动情况

Higher Educational Institutions

单位：人

任教师数 of Increase			减少专任教师数 Factors of Decrease				本学年初报表专任教师数 Total number of full-time teachers at beginning of current academic year
外单位教师调入 Teachers recruited form other units	校内、外非教师调入 Non-teaching personnel changed into teachers		合计 total	上学年离退休人员 Retired from their posts during previcus academic year	调离教师岗位人员 Transferred from teaching to non-teaching posts	其他 Others	
其中：普通高校调入 Of which: from reg. HEIs	计 Total	其中：本校职工转为教师 Of which: with change of status in their own institutions					
15714	11788	7761	31521	11958	6279	13284	462772

校校舍情况

Higher Educational Institutions

单位：m²

行政办公用房 Adm. BuildingS	生活用房 Residential Building						
	计 Subtotal	学生宿舍 Students' Dormitories	学生食堂 Students' Dining Halls	教工单身宿舍 Apartments for Single	教工及家属住宅 Residences for Teachers & Workers	教工食堂 Halls for Staff & Workers	福利及附属用房 Welfare anxiliary Buildings
9053434	132006208	36661035	6665783	3692778	67281901	889867	16814844
53598	801992	29184	4568	10916	594487	110	162727
162101	1904567	392528	56143	143852	955297	16724	340023
482010	14069922	5736812	792194	423637	6334359	25793	757127
536281	8651300	3300045	648959	160861	3923281	18941	599213
108644	2611529	1984873	152729	24320	276877	2856	169874

社会力量举办的非学历高等教育机构基本情况

Basic Conditions of In-formal Schooling at Non-State Higher Education Institutions

单位：人

	机构数(个) Ins. No	结业生数 No. of Completers		招生数 Entrants		注册学生数 Enrollmant		专职教职工数 Teachers, Staff & Workers			兼职教师 Part-time Teachers
		计 Sub-total	其中：学历文凭 Of which: With Diplomas	计 Sub-total	其中：学历文凭 Of which: With Diplomas	计 Sub-total	其中：学历文凭 Of which: With Diplomas	计 Sub-total	其中：教师 Of which: Teachers	其中：行政人员 Of which: Adm. personnel	
总 计 Total	1282	489871	43971	660597	135808	981672	297145	56501	29515	24829	52804
其中：女 Of which: female		236512	23600	314581	65645	477036	143579	22370	10707	9866	19413

研　究　生

GRADUATE　EDUCATION

全国研究生

Basic Statistics of Graduate

	合计 Total			攻读博士学位 Candidates for Doctor's	
	毕业生数 Graduates	招生数 Entrants	在学研究生数 Enrolment	毕业生数 Graduates	招生数 Entrants
总计 Total	58767	128484	301239	11004	25142
其中:女 of which: Female	18655	44137	100456	2361	6689
委托培养 Students enrolled by contract	7839	22477	51601	1290	5211
哲学 Philosophy	775	1679	4007	201	427
经济学 Economics	7308	14850	35342	701	1894
法学 Law	3820	8198	18890	322	992
教育学 Education	1221	3227	7415	151	419
其中:体育学 of which: Science of Physical Culture & Sports	258	629	1404	20	69
文学 Literature	3714	7754	17622	355	993
其中:艺术学 of which: Science of Art	436	1219	2608	38	115
历史学 History	1026	2106	4981	236	561
理学 Sciences	8077	17707	41733	2408	4829
工学 Engineering	24378	55284	129799	4611	10825
其中:力学 of which: Mechanics	682	1204	3107	219	343
农学 Agriculture	2282	4847	11380	499	1172
其中:林学 of which: Forestry	286	524	1261	48	120
医学 Medicine	6166	12832	30070	1520	3030

基本情况

Education in China

单位: 人

研究生 Degrees	攻读硕士学位研究生 Candidates for Master's Degrees			研究生班研究生 Students Enrolled in Postgraduate Courses not Awarding Degrees		
在学研究生数 Enrolment	毕业生数 Graduates	招生数 Entrants	在学研究生数 Enrolment	毕业生数 Graduates	招生数 Entrants	在学研究生数 Enrolment
67293	47565	102923	233144	198	419	802
16151	16226	37373	84129	68	75	176
11857	6440	17089	39381	109	177	363
1089	574	1252	2918	0	0	0
4657	6518	12849	30450	89	107	235
2484	3498	7204	16401	0	2	5
970	1070	2808	6445	0	0	0
167	238	560	1237	0	0	0
2372	3294	6737	15159	65	24	91
262	333	1086	2264	65	18	82
1383	790	1545	3598	0	0	0
12556	5669	12878	29177	0	0	0
31284	19752	44209	98114	15	250	401
1087	463	861	2020	0	0	0
2971	1783	3675	8409	0	0	0
310	238	404	951	0	0	0
7527	4617	9766	22473	29	36	70

高等学校研究生

Basic Statistics of Graduate Education in

	合计 Total			攻读博士学位 Candidates for Doctor's	
	毕业生数 Graduates	招生数 Entrants	在学研究生数 Enrolment	毕业生数 Graduates	招生数 Entrants
总　计 Total	54838	121386	283913	9409	22292
其中:女 of which: Female	17722	42162	95892	2055	5988
委托培养 Students enrolled by contract	7710	22242	50943	1193	5030
哲　学 Philosophy	725	1615	3848	177	400
经济学 Economics	7075	14501	34418	613	1744
法　学 Law	3692	7987	18356	263	909
教育学 Education	1196	3193	7331	138	402
其中:体育学 of which: Science of Physical Culture & Sports	258	629	1404	20	69
文　学 Literature	3685	7665	17436	340	960
其中:艺术学 of which: Science of Art	426	1201	2564	31	107
历史学 History	1012	2061	4880	228	547
理　学 Sciences	6359	14394	33654	1495	3264
工　学 Engineering	22964	52780	123752	4225	10025
其中:力学 of which: Mechanics	608	1108	2847	188	310
农　学 Agriculture	2165	4703	11002	451	1100
其中:林学 of which: Forestry	270	509	1230	42	108
医　学 Medicine	5965	12487	29236	1479	2941

基本情况

Regular Higher Educational Institutions

单位: 人

研究生 Degrees	攻读硕士学位研究生 Candidates for Master's Degrees			研究生班研究生 Students Enrolled in Postgraduate Courses not Awarding Degrees		
在学研究生数 Enrolment	毕业生数 Graduates	招生数 Entrants	在学研究生数 Enrolment	毕业生数 Graduates	招生数 Entrants	在学研究生数 Enrolment
59837	45231	98675	223274	198	419	802
14457	15599	36099	81259	68	75	176
11303	6408	17035	39277	109	177	363
1013	548	1215	2835	0	0	0
4214	6373	12650	29969	89	107	235
2262	3429	7076	16089	0	2	5
923	1058	2791	6408	0	0	0
167	238	560	1237	0	0	0
2304	3280	6681	15041	65	24	91
240	330	1076	2242	65	18	82
1345	784	1514	3535	0	0	0
8434	4864	11130	25220	0	0	0
29229	18724	42505	94122	15	250	401
984	420	798	1863	0	0	0
2785	1714	3603	8217	0	0	0
286	228	401	944	0	0	0
7328	4457	9510	21838	29	36	70

科研机构研究生

Basic Statistics of Graduate Education

	合计 Total			攻读博士学位 Candidates for Doctor's	
	毕业生数 Graduates	招生数 Entrants	在学研究生数 Enrolment	毕业生数 Graduates	招生数 Entrants
总 计 **Total**	3929	7098	17326	1595	2850
其中:女 of which: Female	933	1975	4564	306	701
委托培养 Students enrolled by contract	129	235	658	97	181
哲 学 Philosophy	50	64	159	24	27
经济学 Economics	233	349	924	88	150
法 学 Law	128	211	534	59	83
教育学 Education	25	34	84	13	17
其中:体育学 of which: Science of Physical Culture & Sports	0	0	0	0	0
文 学 Literature	29	89	186	15	33
其中:艺术学 of which: Science of Art	10	18	44	7	8
历史学 History	14	45	101	8	14
理 学 Sciences	1718	3313	8079	913	1565
工 学 Engineering	1414	2504	6047	386	800
其中:力学 of which: Mechanics	74	96	260	31	33
农 学 Agriculture	117	144	378	48	72
其中:林学 of which: Forestry	16	15	31	6	12
医 学 Medicine	201	345	834	41	89

基本情况

in Research Organizations

单位: 人

研究生 Degrees	攻读硕士学位研究生 Candidates for Master's Degrees			研究生班研究生 Students Enrolled in Postgraduate Courses not Awarding Degrees		
在学研究生数 Enrolment	毕业生数 Graduates	招生数 Entrants	在学研究生数 Enrolment	毕业生数 Graduates	招生数 Entrants	在学研究生数 Enrolment
7456	2334	4248	9870	0	0	0
1694	627	1274	2870	0	0	0
554	32	54	104	0	0	0
76	26	37	83	0	0	0
443	145	199	481	0	0	0
222	69	128	312	0	0	0
47	12	17	37	0	0	0
0	0	0	0	0	0	0
68	14	56	118	0	0	0
22	3	10	22	0	0	0
38	6	31	63	0	0	0
4122	805	1748	3957	0	0	0
2055	1028	1704	3992	0	0	0
103	43	63	157	0	0	0
186	69	72	192	0	0	0
24	10	3	7	0	0	0
199	160	256	635	0	0	0

全国研究生指导教师情况

Basic Data on Supervisors of Postgraduate Programmes in China

单位：人

	合计 Total	30岁及以下 30 years and under	31－35	36－40	41－45	46－50	51－55	56－60	61岁及以上 61 years and over
总　计 Total	88825	322	7056	17722	15057	10298	12048	14670	11652
其中：女 Of which: Female	14782	36	1051	2834	2592	1996	2329	2629	1315
一、分职称 By academic rank									
教授 Professors	39113	10	877	3889	5211	4054	5834	9306	9932
副教授 Asso. Professors	39351	261	5278	11728	8279	5056	4788	3360	601
其他高级职称 with other adv. titles	10361	51	901	2105	1567	1188	1426	2004	1119
二、分指导关系 By supervisory function									
博士导师 Supervisors of doctoral programmes	5982	2	107	340	492	388	560	1285	2808
硕士导师 Supervisors of master's degree prog.	70336	312	6601	15921	12938	8813	9780	10889	5082
博士、硕士导师 Supervisors of doc. & mas. degree programmes	12507	8	348	1461	1627	1097	1708	2496	3762

普通高等学校研究生指导教师情况

Basic Data on Supervisors of Postgraduate Programmes in Regular Higher Educational Institutions

单位：人

	合计 Total	30岁及以下 30 years and under	31－35	36－40	41－45	46－50	51－55	56－60	61岁及以上 61 years and over
总　计 Total	79031	282	6142	15880	13761	9468	11054	12492	9952
其中：女 Of which: Female	13785	32	977	2703	2445	1871	2187	2398	1172
一、分职称 By academic rank									
教授 Professors	35125	8	698	3431	4797	3781	5435	8215	8760
副教授 Asso. Professors	37678	237	4939	11201	7997	4869	4654	3215	566
其他高级职称 with other adv. titles	6228	37	505	1248	967	818	965	1062	626
二、分指导关系 By supervisory function									
博士导师 Supervisors of doctoral programmes	4127	1	61	229	362	296	405	795	1978
硕士导师 Supervisors of master's degree prog.	64049	279	5855	14417	11968	8208	9135	9644	4543
博士、硕士导师 Supervisors of doc. & mas. degree programmes	10855	2	226	1234	1431	964	1514	2053	3431

科研机构研究生指导教师情况

Basic Data on Supervisors of Postgraduate Programmes in Research Organizations

单位：人

	合计 Total	30岁及以下 30 years and under	31－35	36－40	41－45	46－50	51－55	56－60	61岁及以上 61 years and over
总　计 Total	9794	40	914	1842	1296	830	994	2178	1700
其中：女 Of which: Female	997	4	74	131	147	125	142	231	143
一、分职称 By academic rank									
教授 Professors	3988	2	179	458	414	273	399	1091	1172
副教授 Asso. Professors	1673	24	339	527	282	187	134	145	35
其他高级职称 with other adv. titles	4133	14	396	857	600	370	461	942	493
二、分指导关系 By supervisory function									
博士导师 Supervisors of doctoral programmes	1855	1	46	111	130	92	155	490	830
硕士导师 Supervisors of master's degree prog.	6287	33	746	1504	970	605	645	1245	539
博士、硕士导师 Supervisors of doc. & mas. degree programmes	1652	6	122	227	196	133	194	443	331

(二) 中等教育

SECONDARY EDUCATION

1、中等专业学校

SPECIALIZED SECONDARY SCHOOLS

中等专业学校

Basic Statistics of Specialized Secondary

	学校数(所) Schools	毕业生数 Graduates	招生数 Entrants: 计 Total	招高中毕业生数 Graduates From Senior Sec. School	招初中毕业生数 Graduates From Junior Sec. School	在校学生数 Enrolment	合计 Total	计 Subtotal	计 Subtotal
总计 Total	3646	1507237	1325870	47381	1278489	4895159	488083	462739	256419
中等技术学校 Sec. Technical Schools	2963	1195832	1115665	38953	1076712	4125363	397952	374926	203843
工业学校 Industry	957	500456	443758	11739	432019	1768612	152388	141949	76925
农业学校 Agriculture	313	138371	107155	3057	104098	437173	48047	45198	23951
林业学校 Forestry	47	19536	17408	966	16442	69978	7874	7526	3868
医药学校 Health	489	128378	179210	1770	177440	567599	64193	57499	30203
财经学校 Finance & Economics	535	227239	201868	5910	195958	713758	63261	61653	33564
政法学校 Politics&Law	126	40326	40665	12038	28627	115642	14294	14183	6621
体育学校 PhysicalCulture	176	23938	26712	300	26412	82684	15127	14596	8123
艺术学校 Art	168	29819	37127	850	36277	125009	16996	16765	11096
其他学校 Others	152	87769	61762	2323	59439	244908	15772	15557	9492
中等师范学校 Teacher Training Schools	683	311405	210205	8428	201777	769796	90131	87813	52576
其中: Of which:									
幼儿师范学校 Pre-Primary Teacher Training Schools	55	18192	18241	0	18241	57509	7233	6789	4086

中等专业学校学

Changes in Enrolment of

	上学年初报表在校学生数 Total enrolment at beginning of previous academic year	增加学生数 Factors of Increase: 计 Total	本学年初招生数 No. of Students Admitted	复学 Students Resuming Studies	其他学校转入 Transfers from Other Schools	其他 Others	计 Total
总计 Total	5155002	1406532	1325870	3565	15222	61875	1666375
中等技术学校 Sec. Technical Schools	4265954	1181189	1115665	3409	9883	52232	1321780
中等师范学校 Teacher Training Schools	889048	225343	210205	156	5339	9643	344595

分类别情况

Schools by Field of Study

单位:人

教职工数 Teachers, Staff & Workers									兼任教师 Part-time Teachers
校本部教职工 Employees in the School Proper							校办厂、场职工 Employees in School-run Factories & Farms	附设机构人员 Employees in Subsidiary Units	
专任教师 Full-time Teachers				教辅人员 Supporting Staff	行政人员 Adm. Personnel	工勤人员 Workers			
高级讲师 Senior Lecturers	讲师 Lecturers	助理讲师 Assistant Lecturers	教员 Instructors						
48411	112743	86522	8743	44138	87076	75106	13743	11601	10301
39668	91084	66609	6482	36839	72914	61330	12268	10758	10073
15234	34562	24820	2309	14369	27236	23419	7077	3362	4736
4117	10440	8700	694	4872	7490	8885	1872	977	696
895	1743	1198	32	778	1258	1622	276	72	29
7138	13857	8456	752	7364	10732	9200	1778	4916	1651
6402	15708	10576	878	5076	13380	9633	937	671	1170
1080	2904	2335	302	1249	4290	2023	21	90	196
1432	3836	2555	300	887	3075	2511	20	511	134
1980	4320	4156	640	1131	2635	1903	115	116	941
1390	3714	3813	575	1113	2818	2134	172	43	520
8743	21659	19913	2261	7299	14162	13776	1475	843	228
829	1646	1391	220	513	1263	927	95	349	20

生数变动情况

Specialized Sec. Schools

单位:人

上学年毕业生数 Graduates	上学年结业生数 Completers of Courses without formal award	减少学生数 Factors of Decrease						本学年初报表在校学生数 Total enrolment at beginning of current academic year
		休学 Suspended	退学 Quitting	开除 Expelled	死亡 Dead	转到其他学校 Transfers to Other Schools	其他 Others	
1507237	4825	5144	32111	1436	392	24175	91055	4895159
1195832	4734	4875	30396	1345	301	18342	65955	4125363
311405	91	269	1715	91	91	5833	25100	769796

中等专业学校分科学生数

Number of Students by Field of Study in Specialized Secondary Schools

单位: 人

	毕业生数 Graduates	招生数 Entrants			在校学生数 Enrolment	毕业班学生数 Graduates for Next Year
		计 Total	招高中毕业生数 Graduates from Senior Sec. School	招初中毕业生数 Graduates From Junior Sec. School		
总 计 Total	1507237	1325870	47381	1278489	4895159	1507955
工 科 Industry	463022	461400	10566	450834	1765751	488976
农 科 Agriculture	58584	47138	1771	45367	192618	64107
林 科 Forestry	12700	12548	483	12065	49085	14302
医药卫生科 Health	129893	178810	1670	177140	568101	134062
财 经 Finance & Economics	217054	128301	5309	122992	523468	189541
管 理 Administration	169308	142896	3887	139009	540025	177398
政 法 Politics & Law	47534	48471	12712	35759	144693	50972
艺 术 Art	58184	73566	1613	71953	244855	64957
体 育 Physical Culture	20474	25404	300	25104	76433	20571
师 范 Teachier Training	330484	207336	9070	198266	790130	303069
其中: Of which:						
幼儿师范专业 For Pre-Primary Teacher	28008	26041	32	26009	82499	27482
特教师范专业 For Special Education	2084	1987	80	1907	6871	1863

中等专业学校学生数补充资料

Supplementary Data for Total Enrolment of Specialized Secondary Schools

单位: 人

	成人中专学生数 Students in Adult Spec. Sec. Schools			另有其他学生数 Additional categories of students		
	合计 Total	其中: Of Which 招初中毕业生数 From Junior Sec. School	函授 Correspondence	三个月以下 Under 3 mouths	三个月至一年以内 3 Mouth-one year	一年及以上 Over one year
毕业生数 Graduates	201796	102633	47763	121812	30976	50769
招生数 Entrants	125288	59852	39208	46133	21433	53689
在校生数 Enrolment	443405	224912	131030	25774	19179	122858

中等专业学校专任教师年龄情况

Breakdown of Full－time Teachers by Age in Specialized Secondary Schools

单位:人

	合计 Total		30岁以下	31－35	36－40	41－45	46－50	51－55	56－60	61岁以上
	计 Total	其中:女 Of Which: Female	30 years and under							61 years and over
总计 Total	256419	115083	79407	61647	45561	26076	18484	15496	9307	441
高级讲师 Senior Lecturers	48411	17460	70	2124	9703	10158	9022	9610	7317	407
讲师 Lecturers	112743	51019	10953	41519	30572	13977	8522	5363	1809	28
助理讲师 Assistant Lecturers	86522	42202	60620	17508	5111	1815	858	462	142	6
教员 Instructors	8743	4402	7764	496	175	126	82	61	39	0
中等技术学校 Technical Schools	203843	92746	61322	48191	36339	21739	15398	12711	7745	398
高级讲师 Senior Lecturers	39668	14821	62	1774	7901	8369	7397	7755	6041	369
讲师 Lecturers	91084	42241	8952	32923	24247	11728	7176	4500	1533	25
助理讲师 Assistant Lecturers	66609	32504	46647	13087	4046	1535	752	404	134	4
教员 Instructors	6482	3180	5661	407	145	107	73	52	37	0
中等师范学校 Teacher Training Schools	52576	22337	18085	13456	9222	4337	3086	2785	1562	43
高级讲师 Senior Lecturers	8743	2639	8	350	1802	1789	1625	1855	1276	38
讲师 Lecturers	21659	8778	2001	8596	6325	2249	1346	863	276	3
助理讲师 Assistant Lecturers	19913	9698	13973	4421	1065	280	106	58	8	2
教员 Instructors	2261	1222	2103	89	30	19	9	9	2	0

中等专业学校分课

Number of Full－time Teachers of Specialized

	合计 Total	普通课 General Educational Subjects	专 Special			
			工 科 Industry	农 科 Agriculture	林 科 Forestry	医药卫生科 Health
总 计 Total	256419	83575	38162	8108	1750	18013
中等技术学校 Sec. Technical Schools	203843	62072	37904	8098	1745	17988
中等师范学校 Teacher Training Schools	52576	21503	258	10	5	25

中等专业学校分中央部

Basic Statistics of Specialized

	学校数（所） Schools	毕业生数 Graduates	招 生 数 Entrants			在 校 学 生 数 Enrolment	毕业班学生数 Graduates for Next Year	合 计 Total		
			计 Total	招高中毕业生数 Graduates From Senior Sec. School	招初中毕业生数 Graduates From Junior Sec. School				计 Subtotal	计 Subtotal
总 计 Total	3646	1507237	1325870	47381	1278489	4895159	1507955	488083	462739	256419
中央部委所属学校 Run by Contral Ministries & Agencies	147	51684	46363	3201	43162	188395	54711	23731	22073	10390
地方所属学校 Run by Local Authorities	3499	1455553	1279507	44180	1235327	4706764	1453244	464352	440666	246029

中等专业学校女学

Number of Female Students, Teachers, Staff &

	女 学 生 数 Female Students						合 计 Total		
	毕业生数 Graduates	招 生 数 Entrants			在校学生数 Enrolmen	毕业班学生数 Graduates for Next Year		计 Subtotal	
		计 Total	招高中毕业生数 Graduates From Senior Sec. School	招初中毕业生数 Graduates From Junior Sec. School					计 Subtotal
总 计 Total	804643	747174	20889	726285	2773058	813039	211167	200005	115083
中等技术学校 Sec. Technical Schools	607760	603493	16274	587219	2253552	629522	174034	164259	92746
中等师范学校 Teacher Training Schools	196883	143681	4615	139066	519506	183517	37133	35746	22337

程专任教师数

Secondary Schools by Subject Taught

单位:人

业 课 Subjects						技术基础课 Basic Technical Subjects	实习指导课 Practice Course
财经科 Finance & Economics	管理科 Administration	政法科 Politics & Law	艺术科 Art	体育科 Physical Culture	师范科 Teacher Training		
17740	7563	6355	15258	10584	26752	17009	5550
17720	7452	6188	11066	8761	3446	15931	5472
20	111	167	4192	1823	23306	1078	78

门、地方学校基本情况

Secondary Schools by Control

单位:人

教 职 工 数 Teachers, Staff & Workers									兼任教师(不在教工数中) Part-time Teachers
校本部教职工 Employees in the School Proper							校办厂、场职工 Employees in School-run Factories & Farms	附设机构人员 Employees in Subsidiary Units	
专任教师 Full-time Teachers				教辅人员 Supporting Staff	行政人员 Adm. Personnel	工勤人员 Workers			
高级讲师 Senior Lecturers	讲师 Lecturers	助理讲师 Assistant Lecturers	教员 Instructors						
48411	112743	86522	8743	44138	87076	75106	13743	11601	10301
2361	5030	2788	211	2749	4745	4189	1038	620	403
46050	107713	83734	8532	41389	82331	70917	12705	10981	9898

生和女教职工数

Workers in Specialized Secondary Schools

单位:人

女教职工数 Female Teachers, Staff & Workers									兼任教师(不在教工数中) Part-time Teachers
校本部女教职工 Female Employees in the School Proper							校办厂、场职工 Employees in School-run Factories & Farms	附设机构人员 Employees in Subsidiary Units	
专任女教师 Female Full-time Teachers				教辅人员 Supporting Staff	行政人员 Adm. Personnel	工勤人员 Workers			
高级讲师 Senior Lecturers	讲师 Lecturers	助理讲师 Assistant Lecturers	教员 Instructors						
17460	51019	42202	4402	25095	33587	26240	4944	6218	3526
14821	42241	32504	3180	20814	28942	21757	4213	5562	3465
2639	8778	9698	1222	4281	4645	4483	731	656	61

中等专业学校专

Changes of Full－time Teachers

	上学年初报表在校学生数 Number of Total full－time teachers at beginning of previous academic year	合计 Total	增加专任教 Factors of					
			当年分配毕业生 New recruits from current year graduates					其他校 Teachers from
			计 total	研究生 Completing postgraduate courses	本科生 Completing 1st degree courses	专科生 Completing short－cycle courses	中专生 Completing SSS courses	计 total
总 计 Total	267590	17502	7067	153	5597	1113	204	6440
中等技术学校 Sec. Technical Schools	209187	14300	5529	134	4370	846	179	5215
中等师范学校 Teacher Training Schools	58403	3202	1538	19	1227	267	25	1225

中等专业学校专任教师学历情况

Breakdown of Full－time Teachers by Educational Attainment in Specialized Sec.Schools

单位:人

	合计 Total	高等学校本科毕业及以上 Completion of Normal Courses in IHEs	高等学校专科毕业及本专科肄业两年以上 Completion of Short－cycle Courses or at least 2 years of Undergraduate Courses	高等学校本专科肄业未满两年 Less than 2 years attendance at IHEs	中专、高中毕业及以下 Completion of Specialized or General Sec.Ed . & Lower
总 计 Total	256419	186816	55961	1724	11918
中等技术学校 Sec.Technical Schools	203843	145113	46313	1474	10943
中等师范学校 Teacher Training Schools	52576	41703	9648	250	975

中等专业学

Condition of School Buildings in

	合计 Total				
	计 Total	教学辅助用房 Teaching & assistant building	行政办公用房 Administritive	生活福利用房 Residential and Welfare	计 Total
校舍建筑面积 Floor Space	104118517	38416150	6242260	59460107	85884560
其中:被外单位借占面积 of which: Under long－term lease or occupation by other units	340401	149019	19457	171925	325720
危房面积 Floor space of dilapidated buildings	880084	199685	38626	641773	721061
当年新增面积 New floor space added in current year	4516064	1701623	222067	2592374	3800767
正在施工面积 Floor space under construction	2601432	1228540	184211	1188681	2110574
借、租用校舍面积 Leased floor space	919542	406516	40472	472554	885277

任教师变动情况

in Specialized Sec. Schools

单位：人

师数 Increase			减少专任教师 Factors of Decrease				本学年初报表专任教师数 Total number of full－time teachers at beginning of current academic year
教师调入 recruited other units	非教师调入 Non－teaching personnel changed into teachers		合计 Total	上学年内离退休人数 Retired from their posts during previous academic year	调离教师岗位人员 Transferred from teaching to non－teaching posts	其他 Others	
其中：中等专业学校调入 Of which: from other SSSs	计 Total	其中：本校职工转为教师 Of which: change of status in their own institutions					
3579	3995	2879	28673	4368	3746	20559	256419
2998	3556	2518	19644	3529	2914	13201	203843
581	439	361	9029	839	832	7358	52576

中等专业学校其他情况

Supplementary Data on Specialized Secondary Schools

	学校占地面积（平方米）Area of school site (m^2)	学校藏书（万册）Library collections (in 10000 volumes)	固定资产总额（万元）Fixed assets (in 10000 yuan)	科研仪器设备值（万元）Equipments & Instruments for Teaching and Research (in 10000 yuan)	生产实习设备值（万元）Equipments for Production and Practive (in 10000 yuan)
总　计 Total	283251717	23547.19	5689015.52	1076965	349889
中等技术学校 Sec.Technical Schools	219274018	18897.95	4560839.24	815281	313048
中等师范学校 Teacher Training Schools	63977699	4649.24	1128176.28	261684	36841

校校舍情况

Specialized Secondary Schools

单位：m^2

中等技术学校 Secondary Technical Schools			中等师范学校 Teacher Training Schools			
教学辅助用房 Teaching & assistant building	行政办公用房 Administritive	生活福利用房 Residential and Welfare	计 Total	教学辅助用房 Teaching & assistant building	行政办公用房 Administritive	生活福利用房 Residential and Welfare
31596434	5130200	49157926	18233957	6819716	1112060	10302181
146469	19457	159794	14681	2550	0	12131
165925	30941	524195	159023	33760	7685	117578
1414408	190364	2195995	715297	287215	31703	396379
979657	167026	963891	490858	248883	17185	224790
396603	39652	449022	34265	9913	820	23532

2、普通中学

GENERAL SECONDARY SCHOOLS

普通中学校数、班数

Number of General Secondary Schools and Classes

	学 校 数 (所) Schools				班数 (个) Classes	
	计 Total	初级中学 Junior Sec. Schools	高级中学 Senior Sec. Schools	完全中学 Complete Sec. Schools	初 中 Junior Sec. Schools	高 中 Senior Sec. Schools
总计 Total	77268	62704	4827	9737	1328209	219945
教育部门和集体办 Run by Ed. Dept. & Communities	68255	57022	3924	7309	1227120	192275
其他部门办 Run by Non-ed. Dept.	5697	3883	259	1555	68970	16033
民办 Run by private and other social sources	3316	1799	644	873	32119	11637
城市 Urban	14473	8713	1750	4010	287993	88067
教育部门和集体办 Run by Ed. Dept. & Communities	9474	5862	1155	2457	224941	68687
其他部门办 Run by Non-ed. Dept.	3282	2147	177	958	44482	11453
民办 Run by private and other social sources	1717	704	418	595	18570	7927
县镇 County Seats & Towns	20853	14678	2201	3974	409827	102681
教育部门和集体办 Run by Ed. Dept. & Communities	18719	13355	1949	3415	388950	96823
其他部门办 Run by Non-ed. Dept.	1041	663	53	325	10972	2660
民办 Run by private and other social sources	1093	660	199	234	9905	3198
农村 Rural	41942	39313	876	1753	630389	29197
教育部门和集体办 Run by Ed. Dept. & Communities	40062	37805	820	1437	613229	26765
其他部门办 Run by Non-ed. Dept.	1374	1073	29	272	13516	1920
民办 Run by private and other social sources	506	435	27	44	3644	512
总计中 Of the total						
四年制初中 4-year junior sec. Schools	4065	4065	0	0	82154	0
小学附设初中班 Junior Sec. Classes attached to primary schools	0	0	0	0	28236	0

普 通 中 学

Number of Students in

	毕业生数 Graduates		招生数 Students Admitted			初 Junior
	初中 Junior Sec. Schools	高中 Senior Sec. Schools	初中 Junior Sec. Schools	高中 Senior Sec. Schools	计 Total	一年级 Grade 1
总计 Total	16070868	3015089	22633039	4726861	61676458	22681131
教育部门和集体办 Run by Ed. Dept. & Communities	15348609	2745411	21386905	4215551	58365501	21430293
其他部门办 Run by Non-ed. Dept.	567258	198431	814246	270794	2331036	817675
民办 Run by private and other social sources	155001	71247	431888	240516	979921	433163
城市 Urban	2645492	1164590	3703475	1764846	10346351	3707698
教育部门和集体办 Run by Ed. Dept. & Communities	2201795	973460	2988556	1424203	8391297	2990007
其他部门办 Run by Non-ed. Dept.	365954	142541	515739	198120	1488038	517900
民办 Run by private and other social sources	77743	48589	199180	142523	467016	199791
县镇 County Seats & Towns	4387459	1458461	6270774	2318434	17045443	6282656
教育部门和集体办 Run by Ed. Dept. & Communities	4256371	1406213	5987171	2188706	16347165	5998190
其他部门办 Run by Non-ed. Dept.	81409	31793	124140	43454	348304	124453
民办 Run by private and other social sources	49679	20455	159463	86274	349974	160013
农村 Rural	9037917	392038	12658790	643581	34284664	12690777
教育部门和集体办 Run by Ed. Dept. & Communities	8890443	365738	12411178	602642	33627039	12442096
其他部门办 Run by Non-ed. Dept.	119895	24097	174367	29220	494694	175322
民办 Run by private and other social sources	27579	2203	73245	11719	162931	73359
总计中 Of the total						
四年制初中 4-year junior sec. Schools	643656	0	1359106	0	4398086	1376503
小学附设初中班 Junior Sec. Classes attached to primary schools	273261	0	535870	0	1333597	542350
女学生 Female Students	7536278	1233891	10661644	2007167	28985775	10684800

学 生 数

General Secondary Schools

单位:人

中 Sec.Schools			在校学生数 Enrolment 高中 Senior Sec. Schools			
二年级 Grade 2	三年级 Grade 3	四年级 Grade 4	计 Total	一年级 Grade 1	二年级 Grade 2	三年级 Grade 3
20588784	17723599	682944	12012643	4735112	3835367	3442164
19493537	16829807	611864	10764849	4221819	3438076	3104954
770874	672542	69945	733027	272041	239247	221739
324373	221250	1135	514767	241252	158044	115471
3458520	3011073	169060	4623869	1767726	1502605	1353538
2814436	2472248	114606	3761086	1425477	1223284	1112325
487326	429242	53570	535586	199219	174797	161570
156758	109583	884	327197	143030	104524	79643
5741468	4911403	109916	5810662	2323419	1835008	1652235
5509018	4735288	104669	5531360	2193398	1752002	1585960
119314	99371	5166	116005	43566	37549	34890
113136	76744	81	163297	86455	45457	31385
11388796	9801123	403968	1578112	643967	497754	436391
11170083	9622271	392589	1472403	602944	462790	406669
164234	143929	11209	81436	29256	26901	25279
54479	34923	170	24273	11767	8063	4443
1327743	1010896	682944	0	0	0	0
453520	330576	7151	0	0	0	0
9662779	8310252	327944	5038057	2014577	1599891	1423589

教 职
Teachers,

	合 计 Total	专任教师 Full-time Teachers		
		计 Total	初中 Junior Sec. Schools	高中 Senior Sec. Schools
总计 Total	4910968	4005458	3248608	756850
教育部门办 Run by Ed. Dept.	4462585	3683270	3008322	674948
其他部门办 Run by Non-ed.Dept	307670	230655	173370	57285
集体办 Communities	41352	25140	24882	258
民办 Run by private and other social sources	99361	66393	42034	24359
城市 Urban	1249134	944165	647384	296781
教育部门办 Run by Ed. Dept.	985207	753278	513090	240188
其他部门办 Run by Non-ed.Dept	198212	150861	110830	40031
集体办 Communities	5617	663	551	112
民办 Run by private and other social sources	60098	39363	22913	16450
县镇 County Seats & Towns	1590535	1274967	918947	356020
教育部门办 Run by Ed. Dept.	1505568	1215157	875893	339264
其他部门办 Run by Non-ed.Dept	49863	37662	27614	10048
集体办 Communities	5283	2134	2035	99
民办 Run by private and other social sources	29821	20014	13405	6609
农村 Rural	2071299	1786326	1682277	104049
教育部门办 Run by Ed. Dept.	1971810	1714835	1619339	95496
其他部门办 Run by Non-ed.Dept	59595	42132	34926	7206
集体办 Communities	30452	22343	22296	47
民办 Run by private and other social sources	9442	7016	5716	1300
总计中:女教职工 Of the total Female Teachers, Staff & Workers	1934031	1657446	1384336	273110

教 职 工 数
in General Secondary Schools

单位:人

工 数 Staff & Workers: 行政人员 Adm. Personnel	工勤人员 Workers	校办工厂、农场职工 Employees in School-run Factories & Farms: 计 Total	其中:由厂、场收入支付工资的职工 Employees maintained by income of school-run businesses	代课教师 Substitute Teachers	临时工 Temporary Workers	兼任教师 Part-time Teachers
467787	406308	31415	14183	104364	97382	23128
414343	341721	23251	8004	76843	73942	9943
39177	35145	2693	1324	3098	1888	1520
1046	10234	4932	4605	15667	15653	476
13221	19208	539	250	8756	5899	11189
180117	105520	19332	10336	15848	20622	12319
143828	75253	12848	5382	9059	14658	3519
26936	18565	1850	743	1826	1278	1158
112	674	4168	4029	408	933	38
9241	11028	466	182	4555	3753	7604
148812	157576	9180	2913	26139	36963	6855
139522	142648	8241	2232	19674	29041	3502
5904	6019	278	135	331	305	274
170	2377	602	492	3441	6066	35
3216	6532	59	54	2693	1551	3044
138858	143212	2903	934	62377	39797	3954
130993	123820	2162	390	48110	30243	2922
6337	10561	565	446	941	305	88
764	7183	162	84	11818	8654	403
764	1648	14	14	1508	595	541
123402	141319	11864	6579	47575	42179	7136

普通中学分课程专
Number of Full-time General Secondary School Teachers

	合　计 Total	初　中 Junior Sec. Schools			
		计 Total	大学本科毕业及以上 Completion of Normal Courses in IHEs	大学专科毕　业 Completion of Short-cycle Courses in IHEs	中专毕业 Complete Specialized Sec. Education
总　计 **Total**	4005458	3248608	460527	2368424	356705
政　治 Politics	289607	236015	40034	168565	22692
语　文 Language & Literature	780957	661289	105299	491143	58078
数　学 Math	735778	617736	83464	465307	60263
物　理 Physics	322774	240330	34724	184017	18264
化　学 Chemistry	232286	153399	25554	115498	10294
生　物 Biology	153187	124783	21678	83616	16249
地　理 Geography	148523	120813	17740	81955	17187
历　史 History	190564	146309	24233	100833	17471
英　语 English	577059	470942	51549	378487	35020
俄　语 Russian	2754	1751	239	1309	156
日　语 Japanese	1443	895	226	577	76
体　育 Physical Culture	198767	157096	22129	100799	29174
生理卫生 Physiology & Hygiene	14452	13827	981	8491	3627
音　乐 Music	77960	70466	4925	43968	19874
美　术 Fine Arts	75440	67697	5148	45299	15400
计算机课 Computer Literacy	44612	31777	6010	21527	3950
职业劳动 Vocational Practice	35568	32513	2602	19212	7750
其他课 Others	28904	23902	3331	14299	4671
不任课 No Teaching Load	94823	77068	10661	43522	16509

任教师学历情况
by Subject Taught & Educational Attainment

单位: 人

	高中 Senior Sec. Schools				
高中毕业及以下的 Complete Sec. Education & Lower	计 Total	大学本科毕业及以上 Completion of Normal Courses in IHEs	大学专科毕业 Completion of Short-cycle Courses in IHEs	中专毕业 Complete Specialized Sec. Education	高中毕业及以下的 Complete Sec. Education & Lower
62952	756850	517888	228775	7782	2405
4724	53592	39168	13911	405	108
6769	119668	87779	31080	628	181
8702	118042	88178	29229	416	219
3325	82444	59410	22435	376	223
2053	78887	57614	20714	371	188
3240	28404	20519	7664	172	49
3931	27710	19171	8236	225	78
3772	44255	32094	11908	189	64
5886	106117	64134	41330	480	173
47	1003	684	306	12	1
16	548	367	164	15	2
4994	41671	22651	17177	1512	331
728	625	261	281	72	11
1699	7494	2578	4395	474	47
1850	7743	2871	4507	325	40
290	12835	7134	5420	252	29
2949	3055	1261	1445	257	92
1601	5002	2419	2070	373	140
6376	17755	9595	6503	1228	429

普通中学专任教师专业

Full-Time Teachers in General Secondary

	合计 Total	25岁及以下 25 years and under	26-30	31-35
合计 Total	4005458	819038	962230	835001
初中：小计 Junior Sec. Schools Subtotal	3248608	705588	793232	649128
其中：女 Of which: Female	1384336	362999	369678	285075
高级 Senior	106374	75	118	1925
一级 1st grade	887196	1921	41383	206274
二级 2nd grade	1426203	125451	563819	403466
三级 3rd grade	406653	232788	129993	26840
未评级 Rank undecided	422182	345353	57919	10623
高中：小计 Senior Sec. Schools Subtotal	756850	113450	168998	185873
其中：女 Of which: Female	273110	57218	71207	68346
高级 Senior	123187	60	278	4789
一级 1st grade	282778	749	24234	111797
二级 2nd grade	254624	37554	126659	67292
三级 3rd grade	28008	16291	9598	1383
未评级 Rank undecided	68253	58796	8229	612

技术职务、年龄结构情况

Schools Broken Down by Rank and Age

单位：人
Unit: person

36－40	41－45	46－50	51－55	56－60	61岁及以上 61 years and over	总计中：女 Of the total female
492519	322957	234508	224840	108482	5883	1657446
375277	267435	196489	178435	80681	2343	1384336
142915	94179	68869	55231	5029	361	0
8868	15208	23336	37018	18495	1331	45799
187504	159988	125743	112475	51134	774	339302
166139	86268	44310	26649	9955	146	605301
8986	4240	1955	1280	544	27	181884
3780	1731	1145	1013	553	65	212050
117242	55522	38019	46405	27801	3540	273110
35751	15728	10474	11593	2495	298	0
20545	20066	19220	32353	22628	3248	31581
80460	30834	16813	12913	4741	237	95425
15604	4314	1808	1019	353	21	101606
377	187	83	50	24	15	11305
256	121	95	70	55	19	33193

普通中学校舍情况

Condition of School Buildings in General Secondary Schools

	总计 Total	城市 Urban	县镇 County Seats & Towns	农村 Rural
教学及辅助用房(平方米) Teaching & assistant buildings	222169547	62648067	70215769	89305711
行政办工用房(平方米) Administritive	52616662	16707844	16532152	19376666
生活用房(平方米) Residential and Welfare	208137007	49968573	74744217	83424217
校舍建筑面积(平方米) Floor Space	482923216	129324484	161492138	192106594
其中: Of which:				
当年新增面积(平方米) New floor space added in current year	24570659	7419524	9860508	7290627
危险房屋面积(平方米) Floor space of dilapidated buildings	4758003	852542	1379194	2526267

普通初中班额情况

Size of Junior Secondary Classes

	班数(个) No. of Classes	班额(班) Size of Classes					
		25人及以下 25 and under	26－35	36－45	46－55	56－65	66人及以上 66 and over
总计 Total	1108264	11991	45278	176705	392548	305062	176680
城市 Urban	199926	3822	13057	40802	71321	46881	24043
县镇 County Seats & Towns	307146	2389	9040	44493	114574	87006	49644
农村 Rural	601192	5780	23181	91410	206653	171175	102993

3、职业中学

VOCATIONAL SCHOOLS

职业中学校数、

Number of Schools, Classes, Graduates

	学校数(所) Schools			
	计 Total	初 中 Junior Sec. Schools	高 中 Senior Sec. Schools	初、高中合设 Junior & Senior Sec. Schools
总计 Total	8849	1194	7189	466
教育部门和集体办 Run by Ed. Dept. & Communities	6481	1164	4913	404
其他部门办 Run by Non-ed. Dept.	1369	9	1335	25
民办 Run by private and other social sources	999	21	941	37
城市 Urban	3430	30	3288	112
教育部门和集体办 Run by Ed. Dept. & Communities	1728	26	1638	64
其他部门办 Run by Non-ed. Dept.	936	2	911	23
民办 Run by private and other social sources	766	2	739	25
县镇 County Seats & Towns	3028	166	2650	212
教育部门和集体办 Run by Ed. Dept. & Communities	2479	152	2126	201
其他部门办 Run by Non-ed. Dept.	350	4	345	1
民办 Run by private and other social sources	199	10	179	10
农村 Rural	2391	998	1251	142
教育部门和集体办 Run by Ed. Dept. & Communities	2274	986	1149	139
其他部门办 Run by Non-ed. Dept.	83	3	79	1
民办 Run by private and other social sources	34	9	23	2
总计中 Of the total				
教育部门其他部门联办 Run by Ed. Dept. & Non-ed. Dept.	282	8	256	18
其他学校附设 Attached to other schools	0	0	0	0
女学生 Female Students	0	0	0	0

班数、毕业生数和招生数

& Students Admitted in Vocational Schools

班数（个） Classes		毕业生数（人） Graduates		招生数（人） Students Admitted	
初中 Junior	高中 Senior	初中 Junior	高中 Senior	初中 Junior	高中 Senior
15896	97782	263600	1499236	322744	1503904
15585	78856	260314	1188478	315147	1219059
91	12376	1015	225926	1878	165425
220	6550	2271	84832	5719	119420
574	49324	7393	758054	12156	681155
434	34648	5670	525260	9948	466089
69	9447	739	166621	1168	123869
71	5229	984	66173	1040	91197
3169	35612	47020	538059	63565	604812
3074	31983	46552	470222	61513	543688
11	2496	87	52221	578	35467
84	1133	381	15616	1474	25657
12153	12846	209187	203123	247023	217937
12077	12225	208092	192996	243686	209282
11	433	189	7084	132	6089
65	188	906	3043	3205	2566
149	4680	1953	71202	3955	63179
868	5079	14780	92853	7574	64845
0	0	115003	709562	145500	682550

职业中学在校学

Enrolment of Vocational

	在校学生数 Enrolment					
	合计 Total	初中 Junior				
		计 Total	一年级 Grade 1	二年级 Grade 2	三年级 Grade 3	计 Total
总计 Total	5032062	886429	322887	284449	279093	4145633
教育部门和集体办 Run by Ed. Dept. & Communities	4156622	869739	315275	279447	275017	3286883
其他部门办 Run by Non-ed. Dept.	572029	5141	1893	1523	1725	566888
民办 Run by private and other social sources	303411	11549	5719	3479	2351	291862
城市 Urban	2082509	27571	12156	8478	6937	2054938
教育部门和集体办 Run by Ed. Dept. & Communities	1418183	21029	9948	6360	4721	1397154
其他部门办 Run by Non-ed. Dept.	431331	3835	1168	1197	1470	427496
民办 Run by private and other social sources	232995	2707	1040	921	746	230288
县镇 County Seats & Towns	1695272	159076	63620	49097	46359	1536196
教育部门和集体办 Run by Ed. Dept. & Communities	1513651	155272	61553	47980	45739	1358379
其他部门办 Run by Non-ed. Dept.	124102	840	593	167	80	123262
民办 Run by private and other social sources	57519	2964	1474	950	540	54555
农村 Rural	1254281	699782	247111	226874	225797	554499
教育部门和集体办 Run by Ed. Dept. & Communities	1224788	693438	243774	225107	224557	531350
其他部门办 Run by Non-ed. Dept.	16596	466	132	159	175	16130
民办 Run by private and other social sources	12897	5878	3205	1608	1065	7019
总计中 Of the total						
教育部门其他部门联办 Run by Ed. Dept. & Non-ed. Dept.	205817	8170	4055	2311	1804	197647
其他学校附设 Attached to other schools	260856	39024	7574	14001	17449	221832
女学生 Female Students	2373645	404470	145963	130021	128486	1969175

生数和毕业班学生数

Schools and Graduates for Next Year

单位:人

高中 Senior						毕业班学生数 Graduates for Next Year	
二年制 2-year		三年制 3-year			四年制 4-year	初中 Junior	高中 Senior
一年级 Grade 1	二年级 Grade 2	一年级 Grade 1	二年级 Grade 2	三年级 Grade 3			
279054	241738	1212857	1134415	1202799	74770	275284	1469885
214546	185778	995428	896308	934145	60678	271028	1141423
30528	30573	133204	166927	195967	9689	1725	229185
33980	25387	84225	71180	72687	4403	2531	99277
84482	74970	585504	590208	655915	63859	7456	747167
42822	38595	414859	405496	444434	50948	5240	495818
19717	20625	102572	125728	150212	8642	1470	173187
21943	15750	68073	58984	61269	4269	746	78162
142082	118848	461832	398749	405224	9461	48477	531628
121644	100721	421183	351539	354819	8473	47677	462801
8686	8863	26695	36768	41263	987	80	50421
11752	9264	13954	10442	9142	1	720	18406
52490	47920	165521	145458	141660	1450	219351	191090
50080	46462	159386	139273	134892	1257	218111	182804
2125	1085	3937	4431	4492	60	175	5577
285	373	2198	1754	2276	133	1065	2709
10864	9048	50999	52468	57380	16888	2044	70597
12553	12754	53462	62007	78001	3055	17250	91893
119072	100136	566281	547031	595419	41236	125960	708246

职业中学高中
Number of Senior Level Students in

	合计 Total	工科 Industry	农科 Agriculture	林科 Forestry	医药卫生科 Health
毕业生数 Graduates	1499236	550471	113034	24538	111013
招生数 Students Admitted	1503904	658538	119832	26689	88910
在校学生数 Enrolment	4145633	1658713	324335	74907	322094
毕业班学生数 Graduates for Next Year	1469885	540389	121912	28227	126554

职业中学
Number of Teachers, Staff

	教职 Teachers, Staff					
	合计 Total	专任教师 Full-time Teachers			行政人员 Adm. Personnel	工勤人员 Workers
		计 Total	初中 Junior	高中 Senior		
总计 Total	446863	320016	38252	281764	63443	52998
教育部门办 Run by Ed. Dept.	379515	279845	37389	242456	50821	42447
其他部门办 Run by Non-ed. Dept.	46228	28129	234	27895	8441	6884
集体办 Run by Communities	2775	824	268	556	255	735
民办 Run by private & other Social Sources	18345	11218	361	10857	3926	2932
城市 Urban	193027	130132	1705	128427	35541	21357
教育部门办 Run by Ed. Dept.	143926	100721	1378	99343	25330	14398
其他部门办 Run by Non-ed. Dept.	33924	20812	167	20645	6679	4668
集体办 Run by Communities	957	161	3	158	170	107
民办 Run by private & other Social Sources	14220	8438	157	8281	3362	2184
县镇 County Seats & Towns	165847	120175	7912	112263	19963	22652
教育部门办 Run by Ed. Dept.	151298	111471	7727	103744	17890	19781
其他部门办 Run by Non-ed. Dept.	10149	6196	19	6177	1540	1951
集体办 Run by Communities	883	174	39	135	29	271
民办 Run by private & other Social Sources	3517	2334	127	2207	504	649
农村 Rural	87989	69709	28635	41074	7939	8989
教育部门办 Run by Ed. Dept.	84291	67653	28284	39369	7601	8268
其他部门办 Run by Non-ed. Dept.	2155	1121	48	1073	222	265
集体办 Run by Communities	935	489	226	263	56	357
民办 Run by private & other Social Sources	608	446	77	369	60	99
总计中 Of the total						
女教职工 Fema;e Teachers, Staff & Workers	180220	137147	12692	124455	20015	19230

阶段分科学生数

Vocational Schools by Field of Study

单位: 人

财经科 Finance & Economics	管理科 Administration	政法 Politics & Law	艺术 Art	体育 Physical Culture	师范 Teacher Training
261330	203300	38623	88226	21518	87183
187646	201513	25988	90024	21763	83001
572784	567662	83514	255544	58471	227609
216643	204820	36438	90147	22801	81954

教 职 工 数

& Workers in Vocational Schools

单位: 人

工数 & Workers 校办工厂、农场职工 Employees in School－run Factories & Farms 计 Total	其中: 由厂、场收入支付工资的职工 Employees maintained by income of school－run businesses	代课教师 Substitute Teachers	临时工 Temporary Workers	兼任教师 Part－time Teachers
10406	5752	11334	12745	22975
6402	3206	6809	9467	8042
2774	1500	1611	1212	6922
961	842	836	1099	444
269	204	2078	967	7567
5997	3367	4794	4791	15492
3477	2017	1835	3116	3480
1765	720	1250	908	5165
519	452	59	124	251
236	178	1650	643	6596
3057	1463	4288	5812	5585
2156	810	3485	4865	2933
462	241	328	284	1644
409	386	123	404	111
30	26	352	259	897
1352	922	2252	2142	1898
769	379	1489	1486	1629
547	539	33	20	113
33	4	654	571	82
3	0	76	65	74
3828	2463	4128	4536	6802

职业中学专

Number of Full－time Vocational

	合计 Total	初中 Junior Sec .Schools			
		计 Total	大学本科毕业及以上 Completion of Normal Courses in IHEs	大学专科毕业 Completion of Short－cycle Courses in IHEs	中专毕业 Complete Specialized Sec. Education
总计 Total	320016	38252	2995	26408	7806
文化课 Cultural Subjects	167943	33453	2686	23550	6421
专业课 Special Subjects	0	0	0	0	0
工科 Industry	51614	316	38	200	63
农科 Agriculture	12471	1391	96	819	412
林科 Forestry	2573	379	17	271	74
医药卫生科 Health	7462	62	4	32	22
财经科 Finance & Economics	19245	78	6	56	13
管理科 Administration	11949	101	16	77	5
政法 Politics & Law	2791	102	13	69	19
艺术 Arts	12857	476	27	257	177
体育 Physical Culture	8232	952	34	535	315
师范 Teacher Training	7631	209	16	149	36
实习指导课 Practice Course	7420	113	2	52	46
不任课 No Teaching Load	7828	620	40	341	203

任教师学历情况
School Teachers by Educational Attainment

单位:人

高中毕业及以下 Complete General Sec. Education & Lower	高中 Senior Sec. Schools 计 Total	大学本科毕业及以上 Completion of Normal Courses in IHEs	大学专科毕业 Completion of Short-cycle Courses in IHEs	中专毕业 Complete Specialized Sec. Education	高中毕业及以下 Complete General Sec. Education & Lower
1043	281764	124911	136267	16782	3804
796	134490	66123	62134	5180	1053
0	0	0	0	0	0
15	51298	23015	25279	2448	556
64	11080	4465	5785	744	86
17	2194	940	1101	131	22
4	7400	2588	3408	1302	102
3	19167	8300	9735	1010	122
3	11848	5242	5947	512	147
1	2689	1206	1323	123	37
15	12381	3634	7061	1459	227
68	7280	2654	3679	737	210
8	7422	2825	3712	813	72
13	7307	1631	3664	1269	743
36	7208	2288	3439	1054	427

职业中学专任教师专业

Full-Time Teachers in Vocational

	合 计 Total	25岁及以下 25 years and under	26－30	31－35
合 计 Total	320016	54810	82331	68942
初中：小计 Junior Sec. Schools Subtotal	38252	8442	9720	7494
其中：女 Of which: Female	12692	3847	3737	2553
高 级 Senior	417	0	1	9
一 级 1st grade	7404	32	257	1291
二 级 2nd grade	18164	1117	6046	5330
三 级 3rd grade	6608	3126	2382	588
未评级 Rank undecided	5659	4167	1034	276
高中：小计 Senior Sec. Schools Subtotal	281764	46368	72611	61448
其中：女 Of which: Female	124455	25409	36464	27543
高 级 Senior	24335	25	114	639
一 级 1st grade	91582	327	6455	27351
二 级 2nd grade	115475	14274	53005	30584
三 级 3rd grade	21315	10943	7637	1632
未评级 Rank undecided	29057	20799	5400	1242

技术职务、年龄结构情况

Schools Broken Down by Rank and Age

单位：人
Unit: person

36－40	41－45	46－50	51－55	56－60	61岁及以上 61 years and over	总计中：女 Of the total female
39685	24857	18914	19560	9863	1054	137147
4766	3269	2052	1636	835	38	12692
1255	696	366	197	39	2	0
28	59	78	124	111	7	83
1550	1558	1112	1026	552	26	1554
2774	1508	786	444	157	2	6167
299	118	57	29	9	0	2496
115	26	19	13	6	3	2392
34919	21588	16862	17924	9028	1016	124455
13632	8114	6284	6056	782	171	0
2337	3283	4532	7731	4985	689	8218
21629	13667	9899	8611	3407	236	37563
9815	3986	1987	1277	498	49	54058
569	245	162	90	31	6	9942
569	407	282	215	107	36	14674

职业中学校舍情况

Condition of School Buildings in Vocational Schools

	总计 Total	城市 Urban	县镇 County Seats & Towns	农村 Rural
教学及辅助用房(平方米) Teaching & Assistant Buildings	26544169	11952685	9276567	5314917
行政办公用房(平方米) Administritive	6227248	2858253	2256944	1112051
生活福利用房(平方米) Residential and Welfare	26552918	10325117	10863495	5364306
校舍建筑面积(平方米) Floor Space	59324335	25136055	22397006	11791274
其中: Of which:				
当年新增面积 (平方米) New floor space added in current year	2423355	1123118	1029301	270936
危险房屋面积 (平方米) Floor space of dilapidated buildings	477027	108738	190017	178272

（三）初等教育（小学）

PRIMARY EDUCATION
(PRIMARY SCHOOLS)

小学校数、班

Number of Schools, Classes &

	学校数(所) Schools	教学点数(个) External teaching sites	班　数(个) Classes	毕业生数(人) Graduates	招生数(人) Students Admitted
总　计　Total	553622	178060	3835663	24191773	19464653
教育部门和集体办 Run by Ed. Dept. & Communities	538487	171450	3674103	23184212	18436803
其他部门办 Run by Non-ed. Dept.	10794	3899	124453	866428	771283
民办 Run by private & other social scouces	4341	2711	37107	141133	256567
城　市　Urban	32154	5453	407317	3478149	2891190
教育部门和集体办 Run by Ed. Dept. & Communities	26268	3904	326437	2877733	2316409
其他部门办 Run by Non-ed. Dept.	4654	1414	65916	532686	463850
民办 Run by private & other social scouces	1232	135	14964	67730	110931
县 镇　County Seats & Towns	81184	15088	682738	5037549	4035987
教育部门和集体办 Run by Ed. Dept. & Communities	78634	14406	656984	4884849	3880379
其他部门办 Run by Non-ed. Dept.	1759	366	18719	124983	109409
民办 Run by private & other social scouces	791	316	7035	27717	46199
农 村　Rural	440284	157519	2745608	15676075	12537476
教育部门和集体办 Run by Ed. Dept. & Communities	433585	153140	2690682	15421630	12240015
其他部门办 Run by Non-ed. Dept.	4381	2119	39818	208759	198024
民办 Run by private & other social scouces	2318	2260	15108	45686	99437
总　计　中　Of the total					
六年制　6-year Schools	360939	122859	2661869	15516627	13287324
女学生　Female Students	-	-	-	11539735	9285226

数和学生数

Students in Primary Schools

在校学生数（人） Enrolment						
合计 Total	一年级 Grade 1	二年级 Grade 2	三年级 Grade 3	四年级 Grade 4	五年级 Grade 5	六年级 Grade 6
130132548	19898597	20989763	22886809	25134611	25274594	15948174
124146327	18864069	19983123	21872615	24061462	24184146	15180912
4678160	775209	770739	788106	848662	884390	611054
1308061	259319	235901	226088	224487	206058	156208
18166507	2896948	2874088	2943477	3263067	3467072	2721855
14815598	2321568	2323399	2390912	2668970	2844425	2266324
2794384	464531	452900	459574	500517	534328	382534
556525	110849	97789	92991	93580	88319	72997
26928904	4079933	4268350	4620373	5153055	5269882	3537311
26017600	3923308	4116837	4467022	4989171	5101348	3419914
665258	110004	110725	111684	120716	125559	86570
246046	46621	40788	41667	43168	42975	30827
85037137	12921716	13847325	15322959	16718489	16537640	9689008
83313129	12619193	13542887	15014681	16403321	16238373	9494674
1218518	200674	207114	216848	227429	224503	141950
505490	101849	97324	91430	87739	74764	52384
91042853	13616952	13952537	14846286	16219370	16459534	15948174
61945602	9479996	9979824	10877518	11969586	12043878	7594800

小学教

Number of Teachers, Staff &

	教职 Teachers, Staff			
	合计 Total	专任教师 Full-time Teachers	行政人员 adm. Personnel	工勤人员 Workers
总计 **Total**	6454862	5860316	415991	170124
教育部门办 Run by Ed. Dept.	5774093	5262497	380248	124242
其他部门办 Run by Non-ed. Dept.	319044	269835	25907	22681
集体办 Run by Communities	292340	277207	4649	9815
民办 Run by private and other social sources	69385	50777	5187	13386
城市 Urban	1075403	927155	97019	47749
教育部门办 Run by Ed. Dept.	843118	735500	77652	27150
其他部门办 Run by Non-ed. Dept.	183585	156789	15550	10860
集体办 Run by Communities	9744	8767	230	478
民办 Run by private and other social sources	38956	26099	3587	9261
县镇 County Seats & Towns	1396831	1255146	92341	46058
教育部门办 Run by Ed. Dept.	1309332	1181085	86757	38594
其他部门办 Run by Non-ed. Dept.	48885	41159	4212	3385
集体办 Run by Communities	24938	23125	308	1244
民办 Run by private and other social sources	13676	9777	1064	2835
农村 Rural	3982628	3678015	226631	76317
教育部门办 Run by Ed. Dept.	3621643	3345912	215839	58498
其他部门办 Run by Non-ed. Dept.	86574	71887	6145	8436
集体办 Run by Communities	257658	245315	4111	8093
民办 Run by private and other social sources	16753	14901	536	1290
总计中:女教职工 Of the tatol Female Teachers, Staff & Workers	3143369	2967252	100598	72684

职 工 数

Workers in Primary Schools

单位: 人

工 数 & Workers		代课教师 Subtitute Teachers	临时工 Temporary Workers
校办工厂、农场职工 Employees in School－run Factories & Farms			
计 Total	其中:由厂、场收入支付工资的职工 Of which: Employees maintained by income of school－run businesses		
8431	1903	551429	87418
7106	1172	350926	55577
621	211	7404	1725
669	509	177858	25862
35	11	15241	4254
3480	1010	26667	12859
2816	686	15297	9697
386	94	2191	818
269	224	5436	892
9	6	3743	1452
3286	542	68601	18750
2896	267	40655	10519
129	33	569	237
261	242	25935	7141
0	0	1442	853
1665	351	456161	55809
1394	219	294974	35361
106	84	4644	670
139	43	146487	17829
26	5	10056	1949
2835	870	310286	49476

小学专任教师专业

Full－Time Primary School Teachers

	合 计 Total	25岁及以下 25 years and under	26－30	31－35	36－40
合 计 Total	5860316	1150901	868686	776703	765404
其中: 女 Of which: Female	2967252	732049	530365	440054	387311
中教高级 Senior secondary	7182	36	127	325	586
小教高级 Senior primary	1591414	1735	34192	125790	210224
小教一级 1st grade primary	2720904	180031	571560	524134	478847
小教二级 2nd grade primary	947192	532925	191192	89897	54687
小教三级 3rd grade primary	64148	29218	12971	7397	5458
未评级 Rank undecided	529476	406956	58644	29160	15602

技术职务、年龄结构情况

Broken Down by Rank and Age

单位：人
Unit: person

41－45	46－50	51－55	56－60	61岁及以上 61 years and over	总计中：女 Of the total female
845712	695354	529886	224697	2973	2967252
374602	292864	192620	16939	448	0
1046	1385	2070	1459	148	3283
364997	380526	328147	144225	1578	748702
432438	283862	179176	69972	884	1335165
34877	21967	15128	6376	143	532440
3682	2585	1880	911	46	29699
8672	5029	3485	1754	174	317963

学龄儿童入学率

Net Enrolment Rate of School－age Children

单位:人

	学龄儿童总数 Total School- age Children	已入学的学龄儿童数 School-age Children Enrolled	学龄儿童入学率 Net Enrolment Rate（%）
总　计 Total	124452795	123339407	99.11
城　市 Urban	17255750	17176917	99.54
县　镇 County Seats & Towns	25549037	25376539	99.32
农　村 Rural	81648008	80785951	98.94
总计中：女儿童 Of the total Girls	59424023	58869845	99.07

小学专任教师学历情况

Breakdown of Full－time Primary School Teachers by Educational Attainment

单位:人

	计 Total	大学本科毕业及以上 Completion of Normal Courses in IHEs	大学专科毕业 Completion of Short－cycle Courses in IHEs	中专毕业 Complete Specialized Sec. Education in IHEs	高中毕业 Complete General Sec. Education	高中毕业以下的 Complete Sec. Education & Lower
人数 Number	5860316	58765	1116057	4175722	325659	184113
%	100.00	1.00	19.04	71.26	5.56	3.14

小学校舍情况

Condition of School Buildings in Primary Schools

	总计 Total	城市 Urban	县镇 County Seats & Towns	农村 Rural
教学及辅助用房(平方米) Teaching & Assistant Buildings	398818933	56714100	80572967	261531866
行政办公及房(平方米) Administritive	61950786	10750499	13025211	38175076
生活福利用房 Residential and Welfare	131007297	18916540	29967929	82122828
校舍建筑面积(平方米) Floor Space	591777016	86381139	123566107	381829770
其中: Of which:				
当年新增面积(平方米) New floor space added in current year	13843844	2565637	3800296	7477911
危险房屋面积(平方米) Floor space of dilapidated buildings	5994763	362822	1046324	4585617

小学班额情况

Size of Primary Classes

	班数(个) No. of Classes	班额(班) Size of Classes					
		10人及以下 10 and under	11－20	21－30	31－40	41－50	50人及以上 50 and over
总计 **Total**	3835663	164810	545054	829956	947202	759574	589067
城市 Urban	407317	3644	16381	43574	88241	116554	138923
县镇 County Seats & Towns	682738	13515	57399	110848	164500	166787	169689
农村 Rural	2745608	147651	471274	675534	694461	476233	280455

(四) 特殊教育

SPECIAL EDUCATION

特殊教育学

Basic Statistics of

	学校数(所) Schools	班数(个) Classes		毕业生数 Graduates		
		小学 Primary Sch.	初中 Junior Sec. Sch.	计 Total	小学 Primary Sch.	初中 Junior Sec. Sch.
总计 **Total**	1539	17751	1968	43430	35561	7869
盲聋哑学校合计 Total Number of Schools for the Blind & the Deaf-mute	1108	7950	1033	11558	8035	3523
盲聋哑学校 Schools for the Blind & the Deaf-mute	177	1379	229	1782	1087	695
盲生部 Blind		217	55	241	127	114
聋哑生部 Deaf-mute		1162	174	1541	960	581
聋哑学校 Schools for the Deaf-mute	900	5305	696	7091	4896	2195
盲校 Schools for the Blind	31	160	94	599	257	342
普通学校附设及随班就读 Attached to Regular Schools	0	1106	14	2086	1795	291
盲生 Blind		356	4	528	423	105
聋哑生 Deaf-mute		750	10	1558	1372	186
合计中:女生、女教职工数 Of the Total: Female Students, Teachers, Staff & Workers				3784	2515	1269
弱智儿童校、(班)合计 Total No. of Schools for Retarded Children	431	9801	935	31872	27526	4346
弱智儿童辅读校(班) Schools for Reguarded Children	431	2836	181	3837	3223	614
普通学校附设及随班就读 Attached to Regular Schools		6965	754	28035	24303	3732
合计中:女生、女教职工数 Of the Total: Female Students Teachers, Staff & Workers				11703	10069	1634

校基本情况

Special Education Schools

单位:人

招生数 Students Admitted			在校学生数 Enrolment			教职工数 Teachers, Staff & Workers	
计 Total	小学 Primary Sch.	初中 Junior Sec. Sch.	计 Total	小学 Primary Sch.	初中 Junior Sec. Sch.	计 Total	其中:专任教师 Of which: Full-time Teachers
52939	42271	10668	377599	337478	40121	43678	31983
17792	14286	3506	103124	90578	12546	31641	22683
3491	2820	671	17957	15607	2350	5871	4321
543	406	137	2206	1704	502	835	650
2948	2414	534	15751	13903	1848	5036	3671
10826	8755	2071	62064	54683	7381	23367	16817
602	308	294	2550	1570	980	1383	866
2873	2403	470	20553	18718	1835	1020	679
671	518	153	4897	4333	564	378	290
2202	1885	317	15656	14385	1271	642	389
6246	5019	1227	35542	31092	4450	17587	13852
35147	27985	7162	274475	246900	27575	12037	9300
6025	5396	629	35146	32483	2663	7486	6051
29122	22589	6533	239329	214417	24912	4551	3249
12342	9814	2528	99900	90129	9771	8093	6519

（五）幼儿教育

PRE－PRIMARY EDUCATION

幼儿教育基本情况

Basic Statistics of Pre-primary Education

	园数(所) Kindergartens	班数(个) Classes	在园幼儿数(人) Children Enrolled	教职工数(人) Teachers, Staff & Workers 计 Total	其中: Of which: 园长 Kindergarten Heads	教师 Teachers	保健员 Health Nurses
总计 Total	175836	771512	22441806	1144297	89993	856455	63121
按办别分: By Category of Maintenance:							
教育部门办 Run by Ed.Dept.	35219	288006	9095389	338993	20761	271197	15794
其他部门办 Run by Non-ed.Dept.	15578	80523	2554980	259406	18511	150186	23266
集体办 Run by Communities	80722	293420	7948837	356106	23227	303987	9266
民办 Run by private & other social sources	44317	109563	2842600	189792	27494	131085	14795
按城乡分: By Location							
城市 Urban	36907	161416	5030653	446237	38389	269802	35069
县镇 County Seats & Towns	45434	182663	5782367	307309	25552	241171	19636
农村 Rural	93495	427433	11628786	390751	26052	345482	8416
总计中: 女幼儿、女教职工 Of the Total: Girls & Female Teachers' Staff & Workers			10340671	1059592	83656	802663	57128

园长、专任教师学历情况

Breakdown of Kindergarten Heads and Teachers by Educational Attainment

单位:人

	合计 Total	师范院校本专科毕业 A	中师毕业 B	职业高中幼教专业毕业 C	非师范专业毕业 D 高中毕业及以上 E	初中毕业及以下 F	合计中: 取得"专业合格证书"的 G
总计 Total	946448	111720	426159	152933	164660	90976	95444
园长 Kindergarten Heads	89993	20371	39888	11931	13891	3912	8173
教师 Teachers	856455	91349	386271	141002	150769	87064	87271

A. Graduates of teachers colleges.
B. Graduates of sec. teachers training schools.
C. Graduates of pre-school education programmes in vocational schools.
D. Graduates from non-teacher training institutions.
E. Graduates of senior secondary schools and those with higher qualifications.
F. Graduates of junior secondary schools and those with lower qualifications.
G. Of the total: Those awarded " teaching certificates ".

三、成人教育

ADULT EDUCATION

（一）高等教育

HIGHER EDUCATION

成人高等学校

Baisc Statistics of Adult Higher

	学校数(所) Institutions		本专科学生 Normal & Short-cycle						
	计 Total	其中中央所属院校 Of which: Inst Under Central Ministries & Agencies	毕业生数 Graduates	招生数 Entrants	在校生数 Enrolment	合计 Total	计 Total	计 Total	教授 Professors
总计 Total	772	27	328877	512701	1117700	186990	179652	93402	1626
其中: 女 Of which: Female			162558	258135	561573	79155	76264	39778	305
广播电视大学 Radio/TV Universities	45	1	98955	159092	347023	56768	55254	28307	183
职工高等学校 Workers' Colleges	466	14	98582	141846	332363	73776	70164	38085	701
农民高等学校 Peasants' Colleges	3	0	365	410	791	213	212	131	0
管理干部学院 Institutes for Administration	117	11	64081	73549	166969	28367	26942	11980	387
教育学院 Educational Colleges	138	1	62491	131915	257847	27098	26322	14440	332
独立函授学院 Independent Correspondence Colleges	3	0	4403	5889	12707	768	758	459	23

基本情况
Educational Institutions

单位：人

教职工数 Teachers Staff & Workers										兼任教师 Part-time Teachers
校本部教职工数 Employees in the School Proper							科研机构人员 Personnel in Affiliated Research Org.	校办工厂、农场人员 Personnel in School-run Factories, Farms	附设机构人员 Personnel in Other Subsidiary Units	
专任教师数 Full-time Teachers				教辅人员 Supporting Staff	行政人员 Adm. Personnel	工勤人员 Workers				
副教授 Asso. Prof.	讲师 Lecturers	助教 Assistants	教员 Instructors							
22492	43164	21683	4437	21930	40850	23470	952	3533	2853	35739
7626	19307	10471	2069	11353	16644	8489	310	1264	1317	10929
5277	12961	8187	1699	7675	13549	5723	163	524	827	19951
9357	18468	7863	1696	7991	14453	9635	361	1857	1394	11396
11	53	57	10	6	48	27	0	1	0	0
3481	5279	2453	380	3229	7255	4478	204	869	352	2195
4211	6196	3067	634	2903	5416	3563	220	279	277	1096
155	207	56	18	126	129	44	4	3	3	1101

成人高等学校分

Number of Students by Type of Schools

	毕业生数 Graduates		
	计 Total	本科 Normal Courses	专科 Short－cycle Courses
总计 Total	880437	124888	755549
一、成人高等学校总计 Adult Higher Educational Institutions Total	328877	21271	307606
其中：全脱产 Of which: Full－time	164115	6517	157598
广播电视大学 Radio/TV Universities	98955	890	98065
其中：全脱产 Of which: Full－time	36157	57	36100
职工高等学校 Workers' Colleges	98582	1156	97426
其中：全脱产 Of which: Full－time	53601	694	52907
农民高等学校 Peasants' Colleges	365	0	365
其中：全脱产 Of which: Full－time	365	0	365
管理干部学院 Institutes for Administration	64081	2714	61367
其中：全脱产 Of which: Full－time	47981	1835	46146
教育学院 Educational Colleges	62491	16511	45980
其中：全脱产 Of which: Full－time	25326	3931	21395
独立函授学院 Independent Correspondence Colleges	4403	0	4403
二、普通高等学校举办 Run by Regular IHEs	551560	103617	447943
函授部 Divisions of Correspondence	309984	73335	236649
夜大学 Evening Schools	106046	21036	85010
成人脱产班 Short－cycle Courses for Adult	135530	9246	126284

本专科学生数
in all Adult Higher Education Institutions

单位:人

招生数 Entrants			在校学生数 Enrolment		
计 Total	本科 Normal Courses	专科 Short－cycle Courses	计 Total	本科 Normal Courses	专科 Short－cycle Courses
1561480	312580	1248900	3536442	717623	2818819
512701	37053	475648	1117700	88686	1029014
256375	12834	243541	491727	23806	467921
159092	889	158203	347023	2312	344711
72708	294	72414	127285	456	126829
141846	2440	139406	332363	5185	327178
88432	2315	86117	179476	4512	174964
410	0	410	791	0	791
410	0	410	791	0	791
73549	4190	69359	166969	9397	157572
51117	2721	48396	108746	5779	102967
131915	29534	102381	257847	71792	186055
40562	7504	33058	70673	13059	57614
5889	0	5889	12707	0	12707
10487792	75527	773252	2418742	628937	1789805
6000251	69939	430086	1412812	404683	1008129
190874	54311	136563	486379	124426	361953
257880	51277	206603	519551	99828	419723

成人高等学校

Number of Students by Field of Study in

	毕业生数 Graduates		
	计 Total	本科 Normal Courses	专科 Short- cycle Courses
总计 **Total**	328877	21271	307606
哲学 Philosophy	0	0	0
经济学 Economics	135647	2042	133605
法学 Law	37845	2050	35795
教育学 Education	17062	4987	12075
文学 Literature	57158	6944	50214
历史学 History	1588	425	1163
理学 Science	9185	3551	5634
工学 Engineering	50727	947	49780
农学 Agriculture	1021	0	1021
医学 Medicine	18644	325	18319
总计中：师范类 Of the ToTal: Teacher Training	36871	13338	23533

注:本表不包括普通高等学校举办的函授部、夜大学和成人脱产班的学生数。

Note: Numbers of Students in Correspondenes Divisions、Evening Schools & Short-cycle courses of Adult run by Regular Institutions of Education are not included.

成人高等学校

Number of Other Students in Adult

	学历教育学生总数中 Of total formal students			第二学历 Students for second diploma	预科班
	高中起点本科	高中起点专科	专升本		
毕(结)业生数 Graduates	2244	362189	18757	11623	9341
招生数 Entrants	2670	536926	37052	15077	13104
在校生数 Enrolment	6781	1187414	77916	41526	13275
毕(结)业班学生数 Graduates for Next year	1963	378297	18898	13064	11617

分科学生数

Adult Higher Educational Institutions

单位:人

招生数 Students Admitted			在校学生数 Enrolment		
计 Total	本科 Normal Courses	专科 Short－cycle Courses	计 Total	本科 Normal Courses	专科 Short－cycle Courses
512701	37053	475648	1117700	88686	1029014
0	0	0	0	0	0
149210	4299	144911	348296	8445	339851
48923	2176	46747	108399	5082	103317
47480	7846	39634	91590	22204	69386
122092	12495	109597	232896	30130	202766
2541	948	1593	5863	1978	3885
16245	6872	9373	34353	15481	18872
83061	1448	81613	201237	3529	197708
2022	0	2022	3848	0	3848
41127	969	40158	91218	1837	89381
81964	22173	59791	165114	59050	106064

其他学生数

Higher Educational Institutions

单位:人

证书教育 Job－specific training		岗位培训 Job－specific training		成人中专班 Spec.Sec.classes foradult	电大注册视听生	其他 Others
单科班 Single subject courses	专业证书班 lasses for certifite-oriented traine	资格培训 Qualifications－oriented training	适应培训 Adaptation training			
380803	103185	828037	909442	119048	25034	35940
377632	49346	274430	775201	90330	116047	54189
80753	69027	165711	145337	266785	336910	126040
35539	27280	60224	81310	103076	53005	21262

成人高等学校专

Breakdown of Full－time Teachers by Academic Qualifications

	合计 Total		研究生毕业 Completion of Postgraduate Courses			
	计 Total	其中：女 Of which Female	计 Total	博士 Doctor's Degrees	硕士 Master's Degrees	未授博士、硕士学位的 Without advanced degrees
总计 Total	93402	39778	5417	264	4249	904
其中：女 Of which Female	39778	0	1907	54	1561	292
教授 Professors	1626	305	324	59	196	69
副教授 Asso. Professors	22492	7626	1994	136	1526	332
讲师 Lecturers	43164	19307	2395	61	1910	424
助教 Assistants	21683	10471	537	7	459	71
教员 Instructors	4437	2069	167	1	158	8

成人高等学校在校学生、教

Supplementary Information on Students and Staff

	在校学生总数中 Of Total Enrolment						教职工总 Of Teachers, Staff	
	共产党员 Member of C.P.C.	共青团员 Member of C.Y.L.	民主党派 Member of Dem. Parties	华侨 Overseas Chinese	港澳 HongKong Macau	少数民族 Minorities	共产党员 Member of C.P.C.	共青团员 Member of C.Y.L.
总计 Total	51406	596685	292	120	169	58907	79827	18149
广播电视大学 Radio/TV Universities	24610	270693	207	50	9	27838	22951	7090
职工高等学校 Workers' Colleges	13574	156837	19	54	150	10242	29229	6666
农民高等学校 Peasants' Colleges	44	354	0	0	0	172	90	25
管理干部学院 Institutes for Administration	4960	84348	4	8	4	5464	14677	2123
教育学院 Educational Colleges	6758	77025	62	8	6	15039	12501	2172
独立函授学院 Independent Correspondence Colleges	1460	7428	0	0	0	152	379	73

任教师学历情况

in Adult Higher Educational Institutions

单位: 人

高等学校本科毕业 Completion of Normal Undergraduate Courses				高等学校专科毕业及本专科肄业二年以上 Completion of Shore-cycle Courses or at least two years of undergraduate ed.	高等学校本专科肄业未满两年及以下 Attendance in undergraduate Courses less than 2 years
计 Total	学士 With Bachelor's Degrees	研究生肄业 Having Some Postgraduate Training	未获学士学位的 Without Bachelor's Degrees		
72621	53158	353	19110	14030	1334
31730	24409	133	7188	5681	460
1232	717	10	505	57	13
18679	12000	89	6590	1706	113
33612	24903	169	8540	6651	506
16107	13071	71	2965	4473	566
2991	2467	14	510	1143	136

职工的政治及其他情况

& Workers of Adult Higher Educational Institutions

单位: 人

数中 & Workers				专任教师中 Of Full-time Teachers					
民主党派 Member of Dem. Parties	华侨 Overseas Chinese	港澳 HongKong Macau	少数民族 Minorities	共产党员 Member of C.P.C.	共青团员 Member of C.Y.L.	民主党派 Member of Dem. Parties	华侨 Overseas Chinese	港澳 HongKong Macau	少数民族 Minorities
3991	161	173	7755	36278	10955	2840	91	64	4000
1043	13	7	2097	10104	4347	641	5	5	954
1246	52	88	1991	14307	3896	935	23	44	971
0	0	0	62	49	24	0	0	0	39
471	25	40	1093	5432	1214	314	11	5	549
1222	71	38	2503	6154	1443	946	52	10	1481
9	0	0	9	232	31	4	0	0	6

成人高等学校

Breakdown of Full－time Teachers by

	合 计 Total	30岁及以下 30 years and under	31－35	36－40
总 计 Total	93402	22512	19410	18117
其中：女 Of which: female	39778	11640	9536	8052
教 授 Professors	1626	4	11	51
副教授 Asso. Professors	22492	55	1069	4365
讲 师 Lecturers	43164	4097	13746	12054
助 教 Assistants	21683	14786	4222	1474
教 员 Instructors	4437	3570	362	173

成人高等学校学

Changes in Enrolment of

	上学年初报表在校学生数 Total enrolment at beginning of previous academic year	增加学生数 Factors of Increase					
		计 Total	本学年初招生数 No.of Students Admitted	复 学 Students Resuming Studies	其他学校转入 Transfers from Other Inst.	其他 Others	计 Total
总 计 Total	1108152	553480	512701	2199	7115	31465	543932
广播电视大学 Radio/TV Universities	371372	175833	159092	1078	4140	11523	200182
职工高等学校 Workers' Colleges	330874	149485	141846	620	1197	5822	147996
农民高等学校 Peasants' Colleges	953	413	410	3	0	0	575
管理干部学院 Institutes for Administration	181324	77941	73549	147	215	4030	92296
教育学院 Educational Colleges	212880	143108	131915	341	1552	9300	98141
独立函授学院 Independent Correspondence	10749	6700	5889	10	11	790	4742

专任教师年龄情况

Age in Adult Higher Educational Institutions

单位：人

Unit: person

41－45	46－50	51－55	56－60	61岁及以上 61 years and over
11378	7649	7909	5769	658
4690	2787	2314	692	67
167	175	334	658	226
4397	3492	4740	4004	370
6070	3559	2582	1004	52
620	345	183	50	3
124	78	70	53	7

生数变动情况

Adult Higher Educational Institutions

单位：人

上学年毕业生数 Graduates	上学年结业生数 Completers of Courses without formal award	减少学生数 Factors of Decrease: 休学 Suspended	退学 Quitting	开除 Expelled	死亡 Dead	转到其他学校 Transfers to Other Inst.	其他 Others	本学年初报表在校学生数 Total enrolment at beginning of current academic year
328877	11616	3364	11487	361	581	10920	77249	1117700
98955	9478	1416	5192	93	16	70219	14813	347023
98582	718	1169	3994	198	20	21126	22189	332363
365	0	0	0	0	0	0	210	791
64081	1219	297	783	55	13	7802	18046	166969
62491	163	476	1446	15	9	11772	21769	257847
4403	38	6	72	0	0	1	222	12707

成人高等学校固定

Condition of Fixed Assets and

	固定资产值（万元） Fixed Assets (in 10000 yuan) 合　计 Total	其中：教仪设备 Of which: Teaching Equipment 计 Total
总　计　Total	2237196.15	464177.18
广播电视大学　Radio/TV Universities	662742.27	152995.12
职工高等学校　Workers' Colleges	876194.37	207612.00
农民高等学校　Peasants' Colleges	921.88	207.08
管理干部学院　Institutes for Administration	458970.06	57599.60
教育学院　Educational Colleges	225627.57	44815.38
独立函授学院　Independent Correspondence Colleges	12740.00	948.00

成人高等学校

Condition of School Buildings in Adult

	校舍建筑总面积 Total Floor Space	校舍建 Of total 被外单位借占用面积 Floor space hired by other schools or units
总　计　Total	34198030	105853
一、教学及辅助用房　Teaching & assistant buildings	13279558	32333
教室　Classroom	7165674	24458
图书馆　Library	1354407	1284
实验实习及辅助　Lab. and supplementary buildings	3204601	2791
体育馆　Gymnasium	967373	3600
会堂　Hall	587503	200
二、行政办公用房　Administritive	2847991	26433
三、生活用房　Residential buildings	18070481	47087
学生宿舍　Students' dormitories	5688934	4546
学生食堂　Students' dining halls	1368696	861
教工单身宿舍　Apartments for Single	444673	400
生活福利及其它　Residential, welfare and others	7733266	23089
教工食堂　Dining halls for teachers, staff and workers	213800	0
生活福利及其他附属用　Residential, welfare and anxiliary buildings	2621112	18191

资产情况及其他

Teaching Resources in Adult Higher Educational Institutions

资产值 & Instruments	图书、音像资料情况 audio-visual ed. resources			学校占地面积（平方米） Area of School sites (m²)
电教设备 Audio-visual media	图书资料（万册） Book (in 10 thousand)	录音带（盒） Recording cassettes	录像带（盘） Video tape cassette	
217320.39	9758.27	2526780	2239946	70465281
93966.01	2641.37	1736675	1505442	20097815
74739.42	3837.33	501063	367370	27049592
136.08	8.70	306	175	468000
28745.57	1484.53	104994	162739	13507367
19192.31	1736.84	180210	195976	9013550
541.00	49.50	3532	8244	328957

校舍情况

Higher Educational Institutions

单位：平方米 Unit: m²

筑总面积中 Foolr Space		正在施工面积 Under Construction	借租用校舍面积 Buildings rent or leased
危房面积 Dilapidated Buildings	当年新增面积 Newly added in current year		
155257	1533472	947021	885922
46892	692715	460206	444284
31314	350150	281737	289199
2634	56810	58285	25193
5886	155483	83416	66101
2891	99100	22384	50981
4167	31172	14384	12810
21618	70444	69579	43746
86747	770313	417236	397892
28195	288137	148526	282840
3283	57562	38089	47901
3996	7820	14758	14263
30151	358040	190912	13527
2356	3812	1677	3182
18766	54942	23274	36179

（二）中、初等教育

SECONDARY EDUCATION AND PRIMARY EDUCATION

成人中等专业学校

Bsaisc Statistics of Adult Specialized

	学校数(所) Schools	分校(所) Branches	工作站(个) Working Stations	毕业生数 Graduates	招生数 Entrants		
					计 Total	招高中毕业生起点 Graduates From Senior Sec. School	招初中毕业生起点 Graduates From Junior Sec. School
合计 Total	4634	1541	2579	793245	533899	179400	354499
其中：女 Of which: Female				386912	256387	85941	170446
一、按部门分 By Control							
中央部门学校 Run by Central Ministries & Agencies	141	145	255	29111	16465	7738	8727
地方学校 Run by Local Authorities	4493	1396	2324	764134	517434	171662	345772
二、按类别分 By Field of Study							
广播电视中专 Radio/TV Specialized Sec. Schools	148	885	809	203005	134278	48015	86263
职工中专 Specialized Sec. Schools for Staff & Workers	1807	211	380	296695	192723	27954	164769
干部中专 Specialized Sec. Schools for Cadres	213	103	46	38409	19948	4324	15624
农民中专 Specialized Sec. Schools for peasants	381	117	53	69926	58742	4692	54050
函授中专 Correspondence Specialized Sec. Schools	77	199	1055	59179	40859	29344	11515
教师进修学校 In-service Teacher Training Schools	2008	26	236	126031	87349	65071	22278

注:本表未包括普通中等专业学校举办的成人中专学生、

Note: Adult Student enroled in specialized Secondary Schools are not included.

分类别情况

Secondary Schools by Field of Study

单位:人

在校学生数 Enralment	毕业班学生数 Graduates for Next Year	教职工数 Teachers, Staff & Workers					兼任教师数 Part-time Teachers
		合计 Total	专任教师 Full-time Teachers	教辅人员 Supporting Staff	行政人员 Adm. Personnel	工勤人员 Workers	
1692552	696513	208446	118288	22141	38282	29735	53205
810442	334450	84836	49424	10734	12920	11758	16278
68833	26014	7719	3994	852	1733	1140	1821
1623719	670499	200727	114294	21289	36549	28595	51384
483029	201611	18770	9461	3906	3523	1880	21226
650856	253520	78304	42626	7078	16344	12256	16931
71018	32708	11028	5589	1040	2643	1756	2183
164793	65679	18101	11673	1253	2316	2859	2170
104788	46797	9580	4585	2154	2081	760	8063
218068	96198	72663	44354	6710	11375	10224	2632

成人中等专业

Number of Teachers, Staff & Workers in

	校本部 Employees	
	合计 Total	专任教师 Full－time Teachers
总计 Total	208446	118288
其中：女教职工 Of which: Female	84836	49424
一、教师小计 Those with teaching rank	114357	91495
高级讲师 Senior Lecturers	21023	15777
讲师 Lecturers	55820	45458
助理讲师 Assistant Lecturers	37514	30260
二、其他小计 Those with other professional ranks	53265	21374
副高级职称 Senior－level ones	6995	3238
中级职称 Middle－level ones	24232	10663
初级职称 Junior－level ones	22038	7473
三、无职称人数 Without professional titles	40824	5419

成人中等专业

Condition of Schools Building in Adult

	自有 Buildings owned by					
	校舍建筑面积 Floor Space	教学用房 Building for Inst. Purposes				
		计 Total	教室 Classrooms		实验室 Laboratories	图书馆 Libraries
			计 Total	其中:电化教室 Of which: equipped with audio－visual media		
总计 Total	28482929	9149229	6865997	746879	1470614	812618
广播电视中等专业学校 Radio/TV Specialized Sec. Schools	1595332	547932	423901	58076	74794	49237
职工中等专业学校 Specialized Sec. Schools for Staff & Workers	12471842	4047415	2887565	288753	805352	354498
干部中等专业学校 Specialized Sec. Schools for Cadres	2346430	644623	502517	44556	65090	77016
农民中等专业学校 Specialized Sec. Schools for Peasants	2895073	954607	668035	71962	204956	81616
函授中等专业学校 Correspondence Specialized Sec. Schools	1149270	538577	437937	55564	57683	42957
教师进修学校 In－service Teacher Training Schools	8024982	2416075	1946042	227968	262739	207294

学校教职工数

Adult Specialized Secondary Schools

单位：人

Unit: in person

教职工数 in the School Proper			兼任教师数 Part－time Teachers
教辅人员 Supporting Staff	行政人员 Adm. Personnel	工勤人员 Workers	
22141	38282	29735	53205
10734	12920	11758	16278
7464	13895	1503	32019
714	4488	44	8530
3323	6562	477	17359
3427	2845	982	6130
9579	15277	7035	19024
701	2169	887	5152
4077	7037	2455	10254
4801	6071	3693	3618
5098	9110	21197	2162

学校校舍情况

Adult Specialized Secondary Schools

单位：平方米 Unit: m²

校舍 the adult SSSs						租用校舍 Buildings rent or leased	兼用校舍 Buildings for multiple purposes
办公用房 Administritive	非教学用房 Building Not for Inst. Purposes			其他用房 Others	其中：新增校舍 Of which New floor space added		
	计 Total	其中 Of which					
		教职工宿舍 Residences for Staff & Workers	学生宿舍 Students' Dormitories				
3159032	11575514	5353680	5663566	4599154	1055451	858120	2054830
214749	687699	246769	424748	144952	30680	105237	418410
1125069	5088542	2093667	2759674	2210816	453021	499899	1195020
191877	1075618	508996	540312	434312	107847	33186	167297
247429	1212817	579711	586222	480220	120574	89148	117426
172176	327643	133744	179156	110874	46029	50304	46378
1207732	3183195	1790793	1173454	1217980	297300	80346	110299

成人中学

Basic Statistics of Adult

	学校数（所）Schools	教学班（点）（个）External Teaching Sites (Classes)	毕业生数 Graduates		招
			计 Total	其中：女生 Of which Female	计 Total
成人中学 General Sec. Schools for Adults	3940	11403	386597	189663	451319
1. 职工中学 General Sec. Schools for Staff & Workers	1320	5690	191666	97846	266346
高中 Senior	1192	4962	179499	92229	247658
初中 Junior	128	728	12167	5617	18688
2. 农民中学 General Sec. Schools for Peasants	2620	5713	194931	91817	184973
高中 Senior	747	2058	48894	23644	56992
初中 Junior	1873	3655	146037	68173	127981

成人小学

Basic Statistics of Adult

	学校数（所）Schools	教学班（点）（个）External Teaching Sites (Classes)	毕业生数 Graduates		招
			计 Total	其中：女生 Of which Female	计 Total
成人初等学校 Adult Primary Schools	156839	291168	4994482	2802983	4525177
1. 职工初等学校 Worker Primary Schools	675	2165	118011	62427	119456
2. 农民初等学校 Peasant Primary Schools	156164	289003	4876471	2740556	4405721
小学班 Primary Classes	51301	89942	2347996	1214454	2299638
扫盲班 Literacy Classes	104863	199061	2528475	1526102	2106083

基 本 情 况
Secondary Schools

单位：人

生　数 Entrants	在校学生数 Enrolment		教职工数 Teachers, Staff & Workers		兼任教师数 Part－time Teachers
其中：女生 Of which: Female	计 Total	其中：女生 Of which: Female	计 Total	其中专任教师 Of which: Full－time Teachers	
223757	511641	242484	29606	17753	25171
134961	261399	125948	16606	9580	13216
125822	241074	117206	15452	8963	11632
9139	20325	8742	1154	617	1584
88796	250242	116536	13000	8173	11955
26629	82912	37756	6260	4516	5166
62167	167330	78780	6740	3657	6789

基 本 情 况
Primary Schools

单位：人

生　数 Entrants	在校学生数 Enrolment		教职工数 Teachers, Staff & Workers		兼任教师数 Part－time Teachers
其中：女生 Of which: Female	计 Total	其中：女生 Of which: Female	计 Total	其中专任教师 Of which: Full－time Teachers	
2556477	4808763	2752388	162388	47556	422042
65014	125518	66587	2365	1102	2784
2491463	4683245	2685801	160023	46454	419258
1202161	2190082	1170714	49959	17135	107102
1289302	2493163	1515087	110064	29319	312156

成人技术培训学

Basic Statistics of Adult

	学校数（所）Schools	教学班（点）（个）External Teaching Sites (Classes)	毕业生数 Graduates			计 Total
			计 Total	其中：Of which: 长班 A	短班 B	
成人技术培训学校 Technical Training Schools for Adults	485556	970987	93962241	7972348	85989893	80594371
其中：教育部门办 Of which: Run by Ed. Dept.	424018	811578	79224779	6021358	73203421	68201355
其他部门办 Run by Non－ed. Dept.	61538	159409	14737462	1950990	12786472	12393016
一、职工技术培训学校 Technical Training Schools for Staff & Workers	10630	70451	5888900	1478925	4409975	5428815
其中：教育部门办 Of which: Run by Ed. Dept.	2416	13831	1563508	255775	1307733	1425626
其他部门办 Run by Non－ed. Dept.	8214	56620	4325392	1223150	3102242	4003189
二、农民技术培训学校 Technical Training Schools for Peasants	474926	900536	88073341	6493423	81579918	75165556
其中：教育部门办 Of which: Run by Ed. Dept.	421602	797747	77661271	5765583	71895688	66775729
其他部门办 Run by Non－ed. Dept.	53324	102789	10412070	727840	9684230	8389827
其中：1. 县办农技 Of which: County－run Agro－technical Schools	3265	11060	1075191	226558	848633	884290
2. 乡办农技 Township－run Agro－technical Schools	43343	197278	29116720	3445105	25671615	25063268
3. 村办农技 Village－run Agro－technical Schools	428318	692198	57881430	2821760	55059670	49217998

A. Lengthy courses (total teaching time no less than 150 h.)

B. Short courses (total teaching time less than 150 h.)

校基本情况

Technical Training Schools

单位：人

招生数 Entrants 其中：Of which: 长班 A	招生数 Entrants 其中：Of which: 短班 B	在校学生数 Enrolment 计 Total	在校学生数 Enrolment 其中：Of which 长班 A	在校学生数 Enrolment 其中：Of which 短班 B	教职工数 Teachers, Staff & Workers 计 Total	教职工数 Teachers, Staff & Workers 其中专任教师 Of which: Full－time Teachers	兼任教师数 Part－time Teachers
6805623	73788748	63866462	5677392	58189070	494048	193258	1018944
4953162	63248193	55232653	4534168	50698485	380349	142389	835724
1852461	10540555	8633809	1143224	7490585	113699	50869	183220
1525672	3903143	3640631	910206	2730425	88920	47359	79936
242603	1183023	1316090	234070	1082020	19979	11885	15363
1283069	2720120	2324541	676136	1648405	68941	35474	64573
5279951	69885605	60225831	4767186	55458645	405128	145899	939008
4710559	62065170	53916563	4300098	49616465	360370	130504	820361
569392	7820435	6309268	467088	5842180	44758	15395	118647
145889	738401	687681	155134	532547	14510	9930	12185
3030357	22032911	19974517	2780076	17194441	122273	62410	213108
2103705	47114293	39563633	1831976	37731657	268345	73559	713715

全国农业广播电视学校基本情况

Basic Data on National Agric. Breadcasting and T.V. Schools

单位: 人

地 区	学校数（所）Schools	毕业生数 graduates	招生数 Entrants	在校学生数 Enrollments	其他各类证书教育、技术培训毕（结）业学生数 No. of Grad. & Completers for Other Edu. Form and Tech. Traning	小计 Total	专任教师 Full-time Teachers	教辅人员 Supporting	行政人员 Adm. Personnel	工勤人员 Workers	兼职教师（不在教职工数中）Part-time Teachers
总 计 Total	39	157399	105390	370646	6910702	21416	10317	5331	3767	2001	23691

全国农业广播电视学校分年度学生数

Number of Students on National Agric. Breadcasting and T.V. Schools

单位: 人

	注册学生数 Enrollments	毕业生数 graduates
合计 Total	3366675	1507669
1981	310764	66133
1984	477127	145910
1985	249451	109122
1987	369429	183761
1988	114281	63401
1989	100286	67062
1991	158136	95345
1992	245432	154384
1993	106016	75855
1994	142284	104650
1995	182922	134859
1996	223588	149788
1997	233856	
1998	191476	
1999	156237	
2000	105390	157399

四、各级各类学校分布情况

GEOGRAPHICAL DISTRIBUTION OF SCHOOLS BY TYPE AND LEVEL

普通高等学校

Basic Statistics of Regular Higher

地区 Region	学校数(所) Institutions	本专科学生数 Undergraduate Students			教职 Teachers, Staff			
		毕业生数 Graduates	招生数 Students Admitted	在校学生数 Enrolment	合计 Total	校本部 Teachers, Staff & Workers		
						计 Subtotal	专任 Full-time	
							计 Subtotal	教授 Professors
总计 Total	1041	949767	2206072	5560900	1112776	930068	462772	43674
北京 Beijing	58	51931	97736	280282	105154	81704	34863	5800
天津 Tianjin	21	20112	45468	119117	25952	21622	10137	1439
河北 Hebei	51	43473	111033	252571	46327	39836	19414	1292
山西 Shanxi	24	20657	49428	125023	24950	20899	10466	792
内蒙古 Inner Mongolia	18	12218	33456	71868	19228	17576	8856	574
辽宁 Liaoning	64	53353	113319	307931	61707	53313	27508	2385
吉林 Jilin	34	30480	67807	181019	41813	36519	17476	1711
黑龙江 Heilongjiang	35	35180	79970	210146	43120	33944	16169	1705
上海 Shanghai	37	40929	81328	226798	60799	44775	20491	2707
江苏 Jiangsu	69	75643	172491	451844	78850	64758	33085	3026
浙江 Zhejiang	35	32477	77608	192371	35083	29638	16057	1349
安徽 Anhui	42	29830	80204	191824	31860	28321	15065	1222
福建 Fujian	28	24307	53267	137859	21826	18744	9779	872
江西 Jiangxi	32	25903	57921	148589	25573	20429	10380	769
山东 Shandong	47	58355	135185	325317	54910	47499	24764	2398
河南 Henan	52	45709	122896	273404	44378	39068	20239	1167
湖北 Hubei	54	56566	142237	357728	72265	58902	30363	3253
湖南 Hunan	52	47426	105237	265849	46642	39745	20317	1694
广东 Guangdong	52	51432	123338	306019	46827	39975	20433	1765
广西 Guangxi	30	21858	49432	123729	19304	17141	9326	583
海南 Hainan	5	4021	8181	19193	3848	3333	1571	82
重庆 Chongqing	22	22187	49951	126279	24970	20371	10449	835
四川 Sichuan	42	42672	100965	245648	46092	39271	18418	1746
贵州 Guizhou	23	13739	33718	79833	14884	13892	7240	405
云南 Yunnan	24	18573	33879	95893	19847	18352	9237	717
西藏 Tibet	4	764	2320	5475	1673	1607	813	20
陕西 Shaanxi	39	36587	97209	244723	52220	41037	20723	2178
甘肃 Gansu	18	14255	33825	82577	16557	14081	7208	583
青海 Qinghai	7	2202	6176	13485	4229	3883	2107	58
宁夏 Ningxia	6	3154	7207	17463	3996	3645	1894	148
新疆 Xinjiang	16	13774	33280	81043	17892	16188	7924	399

基本情况(总计)

Educational Institutions (Regional Aggregates)

单位:人

工　　数
& Workers

教职工 in College or Uni. Proper							科研机构人员 Personnel in Affiliated Research Org.	校办工厂、农场职工 Employees in School-run Factories, Farms	附设机构人员 Personnel in Other Subsidiary Units
教师 Teachers				教辅人员 Supporting Staff	行政人员 Adm. Personnel	工勤人员 Workers			
副教授 Asso. Professors	讲师 Lecturers	助教 Assistants	教员 Instructors						
138820	166607	89090	24581	138859	182948	145489	48334	54549	79825
11725	12041	4313	984	18578	14793	13470	12619	4424	6407
3493	3157	1582	466	3778	4453	3254	1518	1367	1445
5379	7059	4352	1332	5035	8046	7341	769	2513	3209
2603	4035	2254	782	3062	4072	3299	420	813	2818
2463	3469	1979	371	2579	3499	2642	166	907	579
8919	10199	4867	1138	7726	10579	7500	1952	2406	4036
4895	6242	3745	883	5676	6984	6383	1167	1960	2167
5391	5205	3182	686	4746	6906	6123	1616	2955	4605
6435	8027	2621	701	8164	8929	7191	4031	4460	7533
9922	11452	6822	1863	9376	12599	9698	3538	4397	6157
4607	6139	2946	1016	3863	5844	3874	1372	1482	2591
4413	4989	3054	1387	3569	5281	4406	1045	943	1551
2789	3307	2305	506	2424	4195	2346	567	1021	1494
2887	3557	2617	550	2555	4262	3232	240	3294	1610
8039	8225	4901	1201	5883	10133	6719	1519	2644	3248
5866	7597	4353	1256	5326	7438	6065	600	2736	1974
9448	9847	5741	2074	8204	12031	8304	2336	3136	7891
6129	7412	3703	1379	5137	7561	6730	1861	2227	2809
6547	7834	3642	645	6401	8614	4527	1749	1248	3855
2399	3637	2116	591	2591	3164	2060	293	1100	770
462	601	399	27	442	698	622	87	117	311
3177	4173	1940	324	3182	3914	2826	1057	1370	2172
5446	6609	3587	1030	5799	7763	7291	2725	1427	2669
1884	2599	1638	714	2021	2623	2008	289	197	506
2730	3464	1802	524	2473	3882	2760	402	247	846
139	359	264	31	153	392	249	21	10	35
5893	7641	4016	995	5440	7078	7796	3532	2981	4670
1831	2777	1622	395	1998	2341	2534	684	1036	756
416	950	576	107	429	714	633	33	0	313
476	665	431	174	387	715	649	60	133	158
2017	3339	1720	449	1862	3445	2957	66	998	640

职业技术学

Basic Statistics of Short–

地区 Region	学校数(所) Institutions	本专科学生数 Undergraduate Students: 毕业生数 Graduates	招生数 Students Admitted	在校学生数 Enrolment	教职工 Teachers, Staff: 合计 Total	校本部 Teachers, Staff & Workers: 计 Subtotal	专任 Full-time: 计 Subtotal	教授 Professors
总计 **Total**	184	42452	194329	361774	66988	61751	33884	818
北京 Beijing	4	1280	4561	9500	1374	1309	658	14
天津 Tianjin	3	839	4024	7094	806	789	456	20
河北 Hebei	11	2906	11008	20459	3863	3559	1777	14
山西 Shanxi	3	825	1650	4850	1552	1455	709	5
内蒙古 Inner Mongolia	4	477	3257	5040	1500	1447	773	11
辽宁 Liaoning	9	971	5261	10214	1925	1796	990	22
吉林 Jilin	4	270	1880	3669	1239	1190	605	8
黑龙江 Heilongjiang	5	1107	3990	7927	1645	1592	856	48
上海 Shanghai	6	713	7084	12961	1963	1844	952	69
江苏 Jiangsu	17	7946	20460	42006	6028	5470	3244	80
浙江 Zhejiang	8	2715	13732	25520	3875	3780	2073	96
安徽 Anhui	13	1610	9887	16457	4177	4135	2229	37
福建 Fujian	8	2945	6995	16260	1739	1717	947	14
江西 Jiangxi	4	707	3706	7277	1603	1261	660	13
山东 Shandong	4	181	3102	4958	1059	993	625	13
河南 Henan	13	4257	17714	31376	6382	6107	3475	47
湖北 Hubei	14	2334	21002	32728	7067	6189	3579	85
湖南 Hunan	13	2193	13655	23203	4669	4244	2313	31
广东 Guangdong	16	2929	19934	38644	4263	4180	2379	88
广西 Guangxi	5	964	5411	10551	1907	1581	848	9
海南 Hainan	0	0	0	0	0	0	0	0
重庆 Chongqing	2	0	1262	1596	1072	680	346	2
四川 Sichuan	5	2327	4944	11021	2047	1908	1020	40
贵州 Guizhou	4	357	1357	2045	1096	1074	578	1
云南 Yunnan	1	198	1077	2910	356	345	187	1
西藏 Tibet	0	0	0	0	0	0	0	0
陕西 Shaanxi	3	316	4038	7057	2061	1451	686	35
甘肃 Gansu	2	337	1734	3078	732	691	309	2
青海 Qinghai	1	0	503	503	301	301	195	0
宁夏 Ningxia	1	0	0	0	0	0	0	0
新疆 Xinjiang	1	748	1101	2870	687	663	415	13

院基本情况

cycle Vocational Colleges

单位：人

工数 & Workers — 教职工 in College or Uni. Proper — 教师 Teachers: 副教授 Asso. Professors	讲师 Lecturers	助教 Assistants	教员 Instructors	教辅人员 Supporting Staff	行政人员 Adm. Personnel	工勤人员 Workers	科研机构人员 Personnel in Affiliated Research Org.	校办工厂、农场职工 Employees in School-run Factories, Farms	附设机构人员 Personnel in Other Subsidiary Units
8127	13783	8792	2364	6871	11664	9332	385	3805	1047
173	260	161	50	150	336	165	0	65	0
107	158	85	86	89	168	76	0	12	5
348	772	524	119	358	719	705	121	127	56
152	342	179	31	160	254	332	0	66	31
185	390	175	12	168	232	274	0	48	5
251	416	177	124	181	354	271	6	16	107
166	203	206	22	138	235	212	0	6	43
323	369	99	17	174	344	218	4	28	21
314	424	131	14	194	425	273	38	56	25
745	1212	996	211	633	986	607	13	477	68
382	865	572	158	393	642	672	22	37	36
601	870	559	162	412	784	710	7	22	13
162	313	350	108	215	375	180	8	0	14
153	257	228	9	120	277	204	23	154	165
150	231	163	68	97	152	119	10	10	46
789	1488	875	276	633	1078	921	17	227	31
818	1401	1030	245	616	1171	823	62	706	110
617	874	568	223	527	733	671	12	355	58
555	958	629	149	500	749	552	5	28	50
195	427	172	45	176	309	248	1	314	11
0	0	0	0	0	0	0	0	0	0
97	168	63	16	117	118	99	0	392	0
327	437	183	33	231	439	218	1	68	70
89	236	175	77	108	214	174	12	0	10
39	79	43	25	43	71	44	0	6	5
0	0	0	0	0	0	0	0	0	0
183	235	177	56	231	223	311	0	543	67
81	177	48	1	95	144	143	0	41	0
31	100	60	4	22	30	54	0	0	0
0	0	0	0	0	0	0	0	0	0
94	121	164	23	90	102	56	23	1	0

综合大学

Basic Statistics of

地区 Region	学校数(所) Institutions	本专科学生数 Undergraduate Students 毕业生数 Graduates	招生数 Students Admitted	在校学生数 Enrolment	教职工 Teachers, Staff 合计 Total	校本部 Teachers, Staff & Workers 计 Subtotal	专任 Full-time 计 Subtotal	教授 Professors
总计 Total	83	235441	400397	1108166	218941	179739	86770	11100
北京 Beijing	3	7685	11426	36637	23589	20690	7990	1488
天津 Tianjin	1	2949	3149	11577	4570	3386	1543	427
河北 Hebei	1	4171	10295	21387	2174	1711	914	79
山西 Shanxi	1	2454	6022	13457	2368	1672	960	138
内蒙古 Inner Mongolia	1	1754	3617	8272	1985	1820	858	95
辽宁 Liaoning	4	10570	17476	49879	7157	6526	3332	251
吉林 Jilin	4	13178	24799	75862	17856	15355	6854	855
黑龙江 Heilongjiang	5	10294	20190	52585	9722	7152	3231	221
上海 Shanghai	2	6845	11701	36446	12073	8727	3844	643
江苏 Jiangsu	4	18769	28320	87413	12498	10167	5244	769
浙江 Zhejiang	2	12492	18719	55615	11535	8213	4919	771
安徽 Anhui	1	5693	7722	20409	2335	2089	1027	121
福建 Fujian	2	6757	9476	28550	5392	4112	2281	269
江西 Jiangxi	6	7679	12044	33381	4890	4480	2367	226
山东 Shandong	7	24248	41269	104931	17253	14441	7327	864
河南 Henan	2	12248	24232	62925	9457	8169	3883	410
湖北 Hubei	5	16613	27709	79757	15599	12369	5885	910
湖南 Hunan	2	7891	10641	30983	3078	2648	1375	150
广东 Guangdong	13	22936	41887	109342	18952	15628	7884	776
广西 Guangxi	1	5711	8363	24367	3506	2881	1688	178
海南 Hainan	1	1157	2199	5659	837	735	342	23
重庆 Chongqing	2	2008	4835	11892	1433	1386	686	21
四川 Sichuan	2	7917	13244	36135	9660	6690	3100	538
贵州 Guizhou	1	3528	6687	17042	2863	2679	1193	107
云南 Yunnan	1	4403	5248	15273	2443	2200	995	188
西藏 Tibet	1	235	915	2002	570	536	320	8
陕西 Shaanxi	3	5245	10932	27682	4177	3714	2047	169
甘肃 Gansu	1	1904	2744	9197	2960	2314	1074	183
青海 Qinghai	1	580	1586	3798	1128	918	499	12
宁夏 Ningxia	1	1754	3827	9072	2071	1898	979	61
新疆 Xinjiang	2	5773	9123	26639	4810	4433	2129	149

基 本 情 况

Comprehensive Universities

单位：人

工数 & Workers									
教职工 in College or Uni. Proper							科研机构人员 Personnel in Affiliated Research Org.	校办工厂、农场职工 Employees in School-run Factories, Farms	附设机构人员 Personnel in Other Subsidiary Units
教师 Teachers				教辅人员 Supporting Staff	行政人员 Adm. Personnel	工勤人员 Workers			
副教授 Asso. Professors	讲师 Lecturers	助教 Assistants	教员 Instructors						
27735	30021	14010	3904	31878	34670	26421	12317	8570	18315
2367	2803	1091	241	7205	2685	2810	1030	702	1167
603	337	126	50	700	654	489	505	0	679
269	341	92	133	319	307	171	96	55	312
253	343	163	63	275	314	123	133	0	563
252	332	162	17	313	333	316	105	18	42
1208	1396	403	74	910	1387	897	61	10	560
1856	2315	1411	417	2820	2671	3010	740	804	957
1062	1084	673	191	798	1838	1285	77	544	1949
1257	1455	346	143	1513	1608	1762	1133	1056	1157
1831	1596	826	222	1502	2044	1377	905	596	830
1742	1643	553	210	1285	1458	551	1155	705	1462
343	385	111	67	158	442	462	61	40	145
820	746	322	124	498	966	367	218	273	789
670	804	549	118	646	776	691	54	50	306
2614	2424	1055	370	2040	3018	2056	747	882	1183
1166	1369	848	90	1363	1669	1254	283	486	519
1934	1700	984	357	1882	2730	1872	896	490	1844
420	474	227	104	377	553	343	54	198	178
2664	2952	1210	282	2361	3559	1824	904	618	1802
528	643	255	84	614	474	105	153	296	176
132	158	26	3	130	178	85	28	0	74
184	309	136	36	224	307	169	25	0	22
985	1011	525	41	1262	1428	900	1951	433	586
376	369	243	98	519	392	575	94	36	54
364	293	138	12	389	474	342	112	38	93
58	126	128	0	44	114	58	8	10	16
519	817	495	47	389	515	763	310	40	113
296	387	185	23	487	338	415	420	78	148
95	218	117	57	81	176	162	0	0	210
246	342	211	119	157	410	352	51	47	75
621	849	399	111	617	852	835	8	65	304

高 等 理 工 院

Basic Statistics of Institutions

地区 Region	学校数(所) Institutions	本专科学生数 Undergraduate Students 毕业生数 Graduates	招生数 Students Admitted	在校学生数 Enrolment	教职 Teachers, Staff 合计 Total	校本部 Teachers, Staff & Workers 计 Subtotal	专任 Full-time 计 Subtotal	教授 Professors
总 计 Total	239	293542	676532	1786372	384838	302088	151069	16415
北 京 Beijing	19	23323	43151	126668	37344	27635	13311	2435
天 津 Tianjin	6	8795	18423	51181	11281	8762	4281	557
河 北 Hebei	15	14255	34022	85595	16875	14084	7028	556
山 西 Shanxi	4	6495	13192	36685	8028	5745	2989	232
内蒙古 Inner Mongolia	2	2198	5635	13396	3495	2706	1382	87
辽 宁 Liaoning	19	23849	50802	138257	29667	23847	12446	1269
吉 林 Jilin	9	6991	15592	40807	8818	7649	3736	266
黑龙江 Heilongjiang	7	11778	24104	68779	15661	11733	5813	736
上 海 Shanghai	12	19735	36623	107505	29533	20884	9494	1275
江 苏 Jiangsu	23	29854	76118	195880	37316	28733	14162	1347
浙 江 Zhejiang	6	5118	13647	34543	5197	4318	2244	151
安 徽 Anhui	7	8220	20206	53475	11430	9292	4626	657
福 建 Fujian	4	4959	10521	29766	4510	3618	1786	177
江 西 Jiangxi	6	5014	13755	34250	5090	3986	2063	119
山 东 Shandong	10	8946	34350	73558	14683	11887	6459	550
河 南 Henan	14	11607	29909	70716	12551	9900	5082	279
湖 北 Hubei	12	20495	51075	135207	30087	24332	12539	1512
湖 南 Hunan	14	17748	37155	102582	21318	16827	8631	903
广 东 Guangdong	4	7315	16654	42602	7116	5672	3170	361
广 西 Guangxi	4	3685	8947	21740	3004	2699	1490	73
海 南 Hainan	0	0	1772	1772	253	253	135	12
重 庆 Chongqing	7	9648	18730	49444	11396	8445	4476	357
四 川 Sichuan	12	14616	34261	88336	18485	16217	6894	676
贵 州 Guizhou	1	1299	3062	8118	2064	1647	916	62
云 南 Yunnan	2	3327	6438	19213	3803	3423	1702	148
西 藏 Tibet	0	0	0	0	0	0	0	0
陕 西 Shaanxi	15	19689	47216	127840	29317	22458	11617	1491
甘 肃 Gansu	3	2936	6894	18243	3471	2678	1391	83
青 海 Qinghai	0	0	0	0	0	0	0	0
宁 夏 Ningxia	0	0	0	0	0	0	0	0
新 疆 Xinjiang	2	1647	4278	10214	3045	2658	1206	44

校基本情况

of Science & Technology

单位：人

工　数

& Workers

教　职　工 in College or Uni. Proper							科研机构人员 Personnel in Affiliated Research Org.	校办工厂、农场职工 Employees in School－run Factories, Farms	附设机构人员 Personnel in Other Subsidiary Units
教师 Teachers				教辅人员 Supporting Staff	行政人员 Adm. Personnel	工勤人员 Workers			
副教授 Asso. Professors	讲师 Lecturers	助教 Assistants	教员 Instructors						
47195	53200	26823	7436	47686	56351	46982	19947	25667	37136
4690	4336	1506	344	4579	5056	4689	3876	2795	3038
1496	1382	642	204	1634	1502	1345	817	1124	578
2072	2460	1491	449	1876	2940	2240	218	1311	1262
716	1115	788	138	1021	1053	682	238	557	1488
385	454	334	122	433	615	276	14	686	89
4203	4162	2273	539	3992	4286	3123	1435	1997	2388
1220	1393	625	232	1023	1746	1144	216	241	712
2012	1827	1053	185	1798	2128	1994	981	855	2092
2987	3778	1321	133	4626	3549	3215	2238	1986	4425
4260	5222	2571	762	4731	5475	4365	2066	2348	4169
686	807	343	257	646	893	535	123	286	470
1485	1539	604	341	1577	1556	1533	810	614	714
577	608	375	49	556	857	419	173	414	305
586	695	532	131	575	799	549	53	660	391
1955	2235	1432	287	1384	2458	1586	446	1272	1078
1421	1885	1127	370	1569	1636	1613	141	1731	779
4123	3877	2231	796	3511	4858	3424	958	1279	3518
2629	3200	1466	433	2155	3087	2954	1557	1118	1816
1070	1294	422	23	1041	1071	390	201	248	995
308	562	397	150	356	493	360	25	149	131
26	44	52	1	14	62	42	0	0	0
1304	1874	824	117	1569	1457	943	760	621	1570
1957	2382	1324	555	2493	2983	3847	369	648	1251
279	284	189	102	171	275	285	89	126	202
574	629	261	90	506	788	427	67	175	138
0	0	0	0	0	0	0	0	0	0
3540	4066	2021	499	3156	3785	3900	1963	1664	3232
336	492	402	78	421	370	496	97	480	216
0	0	0	0	0	0	0	0	0	0
0	0	0	0	0	0	0	0	0	0
298	598	217	49	273	573	606	16	282	89

高等农业院

Basic Statistics of

地区 Region	学校数(所) Institutions	本专科学生数 Undergraduate Students: 毕业生数 Graduates	招生数 Students Admitted	在校学生数 Enrolment	教职 Teachers, Staff: 合计 Total	校本部 Teachers, Staff & Workers: 计 Subtotal	专任 Full-time: 计 Subtotal	教授 Professors
总计 Total	44	40760	106671	266778	60129	46113	21570	2208
北京 Beijing	2	1965	5007	12815	3341	2799	1279	219
天津 Tianjin	1	260	1405	2673	375	355	175	14
河北 Hebei	3	2996	6705	15835	3399	2653	1299	95
山西 Shanxi	1	1049	2795	6396	1376	1251	585	70
内蒙古 Inner Mongolia	1	1474	3220	9046	2309	1911	918	119
辽宁 Liaoning	2	1665	5619	12687	2637	2476	1138	81
吉林 Jilin	2	994	3776	8488	2653	1909	819	66
黑龙江 Heilongjiang	2	1710	6720	15684	3545	2453	1143	146
上海 Shanghai	1	762	1683	4599	787	646	344	29
江苏 Jiangsu	1	1446	2987	8812	2462	1892	763	130
浙江 Zhejiang	1	593	1690	3813	660	488	239	3
安徽 Anhui	1	1073	2992	7143	1255	1130	546	67
福建 Fujian	1	1502	4117	9955	2018	1618	778	102
江西 Jiangxi	1	1186	2752	7662	3028	1123	487	50
山东 Shandong	2	3210	7650	19752	3464	2841	1348	167
河南 Henan	4	2492	7316	16069	2787	2370	1188	95
湖北 Hubei	2	1775	4311	13111	3115	2303	1288	151
湖南 Hunan	1	1384	3561	8690	1396	1140	549	59
广东 Guangdong	3	3358	7792	21610	3537	2968	1407	103
广西 Guangxi	0	0	67	67	0	0	0	0
海南 Hainan	1	1034	1598	4364	1026	721	304	15
重庆 Chongqing	2	1712	3784	10265	2129	1795	867	66
四川 Sichuan	2	1853	5074	11219	1679	1154	629	42
贵州 Guizhou	0	0	0	0	0	0	0	0
云南 Yunnan	1	985	1701	5321	1216	1144	538	44
西藏 Tibet	1	191	406	953	414	382	210	5
陕西 Shaanxi	1	1723	4627	12150	5030	3018	1087	138
甘肃 Gansu	1	811	2040	5321	1117	984	483	49
青海 Qinghai	0	0	0	0	0	0	0	0
宁夏 Ningxia	1	445	790	2172	626	482	273	30
新疆 Xinjiang	2	1112	4486	10106	2748	2107	886	53

校基本情况

Institutions of Agriculture

单位：人

工数 & Workers 教职工 in College or Uni. Proper 教师 Teachers 副教授 Asso. Professors	讲师 Lecturers	助教 Assistants	教员 Instructors	教辅人员 Supporting Staff	行政人员 Adm. Personnel	工勤人员 Workers	科研机构人员 Personnel in Affiliated Research Org.	校办工厂、农场职工 Employees in School－run Factories, Farms	附设机构人员 Personnel in Other Subsidiary Units
6637	7292	4307	1126	6696	9014	8833	2892	7404	3720
533	371	123	33	601	519	400	129	180	233
58	70	33	0	37	73	70	0	13	7
414	434	256	100	385	462	507	107	528	111
147	207	113	48	82	185	399	0	63	62
299	287	176	37	315	371	307	24	101	273
350	429	259	19	268	521	549	59	44	58
158	313	268	14	336	266	488	132	598	14
315	432	205	45	309	380	621	120	816	156
107	122	83	3	104	139	59	0	129	12
269	212	142	10	333	323	473	19	399	152
73	93	55	15	49	144	56	0	0	172
207	113	105	54	152	390	42	16	60	49
233	231	168	44	168	335	337	82	152	166
108	119	180	30	171	233	232	27	1710	168
451	388	226	116	308	628	557	43	220	360
433	410	144	106	317	476	389	96	166	155
371	437	223	106	338	423	254	225	385	202
187	163	120	20	104	275	212	56	41	159
464	606	181	53	561	677	323	127	177	265
0	0	0	0	0	0	0	0	0	0
74	99	111	5	83	110	224	40	117	148
260	291	234	16	298	312	318	143	144	47
174	224	156	33	202	229	94	159	109	257
0	0	0	0	0	0	0	0	0	0
150	206	106	32	206	203	197	38	0	34
30	88	75	12	49	66	57	13	0	19
284	331	260	74	445	615	871	1174	582	256
160	144	90	40	138	75	288	44	32	57
0	0	0	0	0	0	0	0	0	0
79	90	70	4	64	78	67	7	84	53
249	382	145	57	273	506	442	12	554	75

高等林业院

Basic Statistics of

地区 Region		学校数(所) Institutions	本专科学生数 Undergraduate Students 毕业生数 Graduates	招生数 Students Admitted	在校学生数 Enrolment	教职 Teachers, Staff 合计 Total	校本部 Teachers, Staff & Workers 计 Subtotal	专任 Full-time 计 Subtotal	教授 Professors
总计	**Total**	6	4967	14535	33808	7172	5648	2874	340
北京	Beijing	1	907	2672	6238	1274	811	449	101
天津	Tianjin	0	0	0	0	0	0	0	0
河北	Hebei	0	0	0	0	0	0	0	0
山西	Shanxi	0	0	0	0	0	0	0	0
内蒙古	Inner Mongolia	0	0	0	0	0	0	0	0
辽宁	Liaoning	0	0	0	0	0	0	0	0
吉林	Jilin	0	0	0	0	0	0	0	0
黑龙江	Heilongjiang	1	1470	3405	8272	2076	1588	716	90
上海	Shanghai	0	0	0	0	0	0	0	0
江苏	Jiangsu	1	930	3043	6741	1519	1180	681	64
浙江	Zhejiang	1	300	1754	3553	555	482	257	6
安徽	Anhui	0	0	0	0	0	0	0	0
福建	Fujian	0	0	0	0	0	0	0	0
江西	Jiangxi	0	0	0	0	0	0	0	0
山东	Shandong	0	0	0	0	0	0	0	0
河南	Henan	0	0	0	0	0	0	0	0
湖北	Hubei	0	0	0	0	0	0	0	0
湖南	Hunan	1	752	2460	5852	1118	991	480	52
广东	Guangdong	0	0	0	0	0	0	0	0
广西	Guangxi	0	0	81	81	0	0	0	0
海南	Hainan	0	0	0	0	0	0	0	0
重庆	Chongqing	0	0	0	0	0	0	0	0
四川	Sichuan	0	0	0	0	0	0	0	0
贵州	Guizhou	0	0	0	0	0	0	0	0
云南	Yunnan	1	608	1120	3071	630	596	291	27
西藏	Tibet	0	0	0	0	0	0	0	0
陕西	Shaanxi	0	0	0	0	0	0	0	0
甘肃	Gansu	0	0	0	0	0	0	0	0
青海	Qinghai	0	0	0	0	0	0	0	0
宁夏	Ningxia	0	0	0	0	0	0	0	0
新疆	Xinjiang	0	0	0	0	0	0	0	0

校基本情况

Institutions of Forestry

单位：人

教职工数 & Workers 教职工 in College or Uni. Proper 教师 Teachers 副教授 Asso. Professors	讲师 Lecturers	助教 Assistants	教员 Instructors	教辅人员 Supporting Staff	行政人员 Adm. Personnel	工勤人员 Workers	科研机构人员 Personnel in Affiliated Research Org.	校办工厂、农场职工 Employees in School-run Factories, Farms	附设机构人员 Personnel in Other Subsidiary Units
878	944	588	124	877	1087	810	310	601	613
161	129	52	6	93	207	62	127	73	263
0	0	0	0	0	0	0	0	0	0
0	0	0	0	0	0	0	0	0	0
0	0	0	0	0	0	0	0	0	0
0	0	0	0	0	0	0	0	0	0
0	0	0	0	0	0	0	0	0	0
0	0	0	0	0	0	0	0	0	0
229	228	154	15	391	196	285	53	337	98
0	0	0	0	0	0	0	0	0	0
185	226	184	22	130	244	125	83	119	137
58	103	57	33	65	89	71	3	6	64
0	0	0	0	0	0	0	0	0	0
0	0	0	0	0	0	0	0	0	0
0	0	0	0	0	0	0	0	0	0
0	0	0	0	0	0	0	0	0	0
0	0	0	0	0	0	0	0	0	0
0	0	0	0	0	0	0	0	0	0
146	151	100	31	145	189	177	44	66	17
0	0	0	0	0	0	0	0	0	0
0	0	0	0	0	0	0	0	0	0
0	0	0	0	0	0	0	0	0	0
0	0	0	0	0	0	0	0	0	0
0	0	0	0	0	0	0	0	0	0
0	0	0	0	0	0	0	0	0	0
99	107	41	17	53	162	90	0	0	34
0	0	0	0	0	0	0	0	0	0
0	0	0	0	0	0	0	0	0	0
0	0	0	0	0	0	0	0	0	0
0	0	0	0	0	0	0	0	0	0
0	0	0	0	0	0	0	0	0	0
0	0	0	0	0	0	0	0	0	0

高等医药院

Basic Statistics of

地区 Region		学校数(所) Institutions	本专科学生数 Undergraduate Students			教职 Teachers, Staff			
						合计 Total	校本部 Teachers, Staff & Workers		
							计 Subtotal	专任 Full-time	
			毕业生数 Graduates	招生数 Students Admitted	在校学生数 Enrolment			计 Subtotal	教授 Professors
总计	**Total**	100	44616	111102	312440	84289	67989	29906	3448
北京	Beijing	3	1351	1944	6687	12671	5720	1038	187
天津	Tianjin	2	1017	1837	6267	2144	1790	732	97
河北	Hebei	5	3468	8742	23971	5377	4131	1825	206
山西	Shanxi	4	1858	6014	14770	2887	2598	1243	159
内蒙古	Inner Mongolia	2	1033	1430	4771	1461	1461	696	85
辽宁	Liaoning	6	2677	6128	18767	5165	4485	2014	241
吉林	Jilin	2	591	2941	5507	1434	1288	647	127
黑龙江	Heilongjiang	5	2220	4673	14541	3808	3151	1444	247
上海	Shanghai	2	1306	1764	6719	2664	1790	741	112
江苏	Jiangsu	7	2945	6229	19905	5921	4915	2292	247
浙江	Zhejiang	3	1093	2935	7567	1887	1769	823	70
安徽	Anhui	4	1502	6162	16571	2872	2579	1305	148
福建	Fujian	2	1089	3426	9342	1747	1547	780	118
江西	Jiangxi	5	2065	4337	12821	3381	2566	1174	141
山东	Shandong	7	3051	6023	18801	4027	3737	1877	178
河南	Henan	3	1515	3979	9747	2229	2041	834	67
湖北	Hubei	4	1068	4095	10770	2331	2067	916	66
湖南	Hunan	4	1442	3933	9138	1634	1535	703	39
广东	Guangdong	5	2879	5724	18594	4476	3888	1623	166
广西	Guangxi	4	1638	5060	14567	2484	2231	1107	124
海南	Hainan	1	283	545	1418	387	373	134	8
重庆	Chongqing	1	969	1579	4778	1229	1169	620	93
四川	Sichuan	3	1637	5511	14831	2510	2175	997	106
贵州	Guizhou	4	1561	5477	13049	2482	2418	1344	117
云南	Yunnan	3	1168	2470	8068	2314	2008	976	99
西藏	Tibet	1	51	60	219	136	136	48	2
陕西	Shaanxi	2	725	2267	5302	1018	917	392	32
甘肃	Gansu	2	993	2567	6163	1265	1205	646	66
青海	Qinghai	1	218	802	1803	427	427	202	6
宁夏	Ningxia	1	280	666	1828	544	544	231	38
新疆	Xinjiang	2	923	1782	5158	1377	1328	502	56

校基本情况

Institutions of Medicine & Pharmacy

单位：人

工数 & Workers 教职工 in College or Uni. Proper 教师 Teachers 副教授 Asso. Professors	讲师 Lecturers	助教 Assistants	教员 Instructors	教辅人员 Supporting Staff	行政人员 Adm. Personnel	工勤人员 Workers	科研机构人员 Personnel in Affiliated Research Org.	校办工厂、农场职工 Employees in School－run Factories, Farms	附设机构人员 Personnel in Other Subsidiary Units
9195	9607	6000	1656	12840	14271	10972	9002	2461	4837
295	322	216	18	2678	1035	969	6773	20	158
263	242	124	6	376	452	230	141	65	148
653	553	307	106	689	786	831	95	203	948
322	410	188	164	478	565	312	5	86	198
227	226	129	29	311	179	275	0	0	0
606	675	426	66	844	994	633	268	162	250
206	191	94	29	104	364	173	23	53	70
391	426	321	59	521	624	562	351	130	176
157	237	114	121	343	443	263	174	154	546
701	698	517	129	803	982	838	331	288	387
267	291	175	20	199	368	379	29	43	46
402	396	274	85	391	435	448	100	82	111
199	256	194	13	249	320	198	45	91	64
354	361	270	48	373	574	445	5	494	316
643	560	398	98	621	760	479	64	50	176
322	246	170	29	302	505	400	5	43	140
261	279	205	105	255	623	273	16	61	187
252	244	119	49	227	309	296	39	9	51
488	614	322	33	917	803	545	251	66	271
356	334	239	54	348	457	319	67	73	113
68	39	19	0	62	105	72	3	0	11
211	220	60	36	174	241	134	0	0	60
318	271	226	76	300	521	357	97	117	121
394	442	282	109	348	426	300	43	21	0
313	303	191	70	300	439	293	52	0	254
3	19	21	3	19	43	26	0	0	0
130	138	65	27	152	145	228	0	101	0
158	275	110	37	160	208	191	25	0	35
46	79	58	13	99	49	77	0	0	0
57	73	43	20	75	100	138	0	0	0
132	187	123	4	122	416	288	0	49	0

高等师范院

Basic Statistics of

地区 Region	学校数(所) Institutions	本专科学生数 Undergraduate Students: 毕业生数 Graduates	本专科学生数 Undergraduate Students: 招生数 Students Admitted	本专科学生数 Undergraduate Students: 在校学生数 Enrolment	教职 Teachers, Staff: 合计 Total	校本部 Teachers, Staff & Workers: 计 Subtotal	校本部: 专任 Full-time: 计 Subtotal	校本部: 专任 Full-time: 教授 Professors
总计 Total	221	193127	460657	1099741	184388	168549	89388	5780
北京 Beijing	3	3389	5378	16649	6288	5632	2540	411
天津 Tianjin	2	2904	5229	14877	2974	2889	1159	153
河北 Hebei	12	12559	33881	68077	10355	9802	4964	236
山西 Shanxi	8	5915	14834	36172	6622	6184	2919	110
内蒙古 Inner Mongolia	6	4481	13540	25532	6743	6540	3319	152
辽宁 Liaoning	13	8592	16250	45849	9331	8657	4959	249
吉林 Jilin	6	5532	11766	31110	6865	6226	3412	332
黑龙江 Heilongjiang	6	4345	10335	26787	4255	3933	2032	151
上海 Shanghai	2	5274	9724	25858	6940	4931	2469	351
江苏 Jiangsu	10	10111	26847	70901	9635	9061	4963	297
浙江 Zhejiang	7	6365	14460	36370	7048	6572	3634	160
安徽 Anhui	13	9442	29030	65801	7944	7283	4361	166
福建 Fujian	8	5912	14087	34741	5510	5245	2719	169
江西 Jiangxi	7	7053	14305	37231	5308	4975	2651	145
山东 Shandong	10	14901	28317	70305	10638	9932	5398	494
河南 Henan	12	10937	30901	64730	8944	8516	4777	219
湖北 Hubei	7	5950	17186	39694	6554	5031	2675	251
湖南 Hunan	13	13156	27072	69330	11351	10494	5394	445
广东 Guangdong	4	7207	14401	38886	4240	3691	1974	149
广西 Guangxi	10	6654	14324	35518	5964	5334	2949	136
海南 Hainan	2	1547	2067	5980	1345	1251	656	24
重庆 Chongqing	4	5155	12544	30267	4872	4282	2215	213
四川 Sichuan	12	10694	26988	59785	7457	7062	3697	163
贵州 Guizhou	10	4940	10963	25694	4383	4152	2154	77
云南 Yunnan	11	5758	11071	28707	6378	6056	3273	136
西藏 Tibet	0	30	163	203	0	0	0	0
陕西 Shaanxi	8	5223	18983	39688	5777	5012	2682	159
甘肃 Gansu	6	5071	13053	27960	4867	4230	2276	141
青海 Qinghai	3	991	2234	5052	1572	1516	882	31
宁夏 Ningxia	1	255	645	1262	249	249	155	3
新疆 Xinjiang	5	2784	10079	20725	3979	3811	2130	57

校基本情况

Teachers Colleges

单位：人

工　数
& Workers

教职工 in College or Uni. Proper							科研机构人员 Personnel in Affiliated Research Org.	校办工厂、农场职工 Employees in School-run Factories, Farms	附设机构人员 Personnel in Other Subsidiary Units
教师 Teachers				教辅人员 Supporting Staff	行政人员 Adm. Personnel	工勤人员 Workers			
副教授 Asso. Professors	讲师 Lecturers	助教 Assistants	教员 Instructors						
25339	33005	19634	5630	20891	32410	25860	2169	4071	9599
961	918	209	41	941	893	1258	342	106	208
456	345	165	40	472	810	448	14	71	0
1219	1925	1305	279	1111	1977	1750	106	70	377
702	1189	648	270	842	1208	1215	44	39	355
909	1412	730	116	812	1401	1008	5	54	144
1505	2054	930	221	965	1555	1178	100	177	397
927	1217	841	95	936	989	889	37	256	346
685	526	525	145	388	785	728	5	245	72
913	880	199	126	777	1146	539	276	794	939
1420	1605	1175	466	964	1701	1433	51	152	371
874	1510	817	273	825	1236	877	18	233	225
1147	1379	1207	462	755	1262	905	41	125	495
690	970	732	158	634	1113	779	39	86	140
733	959	646	168	480	1092	752	38	125	170
1635	1744	1328	197	1114	2001	1419	186	187	333
1431	1760	1007	360	951	1527	1261	58	83	287
890	800	477	257	741	852	763	105	138	1280
1643	1923	926	457	1362	1970	1768	99	241	517
673	694	403	55	550	835	332	187	38	324
677	1184	773	179	672	971	742	38	260	332
162	261	191	18	153	243	199	16	0	78
731	815	401	55	505	851	711	100	84	406
1116	1405	776	237	792	1469	1104	71	27	297
482	851	550	194	714	767	517	19	14	198
806	1308	802	221	669	1181	933	78	18	226
0	0	0	0	0	0	0	0	0	0
704	1125	526	168	613	853	864	34	1	730
545	848	584	158	563	720	671	55	400	182
180	429	209	33	155	246	233	0	0	56
43	49	38	22	17	47	30	0	0	0
480	920	514	159	418	709	554	7	47	114

高等语文院

Basic Statistics of

地区 Region	学校数(所) Institutions	本专科学生数 Undergraduate Students 毕业生数 Graduates	招生数 Students Admitted	在校学生数 Enrolment	教职 Teachers, Staff 合计 Total	校本部 Teachers, Staff & Workers 计 Subtotal	专任 Full-time 计 Subtotal	教授 Professors
总计 Total	15	7961	22194	52380	11907	10489	5229	449
北京 Beijing	6	3138	7115	17577	5349	4645	2296	269
天津 Tianjin	1	449	2874	4972	565	559	314	25
河北 Hebei	0	0	0	0	0	0	0	0
山西 Shanxi	0	0	0	0	0	0	0	0
内蒙古 Inner Mongolia	1	65	1125	1430	347	345	184	3
辽宁 Liaoning	1	440	1541	3944	608	586	292	20
吉林 Jilin	0	0	0	0	0	0	0	0
黑龙江 Heilongjiang	0	0	0	0	0	0	0	0
上海 Shanghai	1	669	1565	4284	1223	942	409	36
江苏 Jiangsu	0	0	0	0	0	0	0	0
浙江 Zhejiang	1	270	867	1444	227	223	101	2
安徽 Anhui	0	0	0	0	0	0	0	0
福建 Fujian	1	438	1221	2989	413	392	228	20
江西 Jiangxi	0	0	0	0	0	0	0	0
山东 Shandong	0	0	0	0	0	0	0	0
河南 Henan	0	0	0	0	0	0	0	0
湖北 Hubei	0	0	0	0	0	0	0	0
湖南 Hunan	0	0	0	0	0	0	0	0
广东 Guangdong	1	1328	2902	8173	1333	1166	579	31
广西 Guangxi	0	0	0	0	0	0	0	0
海南 Hainan	0	0	0	0	0	0	0	0
重庆 Chongqing	1	506	1512	3614	772	711	364	15
四川 Sichuan	0	0	0	0	0	0	0	0
贵州 Guizhou	0	0	0	0	0	0	0	0
云南 Yunnan	0	0	0	0	0	0	0	0
西藏 Tibet	0	0	0	0	0	0	0	0
陕西 Shaanxi	1	658	1472	3953	1070	920	462	28
甘肃 Gansu	0	0	0	0	0	0	0	0
青海 Qinghai	0	0	0	0	0	0	0	0
宁夏 Ningxia	0	0	0	0	0	0	0	0
新疆 Xinjiang	0	0	0	0	0	0	0	0

校基本情况

Institutions of Languages & Literatures

单位：人

工数

& Workers

教职工 in College or Uni. Proper 教师 Teachers 副教授 Asso. Professors	讲师 Lecturers	助教 Assistants	教员 Instructors	教辅人员 Supporting Staff	行政人员 Adm. Personnel	工勤人员 Workers	科研机构人员 Personnel in Affiliated Research Org.	校办工厂、农场职工 Employees in School-run Factories, Farms	附设机构人员 Personnel in Other Subsidiary Units
1427	2015	1064	274	1236	2241	1783	206	214	998
706	902	334	85	619	849	881	79	29	596
69	84	105	31	56	119	70	6	0	0
0	0	0	0	0	0	0	0	0	0
0	0	0	0	0	0	0	0	0	0
24	88	69	0	34	72	55	2	0	0
78	142	44	8	57	153	84	7	0	15
0	0	0	0	0	0	0	0	0	0
0	0	0	0	0	0	0	0	0	0
99	167	74	33	102	240	191	52	161	68
0	0	0	0	0	0	0	0	0	0
30	41	26	2	22	69	31	0	4	0
0	0	0	0	0	0	0	0	0	0
62	74	72	0	46	90	28	0	5	16
0	0	0	0	0	0	0	0	0	0
0	0	0	0	0	0	0	0	0	0
0	0	0	0	0	0	0	0	0	0
0	0	0	0	0	0	0	0	0	0
0	0	0	0	0	0	0	0	0	0
173	198	156	21	121	271	195	35	15	117
0	0	0	0	0	0	0	0	0	0
0	0	0	0	0	0	0	0	0	0
96	142	95	16	88	181	78	9	0	52
0	0	0	0	0	0	0	0	0	0
0	0	0	0	0	0	0	0	0	0
0	0	0	0	0	0	0	0	0	0
0	0	0	0	0	0	0	0	0	0
90	177	89	78	91	197	170	16	0	134
0	0	0	0	0	0	0	0	0	0
0	0	0	0	0	0	0	0	0	0
0	0	0	0	0	0	0	0	0	0
0	0	0	0	0	0	0	0	0	0

高等财经院

Basic Statistics of

地区 Region	学校数(所) Institutions	本专科学生数 Undergraduate Students			教职 Teachers, Staff		
					校本部 Teachers, Staff & Workers		
						专任 Full-time	
		毕业生数 Graduates	招生数 Students Admitted	在校学生数 Enrolment	合计 Total	计 Subtotal	计 Subtotal	教授 Professors
总计 Total	68	54148	138783	337099	48339	44989	21756	1554
北京 Beijing	4	3847	6926	20539	5072	4451	1971	232
天津 Tianjin	2	2262	6497	15880	2162	2059	932	84
河北 Hebei	2	2312	4652	13540	2408	2077	1072	85
山西 Shanxi	2	2061	3992	11764	1718	1595	863	77
内蒙古 Inner Mongolia	1	603	1167	3517	969	935	460	21
辽宁 Liaoning	4	3042	5209	14501	2353	2217	1027	126
吉林 Jilin	4	2137	5079	11177	1673	1650	694	26
黑龙江 Heilongjiang	3	1936	5553	12814	2073	2007	825	59
上海 Shanghai	6	3581	8143	18742	2945	2737	1203	106
江苏 Jiangsu	3	2311	5858	14009	1995	1931	1053	46
浙江 Zhejiang	3	3077	7051	17831	2934	2659	1262	55
安徽 Anhui	3	2290	4205	11968	1847	1813	971	26
福建 Fujian	1	360	2880	5007	173	173	90	1
江西 Jiangxi	2	1898	6515	14595	1934	1699	854	75
山东 Shandong	3	2607	10241	23283	2307	2211	1073	83
河南 Henan	3	2235	6592	14057	1709	1646	826	47
湖北 Hubei	4	4466	9923	26218	3378	2954	1475	144
湖南 Hunan	3	2326	4649	11639	1555	1356	591	13
广东 Guangdong	2	2132	10772	20169	1210	1152	605	32
广西 Guangxi	3	1426	3304	6931	644	629	380	5
海南 Hainan	0	0	0	0	0	0	0	0
重庆 Chongqing	1	774	2104	5003	551	551	284	9
四川 Sichuan	2	1658	4787	11848	1706	1665	824	104
贵州 Guizhou	2	1190	3703	8048	1106	1076	608	18
云南 Yunnan	1	592	1496	4635	968	953	445	22
西藏 Tibet	0	0	0	0	0	0	0	0
陕西 Shaanxi	2	1340	3200	9195	1322	1254	596	17
甘肃 Gansu	1	972	2159	5474	779	749	366	21
青海 Qinghai	0	0	0	0	0	0	0	0
宁夏 Ningxia	0	0	0	0	0	0	0	0
新疆 Xinjiang	1	713	2126	4715	848	790	406	20

校基本情况

Institutions of Finance & Economics

单位: 人

工　　数 & Workers

教职工 in College or Uni. Proper — 教师 Teachers — 副教授 Asso. Professors	讲师 Lecturers	助教 Assistants	教员 Instructors	教辅人员 Supporting Staff	行政人员 Adm. Personnel	工勤人员 Workers	科研机构人员 Personnel in Affiliated Research Org.	校办工厂、农场职工 Employees in School-run Factories, Farms	附设机构人员 Personnel in Other Subsidiary Units
6513	8817	3818	1054	5165	10331	7737	481	1248	1621
708	737	217	77	512	1000	968	116	286	219
295	330	185	38	357	419	351	28	71	4
289	408	220	70	180	440	385	13	175	143
263	361	121	41	184	342	206	0	2	121
144	183	103	9	145	217	113	8	0	26
319	390	136	56	254	527	409	16	0	120
185	311	158	14	197	463	296	11	2	10
319	280	138	29	340	486	356	25	0	41
316	521	224	36	269	713	552	49	79	80
304	442	255	6	172	396	310	36	6	22
341	589	240	37	271	567	559	17	168	90
228	307	194	216	124	412	306	10	0	24
12	35	32	10	24	29	30	0	0	0
262	316	166	35	166	371	308	40	101	94
385	405	152	48	251	570	317	13	23	60
268	373	118	20	169	446	205	0	0	63
498	555	185	93	347	809	323	5	58	361
164	282	82	50	201	280	284	0	199	0
204	212	144	13	153	246	148	0	58	0
72	180	115	8	86	85	78	0	8	7
0	0	0	0	0	0	0	0	0	0
83	126	58	8	26	161	80	0	0	0
220	378	122	0	262	227	352	29	12	0
149	222	127	92	80	305	83	23	0	7
125	236	60	2	135	172	201	6	0	9
0	0	0	0	0	0	0	0	0	0
158	300	102	19	159	248	251	23	0	45
100	152	78	15	44	205	134	13	0	17
0	0	0	0	0	0	0	0	0	0
0	0	0	0	0	0	0	0	0	0
102	186	86	12	57	195	132	0	0	58

高等政法院

Basic Statistics of

地区 Region	学校数(所) Institutions	本专科学生数 Undergraduate Students			教职 Teachers, Staff			
						校本部 Teachers, Staff & Workers		
							专任 Full-time	
		毕业生数 Graduates	招生数 Students Admitted	在校学生数 Enrolment	合计 Total	计 Subtotal	计 Subtotal	教授 Professors
总计 Total	26	12959	34733	83797	15927	15163	6210	366
北京 Beijing	4	2588	5674	15632	3677	3354	1159	152
天津 Tianjin	0	0	0	0	0	0	0	0
河北 Hebei	1	498	1031	2330	1667	1610	435	14
山西 Shanxi	1	0	774	774	399	399	198	1
内蒙古 Inner Mongolia	0	0	0	0	0	0	0	0
辽宁 Liaoning	2	838	2156	6070	1033	964	426	35
吉林 Jilin	1	220	734	1356	257	249	91	4
黑龙江 Heilongjiang	0	80	500	890	0	0	0	0
上海 Shanghai	2	1376	1835	5768	1129	1054	415	21
江苏 Jiangsu	1	920	1156	2886	710	710	328	10
浙江 Zhejiang	2	346	2127	4935	677	676	256	2
安徽 Anhui	0	0	0	0	0	0	0	0
福建 Fujian	1	345	544	1249	324	322	170	2
江西 Jiangxi	1	301	507	1372	339	339	124	0
山东 Shandong	1	618	2398	5200	383	371	148	4
河南 Henan	1	418	2253	3784	319	319	174	3
湖北 Hubei	1	448	974	2482	362	362	176	5
湖南 Hunan	1	534	1826	4060	523	510	281	2
广东 Guangdong	1	317	1178	2645	474	468	222	6
广西 Guangxi	0	207	564	1078	254	249	117	3
海南 Hainan	0	0	0	0	0	0	0	0
重庆 Chongqing	1	1007	2530	7363	1093	958	393	39
四川 Sichuan	1	0	959	1191	457	457	221	2
贵州 Guizhou	0	0	598	1348	0	0	0	0
云南 Yunnan	1	446	1105	2616	332	321	160	2
西藏 Tibet	0	0	0	0	0	0	0	0
陕西 Shaanxi	1	906	2110	5856	905	882	392	50
甘肃 Gansu	1	546	1100	2812	380	356	204	9
青海 Qinghai	0	0	100	100	233	233	120	0
宁夏 Ningxia	0	0	0	0	0	0	0	0
新疆 Xinjiang	0	0	0	0	0	0	0	0

校基本情况

Institutions of Political Science & Law

单位:人

工数 & Workers									
教职工 in College or Uni. Proper							科研机构人员 Personnel in Affiliated Research Org.	校办工厂、农场职工 Employees in School-run Factories, Farms	附设机构人员 Personnel in Other Subsidiary Units
教师 Teachers				教辅人员 Supporting Staff	行政人员 Adm. Personnel	工勤人员 Workers			
副教授 Asso. Professors	讲师 Lecturers	助教 Assistants	教员 Instructors						
1678	2552	1324	290	1736	4670	2547	145	227	392
420	444	112	31	508	1109	578	56	35	232
0	0	0	0	0	0	0	0	0	0
85	132	133	71	102	357	716	13	44	0
48	68	54	27	20	151	30	0	0	0
0	0	0	0	0	0	0	0	0	0
128	190	63	10	103	355	80	0	0	69
21	40	21	5	48	87	23	8	0	0
0	0	0	0	0	0	0	0	0	0
103	233	34	24	132	365	142	14	15	46
73	128	95	22	52	242	88	0	0	0
59	115	77	3	50	282	88	1	0	0
0	0	0	0	0	0	0	0	0	0
34	74	60	0	34	110	8	2	0	0
21	46	46	11	24	140	51	0	0	0
43	57	40	4	21	156	46	0	0	12
36	66	64	5	22	101	22	0	0	0
36	88	43	4	102	64	20	0	0	0
71	101	95	12	39	165	25	0	0	13
64	97	47	8	85	104	57	6	0	0
26	53	32	3	33	78	21	5	0	0
0	0	0	0	0	0	0	0	0	0
132	165	40	17	155	206	204	20	115	0
81	63	60	15	34	141	61	0	0	0
0	0	0	0	0	0	0	0	0	0
30	74	36	18	18	118	25	2	0	9
0	0	0	0	0	0	0	0	0	0
105	167	70	0	97	212	181	10	13	0
46	101	48	0	34	54	64	8	5	11
16	50	54	0	23	73	17	0	0	0
0	0	0	0	0	0	0	0	0	0
0	0	0	0	0	0	0	0	0	0

高等体育院

Basic Statistics of

地区 Region		学校数(所) Institutions	本专科学生数 Undergraduate Students			教职工 Teachers, Staff			
							校本部 Teachers, Staff & Workers		
								专任 Full－time	
			毕业生数 Graduates	招生数 Students Admitted	在校学生数 Enrolment	合计 Total	计 Subtotal	计 Subtotal	教授 Professors
总计	**Total**	14	5161	12586	32502	7159	6685	3229	232
北京	Beijing	1	616	964	2982	919	919	358	33
天津	Tianjin	1	265	1394	2819	416	416	195	9
河北	Hebei	1	308	697	1377	209	209	100	7
山西	Shanxi	0	0	0	0	0	0	0	0
内蒙古	Inner Mongolia	0	0	0	0	0	0	0	0
辽宁	Liaoning	1	356	1133	2992	652	584	273	21
吉林	Jilin	1	135	536	1562	389	378	193	4
黑龙江	Heilongjiang	1	240	500	1867	335	335	109	7
上海	Shanghai	1	496	893	2720	782	638	342	33
江苏	Jiangsu	1	223	506	1351	305	297	120	9
浙江	Zhejiang	0	0	49	49	0	0	0	0
安徽	Anhui	0	0	0	0	0	0	0	0
福建	Fujian	0	0	0	0	0	0	0	0
江西	Jiangxi	0	0	0	0	0	0	0	0
山东	Shandong	1	191	500	1422	339	335	128	13
河南	Henan	0	0	0	0	0	0	0	0
湖北	Hubei	1	515	915	2787	840	715	412	24
湖南	Hunan	0	0	125	125	0	0	0	0
广东	Guangdong	1	632	1096	2827	497	460	226	22
广西	Guangxi	1	299	501	855	126	123	63	3
海南	Hainan	0	0	0	0	0	0	0	0
重庆	Chongqing	0	0	0	0	0	0	0	0
四川	Sichuan	1	424	1557	3586	667	667	385	24
贵州	Guizhou	0	0	0	0	0	0	0	0
云南	Yunnan	0	0	0	0	0	0	0	0
西藏	Tibet	0	0	0	0	0	0	0	0
陕西	Shaanxi	1	461	1220	3181	683	609	325	23
甘肃	Gansu	0	0	0	0	0	0	0	0
青海	Qinghai	0	0	0	0	0	0	0	0
宁夏	Ningxia	0	0	0	0	0	0	0	0
新疆	Xinjiang	0	0	0	0	0	0	0	0

校基本情况

Institutions of Physical Culture

单位：人

工数 & Workers / 教职工 in College or Uni. Proper / 教师 Teachers: 副教授 Asso. Professors	讲师 Lecturers	助教 Assistants	教员 Instrructors	教辅人员 Supporting Staff	行政人员 Adm. Personnel	工勤人员 Workers	科研机构人员 Personnel in Affiliated Research Org.	校办工厂、农场职工 Employees in School－run Factories，Farms	附设机构人员 Personnel in Other Subsidiary Units
940	1277	665	115	571	1609	1276	63	14	397
126	136	57	6	127	265	169	0	0	0
56	82	43	5	17	118	86	0	0	0
30	34	24	5	15	58	36	0	0	0
0	0	0	0	0	0	0	0	0	0
0	0	0	0	0	0	0	0	0	0
82	113	39	18	25	156	130	0	0	68
65	88	34	2	22	88	75	0	0	11
55	33	14	0	27	125	74	0	0	0
86	134	51	38	64	127	105	24	14	106
34	44	27	6	30	110	37	8	0	0
0	0	0	0	0	0	0	0	0	0
0	0	0	0	0	0	0	0	0	0
0	0	0	0	0	0	0	0	0	0
0	0	0	0	0	0	0	0	0	0
53	26	36	0	27	131	49	4	0	0
0	0	0	0	0	0	0	0	0	0
94	186	97	11	20	89	194	18	0	107
0	0	0	0	0	0	0	0	0	0
88	66	45	5	47	132	55	6	0	31
16	31	13	0	7	30	23	3	0	0
0	0	0	0	0	0	0	0	0	0
0	0	0	0	0	0	0	0	0	0
78	168	105	10	84	87	111	0	0	0
0	0	0	0	0	0	0	0	0	0
0	0	0	0	0	0	0	0	0	0
0	0	0	0	0	0	0	0	0	0
77	136	80	9	59	93	132	0	0	74
0	0	0	0	0	0	0	0	0	0
0	0	0	0	0	0	0	0	0	0
0	0	0	0	0	0	0	0	0	0
0	0	0	0	0	0	0	0	0	0

高等艺术院

Basic Statistics of

地区 Region	学校数(所) Institutions	本专科学生数 Undergraduate Students			教职 Teachers, Staff			
						校本部 Teachers, Staff & Workers		
							专任 Full-time	
		毕业生数 Graduates	招生数 Students Admitted	在校学生数 Enrolment	合计 Total	计 Subtotal	计 Subtotal	教授 Professors
总计 **Total**	29	5193	14451	33945	12150	11268	6071	624
北京 Beijing	7	780	1723	4477	2665	2307	1114	191
天津 Tianjin	2	372	636	1777	659	617	350	53
河北 Hebei	0	0	0	0	0	0	0	0
山西 Shanxi	0	0	155	155	0	0	0	0
内蒙古 Inner Mongolia	0	133	465	864	419	411	266	1
辽宁 Liaoning	2	353	733	2228	849	845	455	56
吉林 Jilin	1	432	704	1481	629	625	425	23
黑龙江 Heilongjiang	0	0	0	0	0	0	0	0
上海 Shanghai	2	172	313	1196	760	582	278	32
江苏 Jiangsu	1	188	967	1940	461	402	235	27
浙江 Zhejiang	1	108	577	1131	488	458	249	33
安徽 Anhui	0	0	0	0	0	0	0	0
福建 Fujian	0	0	0	0	0	0	0	0
江西 Jiangxi	0	0	0	0	0	0	0	0
山东 Shandong	2	402	1335	3107	757	751	381	32
河南 Henan	0	0	0	0	0	0	0	0
湖北 Hubei	2	318	749	2255	728	727	383	31
湖南 Hunan	0	0	160	247	0	0	0	0
广东 Guangdong	2	399	998	2527	729	702	364	31
广西 Guangxi	1	222	574	1350	407	406	224	20
海南 Hainan	0	0	0	0	0	0	0	0
重庆 Chongqing	1	408	1071	2057	423	394	198	20
四川 Sichuan	1	238	1348	2251	420	369	225	14
贵州 Guizhou	0	0	0	0	0	0	0	0
云南 Yunnan	1	293	494	1467	498	472	237	17
西藏 Tibet	0	0	0	0	0	0	0	0
陕西 Shaanxi	2	301	1144	2819	860	802	437	36
甘肃 Gansu	0	0	0	0	0	0	0	0
青海 Qinghai	0	0	0	0	0	0	0	0
宁夏 Ningxia	0	0	0	0	0	0	0	0
新疆 Xinjiang	1	74	305	616	398	398	250	7

校基本情况

Institutions of Art

单位:人

工数 & Workers — 教职工 in College or Uni. Proper — 教师 Teachers: 副教授 Asso. Professors	讲师 Lecturers	助教 Assistants	教员 Instructors	教辅人员 Supporting Staff	行政人员 Adm. Personnel	工勤人员 Workers	科研机构人员 Personnel in Affiliated Research Org.	校办工厂、农场职工 Employees in School-run Factories, Farms	附设机构人员 Personnel in Other Subsidiary Units
1771	2090	1261	325	1008	2697	1492	212	224	446
361	342	183	37	353	553	287	75	119	164
90	127	74	6	40	138	89	7	11	24
0	0	0	0	0	0	0	0	0	0
0	0	0	0	0	0	0	0	0	0
38	97	101	29	48	79	18	8	0	0
127	183	88	1	74	196	120	0	0	4
91	171	87	53	52	75	73	0	0	4
0	0	0	0	0	0	0	0	0	0
96	76	44	30	40	174	90	33	16	129
100	67	34	7	26	96	45	26	12	21
95	82	31	8	58	96	55	4	0	26
0	0	0	0	0	0	0	0	0	0
0	0	0	0	0	0	0	0	0	0
0	0	0	0	0	0	0	0	0	0
110	155	71	13	20	259	91	6	0	0
0	0	0	0	0	0	0	0	0	0
131	126	65	30	56	196	92	1	0	0
0	0	0	0	0	0	0	0	0	0
104	143	83	3	65	167	106	27	0	0
78	61	50	15	41	120	21	1	0	0
0	0	0	0	0	0	0	0	0	0
79	63	29	7	26	80	90	0	14	15
57	78	56	20	12	74	58	15	5	31
0	0	0	0	0	0	0	0	0	0
70	74	62	14	37	110	88	7	10	0
0	0	0	0	0	0	0	0	0	0
103	149	131	18	48	192	125	2	37	19
0	0	0	0	0	0	0	0	0	0
0	0	0	0	0	0	0	0	0	0
0	0	0	0	0	0	0	0	0	0
41	96	72	34	12	92	44	0	0	0

高等民族院
Basic Statistics of

地区 Region	学校数(所) Institutions	本专科学生数 Undergraduate Students			教职 Teachers, Staff			
						校本部 Teachers, Staff & Workers		
							专任 Full-time	
		毕业生数 Graduates	招生数 Students Admitted	在校学生数 Enrolment	合计 Total	计 Subtotal	计 Subtotal	教授 Professors
总计 Total	12	9440	19102	52098	10549	9597	4816	340
北京 Beijing	1	1062	1195	3881	1591	1432	700	68
天津 Tianjin	0	0	0	0	0	0	0	0
河北 Hebei	0	0	0	0	0	0	0	0
山西 Shanxi	0	0	0	0	0	0	0	0
内蒙古 Inner Mongolia	0	0	0	0	0	0	0	0
辽宁 Liaoning	1	0	1011	2543	330	330	156	14
吉林 Jilin	0	0	0	0	0	0	0	0
黑龙江 Heilongjiang	0	0	0	0	0	0	0	0
上海 Shanghai	0	0	0	0	0	0	0	0
江苏 Jiangsu	0	0	0	0	0	0	0	0
浙江 Zhejiang	0	0	0	0	0	0	0	0
安徽 Anhui	0	0	0	0	0	0	0	0
福建 Fujian	0	0	0	0	0	0	0	0
江西 Jiangxi	0	0	0	0	0	0	0	0
山东 Shandong	0	0	0	0	0	0	0	0
河南 Henan	0	0	0	0	0	0	0	0
湖北 Hubei	2	2584	4298	12719	2204	1853	1035	74
湖南 Hunan	0	0	0	0	0	0	0	0
广东 Guangdong	0	0	0	0	0	0	0	0
广西 Guangxi	1	1052	2236	6624	1008	1008	460	32
海南 Hainan	0	0	0	0	0	0	0	0
重庆 Chongqing	0	0	0	0	0	0	0	0
四川 Sichuan	1	1308	2292	5445	1004	907	426	37
贵州 Guizhou	1	864	1871	4489	890	846	447	23
云南 Yunnan	1	795	1659	4612	909	834	433	33
西藏 Tibet	1	257	776	2098	553	553	235	5
陕西 Shaanxi	0	0	0	0	0	0	0	0
甘肃 Gansu	1	685	1534	4329	986	874	459	29
青海 Qinghai	1	413	951	2229	568	488	209	9
宁夏 Ningxia	1	420	1279	3129	506	472	256	16
新疆 Xinjiang	0	0	0	0	0	0	0	0

校基本情况
Institutions of Nationalities

工 数
& Workers

单位:人

教职工 in College or Uni. Proper: 教师 Teachers: 副教授 Asso. Professors	讲师 Lecturers	助教 Assistants	教员 Instructors	教辅人员 Supporting Staff	行政人员 Adm. Personnel	工勤人员 Workers	科研机构人员 Personnel in Affiliated Research Org.	校办工厂、农场职工 Employees in School-run Factories, Farms	附设机构人员 Personnel in Other Subsidiary Units
1385	2004	804	283	1404	1933	1444	205	43	704
224	341	52	15	212	286	234	16	14	129
0	0	0	0	0	0	0	0	0	0
0	0	0	0	0	0	0	0	0	0
0	0	0	0	0	0	0	0	0	0
0	0	0	0	0	0	0	0	0	0
62	49	29	2	53	95	26	0	0	0
0	0	0	0	0	0	0	0	0	0
0	0	0	0	0	0	0	0	0	0
0	0	0	0	0	0	0	0	0	0
0	0	0	0	0	0	0	0	0	0
0	0	0	0	0	0	0	0	0	0
0	0	0	0	0	0	0	0	0	0
0	0	0	0	0	0	0	0	0	0
0	0	0	0	0	0	0	0	0	0
0	0	0	0	0	0	0	0	0	0
0	0	0	0	0	0	0	0	0	0
292	398	201	70	336	216	266	50	19	282
0	0	0	0	0	0	0	0	0	0
0	0	0	0	0	0	0	0	0	0
143	162	70	53	258	147	143	0	0	0
0	0	0	0	0	0	0	0	0	0
0	0	0	0	0	0	0	0	0	0
133	192	54	10	127	165	189	33	8	56
115	195	72	42	81	244	74	9	0	35
160	155	62	23	117	164	120	40	0	35
48	126	40	16	41	169	108	0	0	0
0	0	0	0	0	0	0	0	0	0
109	201	77	43	56	227	132	22	0	90
48	74	78	0	49	140	90	33	0	47
51	111	69	9	74	80	62	2	2	30
0	0	0	0	0	0	0	0	0	0

普通高等学校女学

Number of Female Students, Teachers, Staff &

地区 Region		本专科学生数 Undergraduate Students 毕业生数 Graduates	招生数 Students Admitted	在校学生数 Enrolment	教职 Teachers, Staff 合计 Total	校本部 Teachers, Staff & Workers 计 Subtotal	专任 Full-time 计 Subtotal	教授 Professors
总 计	**Total**	375187	928916	2278905	456618	381497	176965	6425
北 京	Beijing	21898	44066	121986	48336	41090	15603	1226
天 津	Tianjin	8263	18575	50041	11059	9255	4196	309
河 北	Hebei	20511	55483	122079	19522	16455	8445	209
山 西	Shanxi	9367	23625	58115	11018	9240	4713	147
内蒙古	Inner Mongolia	5986	17185	36067	8284	7515	3916	96
辽 宁	Liaoning	24148	52799	140239	26718	23680	12403	333
吉 林	Jilin	12497	28541	75721	17184	15062	7515	277
黑龙江	Heilongjiang	14827	31706	88914	18321	14238	6818	276
上 海	Shanghai	17458	39654	105607	25597	18850	7205	314
江 苏	Jiangsu	27474	70141	174839	30051	24322	11420	360
浙 江	Zhejiang	13864	36546	84030	14435	12139	5698	105
安 徽	Anhui	9578	26821	64310	11256	9869	4828	135
福 建	Fujian	8839	22301	53527	8648	7350	3610	98
江 西	Jiangxi	7308	18565	48662	9886	7561	3455	106
山 东	Shandong	24651	58466	139794	21457	18463	9420	413
河 南	Henan	16072	48292	100290	16591	14058	7243	212
湖 北	Hubei	17843	51909	124836	29063	22967	10185	411
湖 南	Hunan	17247	42017	102214	18854	15852	6880	165
广 东	Guangdong	21408	49264	123787	20648	17049	7514	198
广 西	Guangxi	8017	21042	49952	8180	7174	3348	71
海 南	Hainan	1521	3312	7718	1604	1293	561	11
重 庆	Chongqing	7949	21890	52201	9683	7877	3690	104
四 川	Sichuan	16605	42093	98858	17238	14593	6449	226
贵 州	Guizhou	5294	12386	29666	6758	6258	2993	60
云 南	Yunnan	7926	15184	42078	8892	8144	3921	138
西 藏	Tibet	274	1050	2409	639	614	290	2
陕 西	Shaanxi	13445	38810	92648	19766	15667	7275	281
甘 肃	Gansu	5269	12823	30373	6021	5100	2391	50
青 海	Qinghai	1032	3391	7108	1840	1670	959	4
宁 夏	Ningxia	1453	3323	8329	1711	1550	829	30
新 疆	Xinjiang	7163	17656	42507	7358	6542	3192	58

生和女教职工数

Workers in Regular Higher Educational Institutions

单位:人

工 数 & Workers									
教职工 in College or Uni. Proper							科研机构人员 Personnel in Affiliated Research Org.	校办工厂、农场职工 Employees in School－run Factories, Farms	附设机构人员 Personnel in Other Subsidiary Units
教师 Teachers				教辅人员 Supporting Staff	行政人员 Adm. Personnel	工勤人员 Workers			
副教授 Asso. Professors	讲师 Lecturers	助教 Assistants	教员 Instructors						
43579	71698	43011	12252	74273	74999	55260	13056	18403	43662
4897	6418	2529	533	12139	7757	5591	2351	1374	3521
1292	1491	859	245	1888	2009	1162	523	470	811
1929	3301	2279	727	2789	2634	2587	259	836	1972
882	1942	1291	451	1727	1665	1135	144	267	1367
841	1729	1080	170	1411	1258	930	48	333	388
3397	5318	2652	703	4185	4636	2456	670	628	1740
1756	3159	1852	471	2938	2618	1991	360	623	1139
2036	2471	1671	364	2560	2638	2222	491	1017	2575
1813	3366	1397	315	4006	4210	3429	1320	1856	3571
2552	4340	3227	941	4407	4755	3740	921	1465	3343
1214	2478	1395	506	2111	2513	1817	401	500	1395
1159	1681	1262	591	1788	1830	1423	280	251	856
778	1367	1129	238	1147	1609	984	219	327	752
817	1216	1104	212	1377	1485	1244	73	1233	1019
2621	3598	2203	585	3219	3298	2526	435	737	1822
1633	2983	1862	553	2523	2536	1756	187	979	1367
2626	3593	2586	969	4475	4887	3420	664	1063	4369
1649	2759	1684	623	2626	3220	3126	572	725	1705
1885	3390	1709	332	3537	3992	2006	608	429	2562
642	1415	944	276	1444	1422	960	97	424	485
127	226	186	11	246	239	247	21	96	194
910	1603	908	165	1420	1712	1055	318	449	1039
1578	2651	1494	500	2605	3456	2083	780	439	1426
502	1211	872	348	1077	1331	857	94	113	293
1009	1506	974	294	1317	1711	1195	114	68	566
34	129	111	14	89	169	66	5	2	18
1572	3072	1829	521	2805	2658	2929	855	959	2285
469	1018	656	198	908	878	923	194	298	429
145	441	290	79	243	262	206	17	0	153
160	313	224	102	229	254	238	16	53	92
654	1513	752	215	1037	1357	956	19	389	408

中等专业学

Basic Statistics of

地区 Region	学校数(所) Schools	毕业生数 Graduates	招生数 Entrants			在校学生数 Enrolment	合计 Total	
			计 Total	招高中毕业生数 Graduates From Senior Sec. School	招初中毕业生数 Graduates From Junior Sec. School			计 Subtotal
总计 Total	3646	1507237	1325870	47381	1278489	4895159	488083	462739
北京 Beijing	108	28113	27816	784	27032	119427	10468	9879
天津 Tianjin	80	23325	20209	55	20154	89505	10716	10240
河北 Hebei	149	72519	61751	1965	59786	235228	27030	25860
山西 Shanxi	127	42356	67975	2940	65035	196494	18600	18016
内蒙古 Inner Mongolia	86	24099	30195	1391	28804	106407	11645	11296
辽宁 Liaoning	133	35843	30399	64	30335	148905	18651	17582
吉林 Jilin	98	42018	22569	642	21927	118238	14639	13924
黑龙江 Heilongjiang	109	38157	35473	1775	33698	115489	16443	15283
上海 Shanghai	83	38556	29978	72	29906	118906	12673	11381
江苏 Jiangsu	187	144900	106369	573	105796	436216	25014	23618
浙江 Zhejiang	86	50834	35425	0	35425	148010	9662	9182
安徽 Anhui	138	60437	49191	1620	47571	191891	16034	15408
福建 Fujian	119	33130	34819	154	34665	129041	12412	11903
江西 Jiangxi	97	45776	45379	1090	44289	160022	13304	12500
山东 Shandong	243	103629	93493	5871	87622	333184	37241	35417
河南 Henan	176	112019	99713	4811	94902	334790	30355	28238
湖北 Hubei	203	125593	62418	5283	57135	278602	28816	27238
湖南 Hunan	144	73076	63625	378	63247	258342	21078	19755
广东 Guangdong	244	83030	68358	913	67445	256875	24579	23963
广西 Guangxi	127	41688	40990	936	40054	158671	17206	15379
海南 Hainan	34	8613	10951	282	10669	30722	3284	3165
重庆 Chongqing	62	29381	23095	313	22782	84524	8168	7587
四川 Sichuan	194	77620	60854	1685	59169	232481	25608	24205
贵州 Guizhou	104	35003	38447	0	38447	119991	11617	11317
云南 Yunnan	127	37651	37636	2439	35197	119199	14084	13782
西藏 Tibet	12	1895	2957	268	2689	6585	1255	1221
陕西 Shaanxi	111	43730	44352	5568	38784	146614	16535	15134
甘肃 Gansu	113	19921	29898	840	29058	82259	12775	12455
青海 Qinghai	15	4093	4781	474	4307	13406	2398	2376
宁夏 Ningxia	25	4390	7973	577	7396	19880	3000	2878
新疆 Xinjiang	112	25842	38781	3618	35163	105255	12793	12557
中央 Zhongyang								

校 基 本 情 况

Specialized Secondary Schools

单位: 人

教职工数 Teachers, Staff & Workers — 校本部教职工 Employees in the School Proper — 专任教师 Full-time Teachers — 计 Subtotal	高级讲师 Senior Lecturers	讲师 Lecturers	助理讲师 Assistant Lecturers	教员 Instructors	教辅人员 Supporting Staff	行政人员 Adm. Personnel	工勤人员 Workers	校办厂、场职工 Employees in School-run Factories & Farms	附设机构人员 Employees in Subsidiary Units	兼任教师数(不在教工数中) Part-time Teachers
256419	48411	112743	86522	8743	44138	87076	75106	13743	11601	10301
4648	936	2160	1449	103	1201	2173	1857	411	178	313
5548	1319	2474	1556	199	898	2099	1695	214	262	243
14091	2469	6118	4866	638	2320	4821	4628	744	426	378
9823	1679	4071	3496	577	1601	3468	3124	352	232	84
6216	989	3096	1956	175	1269	2104	1707	139	210	114
9285	2517	4241	2331	196	1903	3401	2993	689	380	229
7748	1343	3211	3019	175	1169	2968	2039	626	89	32
7358	2292	3183	1710	173	1507	3162	3256	601	559	231
5242	868	2766	1482	126	1238	2208	2693	899	393	519
13686	2378	5653	4869	786	2198	4108	3626	1108	288	1994
5285	818	2422	1692	353	920	1531	1446	286	194	227
8815	1891	3674	2951	299	1437	2791	2365	285	341	165
6920	1078	2952	2681	209	1114	2154	1715	285	224	447
7213	1352	3149	2512	200	1287	2125	1875	570	234	247
20409	4557	7995	7257	600	3349	6863	4796	1132	692	585
16640	3340	6736	6004	560	2479	4925	4194	1190	927	385
15549	3523	7229	4399	398	2593	5303	3793	617	961	418
10775	2415	4754	3317	289	1903	3826	3251	710	613	911
14131	1877	6160	5658	436	2456	4155	3221	225	391	628
8800	1470	4360	2786	184	1525	2474	2580	370	1457	270
1809	256	691	774	88	233	558	565	41	78	115
4125	846	1692	1454	133	825	1383	1254	175	406	227
12732	2629	5620	4261	222	2519	4803	4151	930	473	677
6628	761	2941	2703	223	751	2570	1368	78	222	193
7750	962	4155	2381	252	1053	2439	2540	124	178	234
742	17	260	362	103	54	188	237	13	21	4
7979	1612	3494	2525	348	1683	3030	2442	577	824	254
6779	955	3179	2485	160	1098	2153	2425	148	172	87
1363	136	518	652	57	178	409	426	0	22	0
1544	324	740	394	86	266	523	545	88	34	37
6786	802	3049	2540	395	1111	2361	2299	116	120	53

中 等 技 术 学

Basic Statistics of

地　区 Region		学校数(所) Schools	毕业生数 Graduates	招生数 Entrants 计 Total	招高中毕业生数 Graduates From Senior Sec. School	招初中毕业生数 Graduates From Junior Sec. School	在校学生数 Enrolment	合计 Total	计 Subtotal
总　计	**Total**	2963	1195832	1115665	38953	1076712	4125363	397952	374926
北　京	Beijing	92	26988	27567	784	26783	117928	9658	9087
天　津	Tianjin	70	20393	18279	55	18224	81574	9384	8975
河　北	Hebei	117	51964	50862	1965	48897	190351	21057	19984
山　西	Shanxi	105	30683	48157	160	47997	149131	15014	14514
内蒙古	Inner Mongolia	81	19495	26383	1271	25112	89708	11003	10654
辽　宁	Liaoning	124	29922	26656	64	26592	132060	17194	16189
吉　林	Jilin	81	32673	18399	642	17757	98503	11437	10848
黑龙江	Heilongjiang	83	27606	29187	1775	27412	94596	12971	11893
上　海	Shanghai	82	37995	29847	72	29775	117660	12507	11220
江　苏	Jiangsu	160	129724	98311	173	98138	393773	20512	19430
浙　江	Zhejiang	85	45322	31976	0	31976	135561	8779	8382
安　徽	Anhui	104	43656	44055	1620	42435	166008	12528	11949
福　建	Fujian	94	24443	34179	154	34025	118675	9893	9450
江　西	Jiangxi	76	33151	36064	1090	34974	128726	10379	9599
山　东	Shandong	187	86201	78835	3949	74886	289319	29826	28356
河　南	Henan	135	73638	74818	4804	70014	246524	22834	20851
湖　北	Hubei	180	110685	57694	5036	52658	252171	25432	24097
湖　南	Hunan	118	58488	53290	378	52912	223425	17631	16386
广　东	Guangdong	198	63204	65690	913	64777	224341	19278	18716
广　西	Guangxi	98	32017	35224	728	34496	131167	13198	11441
海　南	Hainan	26	5348	7546	87	7459	21018	2223	2140
重　庆	Chongqing	41	23158	17868	313	17555	67884	5995	5475
四　川	Sichuan	128	59984	46082	1572	44510	183704	19936	18567
贵　州	Guizhou	79	25468	29188	0	29188	91187	8821	8550
云　南	Yunnan	108	27797	28795	2439	26356	91114	11725	11430
西　藏	Tibet	11	1660	2657	268	2389	5511	1106	1072
陕　西	Shaanxi	89	33253	33080	4549	28531	112968	13533	12207
甘　肃	Gansu	91	16103	25564	795	24769	65792	10278	9993
青　海	Qinghai	8	2488	3551	197	3354	9450	1630	1612
宁　夏	Ningxia	21	2858	7467	497	6970	16442	2466	2361
新　疆	Xinjiang	91	19467	28394	2603	25791	79092	9724	9498

校基本情况

Secondary Technical Schools

单位:人

教职工数 Teachers, Staff & Workers										兼任教师数(不在教工数中) Part-time Teachers
校本部教职工 Employees in the School Proper								校办厂、场职工 Employees in School-run Factories & Farms	附设机构人员 Employees in Subsidiary Units	
专任教师 Full-time Teachers					教辅人员 Supporting Staff	行政人员 Adm. Personnel	工勤人员 Workers			
计 Subtotal	高级讲师 Senior Lecturers	讲师 Lecturers	助理讲师 Assistant Lecturers	教员 Instructors						
203843	39668	91084	66609	6482	36839	72914	61330	12268	10758	10073
4309	854	2030	1342	83	1121	1974	1683	406	165	313
4858	1192	2190	1324	152	776	1850	1491	190	219	243
10703	2092	4784	3422	405	1845	3795	3641	677	396	358
7783	1326	3306	2693	458	1384	2822	2525	297	203	69
5832	949	2866	1847	170	1206	2022	1594	139	210	114
8490	2320	3876	2138	156	1826	3109	2764	642	363	229
5903	1127	2570	2082	124	979	2301	1665	529	60	32
5464	1761	2293	1304	106	1316	2416	2697	539	539	209
5165	857	2731	1456	121	1233	2160	2662	894	393	519
11191	1897	4724	3945	625	1778	3470	2991	836	246	1987
4837	736	2192	1570	339	833	1417	1295	252	145	227
6757	1518	2789	2236	214	1044	2313	1835	268	311	162
5474	878	2358	2062	176	959	1683	1334	265	178	447
5358	1007	2390	1856	105	1030	1750	1461	563	217	242
16371	3810	6442	5693	426	2489	5699	3797	888	582	582
12028	2367	4872	4360	429	2047	3632	3144	1115	868	365
13388	3138	6420	3532	298	2319	5008	3382	440	895	418
8935	1927	3945	2834	229	1622	3153	2676	645	600	872
10736	1495	4685	4206	350	1876	3611	2493	190	372	627
6343	1141	3188	1878	136	1145	2022	1931	361	1396	270
1166	146	451	522	47	149	464	361	5	78	112
2980	658	1317	930	75	565	1045	885	137	383	227
9548	2047	4417	2945	139	1959	3950	3110	901	468	613
4808	591	2208	1890	119	653	1992	1097	73	198	176
6323	809	3402	1886	226	931	2122	2054	124	171	234
631	13	217	325	76	54	173	214	13	21	4
6174	1260	2756	1910	248	1479	2542	2012	563	763	254
5277	759	2529	1891	98	947	1735	2034	136	149	87
871	102	366	370	33	129	332	280	0	18	0
1264	271	607	316	70	223	438	436	71	34	37
4876	620	2163	1844	249	922	1914	1786	109	117	44

中 等 工 业 学

Basic Statistics of

地 区 Region	学校数(所) Schools	毕业生数 Graduates	招生数 Entrants 计 Total	招高中毕业生数 Graduates From Senior Sec. School	招初中毕业生数 Graduates From Junior Sec. School	在校学生数 Enrolment	合计 Total	计 Subtotal
总 计 Total	957	500456	443758	11739	432019	1768612	152388	141949
北 京 Beijing	29	16702	17443	695	16748	77566	4608	4154
天 津 Tianjin	23	10299	9372	36	9336	41588	4525	4162
河 北 Hebei	31	15251	15589	643	14946	61225	7721	7123
山 西 Shanxi	25	10527	14977	0	14977	46430	4571	4404
内蒙古 Inner Mongolia	23	5936	7763	0	7763	32659	3338	3247
辽 宁 Liaoning	40	16366	9323	24	9299	66117	7666	6835
吉 林 Jilin	16	11581	4104	116	3988	28720	2125	2070
黑龙江 Heilongjiang	24	7584	8062	0	8062	26924	3573	3393
上 海 Shanghai	38	22774	16491	0	16491	71741	7523	6429
江 苏 Jiangsu	76	95506	73746	67	73679	294151	11455	10672
浙 江 Zhejiang	24	10007	7526	0	7526	32112	2394	2321
安 徽 Anhui	44	20776	17807	521	17286	74837	5744	5496
福 建 Fujian	33	9055	13280	0	13280	48382	3912	3641
江 西 Jiangxi	25	12876	12550	378	12172	53983	3729	3389
山 东 Shandong	68	37879	33904	1714	32190	121897	12331	11566
河 南 Henan	41	29564	25396	1403	23993	99012	7936	7523
湖 北 Hubei	71	37015	23003	2044	20959	92431	10695	10017
湖 南 Hunan	44	24543	20327	191	20136	91667	7231	6626
广 东 Guangdong	63	26061	25561	0	25561	99996	7526	7323
广 西 Guangxi	34	12306	12180	0	12180	51374	4397	4216
海 南 Hainan	7	1071	2192	0	2192	5440	413	409
重 庆 Chongqing	10	9058	5703	0	5703	23327	1438	1389
四 川 Sichuan	41	19818	15836	242	15594	67501	8390	7468
贵 州 Guizhou	18	6467	9721	0	9721	30665	2081	2001
云 南 Yunnan	24	6212	6813	490	6323	22733	3151	3040
西 藏 Tibet	0	0	0	0	0	0	0	0
陕 西 Shaanxi	28	11322	13714	2068	11646	45946	5277	4694
甘 肃 Gansu	27	5992	9473	235	9238	26149	4372	4243
青 海 Qinghai	4	418	856	2	854	2461	657	657
宁 夏 Ningxia	5	621	1527	50	1477	3459	750	680
新 疆 Xinjiang	21	6869	9519	820	8699	28119	2859	2761

校基本情况

Secondary Industrial Schools

单位:人

教职工数 Teachers, Staff & Workers										兼任教师数(不在教工数中) Part-time Teachers
校本部教职工 Employees in the School Proper								校办厂、场职工 Employees in School-run Factories & Farms	附设机构人员 Employees in Subsidiary Units	
专任教师 Full-time Teachers					教辅人员 Supporting Staff	行政人员 Adm. Personnel	工勤人员 Workers			
计 Subtotal	高级讲师 Senior Lecturers	讲师 Lecturers	助理讲师 Assistant Lecturers	教员 Instructors						
76925	15234	34562	24820	2309	14369	27236	23419	7077	3362	4736
1953	377	884	657	35	547	910	744	323	131	128
2064	574	932	476	82	427	871	800	169	194	64
3896	920	1762	1112	102	625	1267	1335	429	169	0
2300	491	1099	665	45	452	828	824	122	45	0
1735	308	850	548	29	346	669	497	19	72	50
3524	897	1731	882	14	804	1250	1257	515	316	80
1121	281	504	321	15	171	448	330	42	13	17
1634	587	670	338	39	419	592	748	137	43	20
2974	466	1511	907	90	704	1294	1457	845	249	329
6446	985	2687	2360	414	928	1703	1595	590	193	1623
1286	211	655	378	42	246	412	377	62	11	73
3128	659	1359	1011	99	456	1112	800	182	66	117
2011	369	899	673	70	400	700	530	207	64	97
1848	384	853	582	29	410	696	435	148	192	103
6826	1470	2565	2598	193	1051	2175	1514	543	222	409
4515	781	1753	1738	243	591	1252	1165	298	115	121
5391	1194	2676	1413	108	997	2197	1432	332	346	132
3667	775	1603	1193	96	660	1193	1106	383	222	359
4274	543	1864	1729	138	824	1314	911	129	74	174
2338	446	1163	646	83	454	759	665	159	22	115
243	14	82	135	12	25	86	55	0	4	15
756	152	337	248	19	144	277	212	35	14	62
3686	758	1640	1230	58	812	1574	1396	689	233	347
1178	165	571	410	32	182	411	230	15	65	53
1663	196	908	508	51	279	602	496	75	36	29
0	0	0	0	0	0	0	0	0	0	0
2329	529	1026	728	46	545	1014	806	458	125	173
2065	359	1021	631	54	439	782	957	57	72	23
364	48	145	154	17	70	124	99	0	0	0
363	91	173	88	11	55	124	138	44	26	0
1347	204	639	461	43	306	600	508	70	28	23

中等农业学

Basic Statistics of

地区 Region		学校数(所) Schools	毕业生数 Graduates	招生数 Entrants			在校学生数 Enrolment		
				计 Total	招高中毕业生数 Graduates From Senior Sec. School	招初中毕业生数 Graduates From Junior Sec. School		合计 Total	计 Subtotal
总计	**Total**	313	138371	107155	3057	104098	437173	48047	45198
北京	Beijing	1	850	1279	0	1279	3853	362	326
天津	Tianjin	1	1007	318	0	318	3667	360	360
河北	Hebei	15	9496	6559	190	6369	31793	2962	2916
山西	Shanxi	14	3982	4202	0	4202	16607	2019	1941
内蒙古	Inner Mongolia	12	2925	3481	171	3310	12726	1966	1772
辽宁	Liaoning	10	3177	2304	40	2264	12566	1803	1684
吉林	Jilin	9	5124	1934	11	1923	13304	1803	1759
黑龙江	Heilongjiang	10	5668	5489	788	4701	16676	2580	2100
上海	Shanghai	3	1990	1365	0	1365	6627	474	474
江苏	Jiangsu	9	6512	5032	106	4926	18152	1865	1704
浙江	Zhejiang	6	4377	2425	0	2425	10452	935	860
安徽	Anhui	12	4573	2770	50	2720	15551	1244	1224
福建	Fujian	12	4223	5458	0	5458	21493	1379	1375
江西	Jiangxi	12	4826	3249	0	3249	14105	1617	1440
山东	Shandong	17	9455	8677	241	8436	33464	3555	3234
河南	Henan	6	3278	4549	333	4216	18543	1248	1229
湖北	Hubei	9	7569	1954	218	1736	8713	1379	1321
湖南	Hunan	21	11517	7838	0	7838	34960	3496	3333
广东	Guangdong	13	5994	4271	0	4271	15689	1511	1491
广西	Guangxi	9	4394	3243	0	3243	16421	1175	1117
海南	Hainan	5	1494	1186	0	1186	4243	589	586
重庆	Chongqing	7	4367	1920	37	1883	11053	961	934
四川	Sichuan	16	9159	3458	4	3454	20440	2116	2042
贵州	Guizhou	15	4607	3486	0	3486	13772	1716	1670
云南	Yunnan	19	5847	5177	24	5153	16682	2062	2026
西藏	Tibet	1	259	255	0	255	650	109	99
陕西	Shaanxi	11	3953	3245	244	3001	13306	2043	1627
甘肃	Gansu	13	2566	4398	0	4398	11257	1611	1540
青海	Qinghai	1	777	751	0	751	2122	410	392
宁夏	Ningxia	3	621	1469	44	1425	3744	502	467
新疆	Xinjiang	21	3784	5413	556	4857	14542	2195	2155

校基本情况

Secondary Agricultural Schools

单位：人

教职工数 Teachers, Staff & Workers：校本部教职工 Employees in the School Proper：专任教师 Full-time Teachers：计 Subtotal	高级讲师 Senior Lecturers	讲师 Lecturers	助理讲师 Assistant Lecturers	教员 Instructors	教辅人员 Supporting Staff	行政人员 Adm. Personnel	工勤人员 Workers	校办厂、场职工 Employees in School-run Factories & Farms	附设机构人员 Employees in Subsidiary Units	兼任教师数（不在教工数中）Part-time Teachers
23951	4117	10440	8700	694	4872	7490	8885	1872	977	696
146	46	48	37	15	71	42	67	36	0	11
168	42	85	34	7	47	75	70	0	0	0
1590	239	677	624	50	320	448	558	37	9	0
980	154	403	392	31	201	410	350	72	6	0
941	156	446	307	32	232	235	364	99	95	10
837	253	383	185	16	221	335	291	100	19	3
839	194	351	289	5	218	279	423	44	0	0
898	245	359	264	30	216	372	614	352	128	30
211	31	106	65	9	49	66	148	0	0	20
901	162	350	350	39	221	270	312	153	8	0
469	52	188	207	22	91	148	152	3	72	32
630	90	282	242	16	111	216	267	20	0	22
824	70	345	387	22	133	211	207	4	0	86
744	113	316	303	12	215	176	305	177	0	57
1860	441	777	611	31	379	500	495	225	96	45
711	144	280	276	11	122	138	258	15	4	60
768	180	362	223	3	115	198	240	30	28	0
1787	341	814	593	39	365	571	610	135	28	113
799	86	309	360	44	139	255	298	18	2	87
593	72	319	195	7	116	166	242	50	8	0
316	44	113	132	27	34	106	130	3	0	13
525	123	244	146	12	123	150	136	27	0	40
1090	236	510	334	10	252	342	358	67	7	18
901	79	355	461	6	140	339	290	38	8	0
1161	113	603	407	38	119	327	419	10	26	1
63	0	21	35	7	4	11	21	10	0	0
803	142	358	264	39	189	295	340	48	368	9
804	94	352	346	12	192	199	345	50	21	39
175	15	76	84	0	33	125	59	0	18	0
259	48	120	70	21	49	66	93	27	8	0
1158	112	488	477	81	155	419	423	22	18	0

中 等 林 业 学

Basic Statistics of

地　区 Region	学校数(所) Schools	毕业生数 Graduates	招生数 Entrants 计 Total	招高中毕业生数 Graduates From Senior Sec. School	招初中毕业生数 Graduates From Junior Sec. School	在校学生数 Enrolment	合计 Total	计 Subtotal
总　计 Total	47	19536	17408	966	16442	69978	7874	7526
北　京 Beijing	1	175	266	0	266	711	91	91
天　津 Tianjin	1	413	294	0	294	1761	164	164
河　北 Hebei	1	300	262	0	262	1288	184	179
山　西 Shanxi	1	457	1000	0	1000	2489	196	168
内蒙古 Inner Mongolia	2	428	326	0	326	1121	386	386
辽　宁 Liaoning	1	392	431	0	431	1469	241	237
吉　林 Jilin	3	1154	711	105	606	3358	607	602
黑龙江 Heilongjiang	6	2053	1009	0	1009	6639	1313	1289
上　海 Shanghai	1	182	322	0	322	913	102	102
江　苏 Jiangsu	0	368	0	0	0	1167	0	0
浙　江 Zhejiang	1	833	664	0	664	2364	146	146
安　徽 Anhui	1	580	627	50	577	2540	119	119
福　建 Fujian	2	692	1252	0	1252	4581	307	275
江　西 Jiangxi	2	1045	677	0	677	3313	348	325
山　东 Shandong	0	450	0	0	0	1307	0	0
河　南 Henan	3	1282	1094	30	1064	4513	420	420
湖　北 Hubei	4	2923	2126	279	1847	7096	647	566
湖　南 Hunan	1	592	412	102	310	2154	217	217
广　东 Guangdong	2	510	421	0	421	1614	210	203
广　西 Guangxi	3	1329	1126	0	1126	5011	442	361
海　南 Hainan	0	0	0	0	0	0	0	0
重　庆 Chongqing	0	0	0	0	0	0	0	0
四　川 Sichuan	1	1126	661	92	569	3367	340	286
贵　州 Guizhou	2	468	617	0	617	2270	283	283
云　南 Yunnan	2	628	584	53	531	2233	257	257
西　藏 Tibet	0	0	0	0	0	0	0	0
陕　西 Shaanxi	2	465	740	130	610	1935	269	267
甘　肃 Gansu	2	408	1246	45	1201	3203	287	285
青　海 Qinghai	0	0	0	0	0	0	0	0
宁　夏 Ningxia	1	80	220	0	220	626	78	78
新　疆 Xinjiang	1	203	320	80	240	935	220	220

校基本情况

Secondary Forestry Schools

单位:人

教职工数 Teachers, Staff & Workers										兼任教师数(不在教工数中) Part-time Teachers
校本部教职工 Employees in the School Proper								校办厂、场职工 Employees in School-run Factories & Farms	附设机构人员 Employees in Subsidiary Units	
专任教师 Full-time Teachers					教辅人员 Supporting Staff	行政人员 Adm. Personnel	工勤人员 Workers			
计 Subtotal	高级讲师 Senior Lecturers	讲师 Lecturers	助理讲师 Assistant Lecturers	教员 Instructors						
3868	895	1743	1198	32	778	1258	1622	276	72	29
35	7	19	9	0	12	21	23	0	0	0
82	14	45	23	0	6	32	44	0	0	0
100	11	46	42	1	21	34	24	5	0	0
86	16	41	29	0	15	35	32	28	0	0
202	34	97	64	7	31	53	100	0	0	0
112	33	46	33	0	44	32	49	0	4	0
287	93	144	50	0	59	94	162	0	5	0
563	194	240	128	1	83	245	398	20	4	0
37	5	16	16	0	17	20	28	0	0	0
0	0	0	0	0	0	0	0	0	0	0
106	18	54	30	4	13	3	24	0	0	0
67	19	23	25	0	14	14	24	0	0	0
162	47	77	37	1	14	52	47	30	2	4
199	35	80	82	2	41	24	61	21	2	0
0	0	0	0	0	0	0	0	0	0	0
210	53	78	72	7	48	70	92	0	0	0
360	70	162	122	6	81	65	60	60	21	20
107	43	58	6	0	30	35	45	0	0	0
95	18	54	23	0	21	53	34	0	7	1
204	31	109	64	0	32	67	58	54	27	0
0	0	0	0	0	0	0	0	0	0	0
0	0	0	0	0	0	0	0	0	0	0
126	42	47	37	0	30	77	53	54	0	0
155	25	66	64	0	21	72	35	0	0	0
131	21	67	41	2	30	57	39	0	0	0
0	0	0	0	0	0	0	0	0	0	0
127	14	47	66	0	41	35	64	2	0	4
181	27	74	80	0	27	29	48	2	0	0
0	0	0	0	0	0	0	0	0	0	0
37	10	19	7	1	9	9	23	0	0	0
97	15	34	48	0	38	30	55	0	0	0

中等医药学

Basic Statistics of

地　区 Region		学校数(所) Schools	毕业生数 Graduates	招生数 Entrants			在校学生数 Enrolment	合计 Total	
				计 Total	招高中毕业生数 Graduates From Senior Sec. School	招初中毕业生数 Graduates From Junior Sec. School			计 Subtotal
总　计	**Total**	489	128378	179210	1770	177440	567599	64193	57499
北　京	Beijing	35	2867	1468	0	1468	7588	1516	1478
天　津	Tianjin	8	1854	899	0	899	4614	465	464
河　北	Hebei	20	8065	11572	0	11572	37528	2720	2646
山　西	Shanxi	15	4460	9232	0	9232	23300	2382	2193
内蒙古	Inner Mongolia	16	1620	5648	10	5638	12156	1963	1899
辽　宁	Liaoning	20	2299	2944	0	2944	11540	2546	2534
吉　林	Jilin	10	2002	4093	20	4073	14683	1778	1458
黑龙江	Heilongjiang	16	4466	5879	2	5877	17666	2248	1994
上　海	Shanghai	18	1969	1015	0	1015	6550	1465	1458
江　苏	Jiangsu	17	4763	6644	0	6644	23045	1987	1956
浙　江	Zhejiang	8	3113	2102	0	2102	10232	1049	1020
安　徽	Anhui	18	4825	7677	0	7677	22099	2258	1993
福　建	Fujian	15	2726	3562	0	3562	12567	1499	1391
江　西	Jiangxi	13	5990	9645	0	9645	25712	1668	1660
山　东	Shandong	28	7506	11361	120	11241	42258	4346	4118
河　南	Henan	22	10027	16217	450	15767	40149	5765	4222
湖　北	Hubei	22	11118	8015	530	7485	36230	3442	3173
湖　南	Hunan	11	3144	8653	0	8653	34552	2173	1838
广　东	Guangdong	37	9809	11701	0	11701	37414	3504	3295
广　西	Guangxi	18	3444	8324	0	8324	21081	3640	2232
海　南	Hainan	4	932	1642	0	1642	4651	421	386
重　庆	Chongqing	10	3956	5893	0	5893	15137	1717	1302
四　川	Sichuan	25	9504	12064	53	12011	39979	3595	3287
贵　州	Guizhou	14	3815	4982	0	4982	13884	1545	1427
云　南	Yunnan	18	4143	3740	150	3590	12873	1902	1814
西　藏	Tibet	0	124	45	0	45	328	120	120
陕　西	Shaanxi	14	4659	5361	105	5256	17680	2444	2175
甘　肃	Gansu	14	1974	3242	0	3242	7494	1556	1530
青　海	Qinghai	1	483	623	50	573	1405	439	439
宁　夏	Ningxia	3	341	1644	0	1644	3042	401	401
新　疆	Xinjiang	19	2380	3323	280	3043	10162	1639	1596

校基本情况

Secondary Health Schools

单位:人

教职工数 Teachers, Staff & Workers										兼任教师数(不在教工数中) Part-time Teachers
校本部教职工 Employees in the School Proper								校办厂、场职工 Employees in School-run Factories & Farms	附设机构人员 Employees in Subsidiary Units	
专任教师 Full-time Teachers					教辅人员 Supporting Staff	行政人员 Adm. Personnel	工勤人员 Workers			
计 Subtotal	高级讲师 Senior Lecturers	讲师 Lecturers	助理讲师 Assistant Lecturers	教员 Instructors						
30203	7138	13857	8456	752	7364	10732	9200	1778	4916	1651
693	142	355	195	1	211	294	280	34	4	25
305	51	161	91	2	56	61	42	0	1	0
1259	229	571	401	58	332	552	503	66	8	350
1219	257	491	371	100	274	364	336	42	147	0
1002	171	499	307	25	302	342	253	21	43	31
1216	359	567	278	12	426	516	376	12	0	87
801	148	356	284	13	141	291	225	294	26	15
911	313	376	210	12	293	436	354	3	251	0
679	129	437	113	0	180	258	341	7	0	13
971	239	428	265	39	239	356	390	21	10	103
547	124	272	129	22	135	200	138	1	28	8
1146	344	455	321	26	217	368	262	50	215	3
770	174	315	272	9	221	192	208	0	108	109
974	266	458	231	19	175	265	246	0	8	65
2241	652	958	600	31	399	936	542	67	161	65
2050	562	864	591	33	637	795	740	802	741	45
1671	452	797	401	21	476	556	470	0	269	66
916	311	387	208	10	235	423	264	44	291	144
1920	363	842	667	48	387	559	429	7	202	115
1242	258	632	329	23	244	336	410	90	1318	57
209	48	95	66	0	65	47	65	2	33	40
680	193	315	154	18	174	260	188	55	360	8
1736	432	891	389	24	439	622	490	83	225	94
770	136	368	248	18	143	352	162	20	98	95
1015	186	535	242	52	151	291	357	0	88	35
64	4	31	25	4	5	15	36	0	0	0
1098	267	453	320	58	340	383	354	55	214	42
892	135	393	346	18	141	227	270	0	26	4
249	30	101	102	16	24	62	104	0	0	0
185	48	92	44	1	66	73	77	0	0	11
772	115	362	256	39	236	300	288	2	41	21

中 等 财 经 学

Basic Statistics of Secondary

地　区 Region	学校数(所) Schools	毕业生数 Graduates	招生数 Entrants 计 Total	招高中毕业生数 Graduates From Senior Sec. School	招初中毕业生数 Graduates From Junior Sec. School	在校学生数 Enrolment	合计 Total	计 Subtotal
总　计 Total	535	227239	201868	5910	195958	713758	63261	61653
北　京 Beijing	8	3646	4806	0	4806	17983	1262	1221
天　津 Tianjin	8	2832	2206	0	2206	9618	1062	1040
河　北 Hebei	23	12238	10198	522	9676	36090	4344	4029
山　西 Shanxi	23	6689	9674	0	9674	34219	2565	2535
内蒙古 Inner Mongolia	15	5772	4696	0	4696	18943	1864	1864
辽　宁 Liaoning	16	3583	3822	0	3822	17448	1500	1484
吉　林 Jilin	9	5328	2413	30	2383	14450	1342	1326
黑龙江 Heilongjiang	16	5442	5208	0	5208	17661	1723	1702
上　海 Shanghai	10	9124	8459	0	8459	25315	1305	1265
江　苏 Jiangsu	29	17674	9453	0	9453	42965	3289	3257
浙　江 Zhejiang	18	6853	5242	0	5242	22433	1969	1764
安　徽 Anhui	21	9414	9793	199	9594	36462	2131	2107
福　建 Fujian	18	5931	7986	0	7986	23545	1580	1571
江　西 Jiangxi	14	4844	4803	0	4803	17941	1717	1485
山　东 Shandong	35	17865	14199	958	13241	55134	4925	4807
河　南 Henan	31	18715	15106	1233	13873	47796	4354	4346
湖　北 Hubei	31	15159	8981	481	8500	36131	4448	4384
湖　南 Hunan	24	11498	9852	36	9816	35023	3180	3050
广　东 Guangdong	36	13491	15340	0	15340	43456	2905	2852
广　西 Guangxi	20	5989	6745	3	6742	25775	2010	1986
海　南 Hainan	6	1198	1721	0	1721	4647	373	366
重　庆 Chongqing	6	2942	2041	0	2041	9859	757	753
四　川 Sichuan	26	14147	8500	465	8035	32872	3471	3466
贵　州 Guizhou	19	6014	6158	0	6158	17484	1788	1761
云　南 Yunnan	23	6231	7403	484	6919	23441	2372	2323
西　藏 Tibet	1	175	248	21	227	532	87	87
陕　西 Shaanxi	15	7020	5447	815	4632	17850	2102	2049
甘　肃 Gansu	15	2129	3666	0	3666	8013	1055	1007
青　海 Qinghai	0	504	657	93	564	1999	0	0
宁　夏 Ningxia	4	607	1121	90	1031	2617	378	378
新　疆 Xinjiang	15	4185	5924	480	5444	16056	1403	1388

校基本情况

Finance & Economics Schools

单位:人

教职工数 Teachers, Staff & Workers										兼任教师数(不在教工数中) Part-time Teachers
校本部教职工 Employees in the School Proper								校办厂、场职工 Employees in School-run Factories & Farms	附设机构人员 Employees in Subsidiary Units	
专任教师 Full-time Teachers					教辅人员 Supporting Staff	行政人员 Adm. Personnel	工勤人员 Workers			
计 Subtotal	高级讲师 Senior Lecturers	讲师 Lecturers	助理讲师 Assistant Lecturers	教员 Instructors						
33564	6402	15708	10576	878	5076	13380	9633	937	671	1170
548	84	274	177	13	149	293	231	11	30	27
566	150	263	144	9	64	224	186	8	14	0
2099	420	983	613	83	311	902	717	134	181	0
1334	226	612	457	39	218	535	448	25	5	35
1053	166	584	298	5	203	335	273	0	0	23
802	246	365	180	11	100	334	248	13	3	3
683	129	324	219	11	123	316	204	12	4	0
789	255	355	166	13	134	419	360	6	15	102
564	102	314	145	3	166	257	278	40	0	34
1801	323	813	582	83	263	724	469	32	0	118
1028	174	496	292	66	154	263	319	182	23	57
1192	258	432	433	69	152	387	376	16	8	0
944	102	421	379	42	101	310	216	5	4	32
810	118	368	317	7	121	324	230	217	15	17
2631	641	1103	838	49	399	1165	612	36	82	62
2645	539	1148	909	49	415	795	491	0	8	54
2338	584	1154	551	49	306	1071	669	4	60	104
1695	343	808	497	47	289	655	411	83	47	139
1638	220	763	619	36	197	632	385	19	34	91
1129	192	563	369	5	165	367	325	8	16	51
206	21	83	100	2	20	95	45	0	7	44
428	82	192	149	5	38	124	163	4	0	21
1787	347	824	576	40	237	844	598	2	3	33
996	111	478	385	22	105	445	215	0	27	10
1244	139	682	387	36	180	488	411	39	10	82
32	0	13	19	0	7	23	25	0	0	0
1082	229	547	270	36	265	465	237	0	53	21
545	61	308	174	2	69	216	177	26	22	5
0	0	0	0	0	0	0	0	0	0	0
206	45	104	44	13	30	97	45	0	0	5
749	95	334	287	33	95	275	269	15	0	0

中等政法学

Basic Statistics of Secondary

地　区 Region	学校数(所) Schools	毕业生数 Graduates	招生数 Entrants 计 Total	招生数 Entrants 招高中毕业生数 Graduates From Senior Sec. School	招生数 Entrants 招初中毕业生数 Graduates From Junior Sec. School	在校学生数 Enrolment	合　计 Total	计 Subtotal
总　计　Total	126	40326	40665	12038	28627	115642	14294	14183
北　京　Beijing	4	1246	237	0	237	2977	287	287
天　津　Tianjin	3	818	763	0	763	2653	557	544
河　北　Hebei	7	2429	2342	610	1732	7805	913	905
山　西　Shanxi	4	2027	4104	0	4104	11070	755	752
内蒙古　Inner Mongolia	6	1063	2315	834	1481	4549	608	608
辽　宁　Liaoning	4	39	0	0	0	134	322	321
吉　林　Jilin	4	997	313	313	0	1339	477	477
黑龙江　Heilongjiang	5	1111	1814	985	829	3490	701	701
上　海　Shanghai	2	206	301	41	260	320	195	195
江　苏　Jiangsu	3	1175	0	0	0	1049	302	302
浙　江　Zhejiang	5	1407	308	0	308	1986	383	375
安　徽　Anhui	2	1920	1795	550	1245	4756	210	210
福　建　Fujian	4	752	713	0	713	2277	269	269
江　西　Jiangxi	3	1194	2161	655	1506	4505	350	350
山　东　Shandong	8	2842	1706	682	1024	4955	1003	994
河　南　Henan	7	2798	2099	1191	908	7040	739	739
湖　北　Hubei	9	3321	4112	928	3184	13691	1148	1117
湖　南　Hunan	3	2652	1998	0	1998	7121	254	254
广　东　Guangdong	9	2131	2896	913	1983	7942	839	839
广　西　Guangxi	4	1907	1077	725	352	2406	616	611
海　南　Hainan	2	486	557	87	470	1324	162	162
重　庆　Chongqing	1	449	200	200	0	609	131	131
四　川　Sichuan	4	1739	1470	565	905	4888	583	583
贵　州　Guizhou	4	558	788	0	788	1520	511	511
云　南　Yunnan	5	1311	1573	953	620	3509	385	385
西　藏　Tibet	1	149	40	40	0	209	78	78
陕　西　Shaanxi	4	1493	1457	952	505	3735	407	404
甘　肃　Gansu	2	407	355	355	0	815	209	209
青　海　Qinghai	0	232	429	52	377	944	0	0
宁　夏　Ningxia	2	367	949	50	899	1859	165	165
新　疆　Xinjiang	5	1100	1793	357	1436	4165	735	705

单位:人

教职工数 Teachers, Staff & Workers										兼任教师数(不在教工数中) Part-time Teachers
校本部教职工 Employees in the School Proper								校办厂、场职工 Employees in School-run Factories & Farms	附设机构人员 Employees in Subsidiary Units	
专任教师 Full-time Teachers					教辅人员 Supporting Staff	行政人员 Adm. Personnel	工勤人员 Workers			
计 Subtotal	高级讲师 Senior Lecturers	讲师 Lecturers	助理讲师 Assistant Lecturers	教员 Instructors						
6621	1080	2904	2335	302	1249	4290	2023	21	90	196
119	28	50	41	0	23	101	44	0	0	0
278	69	118	68	23	43	177	46	13	0	0
391	68	187	110	26	98	232	184	0	8	0
259	47	98	81	33	85	206	202	3	0	24
312	53	161	86	12	42	218	36	0	0	0
147	29	61	39	18	26	120	28	0	1	0
215	56	85	64	10	27	197	38	0	0	0
263	63	123	77	0	100	204	134	0	0	53
58	11	23	22	2	13	54	70	0	0	0
129	9	43	77	0	19	101	53	0	0	0
180	22	65	77	16	22	128	45	1	7	0
101	13	32	56	0	23	54	32	0	0	0
133	18	51	64	0	27	81	28	0	0	0
180	15	72	93	0	24	93	53	0	0	0
415	89	161	138	27	66	361	152	4	5	0
400	86	177	132	5	101	169	69	0	0	0
631	95	355	171	10	73	335	78	0	31	43
123	11	31	81	0	8	57	66	0	0	0
398	46	173	178	1	80	238	123	0	0	25
282	51	159	63	9	64	182	83	0	5	0
99	12	34	53	0	2	34	27	0	0	0
67	10	29	7	21	27	33	4	0	0	38
282	69	109	101	3	81	173	47	0	0	0
218	9	94	101	14	31	174	88	0	0	13
209	17	115	66	11	25	106	45	0	0	0
46	0	14	20	12	3	22	7	0	0	0
177	24	81	58	14	36	141	50	0	3	0
96	7	51	38	0	9	87	17	0	0	0
0	0	0	0	0	0	0	0	0	0	0
93	17	45	31	0	9	38	25	0	0	0
320	36	107	142	35	62	174	149	0	30	0

中等体育学

Basic Statistics of Secondary

地区 Region	学校数(所) Schools	毕业生数 Graduates	招生数 Entrants 计 Total	招高中毕业生数 Graduates From Senior Sec. School	招初中毕业生数 Graduates From Junior Sec. School	在校学生数 Enrolment	合计 Total	计 Subtotal
总计 Total	176	23938	26712	300	26412	82684	15127	14596
北京 Beijing	7	459	693	89	604	1666	673	673
天津 Tianjin	5	313	274	0	274	1002	286	286
河北 Hebei	9	1287	1260	0	1260	3920	820	816
山西 Shanxi	7	775	1209	0	1209	4151	934	929
内蒙古 Inner Mongolia	1	885	783	0	783	2564	89	89
辽宁 Liaoning	14	1480	1629	0	1629	4730	1121	1106
吉林 Jilin	6	630	786	0	786	2401	511	499
黑龙江 Heilongjiang	3	831	762	0	762	2379	408	310
上海 Shanghai	3	62	183	31	152	674	514	401
江苏 Jiangsu	11	1068	843	0	843	2938	660	640
浙江 Zhejiang	6	351	556	0	556	1365	461	461
安徽 Anhui	2	663	1981	0	1981	5504	338	316
福建 Fujian	3	367	384	154	230	1297	244	244
江西 Jiangxi	3	693	1041	0	1041	2702	271	271
山东 Shandong	16	2072	1901	0	1901	6897	1513	1512
河南 Henan	8	1968	2880	0	2880	8235	691	691
湖北 Hubei	10	3134	1632	0	1632	7355	983	843
湖南 Hunan	5	690	654	26	628	2258	364	360
广东 Guangdong	17	1572	1379	0	1379	4429	1047	1008
广西 Guangxi	1	250	254	0	254	748	179	179
海南 Hainan	1	69	59	0	59	162	148	114
重庆 Chongqing	1	306	116	0	116	417	94	90
四川 Sichuan	2	286	432	0	432	997	90	90
贵州 Guizhou	2	610	904	0	904	2545	325	325
云南 Yunnan	6	983	850	0	850	2522	602	591
西藏 Tibet	0	11	33	0	33	110	55	55
陕西 Shaanxi	9	1137	1459	0	1459	3937	536	536
甘肃 Gansu	10	421	551	0	551	1674	590	581
青海 Qinghai	1	39	0	0	0	75	45	45
宁夏 Ningxia	1	59	82	0	82	191	57	57
新疆 Xinjiang	6	467	1142	0	1142	2839	478	478

校基本情况

Physical Culture Schools

单位: 人

教职工数 Teachers, Staff & Workers										兼任教师数(不在教工数中) Part-time Teachers
校本部教职工 Employees in the School Proper								校办厂、场职工 Employees in School-run Factories & Farms	附设机构人员 Employees in Subsidiary Units	
专任教师 Full-time Teachers					教辅人员 Supporting Staff	行政人员 Adm. Personnel	工勤人员 Workers			
计 Subtotal	高级讲师 Senior Lecturers	讲师 Lecturers	助理讲师 Assistant Lecturers	教员 Instructors						
8123	1432	3836	2555	300	887	3075	2511	20	511	134
265	43	144	78	0	11	194	203	0	0	16
155	30	69	53	3	12	70	49	0	0	0
445	85	214	132	14	42	157	172	4	0	0
570	36	242	242	50	78	169	112	5	0	7
57	12	25	20	0	3	16	13	0	0	0
612	151	262	175	24	55	228	211	2	13	0
283	64	144	73	2	10	128	78	0	12	0
164	60	70	32	2	37	59	50	0	98	4
178	35	97	39	7	9	88	126	0	113	3
357	72	146	125	14	56	164	63	0	20	0
220	36	107	63	14	105	76	60	0	0	0
209	48	88	69	4	4	72	31	0	22	20
115	21	49	45	0	39	47	43	0	0	0
141	21	77	34	9	21	75	34	0	0	0
935	231	376	271	57	57	281	239	0	1	0
406	53	181	162	10	36	136	113	0	0	0
509	116	230	133	30	50	163	121	4	136	0
209	31	109	60	9	10	72	69	0	4	49
555	80	257	194	24	93	203	157	0	39	10
81	23	34	24	0	25	35	38	0	0	0
24	1	6	17	0	0	70	20	0	34	0
48	6	32	10	0	1	32	9	4	0	0
42	2	19	21	0	0	41	7	0	0	25
216	33	125	54	4	7	71	31	0	0	0
293	29	179	73	12	67	91	140	0	11	0
32	1	14	17	0	0	13	10	0	0	0
304	30	164	110	0	19	107	106	0	0	0
345	39	183	123	0	10	98	128	1	8	0
27	4	22	1	0	0	12	6	0	0	0
37	4	21	8	4	0	12	8	0	0	0
289	35	150	97	7	30	95	64	0	0	0

中 等 艺 术 学

Basic Statistics of

地 区 Region		学校数(所) Schools	毕业生数 Graduates	招生数 Entrants 计 Total	招高中毕业生数 Graduates From Senior Sec. School	招初中毕业生数 Graduates From Junior Sec. School	在校学生数 Enrolment	合计 Total	计 Subtotal
总 计	**Total**	168	29819	37127	850	36277	125009	16996	16765
北 京	Beijing	6	766	1194	0	1194	4443	778	776
天 津	Tianjin	4	288	369	19	350	1686	391	391
河 北	Hebei	6	676	1466	0	1466	4650	777	777
山 西	Shanxi	11	1420	2674	0	2674	8425	1132	1132
内蒙古	Inner Mongolia	4	677	1351	256	1095	4437	661	661
辽 宁	Liaoning	13	1939	2375	0	2375	8952	1556	1551
吉 林	Jilin	2	1648	1068	47	1021	4711	257	257
黑龙江	Heilongjiang	2	314	694	0	694	2491	327	306
上 海	Shanghai	6	521	827	0	827	2908	772	739
江 苏	Jiangsu	11	2057	2113	0	2113	8520	724	678
浙 江	Zhejiang	5	721	1464	0	1464	4135	461	457
安 徽	Anhui	3	725	1041	250	791	2861	415	415
福 建	Fujian	6	547	988	0	988	3229	671	652
江 西	Jiangxi	3	974	1134	0	1134	3596	466	466
山 东	Shandong	10	2809	2994	19	2975	9528	1273	1245
河 南	Henan	14	4085	4072	20	4052	13498	1416	1416
湖 北	Hubei	15	2349	1279	114	1165	5924	977	971
湖 南	Hunan	5	1318	1422	23	1399	4892	422	414
广 东	Guangdong	13	1384	2069	0	2069	6321	1018	991
广 西	Guangxi	4	944	952	0	952	3199	302	302
海 南	Hainan	1	98	189	0	189	551	117	117
重 庆	Chongqing	3	103	422	0	422	1216	220	209
四 川	Sichuan	4	975	1176	72	1104	4290	477	477
贵 州	Guizhou	2	568	280	0	280	1089	24	24
云 南	Yunnan	4	347	790	0	790	2002	409	409
西 藏	Tibet	0	28	26	0	26	99	90	69
陕 西	Shaanxi	4	824	1106	0	1106	3327	345	345
甘 肃	Gansu	2	139	249	0	249	893	144	144
青 海	Qinghai	1	35	235	0	235	444	79	79
宁 夏	Ningxia	1	61	148	0	148	418	100	100
新 疆	Xinjiang	3	479	960	30	930	2274	195	195

校基本情况

Secondary Art Schools

单位:人

教职工数 Teachers, Staff & Workers										兼任教师数(不在教工数中) Part-time Teachers
校本部教职工 Employees in the School Proper								校办厂、场职工 Employees in School-run Factories & Farms	附设机构人员 Employees in Subsidiary Units	
专任教师 Full-time Teachers					教辅人员 Supporting Staff	行政人员 Adm. Personnel	工勤人员 Workers			
计 Subtotal	高级讲师 Senior Lecturers	讲师 Lecturers	助理讲师 Assistant Lecturers	教员 Instructors						
11096	1980	4320	4156	640	1131	2635	1903	115	116	941
486	121	244	102	19	95	104	91	2	0	106
262	62	138	61	1	18	49	62	0	0	20
549	78	213	217	41	34	105	89	0	0	0
800	84	278	381	57	54	142	136	0	0	0
469	32	168	209	60	24	129	39	0	0	0
1002	296	378	280	48	120	206	223	0	5	47
182	25	97	51	9	31	19	25	0	0	0
191	30	80	72	9	28	59	28	21	0	0
393	76	185	125	7	69	110	167	2	31	117
457	76	204	146	31	31	102	88	37	9	135
326	45	115	124	42	22	63	46	0	4	11
252	73	109	70	0	61	73	29	0	0	0
497	76	192	197	32	23	81	51	19	0	31
363	31	131	174	27	20	41	42	0	0	0
836	172	292	356	16	80	200	129	13	15	1
936	129	330	408	69	71	238	171	0	0	65
598	174	231	174	19	104	195	74	2	4	20
262	45	62	137	18	9	102	41	0	8	60
632	72	231	270	59	68	200	91	17	10	96
216	55	98	56	7	14	39	33	0	0	47
69	6	38	19	6	3	26	19	0	0	0
144	36	32	76	0	6	36	23	2	9	58
260	69	102	89	0	61	95	61	0	0	96
24	2	11	10	1	0	0	0	0	0	0
267	63	119	66	19	40	65	37	0	0	31
53	2	18	30	3	3	10	3	0	21	0
209	25	80	94	10	25	81	30	0	0	0
95	5	45	45	0	13	21	15	0	0	0
56	5	22	29	0	2	9	12	0	0	0
66	7	28	12	19	2	14	18	0	0	0
144	8	49	76	11	0	21	30	0	0	0

其他中等技术

Basic Statistics of Other

地区 Region	学校数(所) Schools	毕业生数 Graduates	招生数 Entrants 计 Total	招高中毕业生数 Graduates From Senior Sec. School	招初中毕业生数 Graduates From Junior Sec. School	在校学生数 Enrolment	合计 Total	计 Subtotal
总计 Total	152	87769	61762	2323	59439	244908	15772	15557
北京 Beijing	1	277	181	0	181	1141	81	81
天津 Tianjin	17	2569	3784	0	3784	14985	1574	1564
河北 Hebei	5	2222	1614	0	1614	6052	616	593
山西 Shanxi	5	346	1085	160	925	2440	460	460
内蒙古 Inner Mongolia	2	189	20	0	20	553	128	128
辽宁 Liaoning	6	647	3828	0	3828	9104	439	437
吉林 Jilin	22	4209	2977	0	2977	15537	2537	2400
黑龙江 Heilongjiang	1	137	270	0	270	670	98	98
上海 Shanghai	1	1167	884	0	884	2612	157	157
江苏 Jiangsu	4	601	480	0	480	1786	230	221
浙江 Zhejiang	12	17660	11689	0	11689	50482	981	978
安徽 Anhui	1	180	564	0	564	1398	69	69
福建 Fujian	1	150	556	0	556	1304	32	32
江西 Jiangxi	1	709	804	57	747	2869	213	213
山东 Shandong	5	5323	4093	215	3878	13879	880	880
河南 Henan	3	1921	3405	144	3261	7738	265	265
湖北 Hubei	9	28097	6592	442	6150	44600	1713	1705
湖南 Hunan	4	2534	2134	0	2134	10798	294	294
广东 Guangdong	8	2252	2052	0	2052	7480	718	714
广西 Guangxi	5	1454	1323	0	1323	5152	437	437
海南 Hainan	0	0	0	0	0	0	0	0
重庆 Chongqing	3	1977	1573	76	1497	6266	677	667
四川 Sichuan	9	3230	2485	79	2406	9370	874	868
贵州 Guizhou	3	2361	2252	0	2252	7958	548	548
云南 Yunnan	7	2095	1865	285	1580	5119	585	585
西藏 Tibet	8	914	2010	207	1803	3583	567	564
陕西 Shaanxi	2	2380	551	235	316	5252	110	110
甘肃 Gansu	6	2067	2384	160	2224	6294	454	454
青海 Qinghai	0	0	0	0	0	0	0	0
宁夏 Ningxia	1	101	307	263	44	486	35	35
新疆 Xinjiang	0	0	0	0	0	0	0	0

学校基本情况

Secondary Technical Schools

单位:人

教职工数 Teachers, Staff & Workers										兼任教师数(不在教工数中) Part-time Teachers
校本部教职工 Employees in the School Proper								校办厂、场职工 Employees in School-run Factories & Farms	附设机构人员 Employees in Subsidiary Units	
专任教师 Full-time Teachers					教辅人员 Supporting Staff	行政人员 Adm. Personnel	工勤人员 Workers			
计 Subtotal	高级讲师 Senior Lecturers	讲师 Lecturers	助理讲师 Assistant Lecturers	教员 Instructors						
9492	1390	3714	3813	575	1113	2818	2134	172	43	520
64	6	12	46	0	2	15	0	0	0	0
978	200	379	374	25	103	291	192	0	10	159
374	42	131	171	30	62	98	59	2	21	8
235	15	42	75	103	7	133	85	0	0	3
61	17	36	8	0	23	25	19	0	0	0
238	56	83	86	13	30	88	81	0	2	9
1492	137	565	731	59	199	529	180	137	0	0
51	14	20	17	0	6	30	11	0	0	0
71	2	42	24	3	26	13	47	0	0	3
129	31	53	40	5	21	50	21	3	6	8
675	54	240	270	111	45	124	134	3	0	46
32	14	9	9	0	6	17	14	0	0	0
18	1	9	8	0	1	9	4	0	0	88
99	24	35	40	0	3	56	55	0	0	0
627	114	210	281	22	58	81	114	0	0	0
155	20	61	72	2	26	39	45	0	0	20
1122	273	453	344	52	117	228	238	8	0	33
169	27	73	59	10	16	45	64	0	0	8
425	67	192	166	0	67	157	65	0	4	28
258	13	111	132	2	31	71	77	0	0	0
0	0	0	0	0	0	0	0	0	0	0
332	56	136	140	0	52	133	150	10	0	0
539	92	275	168	4	47	182	100	6	0	0
350	31	140	157	22	24	128	46	0	0	5
340	45	194	96	5	40	95	110	0	0	56
341	6	106	179	50	32	79	112	3	0	4
45	0	0	0	45	19	21	25	0	0	5
254	32	102	108	12	47	76	77	0	0	16
0	0	0	0	0	0	0	0	0	0	0
18	1	5	12	0	3	5	9	0	0	21
0	0	0	0	0	0	0	0	0	0	0

中等师范学

Basic Statistics of

地区 Region	学校数(所) Schools	毕业生数 Graduates	招生数 Entrants			在校学生数 Enrolment		
			计 Total	招高中毕业生数 Graduates From Senior Sec. School	招初中毕业生数 Graduates From Junior Sec. School		合计 Total	计 Subtotal
总计 Total	683	311405	210205	8428	201777	769796	90131	87813
北京 Beijing	16	1125	249	0	249	1499	810	792
天津 Tianjin	10	2932	1930	0	1930	7931	1332	1265
河北 Hebei	32	20555	10889	0	10889	44877	5973	5876
山西 Shanxi	22	11673	19818	2780	17038	47363	3586	3502
内蒙古 Inner Mongolia	5	4604	3812	120	3692	16699	642	642
辽宁 Liaoning	9	5921	3743	0	3743	16845	1457	1393
吉林 Jilin	17	9345	4170	0	4170	19735	3202	3076
黑龙江 Heilongjiang	26	10551	6286	0	6286	20893	3472	3390
上海 Shanghai	1	561	131	0	131	1246	166	161
江苏 Jiangsu	27	15176	8058	400	7658	42443	4502	4188
浙江 Zhejiang	1	5512	3449	0	3449	12449	883	800
安徽 Anhui	34	16781	5136	0	5136	25883	3506	3459
福建 Fujian	25	8687	640	0	640	10366	2519	2453
江西 Jiangxi	21	12625	9315	0	9315	31296	2925	2901
山东 Shandong	56	17428	14658	1922	12736	43865	7415	7061
河南 Henan	41	38381	24895	7	24888	88266	7521	7387
湖北 Hubei	23	14908	4724	247	4477	26431	3384	3141
湖南 Hunan	26	14588	10335	0	10335	34917	3447	3369
广东 Guangdong	46	19826	2668	0	2668	32534	5301	5247
广西 Guangxi	29	9671	5766	208	5558	27504	4008	3938
海南 Hainan	8	3265	3405	195	3210	9704	1061	1025
重庆 Chongqing	21	6223	5227	0	5227	16640	2173	2112
四川 Sichuan	66	17636	14772	113	14659	48777	5672	5638
贵州 Guizhou	25	9535	9259	0	9259	28804	2796	2767
云南 Yunnan	19	9854	8841	0	8841	28085	2359	2352
西藏 Tibet	1	235	300	0	300	1074	149	149
陕西 Shaanxi	22	10477	11272	1019	10253	33646	3002	2927
甘肃 Gansu	22	3818	4334	45	4289	16467	2497	2462
青海 Qinghai	7	1605	1230	277	953	3956	768	764
宁夏 Ningxia	4	1532	506	80	426	3438	534	517
新疆 Xinjiang	21	6375	10387	1015	9372	26163	3069	3059

校基本情况

Teacher Training Schools

单位:人

教职工数 Teachers, Staff & Workers										兼任教师数(不在教工数中) Part-time Teachers
校本部教职工 Employees in the School Proper								校办厂、场职工 Employees in School-run Factories & Farms	附设机构人员 Employees in Subsidiary Units	
专任教师 Full-time Teachers					教辅人员 Supporting Staff	行政人员 Adm. Personnel	工勤人员 Workers			
计 Subtotal	高级讲师 Senior Lecturers	讲师 Lecturers	助理讲师 Assistant Lecturers	教员 Instructors						
52576	8743	21659	19913	2261	7299	14162	13776	1475	843	228
339	82	130	107	20	80	199	174	5	13	0
690	127	284	232	47	122	249	204	24	43	0
3388	377	1334	1444	233	475	1026	987	67	30	20
2040	353	765	803	119	217	646	599	55	29	15
384	40	230	109	5	63	82	113	0	0	0
795	197	365	193	40	77	292	229	47	17	0
1845	216	641	937	51	190	667	374	97	29	0
1894	531	890	406	67	191	746	559	62	20	22
77	11	35	26	5	5	48	31	5	0	0
2495	481	929	924	161	420	638	635	272	42	7
448	82	230	122	14	87	114	151	34	49	0
2058	373	885	715	85	393	478	530	17	30	3
1446	200	594	619	33	155	471	381	20	46	0
1855	345	759	656	95	257	375	414	7	17	5
4038	747	1553	1564	174	860	1164	999	244	110	3
4612	973	1864	1644	131	432	1293	1050	75	59	20
2161	385	809	867	100	274	295	411	177	66	0
1840	488	809	483	60	281	673	575	65	13	39
3395	382	1475	1452	86	580	544	728	35	19	1
2457	329	1172	908	48	380	452	649	9	61	0
643	110	240	252	41	84	94	204	36	0	3
1145	188	375	524	58	260	338	369	38	23	0
3184	582	1203	1316	83	560	853	1041	29	5	64
1820	170	733	813	104	98	578	271	5	24	17
1427	153	753	495	26	122	317	486	0	7	0
111	4	43	37	27	0	15	23	0	0	0
1805	352	738	615	100	204	488	430	14	61	0
1502	196	650	594	62	151	418	391	12	23	0
492	34	152	282	24	49	77	146	0	4	0
280	53	133	78	16	43	85	109	17	0	0
1910	182	886	696	146	189	447	513	7	3	9

中等师范学校中幼

Basic Statistics of Pre-primary

地区 Region		学校数(所) Schools	毕业生数 Graduates	招生数 Entrants			在校学生数 Enrolment	合计 Total	
				计 Total	招高中毕业生数 Graduates From Senior Sec. School	招初中毕业生数 Graduates From Junior Sec. School			计 Subtotal
总计	**Total**	55	18192	18241	0	18241	57509	7233	6789
北京	Beijing	1	207	160	0	160	446	133	133
天津	Tianjin	2	614	561	0	561	2067	384	341
河北	Hebei	4	914	1112	0	1112	3294	231	231
山西	Shanxi	4	1467	2782	0	2782	7844	477	443
内蒙古	Inner Mongolia	3	874	1104	0	1104	3584	404	404
辽宁	Liaoning	2	443	280	0	280	1149	291	289
吉林	Jilin	1	160	169	0	169	489	26	26
黑龙江	Heilongjiang	3	671	693	0	693	2242	328	328
上海	Shanghai	0	494	61	0	61	287	54	49
江苏	Jiangsu	4	771	475	0	475	2085	414	381
浙江	Zhejiang	0	262	366	0	366	779	206	141
安徽	Anhui	3	759	858	0	858	3008	297	280
福建	Fujian	2	782	320	0	320	1540	302	264
江西	Jiangxi	1	201	223	0	223	832	89	89
山东	Shandong	4	1046	545	0	545	2419	680	587
河南	Henan	4	1951	2190	0	2190	5859	586	580
湖北	Hubei	3	1310	699	0	699	2731	508	475
湖南	Hunan	2	891	887	0	887	2583	336	318
广东	Guangdong	4	1744	1741	0	1741	4847	500	497
广西	Guangxi	1	297	232	0	232	1069	166	144
海南	Hainan	0	0	0	0	0	0	0	0
重庆	Chongqing	2	657	939	0	939	2806	298	267
四川	Sichuan	1	233	552	0	552	1187	100	100
贵州	Guizhou	1	248	202	0	202	583	71	70
云南	Yunnan	0	236	0	0	0	458	0	0
西藏	Tibet	0	0	0	0	0	0	0	0
陕西	Shaanxi	1	356	320	0	320	879	123	123
甘肃	Gansu	1	240	170	0	170	662	88	88
青海	Qinghai	0	66	0	0	0	60	10	10
宁夏	Ningxia	0	0	0	0	0	0	0	0
新疆	Xinjiang	1	298	600	0	600	1720	131	131

儿师范学校基本情况

Teacher Training Schools

单位: 人

教职工数 Teachers, Staff & Workers										兼任教师数(不在教工数中) Part-time Teachers
校本部教职工 Employees in the School Proper								校办厂、场职工 Employees in School-run Factories & Farms	附设机构人员 Employees in Subsidiary Units	
专任教师 Full-time Teachers					教辅人员 Supporting Staff	行政人员 Adm. Personnel	工勤人员 Workers			
计 Subtotal	高级讲师 Senior Lecturers	讲师 Lecturers	助理讲师 Assistant Lecturers	教员 Instructors						
4086	829	1646	1391	220	513	1263	927	95	349	20
53	20	20	13	0	25	25	30	0	0	0
192	51	98	38	5	24	51	74	0	43	0
148	9	61	60	18	14	45	24	0	0	0
263	45	72	112	34	10	97	73	8	26	0
247	31	136	80	0	28	70	59	0	0	0
164	45	54	45	20	16	72	37	2	0	0
25	4	3	18	0	0	1	0	0	0	0
190	57	79	42	12	20	91	27	0	0	0
13	1	6	6	0	5	15	16	5	0	0
205	52	83	61	9	32	87	57	10	23	0
82	30	41	8	3	21	17	21	19	46	0
182	33	74	63	12	26	36	36	0	17	3
153	18	74	54	7	7	82	22	3	35	0
61	6	21	29	5	0	28	0	0	0	0
326	54	114	138	20	59	106	96	23	70	3
389	82	162	138	7	24	102	65	6	0	0
340	89	116	132	3	31	50	54	0	33	0
193	49	71	52	21	19	50	56	7	11	0
307	35	137	131	4	46	82	62	3	0	0
80	27	35	18	0	12	27	25	0	22	0
0	0	0	0	0	0	0	0	0	0	0
147	41	37	55	14	59	28	33	9	22	0
58	15	32	11	0	6	27	9	0	0	0
47	7	23	13	4	3	16	4	0	1	14
0	0	0	0	0	0	0	0	0	0	0
0	0	0	0	0	0	0	0	0	0	0
64	7	25	23	9	9	30	20	0	0	0
53	13	27	13	0	10	13	12	0	0	0
10	3	7	0	0	0	0	0	0	0	0
0	0	0	0	0	0	0	0	0	0	0
94	5	38	38	13	7	15	15	0	0	0

中等专业学校女学

Number of Female Students, Teachers, Staff

地　区 Region	毕业生数 Graduates	招生数 Entrants			在校学生数 Enrolment	合 计 Total	
		计 Total	招高中毕业生数 Graduates From Senior Sec. School	招初中毕业生数 Graduates From Junior Sec. School			计 Subtotal
总　计 Total	804643	747174	20889	726285	2773058	211167	200005
北　京 Beijing	14885	14699	392	14307	62648	5534	5302
天　津 Tianjin	12352	10459	23	10436	48203	5216	5002
河　北 Hebei	41809	37606	984	36622	141878	12517	12199
山　西 Shanxi	23741	40553	1790	38763	118702	8461	8242
内蒙古 Inner Mongolia	12184	16275	486	15789	58763	5593	5472
辽　宁 Liaoning	22275	17907	30	17877	91567	8680	8322
吉　林 Jilin	23984	13643	327	13316	71683	7185	6777
黑龙江 Heilongjiang	22086	19559	787	18772	69779	7520	7006
上　海 Shanghai	19755	14880	26	14854	59272	5825	5357
江　苏 Jiangsu	77489	54548	207	54341	231691	10231	9614
浙　江 Zhejiang	30627	21247	0	21247	94243	4344	4146
安　徽 Anhui	29077	29063	637	28426	109370	5881	5574
福　建 Fujian	19217	20652	94	20558	79416	5174	4956
江　西 Jiangxi	23579	27979	300	27679	94591	5304	4959
山　东 Shandong	56554	55215	2692	52523	203450	15509	14756
河　南 Henan	63797	61693	2127	59566	202350	12744	11578
湖　北 Hubei	62879	31036	2313	28723	143346	11744	11067
湖　南 Hunan	37845	36648	194	36454	150644	8622	8034
广　东 Guangdong	47718	38916	141	38775	147384	11258	10968
广　西 Guangxi	22002	25284	344	24940	94101	7834	6745
海　南 Hainan	4530	6563	119	6444	18503	1311	1251
重　庆 Chongqing	14195	12821	122	12699	44219	3377	3032
四　川 Sichuan	39275	33694	784	32910	127000	10126	9630
贵　州 Guizhou	14714	18160	0	18160	53128	5124	4954
云　南 Yunnan	19046	19867	906	18961	61152	6229	6084
西　藏 Tibet	842	1406	136	1270	3433	529	516
陕　西 Shaanxi	22814	25749	2418	23331	82860	6404	5829
甘　肃 Gansu	8282	15344	213	15131	40031	4567	4468
青　海 Qinghai	2060	2541	287	2254	6986	988	978
宁　夏 Ningxia	2807	5103	392	4711	12633	1389	1343
新　疆 Xinjiang	12223	18064	1618	16446	50032	5947	5844

生和女教职工数

& Workers in Specialized Secondary Schools

单位：人

教职工数 Teachers, Staff & Workers										兼任教师数（不在教工数中） Part-time Teachers
校本部教职工 Employees in the School Proper								校办厂、场职工 Employees in School-run Factories & Farms	附设机构人员 Employees in Subsidiary Units	
专任教师 Full-time Teachers					教辅人员 Supporting Staff	行政人员 Adm. Personnel	工勤人员 Workers			
计 Subtotal	高级讲师 Senior Lecturers	讲师 Lecturers	助理讲师 Assistant Lecturers	教员 Instructors						
115083	17460	51019	42202	4402	25095	33587	26240	4944	6218	3526
2820	448	1366	942	64	713	1083	686	158	74	148
3014	550	1416	937	111	515	901	572	66	148	90
7391	1061	3151	2773	406	1421	1687	1700	180	138	126
4931	624	2055	1985	267	985	1287	1039	95	124	31
3196	438	1616	1045	97	786	895	595	54	67	44
4890	1180	2307	1292	111	1088	1454	890	164	194	108
4291	562	1755	1878	96	689	1205	592	357	51	12
3861	1108	1706	941	106	846	1231	1068	231	283	83
2526	292	1331	837	66	628	1018	1185	299	169	175
5754	772	2323	2259	400	1122	1493	1245	467	150	727
2383	310	1061	810	202	555	647	561	113	85	70
3100	614	1301	1084	101	808	945	721	99	208	35
2916	308	1239	1263	106	625	751	664	78	140	149
2698	376	1185	1046	91	716	847	698	240	105	84
9313	1717	3598	3690	308	1829	2172	1442	361	392	209
7180	1224	2855	2831	270	1341	1730	1327	593	573	103
5986	1092	2780	1926	188	1481	2166	1434	219	458	146
4338	820	1983	1422	113	1154	1335	1207	262	326	315
6384	637	2812	2731	204	1416	1713	1455	83	207	194
3615	486	1817	1240	72	910	1059	1161	112	977	65
647	50	231	327	39	128	200	276	36	24	22
1675	267	699	640	69	466	529	362	66	279	68
5106	794	2421	1775	116	1277	1991	1256	256	240	266
2881	261	1345	1169	106	458	1179	436	39	131	55
3489	317	1898	1137	137	611	954	1030	31	114	81
299	4	115	135	45	36	80	101	4	9	3
3151	445	1375	1171	160	907	995	776	172	403	81
2476	219	1151	1026	80	608	662	722	36	63	18
583	49	229	279	26	95	172	128	0	10	0
781	141	372	228	40	179	177	206	36	10	9
3408	294	1526	1383	205	702	1029	705	37	66	9

普通中学校数、

Number of General Secondary Schools

地区 Region	学校数(所) Schools 计 Total	初级中学 Junior Sec. Schools	高级中学 Senior Sec. Schools	完全中学 Complete Sec. Schools	计 Total	小计 Subtotal
总计 Total	77268	62704	4827	9737	1328209	1108264
北京 Beijing	760	458	54	248	16754	12630
天津 Tianjin	690	475	62	153	12728	10089
河北 Hebei	4910	4194	380	336	81760	69743
山西 Shanxi	3346	2903	177	266	38254	31996
内蒙古 Inner Mongolia	1707	1330	131	246	26016	21040
辽宁 Liaoning	2401	1940	319	142	42572	34212
吉林 Jilin	1710	1422	155	133	27340	22486
黑龙江 Heilongjiang	2674	2211	228	235	46914	40448
上海 Shanghai	875	542	128	205	17244	12048
江苏 Jiangsu	3675	2816	249	610	71185	55968
浙江 Zhejiang	2940	2320	387	233	50170	39150
安徽 Anhui	3767	3093	82	592	58776	49398
福建 Fujian	1921	1444	43	434	44420	37036
江西 Jiangxi	2792	2286	75	431	44125	37213
山东 Shandong	4575	3861	506	208	107860	90210
河南 Henan	6217	5456	545	216	101363	88956
湖北 Hubei	3261	2678	359	224	58127	46447
湖南 Hunan	4505	3793	275	437	69312	58176
广东 Guangdong	3964	3017	125	822	83407	70172
广西 Guangxi	3019	2555	125	339	51110	44821
海南 Hainan	503	410	2	91	7746	6674
重庆 Chongqing	1568	1287	9	272	28437	24188
四川 Sichuan	4321	3538	63	720	73598	63152
贵州 Guizhou	1953	1648	45	260	29163	25646
云南 Yunnan	2236	1818	15	403	34998	30805
西藏 Tibet	98	83	7	8	1213	964
陕西 Shaanxi	2599	2020	179	400	40476	32815
甘肃 Gansu	1689	1270	33	386	25182	20818
青海 Qinghai	448	283	12	153	4805	3694
宁夏 Ningxia	433	326	11	96	6324	5085
新疆 Xinjiang	1711	1227	46	438	26830	22184

班数(总计)

and Classes (Regional Aggregates)

班　数(个) Classes							
初　中 Junior Sec. Schools				高　中 Senior Sec. Schools			
一年级 Grade 1	二年级 Grade 2	三年级 Grade 3	四年级 Grade 4	小计 Subtotal	一年级 Grade 1	二年级 Grade 2	三年级 Grade 3
401531	370168	323940	12625	219945	83715	70482	65748
4507	4248	3840	35	4124	1506	1334	1284
3423	3293	3365	8	2639	960	886	793
25405	23060	20198	1080	12017	4353	3872	3792
11197	10590	9914	295	6258	2475	2016	1767
7154	6801	6311	774	4976	1981	1566	1429
13098	11272	9652	190	8360	2933	2766	2661
8241	7575	6544	126	4854	1722	1562	1570
12720	13436	11886	2406	6466	2274	2113	2079
4046	4150	3839	13	5196	1762	1724	1710
20985	18713	16252	18	15217	5583	4833	4801
14288	13288	11563	11	11020	4054	3616	3350
17700	16581	15094	23	9378	3681	2977	2720
12707	12426	11903	0	7384	2980	2415	1989
13696	12428	11084	5	6912	2802	2216	1894
29906	28614	25250	6440	17650	6769	5694	5187
33330	29869	25452	305	12407	4953	3917	3537
17495	15421	13158	373	11680	4451	3803	3426
21625	19583	16967	1	11136	4417	3527	3192
25485	23406	21267	14	13235	5142	4192	3901
16677	15236	12889	19	6289	2539	1997	1753
2514	2258	1902	0	1072	401	360	311
8592	8667	6920	9	4249	1685	1303	1261
23574	21965	17580	33	10446	3893	3354	3199
10206	8491	6949	0	3517	1470	1096	951
11267	10162	9092	284	4193	1571	1342	1280
433	282	249	0	249	107	81	61
12365	11003	9444	3	7661	3060	2404	2197
7701	6910	6063	144	4364	1603	1347	1414
1343	1246	1098	7	1111	400	348	363
1823	1703	1556	3	1239	483	369	387
8028	7491	6659	6	4646	1705	1452	1489

普通中学校数、

Number of General Secondary

地　区 Region	学校数(所) Schools 计 Total	初级中学 Junior Sec. Schools	高级中学 Senior Sec. Schools	完全中学 Complete Sec. Schools	计 Total	小计 Subtotal
总　计 Total	14473	8713	1750	4010	287993	199926
北　京 Beijing	370	164	33	173	8807	5944
天　津 Tianjin	342	219	13	110	5969	4393
河　北 Hebei	725	468	77	180	14066	10028
山　西 Shanxi	486	285	49	152	8574	5842
内蒙古 Inner Mongolia	385	208	61	116	7684	5351
辽　宁 Liaoning	787	510	175	102	17013	12100
吉　林 Jilin	473	313	83	77	9970	6936
黑龙江 Heilongjiang	789	548	117	124	15047	11330
上　海 Shanghai	514	315	94	105	10634	7178
江　苏 Jiangsu	585	372	35	178	12642	9082
浙　江 Zhejiang	526	302	121	103	11242	7142
安　徽 Anhui	499	275	28	196	8997	6100
福　建 Fujian	262	132	32	98	6299	4168
江　西 Jiangxi	341	169	33	139	6566	4264
山　东 Shandong	864	576	172	116	22298	14925
河　南 Henan	897	584	151	162	15277	10667
湖　北 Hubei	1128	757	196	175	21751	14397
湖　南 Hunan	642	377	52	213	11293	7618
广　东 Guangdong	703	366	46	291	16333	11817
广　西 Guangxi	281	168	30	83	5841	4366
海　南 Hainan	47	30	1	16	872	639
重　庆 Chongqing	527	385	5	137	9981	7855
四　川 Sichuan	535	277	26	232	10345	6870
贵　州 Guizhou	269	180	16	73	4240	3082
云　南 Yunnan	223	112	10	101	3611	2430
西　藏 Tibet	19	11	5	3	369	224
陕　西 Shaanxi	577	309	46	222	10081	7121
甘　肃 Gansu	233	103	11	119	4416	2956
青　海 Qinghai	68	21	5	42	954	687
宁　夏 Ningxia	63	35	6	22	1116	776
新　疆 Xinjiang	313	142	21	150	5705	3638

班数(城市)

Schools and Classes (Urban)

班数(个) Classes							
初中 Junior Sec. Schools				高中 Senior Sec. Schools			
一年级 Grade 1	二年级 Grade 2	三年级 Grade 3	四年级 Grade 4	小计 Subtotal	一年级 Grade 1	二年级 Grade 2	三年级 Grade 3
70540	66357	59657	3372	88067	33094	28601	26372
2062	2003	1869	10	2863	1028	928	907
1455	1413	1517	8	1576	562	532	482
3677	3232	2908	211	4038	1469	1318	1251
2025	1925	1836	56	2732	1091	888	753
1801	1675	1563	312	2333	949	754	630
4213	3903	3814	170	4913	1725	1650	1538
2489	2309	2074	64	3034	1074	980	980
3592	3871	3350	517	3717	1322	1203	1192
2390	2466	2322	0	3456	1167	1156	1133
3343	3087	2641	11	3560	1308	1140	1112
2685	2376	2071	10	4100	1512	1361	1227
2209	2027	1850	14	2897	1119	924	854
1447	1384	1337	0	2131	827	712	592
1527	1424	1309	4	2302	904	750	648
4904	4652	4052	1317	7373	2873	2381	2119
3964	3493	3084	126	4610	1834	1472	1304
5135	4715	4178	369	7354	2806	2429	2119
2829	2556	2232	1	3675	1417	1170	1088
4267	3929	3607	14	4516	1725	1452	1339
1559	1488	1306	13	1475	588	473	414
231	221	187	0	233	88	79	66
2637	2827	2382	9	2126	874	637	615
2536	2399	1905	30	3475	1237	1140	1098
1148	1035	899	0	1158	459	367	332
858	808	709	55	1181	431	383	367
84	73	67	0	145	59	48	38
2564	2390	2165	2	2960	1122	961	877
1039	976	898	43	1460	531	470	459
251	231	205	0	267	92	85	90
289	262	225	0	340	129	106	105
1330	1207	1095	6	2067	772	652	643

普通中学校数、

Number of General Secondary Schools

地　　区 Region	学校数(所) Schools 计 Total	初级中学 Junior Sec. Schools	高级中学 Senior Sec. Schools	完全中学 Complete Sec. Schools	计 Total	小计 Subtotal
总　计 Total	20853	14678	2201	3974	409827	307146
北　京 Beijing	235	152	20	63	5279	4119
天　津 Tianjin	157	85	30	42	3051	2244
河　北 Hebei	1425	1052	252	121	27368	20431
山　西 Shanxi	490	333	77	80	8335	5580
内蒙古 Inner Mongolia	430	273	62	95	8594	6275
辽　宁 Liaoning	361	234	104	23	7371	4604
吉　林 Jilin	640	516	71	53	10290	8514
黑龙江 Heilongjiang	684	507	94	83	13238	10931
上　海 Shanghai	318	194	34	90	6124	4455
江　苏 Jiangsu	1967	1467	149	351	39556	30216
浙　江 Zhejiang	1815	1424	262	129	32477	25631
安　徽 Anhui	399	209	28	162	8781	5224
福　建 Fujian	877	596	10	271	24472	19895
江　西 Jiangxi	990	703	34	253	19287	15106
山　东 Shandong	459	274	124	61	12466	6848
河　南 Henan	1405	1104	265	36	25283	19144
湖　北 Hubei	300	189	91	20	6248	3715
湖　南 Hunan	1392	1087	132	173	24343	18938
广　东 Guangdong	1114	813	51	250	25054	19679
广　西 Guangxi	610	383	69	158	11509	7808
海　南 Hainan	69	30	0	39	1996	1372
重　庆 Chongqing	536	407	4	125	10631	8681
四　川 Sichuan	1694	1206	36	452	31523	24876
贵　州 Guizhou	328	200	28	100	5924	4049
云　南 Yunnan	566	325	5	236	10827	8213
西　藏 Tibet	78	71	2	5	837	733
陕　西 Shaanxi	795	562	113	120	15217	11238
甘　肃 Gansu	236	94	21	121	5067	3062
青　海 Qinghai	145	57	7	81	1882	1212
宁　夏 Ningxia	80	35	4	41	1879	1166
新　疆 Xinjiang	258	96	22	140	4918	3187

班数(县镇)

and Classes (County Seats & Towns)

班数(个) Classes							
初中 Junior Sec. Schools				高中 Senior Sec. Schools			
一年级 Grade 1	二年级 Grade 2	三年级 Grade 3	四年级 Grade 4	小计 Subtotal	一年级 Grade 1	二年级 Grade 2	三年级 Grade 3
111479	103271	90332	2064	102681	39440	32581	30660
1516	1367	1211	25	1160	443	373	344
809	777	658	0	807	300	269	238
7445	6716	5860	410	6937	2497	2211	2229
1906	1824	1772	78	2755	1079	886	790
2116	2024	1936	199	2319	906	717	696
1779	1531	1283	11	2767	955	901	911
3129	2877	2451	57	1776	634	567	575
3360	3655	3279	637	2307	805	753	749
1513	1544	1389	9	1669	572	544	553
11460	10106	8650	0	9340	3422	2979	2939
9348	8722	7560	1	6846	2516	2231	2099
1890	1744	1587	3	3557	1422	1117	1018
6738	6732	6425	0	4577	1868	1476	1233
5545	5040	4521	0	4181	1726	1337	1118
2346	2209	1888	405	5618	2222	1795	1601
7158	6362	5474	150	6139	2463	1886	1790
1417	1238	1056	4	2533	988	785	760
6979	6356	5603	0	5405	2181	1701	1523
7122	6669	5888	0	5375	2091	1688	1596
2809	2642	2352	5	3701	1469	1180	1052
494	459	419	0	624	228	213	183
3185	3100	2396	0	1950	743	612	595
9327	8608	6938	3	6647	2534	2109	2004
1539	1350	1160	0	1875	790	586	499
2960	2721	2474	58	2614	991	831	792
346	207	180	0	104	48	33	23
4161	3790	3287	0	3979	1631	1226	1122
1110	1035	915	2	2005	755	616	634
428	407	370	7	670	243	212	215
401	393	372	0	713	271	210	232
1143	1066	978	0	1731	647	537	547

普通中学校数、

Number of General Secondary

地区 Region	学校数(所) Schools 计 Total	初级中学 Junior Sec. Schools	高级中学 Senior Sec. Schools	完全中学 Complete Sec. Schools	计 Total	小计 Subtotal
总计 Total	41942	39313	876	1753	630389	601192
北京 Beijing	155	142	1	12	2668	2567
天津 Tianjin	191	171	19	1	3708	3452
河北 Hebei	2760	2674	51	35	40326	39284
山西 Shanxi	2370	2285	51	34	21345	20574
内蒙古 Inner Mongolia	892	849	8	35	9738	9414
辽宁 Liaoning	1253	1196	40	17	18188	17508
吉林 Jilin	597	593	1	3	7080	7036
黑龙江 Heilongjiang	1201	1156	17	28	18629	18187
上海 Shanghai	43	33	0	10	486	415
江苏 Jiangsu	1123	977	65	81	18987	16670
浙江 Zhejiang	599	594	4	1	6451	6377
安徽 Anhui	2869	2609	26	234	40998	38074
福建 Fujian	782	716	1	65	13649	12973
江西 Jiangxi	1461	1414	8	39	18272	17843
山东 Shandong	3252	3011	210	31	73096	68437
河南 Henan	3915	3768	129	18	60803	59145
湖北 Hubei	1833	1732	72	29	30128	28335
湖南 Hunan	2471	2329	91	51	33676	31620
广东 Guangdong	2147	1838	28	281	42020	38676
广西 Guangxi	2128	2004	26	98	33760	32647
海南 Hainan	387	350	1	36	4878	4663
重庆 Chongqing	505	495	0	10	7825	7652
四川 Sichuan	2092	2055	1	36	31730	31406
贵州 Guizhou	1356	1268	1	87	18999	18515
云南 Yunnan	1447	1381	0	66	20560	20162
西藏 Tibet	1	1	0	0	7	7
陕西 Shaanxi	1227	1149	20	58	15178	14456
甘肃 Gansu	1220	1073	1	146	15699	14800
青海 Qinghai	235	205	0	30	1969	1795
宁夏 Ningxia	290	256	1	33	3329	3143
新疆 Xinjiang	1140	989	3	148	16207	15359

班数(农村)

Schools and Classes (Rural)

班　　数(个) Classes							
初　　中 Junior Sec. Schools				高　　中 Senior Sec. Schools			
一年级 Grade 1	二年级 Grade 2	三年级 Grade 3	四年级 Grade 4	小　计 Subtotal	一年级 Grade 1	二年级 Grade 2	三年级 Grade 3
219512	200540	173951	7189	29197	11181	9300	8716
929	878	760	0	101	35	33	33
1159	1103	1190	0	256	98	85	73
14283	13112	11430	459	1042	387	343	312
7266	6841	6306	161	771	305	242	224
3237	3102	2812	263	324	126	95	103
7106	5838	4555	9	680	253	215	212
2623	2389	2019	5	44	14	15	15
5768	5910	5257	1252	442	147	157	138
143	140	128	4	71	23	24	24
6182	5520	4961	7	2317	853	714	750
2255	2190	1932	0	74	26	24	24
13601	12810	11657	6	2924	1140	936	848
4522	4310	4141	0	676	285	227	164
6624	5964	5254	1	429	172	129	128
22656	21753	19310	4718	4659	1674	1518	1467
22208	20014	16894	29	1658	656	559	443
10943	9468	7924	0	1793	657	589	547
11817	10671	9132	0	2056	819	656	581
14096	12808	11772	0	3344	1326	1052	966
12309	11106	9231	1	1113	482	344	287
1789	1578	1296	0	215	85	68	62
2770	2740	2142	0	173	68	54	51
11711	10958	8737	0	324	122	105	97
7519	6106	4890	0	484	221	143	120
7449	6633	5909	171	398	149	128	121
3	2	2	0	0	0	0	0
5640	4823	3992	1	722	307	217	198
5552	4899	4250	99	899	317	261	321
664	608	523	0	174	65	51	58
1133	1048	959	3	186	83	53	50
5555	5218	4586	0	848	286	263	299

普通中学毕业生数、招生数、毕业班学生数(总计)

Number of Graduates, Entrants & Graduates for Next Year in General Secondary Schools (Regional Aggregates)

单位:人

地区 Region	毕业生数 Graduates 初中 Junior Sec. Schools	毕业生数 Graduates 高中 Senior Sec. Schools	招生数 Entrants 初中 Junior Sec. Schools	招生数 Entrants 高中 Senior Sec. Schools	毕业班学生数 Graduates for Next Year 初中 Junior Sec. Schools	毕业班学生数 Graduates for Next Year 高中 Senior Sec. Schools
总计 Total	16070868	3015089	22633039	4726861	17395647	3442164
北京 Beijing	138932	47569	183184	65890	152252	53705
天津 Tianjin	123897	33584	149237	45116	126714	37099
河北 Hebei	1134198	181626	1509987	262226	1171396	213251
山西 Shanxi	483129	78622	589007	137662	502838	90955
内蒙古 Inner Mongolia	272315	67474	367938	109322	281276	72808
辽宁 Liaoning	432265	118892	677672	152354	456278	134176
吉林 Jilin	326108	70225	436160	96073	335643	82249
黑龙江 Heilongjiang	486971	91419	661853	118418	530832	104095
上海 Shanghai	158908	72547	188202	79046	175765	79917
江苏 Jiangsu	730092	229852	1115076	299301	829523	250362
浙江 Zhejiang	528807	139549	717463	207631	557032	165818
安徽 Anhui	891624	131453	1077872	219633	943731	151126
福建 Fujian	611954	78423	666318	151798	637735	97642
江西 Jiangxi	646029	91925	805727	160494	656289	98399
山东 Shandong	1403183	276377	1916187	425643	1507957	316503
河南 Henan	1446837	174719	2149777	314818	1574622	198481
湖北 Hubei	718015	165813	1075527	277065	773015	195039
湖南 Hunan	855393	145587	1258219	260515	927621	170100
广东 Guangdong	1135845	182354	1424737	286825	1164146	207243
广西 Guangxi	658718	81936	945037	153372	703370	98059
海南 Hainan	104787	14010	136539	22886	112315	16154
重庆 Chongqing	243477	51793	463604	82011	342497	62336
四川 Sichuan	675557	143038	1303386	224216	866506	160266
贵州 Guizhou	331329	45846	557466	84393	364186	48233
云南 Yunnan	418922	56504	610158	88214	471392	62093
西藏 Tibet	9666	2458	20373	5289	10427	2931
陕西 Shaanxi	464361	98128	707794	181652	528754	109765
甘肃 Gansu	271308	56479	417808	90840	295160	67928
青海 Qinghai	43656	14156	66749	19791	48760	14103
宁夏 Ningxia	71345	17746	91936	27623	73597	20851
新疆 Xinjiang	253240	54985	342046	76744	274018	60477

普通中学毕业生数、招生数、毕业班学生数(城市)

Number of Graduates, Entrants & Graduates for Next Year in General Secondary Schools (Urban)

单位:人

地区 Region	毕业生数 Graduates		招生数 Entrants		毕业班学生数 Graduates for Next Year	
	初中 Junior Sec. Schools	高中 Senior Sec. Schools	初中 Junior Sec. Schools	高中 Senior Sec. Schools	初中 Junior Sec. Schools	高中 Senior Sec. Schools
总计 Total	2645492	1164590	3703475	1764846	2911747	1353538
北京 Beijing	71460	33197	81613	43652	73491	36668
天津 Tianjin	68144	20148	61743	25323	63997	22554
河北 Hebei	134837	57241	202237	81521	146077	68590
山西 Shanxi	88109	32814	110287	58836	92490	39241
内蒙古 Inner Mongolia	68072	29446	96376	51544	72545	33487
辽宁 Liaoning	165084	62385	226270	84514	174442	73770
吉林 Jilin	103268	43589	137446	59895	109948	53025
黑龙江 Heilongjiang	128325	51583	187700	68548	142289	59640
上海 Shanghai	101626	44236	111150	51980	107798	52214
江苏 Jiangsu	105926	49156	162494	64600	122698	54440
浙江 Zhejiang	96260	48961	137914	75958	103501	60550
安徽 Anhui	89295	37544	121087	62593	98408	44625
福建 Fujian	63319	22038	72010	38778	65958	27670
江西 Jiangxi	62850	30515	81394	49190	70034	33360
山东 Shandong	195913	110703	281871	173340	215236	127305
河南 Henan	141626	62318	226452	104878	159335	71040
湖北 Hubei	198402	98353	281648	168541	212633	117113
湖南 Hunan	102209	48241	157353	78537	115285	56734
广东 Guangdong	165505	61577	222841	90734	184953	68813
广西 Guangxi	57355	19190	80487	31528	64494	22113
海南 Hainan	8845	2923	11810	4455	9523	3485
重庆 Chongqing	80299	22732	127313	35144	108664	28418
四川 Sichuan	76392	50787	131725	68657	93375	57157
贵州 Guizhou	36703	15632	59580	25191	44548	17445
云南 Yunnan	32284	16661	42421	23868	34620	18725
西藏 Tibet	2634	1499	4000	3247	2870	1866
陕西 Shaanxi	97133	37949	141081	62425	111913	41605
甘肃 Gansu	41882	19503	54798	28861	44316	23379
青海 Qinghai	7564	3608	13521	4733	9194	3806
宁夏 Ningxia	10383	4822	14281	6534	10524	5505
新疆 Xinjiang	43788	25239	62572	37241	46588	29195

普通中学毕业生数、招生数、毕业班学生数(县镇)

Number of Graduates, Entrants & Graduates for Next Year in General Secondary Schools (County Seats & Towns)

单位:人

地区 Region	毕业生数 Graduates 初中 Junior Sec. Schools	毕业生数 Graduates 高中 Senior Sec. Schools	招生数 Entrants 初中 Junior Sec. Schools	招生数 Entrants 高中 Senior Sec. Schools	毕业班学生数 Graduates for Next Year 初中 Junior Sec. Schools	毕业班学生数 Graduates for Next Year 高中 Senior Sec. Schools
总计 Total	4387459	1458461	6270774	2318434	4842924	1652232
北京 Beijing	42746	12988	64211	20723	49379	15638
天津 Tianjin	26169	10049	36776	14724	27966	11140
河北 Hebei	312071	108773	446321	157183	337655	126487
山西 Shanxi	93957	37111	110405	62496	100176	41715
内蒙古 Inner Mongolia	86683	33430	113189	51492	88323	34992
辽宁 Liaoning	59011	46479	98127	55013	65289	49640
吉林 Jilin	121335	26239	161026	35695	120733	28762
黑龙江 Heilongjiang	132542	34430	177902	43333	143369	38201
上海 Shanghai	52901	27243	70994	26172	62951	26737
江苏 Jiangsu	360358	144251	607335	184567	432040	155771
浙江 Zhejiang	349862	89397	471917	130260	367534	104083
安徽 Anhui	85471	51907	115862	86876	93115	59537
福建 Fujian	331150	48637	361332	97916	351536	61395
江西 Jiangxi	258217	55851	332156	101244	276197	59535
山东 Shandong	109002	91169	155496	150954	120566	105978
河南 Henan	314727	94234	472789	167840	341786	105409
湖北 Hubei	61909	41382	89106	68314	62680	49021
湖南 Hunan	287691	71052	414602	132230	315332	82793
广东 Guangdong	333286	78747	403579	122898	339182	90585
广西 Guangxi	116769	50507	159686	93891	127850	61975
海南 Hainan	24863	9035	28725	13942	26878	10384
重庆 Chongqing	91820	27423	185569	42969	127739	31643
四川 Sichuan	280011	88815	528671	148849	351620	99279
贵州 Guizhou	56170	24737	84356	46619	60666	25799
云南 Yunnan	117960	35115	163245	56312	127528	38142
西藏 Tibet	6988	959	16293	2042	7520	1065
陕西 Shaanxi	158874	51692	245566	102159	191792	60033
甘肃 Gansu	43618	27038	63336	45134	48706	32808
青海 Qinghai	14590	8718	19712	12143	15498	8700
宁夏 Ningxia	17898	11141	22076	16452	19523	13138
新疆 Xinjiang	38810	19912	50414	27992	41795	21847

普通中学毕业生数、招生数、毕业班学生数(农村)

Number of Graduates, Entrants & Graduates for Next Year in General Secondary Schools (Rural)

单位:人

地区 Region	毕业生数 Graduates 初中 Junior Sec. Schools	毕业生数 Graduates 高中 Senior Sec. Schools	招生数 Entrants 初中 Junior Sec. Schools	招生数 Entrants 高中 Senior Sec. Schools	毕业班学生数 Graduates for Next Year 初中 Junior Sec. Schools	毕业班学生数 Graduates for Next Year 高中 Senior Sec. Schools
总计 Total	9037917	392038	12658790	643581	9640976	436394
北京 Beijing	24726	1384	37360	1515	29382	1399
天津 Tianjin	29584	3387	50718	5069	34751	3405
河北 Hebei	687290	15612	861429	23522	687664	18174
山西 Shanxi	301063	8697	368315	16330	310172	9999
内蒙古 Inner Mongolia	117560	4598	158373	6286	120408	4329
辽宁 Liaoning	208170	10028	353275	12827	216547	10766
吉林 Jilin	101505	397	137688	483	104962	462
黑龙江 Heilongjiang	226104	5406	296251	6537	245174	6254
上海 Shanghai	4381	1068	6058	894	5016	966
江苏 Jiangsu	263808	36445	345247	50134	274785	40151
浙江 Zhejiang	82685	1191	107632	1413	85997	1185
安徽 Anhui	716858	42002	840923	70164	752208	46964
福建 Fujian	217485	7748	232976	15104	220241	8577
江西 Jiangxi	324962	5559	392177	10060	310058	5504
山东 Shandong	1098268	74505	1478820	101349	1172155	83220
河南 Henan	990484	18167	1450536	42100	1073501	22032
湖北 Hubei	457704	26078	704773	40210	497702	28905
湖南 Hunan	465493	26294	686264	49748	497004	30573
广东 Guangdong	637054	42030	798317	73193	640011	47845
广西 Guangxi	484594	12239	704864	27953	511026	13971
海南 Hainan	71079	2052	96004	4489	75914	2285
重庆 Chongqing	71358	1638	150722	3898	106094	2275
四川 Sichuan	319154	3436	642990	6710	421511	3830
贵州 Guizhou	238456	5477	413530	12583	258972	4989
云南 Yunnan	268678	4728	404492	8034	309244	5226
西藏 Tibet	44	0	80	0	37	0
陕西 Shaanxi	208354	8487	321147	17068	225049	8127
甘肃 Gansu	185808	9938	299674	16845	202138	11741
青海 Qinghai	21502	1830	33516	2915	24068	1597
宁夏 Ningxia	43064	1783	55579	4637	43550	2208
新疆 Xinjiang	170642	9834	229060	11511	185635	9435

普通中学在校

Enrolment of General Secondary

地　区 Region	合　计 Total	初中 Junior Secondary Schools			
		计 Subtotal	一　年　级 Grade 1	二　年　级 Grade 2	三　年　级 Grade 3
总　计 Total	73689101	61676458	22681131	20588784	17723599
北　京 Beijing	691353	512351	184096	174119	152886
天　津 Tianjin	570577	446430	148534	145423	152216
河　北 Hebei	4817454	4117058	1510142	1359090	1193861
山　西 Shanxi	1997500	1660337	589583	551449	506756
内蒙古 Inner Mongolia	1307251	1040857	368159	340347	299851
辽　宁 Liaoning	2167017	1737624	678013	572552	477256
吉　林 Jilin	1431195	1168514	436264	387393	338979
黑龙江 Heilongjiang	2487437	2158672	661988	705924	642028
上　海 Shanghai	803480	562129	189943	195785	175833
江　苏 Jiangsu	3736462	2934647	1117032	984795	832098
浙　江 Zhejiang	2495527	1941184	718150	665200	557359
安　徽 Anhui	3583191	3041774	1078454	1018117	944091
福　建 Fujian	2335032	1962632	667054	657843	637735
江　西 Jiangxi	2592189	2206902	808676	741752	656293
山　东 Shandong	6786003	5699640	1916292	1823944	1602196
河　南 Henan	6381450	5629942	2157365	1871455	1583467
湖　北 Hubei	3509318	2810909	1077564	937012	779436
湖　南 Hunan	3917326	3291607	1258779	1105161	927625
广　东 Guangdong	4606890	3881614	1424775	1292032	1164278
广　西 Guangxi	2856320	2487034	946293	836505	703405
海　南 Hainan	435789	375932	137421	126196	112315
重　庆 Chongqing	1477861	1267003	464931	459135	342530
四　川 Sichuan	3919813	3356703	1309033	1179448	867048
贵　州 Guizhou	1572025	1380966	560445	456335	364186
云　南 Yunnan	1859651	1637575	612950	538935	471856
西　藏 Tibet	55232	43121	20484	12210	10427
陕　西 Shaanxi	2305168	1877944	715441	633275	529130
甘　肃 Gansu	1314710	1085210	420452	357592	301473
青　海 Qinghai	224660	175269	66941	58756	49316
宁　夏 Ningxia	318308	250605	93023	83924	73565
新　疆 Xinjiang	1132912	934273	342854	317080	274104

学生数(总计)

Schools (Regional Aggregates)

单位:人

	高中 Senior Secondary Schools				
四年级 Grade 4	计 Subtotal	一年级 Grade 1	二年级 Grade 2	三年级 Grade 3	合计中住宿生 of the total Boarding Students
682944	12012643	4735112	3835367	3442164	21985466
1250	179002	66707	58590	53705	68531
257	124147	45252	41796	37099	40935
53965	700396	262333	224812	213251	905369
12549	337163	137707	108501	90955	677607
32500	266394	109395	84191	72808	355574
9803	429393	152405	142812	134176	266835
5878	262681	96118	84314	82249	140997
148732	328765	118421	106249	104095	277699
568	241351	80087	81347	79917	50737
722	801815	299898	251555	250362	846821
475	554343	208153	180372	165818	851503
1112	541417	220041	170250	151126	760534
0	372400	152250	122508	97642	624035
181	385287	161802	125086	98399	1001930
357208	1086363	425708	344152	316503	1868069
17655	751508	315293	237734	198481	2672709
16897	698409	277338	226032	195039	1783386
42	625719	260734	194885	170100	1369463
529	725276	286847	231186	207243	1113683
831	369286	153439	117788	98059	1868489
0	59857	23149	20554	16154	105183
407	210858	82088	66434	62336	629906
1174	563110	224574	178270	160266	1284070
0	191059	84461	58365	48233	310589
13834	222076	88278	71705	62093	1042659
0	12111	5343	3837	2931	27992
98	427224	181732	135727	109765	564690
5693	229500	91123	70449	67928	232514
256	49391	19795	15493	14103	35736
93	67703	27883	18969	20851	62712
235	198639	76758	61404	60477	144509

普通中学在校

Enrolment of General Secondary

地区 Region	合计 Total	初中 Junior Secondary Schools			
		计 Subtotal	一年级 Grade 1	二年级 Grade 2	三年级 Grade 3
总计 Total	14970220	10346351	3707698	3458520	3011073
北京 Beijing	357050	235965	81716	80148	73679
天津 Tianjin	263378	190666	61846	61539	67024
河北 Hebei	761349	539526	202260	177191	150912
山西 Shanxi	454412	308845	110434	103213	92674
内蒙古 Inner Mongolia	403069	277726	96383	88471	79221
辽宁 Liaoning	876538	636792	226344	205893	195502
吉林 Jilin	541757	375030	137472	123956	110300
黑龙江 Heilongjiang	786521	597895	187710	205282	175304
上海 Shanghai	494475	335578	112181	115599	107798
江苏 Jiangsu	611097	435565	163183	149118	122892
浙江 Zhejiang	568712	364836	138065	122514	103803
安徽 Anhui	489656	331458	121126	111011	98676
福建 Fujian	305745	205942	72086	67898	65958
江西 Jiangxi	351159	228530	81898	76413	70061
山东 Shandong	1297197	855503	281888	269592	234389
河南 Henan	847784	587746	226599	194715	160602
湖北 Hubei	1196566	772160	281109	255673	218604
湖南 Hunan	608591	411326	157376	138619	115289
广东 Guangdong	848971	613078	222859	204605	185085
广西 Guangxi	301030	221771	80495	76335	64389
海南 Hainan	44488	32502	11810	11169	9523
重庆 Chongqing	466678	372733	127465	136164	108697
四川 Sichuan	537987	350955	132058	124295	93567
贵州 Guizhou	219974	157577	59823	53206	44548
云南 Yunnan	185001	121736	42543	41358	35441
西藏 Tibet	17836	10255	4013	3372	2870
陕西 Shaanxi	538693	383448	141244	130184	111929
甘肃 Gansu	231339	154702	55241	51670	45854
青海 Qinghai	47261	34640	13529	11827	9284
宁夏 Ningxia	54725	37287	14328	12435	10524
新疆 Xinjiang	261181	164578	62614	55055	46674

学生数(城市)

Schools (Urban)

单位:人

	高中 Senior Secondary Schools				
四年级 Grade 4	计 Subtotal	一年级 Grade 1	二年级 Grade 2	三年级 Grade 3	合计中住宿生 Of the total Boarding Students
169060	4623869	1767726	1502605	1353538	2379040
422	121085	44316	40101	36668	25926
257	72712	25392	24766	22554	5827
9163	221823	81547	71686	68590	145286
2524	145567	58868	47458	39241	85261
13651	125343	51530	40326	33487	63348
9053	239746	84553	81423	73770	52045
3302	166727	59904	53798	53025	49916
29599	188626	68551	60435	59640	64197
0	158897	52606	54077	52214	18119
372	175532	64729	56363	54440	48940
454	203876	76162	67164	60550	153169
645	158198	62641	50932	44625	47899
0	99803	38881	33252	27670	37181
158	122629	49534	39735	33360	48088
69634	441694	173402	140987	127305	293103
5830	260038	104970	84028	71040	171547
16774	424406	168606	138687	117113	341822
42	197265	78627	61904	56734	117321
529	235893	90748	76332	68813	96643
552	79259	31551	25595	22113	75491
0	11986	4455	4046	3485	6854
407	93945	35167	30360	28418	138570
1035	187032	68693	61182	57157	115723
0	62397	25221	19731	17445	23625
2394	63265	23881	20659	18725	47655
0	7581	3258	2457	1866	4419
91	155245	62441	51199	41605	53461
1937	76637	28971	24287	23379	14666
0	12621	4733	4082	3806	659
0	17438	6535	5398	5505	2506
235	96603	37253	30155	29195	29773

普通中学在校

Enrolment of General Secondary

地　区 Region		合　计 Total	初　中 Junior Secondary Schools			
			计 Subtotal	一年级 Grade 1	二年级 Grade 2	三年级 Grade 3
总　计	**Total**	22856105	17045443	6282656	5741468	4911403
北　京	Beijing	227052	173484	64562	58476	49618
天　津	Tianjin	141047	102216	36883	34824	30509
河　北	Hebei	1626857	1210803	446379	397873	346183
山　西	Shanxi	473960	320940	110523	106512	100560
内蒙古	Inner Mongolia	449471	323415	113234	106336	95763
辽　宁	Liaoning	401107	246460	98282	82606	65192
吉　林	Jilin	524941	430378	160996	143941	123292
黑龙江	Heilongjiang	698562	578778	177967	190150	172661
上　海	Shanghai	288647	209224	71611	74194	63033
江　苏	Jiangsu	2065826	1568520	608501	525695	434324
浙　江	Zhejiang	1625812	1279224	472365	439279	367559
安　徽	Anhui	527912	315413	116142	105535	93638
福　建	Fujian	1315850	1079081	361834	365711	351536
江　西	Jiangxi	1160177	920443	332735	311184	276524
山　东	Shandong	826447	454859	155569	147954	128376
河　南	Henan	1634326	1236686	474038	405997	346793
湖　北	Hubei	404508	232916	89028	80635	63130
湖　南	Hunan	1411957	1100131	414658	370141	315332
广　东	Guangdong	1433648	1119864	403364	377470	339030
广　西	Guangxi	664368	435404	159958	147201	128019
海　南	Hainan	121585	83789	28864	28047	26878
重　庆	Chongqing	597361	489112	186336	174939	127837
四　川	Sichuan	1712996	1352355	530641	469437	352138
贵　州	Guizhou	322088	217560	84656	72238	60666
云　南	Yunnan	580299	441130	163812	146930	127737
西　藏	Tibet	37219	32689	16391	8778	7520
陕　西	Shaanxi	901311	665356	247993	225571	191792
甘　肃	Gansu	280614	168288	62861	56900	48481
青　海	Qinghai	84712	54363	19777	18366	15964
宁　夏	Ningxia	104638	63562	22259	21780	19523
新　疆	Xinjiang	210807	139000	50437	46768	41795

学生数(县镇)

Schools (County Seats & Towns)

单位:人

四 年 级 Grade 4	高中 Senior Secondary Schools 计 Subtotal	一 年 级 Grade 1	二 年 级 Grade 2	三 年 级 Grade 3	合计中住宿生 Of the total Boarding Students
109916	5810662	2323419	1835008	1652235	7494386
828	53568	20863	17067	15638	33986
0	38831	14787	12904	11140	23985
20368	416054	157264	132303	126487	513019
3345	153020	62508	48797	41715	151667
8082	126056	51579	39485	34992	136841
380	154647	55023	49984	49640	104551
2149	94563	35731	30070	28762	73145
38000	119784	43333	38250	38201	89071
386	79423	26568	26118	26737	31609
0	497306	185006	156529	155771	513579
21	346588	130578	111927	104083	583792
98	212499	87060	65902	59537	120702
0	236769	98252	77122	61395	354607
0	239734	101924	78275	59535	440374
22960	371588	150954	114656	105978	294286
9858	397640	168108	124123	105409	717474
123	171592	68485	54086	49021	184874
0	311826	132333	96700	82793	529695
0	313784	123214	99985	90585	405669
226	228964	93935	73051	61978	403275
0	37796	14205	13207	10384	29431
0	108249	43023	33583	31643	323147
139	360641	149171	112191	99279	673429
0	104528	46649	32080	25799	70691
2651	139169	56362	44665	38142	301495
0	4530	2085	1380	1065	23573
0	235955	102202	73720	60033	228900
46	112326	45404	34114	32808	62172
256	30349	12147	9502	8700	19190
0	41076	16674	11264	13138	25016
0	71807	27992	21968	21847	31141

普通中学在校

Enrolment of General Secondary

地区 Region		合计 Total	初中 Junior Secondary Schools 计 Subtotal	一年级 Grade 1	二年级 Grade 2	三年级 Grade 3
总计	**Total**	35862776	34284664	12690777	11388796	9801123
北京	Beijing	107251	102902	37818	35495	29589
天津	Tianjin	166152	153548	49805	49060	54683
河北	Hebei	2429248	2366729	861503	784026	696766
山西	Shanxi	1069128	1030552	368626	341724	313522
内蒙古	Inner Mongolia	454711	439716	158542	145540	124867
辽宁	Liaoning	889372	854372	353387	284053	216562
吉林	Jilin	364497	363106	137796	119496	105387
黑龙江	Heilongjiang	1002354	981999	296311	310492	294063
上海	Shanghai	20358	17327	6151	5992	5002
江苏	Jiangsu	1059539	930562	345348	309982	274882
浙江	Zhejiang	301003	297124	107720	103407	85997
安徽	Anhui	2565623	2394903	841186	801571	751777
福建	Fujian	713437	677609	233134	224234	220241
江西	Jiangxi	1080853	1057929	394043	354155	309708
山东	Shandong	4662359	4389278	1478835	1406398	1239431
河南	Henan	3899340	3805510	1456728	1270743	1076072
湖北	Hubei	1908244	1805833	707427	600704	497702
湖南	Hunan	1896778	1780150	686745	596401	497004
广东	Guangdong	2324271	2148672	798552	709957	640163
广西	Guangxi	1890922	1829859	705840	612969	510997
海南	Hainan	269716	259641	96747	86980	75914
重庆	Chongqing	413822	405158	151130	148032	105996
四川	Sichuan	1668830	1653393	646334	585716	421343
贵州	Guizhou	1029963	1005829	415966	330891	258972
云南	Yunnan	1094351	1074709	406595	350647	308678
西藏	Tibet	177	177	80	60	37
陕西	Shaanxi	865164	829140	326204	277520	225409
甘肃	Gansu	802757	762220	302350	249022	207138
青海	Qinghai	92687	86266	33635	28563	24068
宁夏	Ningxia	158945	149756	56436	49709	43518
新疆	Xinjiang	660924	630695	229803	215257	185635

学生数(农村)

Schools (Rural)

单位:人

	高中 Senior Secondary Schools				
四年级 Grade 4	计 Subtotal	一年级 Grade 1	二年级 Grade 2	三年级 Grade 3	合计中住宿生 Of the total Boarding Students
403968	1578112	643967	497754	436391	12112040
0	4349	1528	1422	1399	8619
0	12604	5073	4126	3405	11123
24434	62519	23522	20823	18174	247064
6680	38576	16331	12246	9999	440679
10767	14995	6286	4380	4329	155385
370	35000	12829	11405	10766	110239
427	1391	483	446	462	17936
81133	20355	6537	7564	6254	124431
182	3031	913	1152	966	1009
350	128977	50163	38663	40151	284302
0	3879	1413	1281	1185	114542
369	170720	70340	53416	46964	591933
0	35828	15117	12134	8577	232247
23	22924	10344	7076	5504	513468
264614	273081	101352	88509	83220	1280680
1967	93830	42215	29583	22032	1783688
0	102411	40247	33259	28905	1256690
0	116628	49774	36281	30573	722447
0	175599	72885	54869	47845	611371
53	61063	27953	19142	13968	1389723
0	10075	4489	3301	2285	68898
0	8664	3898	2491	2275	168189
0	15437	6710	4897	3830	494918
0	24134	12591	6554	4989	216273
8789	19642	8035	6381	5226	693509
0	0	0	0	0	0
7	36024	17089	10808	8127	282329
3710	40537	16748	12048	11741	155676
0	6421	2915	1909	1597	15887
93	9189	4674	2307	2208	35190
0	30229	11513	9281	9435	83595

普通中学学生

Number of Female Students in

地区 Region	合计 Total	初中 Junior Secondary Schools 计 Subtotal	一年级 Grade 1	二年级 Grade 2	三年级 Grade 3
总计 Total	34023832	28985775	10684800	9662779	8310252
北京 Beijing	341680	250342	89573	85050	75095
天津 Tianjin	282197	220114	72971	72671	74321
河北 Hebei	2330593	2002444	738039	659711	579064
山西 Shanxi	951641	802515	283807	266677	245862
内蒙古 Inner Mongolia	625654	498223	174584	162664	144822
辽宁 Liaoning	1050838	843916	327878	277443	233814
吉林 Jilin	682709	561640	208386	185578	164843
黑龙江 Heilongjiang	1211107	1052101	322183	346037	313798
上海 Shanghai	397815	273340	91594	95430	86045
江苏 Jiangsu	1660005	1344740	514314	451166	378913
浙江 Zhejiang	1160146	919629	340076	314740	264591
安徽 Anhui	1612000	1415457	504783	472754	437383
福建 Fujian	1069971	922473	315479	308615	298379
江西 Jiangxi	1131349	1003161	369844	337626	295610
山东 Shandong	3146718	2703359	917811	857828	755826
河南 Henan	2969816	2664386	1026917	886966	741964
湖北 Hubei	1556607	1285747	499695	429204	348442
湖南 Hunan	1791228	1548922	599972	514229	434697
广东 Guangdong	2075024	1789798	662479	595042	532027
广西 Guangxi	1285539	1136741	425647	383713	326904
海南 Hainan	188418	167604	61217	56832	49555
重庆 Chongqing	683228	592439	216937	214158	161139
四川 Sichuan	1812024	1574917	613559	551846	408959
贵州 Guizhou	663294	593378	244056	195703	153619
云南 Yunnan	857682	758978	283943	249595	218807
西藏 Tibet	25946	20035	9243	5747	5045
陕西 Shaanxi	1067921	889617	337964	300206	251399
甘肃 Gansu	574026	486992	190223	159770	134268
青海 Qinghai	103951	80975	29835	28358	22644
宁夏 Ningxia	146645	116400	42756	39197	34396
新疆 Xinjiang	568060	465392	169035	158223	138021

总数中女学生数

General Secondary Schools

单位: 人

四 年 级 Grade 4	高 中 Senior Secondary Schools 计 Subtotal	一 年 级 Grade 1	二 年 级 Grade 2	三 年 级 Grade 3	合计中住宿生 Of the total Boarding Students
327944	5038057	2014577	1599891	1423589	9551391
624	91338	34263	29750	27325	31559
151	62083	22783	21006	18294	20457
25630	328149	125659	105229	97261	418567
6169	149126	60766	48201	40159	308619
16153	127431	52972	40003	34456	166154
4781	206922	74059	69090	63773	127304
2833	121069	44948	38019	38102	62377
70083	159006	57324	51543	50139	122681
271	124475	41775	42149	40551	12922
347	315265	121536	98188	95541	337531
222	240517	92410	77354	70753	370245
537	196543	81761	61292	53490	309395
0	147498	64519	47574	35405	286001
81	128188	55241	40824	32123	387319
171894	443359	174118	140408	128833	835579
8539	305430	129383	96152	79895	1169580
8406	270860	109891	87414	73555	779628
24	242306	103914	74905	63487	579680
250	285226	117087	89865	78274	472730
477	148798	64258	46956	37584	797314
0	20814	8238	7132	5444	41548
205	90789	35884	28401	26504	280641
553	237107	96362	74679	66066	532716
0	69916	31014	20923	17979	121756
6633	98704	39327	31993	27384	483134
0	5911	2578	1860	1473	11611
48	178304	77380	55025	45899	283862
2731	87034	33994	26661	26379	86368
138	22976	9163	7185	6628	15151
51	30245	12530	8481	9234	28258
113	102668	39440	31629	31599	70704

普通中学教

Number of Teachers, Staff & Workers in General

地区 Region	教职工 Teachers, Staff &				
	合计 Total	专任教师 Full-time Teachers			行政人员 Adm. Personnel
		计 Total	初中 Junior Sec. Schools	高中 Senior Sec. Schools	
总计 **Total**	4910968	4005458	3248608	756850	467787
北京 Beijing	73492	48903	36030	12873	15789
天津 Tianjin	53618	39197	30180	9017	10147
河北 Hebei	300842	253706	209983	43723	24121
山西 Shanxi	157870	127582	105180	22402	14048
内蒙古 Inner Mongolia	108125	79999	62662	17337	13823
辽宁 Liaoning	175455	139731	112941	26790	26539
吉林 Jilin	117239	90007	72395	17612	19661
黑龙江 Heilongjiang	182246	144399	120227	24172	21418
上海 Shanghai	77452	50676	36360	14316	18141
江苏 Jiangsu	275736	215914	161344	54570	26750
浙江 Zhejiang	165200	139256	105184	34072	13692
安徽 Anhui	187610	158146	128975	29171	14325
福建 Fujian	146363	120667	97497	23170	15041
江西 Jiangxi	159242	139138	114256	24882	8281
山东 Shandong	430754	350353	286381	63972	36883
河南 Henan	360847	308634	262897	45737	26676
湖北 Hubei	237500	198486	154543	43943	14926
湖南 Hunan	259989	223693	184047	39646	14050
广东 Guangdong	275686	228602	184661	43941	26087
广西 Guangxi	165753	126660	107747	18913	18819
海南 Hainan	29461	22776	19253	3523	2018
重庆 Chongqing	103198	81766	68237	13529	11322
四川 Sichuan	265449	217039	179996	37043	25072
贵州 Guizhou	94670	81156	69498	11658	7390
云南 Yunnan	128994	105620	90989	14631	7956
西藏 Tibet	5176	4306	3421	885	271
陕西 Shaanxi	149267	122279	96794	25485	17262
甘肃 Gansu	86072	74082	58882	15200	5907
青海 Qinghai	19378	16645	12280	4365	1312
宁夏 Ningxia	23782	20145	15942	4203	1457
新疆 Xinjiang	94502	75895	59826	16069	8603

职 工 数（总 计）

Secondary Schools (Regional Aggregates)

单位：人

数 Workers			代课教师 Substitute Teachers	临时工 Temporary Workers	兼任教师 Part-time Teachers
工勤人员 Workers	校办工厂、农场职工 Employees in School-run Factories & Farms				
	计 Total	其中：由厂、场收入支付工资的职工 Employees maintained by income of School-run businesses			
406308	31415	14183	104364	97382	23128
7481	1319	307	1882	3269	551
3463	811	225	848	397	437
21344	1671	965	4634	6691	463
15159	1081	641	5525	5204	944
13560	743	254	2945	1167	382
8925	260	90	1231	3253	1211
6932	639	363	612	785	158
14796	1633	1185	2337	1368	330
6807	1828	0	2047	1011	1468
28159	4913	2978	5562	9839	621
10135	2117	1446	6744	9303	3118
14494	645	95	2434	3866	1138
10091	564	355	5829	2187	1421
11240	583	298	1878	2337	758
41378	2140	555	2091	2354	389
24271	1266	603	2137	2748	1686
21712	2376	959	4467	3786	442
20527	1719	1003	2803	1248	674
20563	434	133	11123	10275	497
19754	520	262	15271	4836	398
4626	41	29	215	398	100
9292	818	79	2334	2120	574
22043	1295	370	3895	3396	2499
5869	255	141	4445	2550	511
15125	293	117	2871	6823	270
588	11	0	65	199	215
9275	451	142	3410	1792	606
5713	370	227	2726	1925	473
1343	78	65	108	457	32
2068	112	75	309	704	109
9575	429	221	1586	1094	653

普通中学教

Number of Teachers, Staff & Workers in General

地区 Region	教职工 Teachers, Staff & 合计 Total				
		专任教师 Full－time Teachers			行政人员 Adm. Personnel
		计 Total	初中 Junior Sec. Schools	高中 Senior Sec. Schools	
总计 Total	1249134	944165	647384	296781	180117
北京 Beijing	41097	25572	16808	8764	9880
天津 Tianjin	27865	18748	13675	5073	6328
河北 Hebei	63428	48162	34166	13996	8504
山西 Shanxi	41107	30305	20902	9403	5887
内蒙古 Inner Mongolia	34568	25023	17040	7983	6295
辽宁 Liaoning	69439	54629	40536	14093	11447
吉林 Jilin	47480	35251	24644	10607	8958
黑龙江 Heilongjiang	67617	51902	38283	13619	9893
上海 Shanghai	47495	31330	22245	9085	11322
江苏 Jiangsu	56330	40685	28173	12512	7979
浙江 Zhejiang	42667	33114	20314	12800	4743
安徽 Anhui	36166	28777	19856	8921	4178
福建 Fujian	24941	19410	12472	6938	3415
江西 Jiangxi	27901	23176	14789	8387	2371
山东 Shandong	103002	78039	51446	26593	13520
河南 Henan	69471	52708	36415	16293	10373
湖北 Hubei	97054	77415	49752	27663	9508
湖南 Hunan	50037	38733	25771	12962	4952
广东 Guangdong	64210	49091	34175	14916	9279
广西 Guangxi	21479	16268	12088	4180	3085
海南 Hainan	3642	2846	2083	763	303
重庆 Chongqing	37828	29062	22708	6354	4881
四川 Sichuan	46180	34900	22433	12467	6088
贵州 Guizhou	17081	13705	10033	3672	2123
云南 Yunnan	16275	12208	8052	4156	1767
西藏 Tibet	1760	1415	891	524	131
陕西 Shaanxi	40193	31017	21258	9759	6255
甘肃 Gansu	18670	14575	9622	4953	2329
青海 Qinghai	4455	3482	2385	1097	574
宁夏 Ningxia	4516	3624	2491	1133	393
新疆 Xinjiang	25180	18993	11878	7115	3356

职 工 数（城 市）

Secondary Schools (Urban)

单位:人

数 Workers			代课教师 Substitute Teachers	临时工 Temporary Workers	兼任教师 Part－time Teachers
工勤人员 Workers	校办工厂、农场职工 Employees in School－run Factories & Farms				
	计 Total	其中:由厂、场收入支付工资的职工 Employees maintained by income of School－run businesses			
105520	19332	10336	15848	20622	12319
4531	1114	269	932	1862	503
2132	657	184	739	126	417
5814	948	635	611	994	381
4256	659	399	810	1131	489
2922	328	103	617	434	297
3240	123	44	334	1593	984
2779	492	324	123	383	118
4670	1152	920	220	587	296
3683	1160	0	1668	644	1092
4491	3175	2537	723	853	499
3413	1397	1133	601	1922	1428
2915	296	43	456	467	589
1705	411	310	50	157	460
2141	213	65	73	105	460
10100	1343	399	445	714	214
5669	721	472	17	837	706
8756	1375	693	1413	1450	365
5130	1222	851	373	174	422
5624	216	55	2242	2311	364
2011	115	70	458	545	132
493	0	0	17	56	64
3398	487	16	528	801	300
4515	677	229	651	671	501
1105	148	100	370	263	177
2196	104	56	105	361	68
203	11	0	56	23	39
2635	286	106	762	543	462
1531	235	170	41	178	108
348	51	51	4	37	21
464	35	28	128	69	94
2650	181	74	281	331	269

普通中学教

Number of Teachers, Staff & Workers in General

地区 Region	教职工 Teachers, Staff &				
	合计 Total	专任教师 Full-time Teachers			行政人员 Adm. Personnel
		计 Total	初中 Junior Sec. Schools	高中 Senior Sec. Schools	
总计 Total	1590535	1274967	918947	356020	148812
北京 Beijing	21461	15107	11394	3713	4223
天津 Tianjin	13463	9783	6844	2939	2678
河北 Hebei	110097	90031	64324	25707	9030
山西 Shanxi	38248	29732	19504	10228	3318
内蒙古 Inner Mongolia	36544	26980	18853	8127	4107
辽宁 Liaoning	35745	27106	17017	10089	5617
吉林 Jilin	45153	34787	27927	6860	7088
黑龙江 Heilongjiang	54976	43087	34143	8944	6562
上海 Shanghai	27893	17943	12926	5017	6393
江苏 Jiangsu	152027	120759	87098	33661	13759
浙江 Zhejiang	104039	89542	68516	21026	7648
安徽 Anhui	33136	26193	15050	11143	3023
福建 Fujian	79330	65674	51431	14243	7541
江西 Jiangxi	70382	60748	45901	14847	3420
山东 Shandong	57334	42250	23233	19017	6457
河南 Henan	99632	82451	59642	22809	7279
湖北 Hubei	28889	23474	13138	10336	1530
湖南 Hunan	93313	79404	59855	19549	4816
广东 Guangdong	87259	72578	54748	17830	6726
广西 Guangxi	46353	33540	22284	11256	5049
海南 Hainan	8439	6171	4186	1985	550
重庆 Chongqing	40702	31588	24985	6603	4339
四川 Sichuan	122667	98115	74666	23449	11796
贵州 Guizhou	23640	18971	12668	6303	2171
云南 Yunnan	44073	34622	25555	9067	3053
西藏 Tibet	3382	2862	2501	361	137
陕西 Shaanxi	56960	46732	33468	13264	6058
甘肃 Gansu	19996	16250	9356	6894	1516
青海 Qinghai	8182	6783	4219	2564	562
宁夏 Ningxia	8050	6466	4058	2408	658
新疆 Xinjiang	19170	15238	9457	5781	1708

职 工 数（县 镇）

Secondary Schools（County Seats & Towns）

单位：人

数 Workers			代课教师 Substitute Teachers	临时工 Temporary Workers	兼任教师 Part-time Teachers
工勤人员 Workers	校办工厂、农场职工 Employees in School-run Factories & Farms				
	计 Total	其中：由厂、场收入支付工资的职工 Employees maintained by income of School-run businesses			
157576	9180	2913	26139	36963	6855
1987	144	30	693	1050	35
873	129	38	42	171	11
10398	638	326	1161	3568	70
4824	374	229	858	1579	156
5152	305	111	541	285	53
2960	62	12	117	813	139
3143	135	28	194	332	39
5070	257	92	379	285	30
2915	642	0	273	329	324
16042	1467	369	3166	6855	106
6162	687	308	4539	6211	1535
3730	190	7	188	688	348
5987	128	35	4200	1383	662
5949	265	160	702	1148	236
8179	448	69	648	413	85
9459	443	118	886	764	560
3424	461	157	258	375	21
8688	405	143	673	505	115
7761	194	74	1820	3395	90
7459	305	167	1082	772	142
1703	15	6	48	161	20
4450	325	62	534	497	206
12232	524	122	951	1347	1139
2406	92	40	239	467	167
6236	162	55	373	1743	22
383	0	0	9	176	176
4057	113	27	1110	561	137
2128	102	42	294	518	140
810	27	14	55	188	1
851	75	46	34	228	1
2158	66	26	72	156	89

普通中学教

Number of Teachers, Staff & Workers in General

教职工

Teachers, Staff &

地区 Region	合计 Total	专任教师 Full-time Teachers 计 Total	初中 Junior Sec. Schools	高中 Senior Sec. Schools	行政人员 Adm. Personnel
总计 Total	2071299	1786326	1682277	104049	138858
北京 Beijing	10934	8224	7828	396	1686
天津 Tianjin	12290	10666	9661	1005	1141
河北 Hebei	127317	115513	111493	4020	6587
山西 Shanxi	78515	67545	64774	2771	4843
内蒙古 Inner Mongolia	37013	27996	26769	1227	3421
辽宁 Liaoning	70271	57996	55388	2608	9475
吉林 Jilin	24606	19969	19824	145	3615
黑龙江 Heilongjiang	59653	49410	47801	1609	4963
上海 Shanghai	2064	1403	1189	214	426
江苏 Jiangsu	67379	54470	46073	8397	5012
浙江 Zhejiang	18494	16600	16354	246	1301
安徽 Anhui	118308	103176	94069	9107	7124
福建 Fujian	42092	35583	33594	1989	4085
江西 Jiangxi	60959	55214	53566	1648	2490
山东 Shandong	270418	230064	211702	18362	16906
河南 Henan	191744	173475	166840	6635	9024
湖北 Hubei	111557	97597	91653	5944	3888
湖南 Hunan	116639	105556	98421	7135	4282
广东 Guangdong	124217	106933	95738	11195	10082
广西 Guangxi	97921	76852	73375	3477	10685
海南 Hainan	17380	13759	12984	775	1165
重庆 Chongqing	24668	21116	20544	572	2102
四川 Sichuan	96602	84024	82897	1127	7188
贵州 Guizhou	53949	48480	46797	1683	3096
云南 Yunnan	68646	58790	57382	1408	3136
西藏 Tibet	34	29	29	0	3
陕西 Shaanxi	52114	44530	42068	2462	4949
甘肃 Gansu	47406	43257	39904	3353	2062
青海 Qinghai	6741	6380	5676	704	176
宁夏 Ningxia	11216	10055	9393	662	406
新疆 Xinjiang	50152	41664	38491	3173	3539

职工数（农村）

Secondary Schools（Rural）

单位:人

数 Workers			代课教师 Substitute Teachers	临时工 Temporary Workers	兼任教师 Part-time Teachers
工勤人员 Workers	校办工厂、农场职工 Employees in School-run Factories & Farms				
	计 Total	其中:由厂、场收入支付工资的职工 Employees maintained by income of School-run businesses			
143212	2903	934	62377	39797	3954
963	61	8	257	357	13
458	25	3	67	100	9
5132	85	4	2862	2129	12
6079	48	13	3857	2494	299
5486	110	40	1787	448	32
2725	75	34	780	847	88
1010	12	11	295	70	1
5056	224	173	1738	496	4
209	26	0	106	38	52
7626	271	72	1673	2131	16
560	33	5	1604	1170	155
7849	159	45	1790	2711	201
2399	25	10	1579	647	299
3150	105	73	1103	1084	62
23099	349	87	998	1227	90
9143	102	13	1234	1147	420
9532	540	109	2796	1961	56
6709	92	9	1757	569	137
7178	24	4	7061	4569	43
10284	100	25	13731	3519	124
2430	26	23	150	181	16
1444	6	1	1272	822	68
5296	94	19	2293	1378	859
2358	15	1	3836	1820	167
6693	27	6	2393	4719	180
2	0	0	0	0	0
2583	52	9	1538	688	7
2054	33	15	2391	1229	225
185	0	0	49	232	10
753	2	1	147	407	14
4767	182	121	1233	607	295

普通中学职工总

Number of General Secondary Schools Teachers,

地区 Region		教职工 Teachers, Staff &				
		合计 Total	专任教师 Full-time Teachers			行政人员 Adm. Personnel
			计 Total	初中 Junior Sec. Schools	高中 Senior Sec. Schools	
总计	**Total**	41352	25140	24882	258	1046
北京	Beijing	0	0	0	0	0
天津	Tianjin	33	0	0	0	7
河北	Hebei	394	229	229	0	1
山西	Shanxi	5893	4297	4290	7	60
内蒙古	Inner Mongolia	1682	747	736	11	33
辽宁	Liaoning	4939	3494	3473	21	452
吉林	Jilin	478	157	157	0	6
黑龙江	Heilongjiang	3825	2908	2906	2	119
上海	Shanghai	0	0	0	0	0
江苏	Jiangsu	3614	209	204	5	30
浙江	Zhejiang	491	31	31	0	10
安徽	Anhui	408	110	110	0	2
福建	Fujian	268	48	35	13	13
江西	Jiangxi	1190	567	563	4	3
山东	Shandong	9476	7186	7184	2	158
河南	Henan	1907	1690	1684	6	38
湖北	Hubei	2316	1198	1188	10	9
湖南	Hunan	1600	529	529	0	1
广东	Guangdong	853	500	477	23	17
广西	Guangxi	486	229	229	0	15
海南	Hainan	50	39	39	0	1
重庆	Chongqing	143	82	77	5	8
四川	Sichuan	363	181	163	18	15
贵州	Guizhou	125	96	91	5	6
云南	Yunnan	7	0	0	0	0
西藏	Tibet	0	0	0	0	0
陕西	Shaanxi	353	290	290	0	10
甘肃	Gansu	0	0	0	0	0
青海	Qinghai	43	2	2	0	0
宁夏	Ningxia	76	74	61	13	1
新疆	Xinjiang	339	247	134	113	31

数中民办教职工数

Staff & Workers Maintained by the Communities

单位:人

数 Workers			代课教师 Substitute Teachers	临时工 Temporary Workers	兼任教师 Part－time Teachers
工勤人员 Workers	校办工厂、农场职工 Employees in School－run Factories & Farms				
	计 Total	其中:由厂、场收入支付工资的职工 Employees maintained by income of School－run businesses			
10234	4932	4605	15667	15653	476
0	0	0	0	0	0
17	9	3	6	14	0
149	15	10	2190	1545	0
1503	33	26	331	340	18
819	83	62	1467	205	0
979	14	14	599	1162	13
11	304	291	154	38	0
168	630	543	439	252	0
0	0	0	0	0	0
1119	2256	2186	2226	3649	18
23	427	410	658	1585	23
283	13	9	378	479	26
13	194	184	92	76	11
564	56	53	88	205	32
2095	37	11	571	568	23
177	2	0	494	950	262
1032	77	69	1437	1145	26
441	629	617	342	190	0
285	51	30	1304	2421	13
229	13	0	457	91	0
10	0	0	2	27	0
53	0	0	20	2	1
126	41	40	269	165	4
23	0	0	120	27	0
0	7	7	0	0	0
0	0	0	0	0	0
53	0	0	1312	365	6
0	0	0	692	134	0
1	40	40	3	5	0
1	0	0	5	1	0
60	1	0	11	12	0

普通中学教职工总

Number of Female Teachers, Staff &

地区 Region	教职工 Teachers, Staff &				
	合计 Total	专任教师 Full-time Teachers			行政人员 Adm. Personnel
		计 Total	初中 Junior Sec. Schools	高中 Senior Sec. Schools	
总计 **Total**	1934031	1657446	1384336	273110	123402
北京 Beijing	44918	32670	24784	7886	8205
天津 Tianjin	30299	23933	18804	5129	4691
河北 Hebei	152925	140891	119016	21875	5323
山西 Shanxi	73109	64536	54800	9736	3628
内蒙古 Inner Mongolia	51017	41876	33982	7894	4348
辽宁 Liaoning	92781	80502	65414	15088	9298
吉林 Jilin	61396	52108	42551	9557	6708
黑龙江 Heilongjiang	95852	81567	68915	12652	8116
上海 Shanghai	42484	29419	22220	7199	9072
江苏 Jiangsu	93737	76907	59998	16909	5614
浙江 Zhejiang	70488	61853	48736	13117	3534
安徽 Anhui	47475	40525	34389	6136	2521
福建 Fujian	49904	42641	35308	7333	2796
江西 Jiangxi	42416	37549	31441	6108	1162
山东 Shandong	158951	141389	118184	23205	7198
河南 Henan	138998	125656	110998	14658	6093
湖北 Hubei	74633	62551	50970	11581	3897
湖南 Hunan	91091	81253	70197	11056	2254
广东 Guangdong	107847	91764	76587	15177	6024
广西 Guangxi	61311	48242	42230	6012	3123
海南 Hainan	9629	6766	5892	874	446
重庆 Chongqing	35080	29331	25618	3713	2703
四川 Sichuan	84572	72590	62693	9897	4940
贵州 Guizhou	28668	24631	21366	3265	1641
云南 Yunnan	49919	39731	35296	4435	2123
西藏 Tibet	1840	1514	1193	321	99
陕西 Shaanxi	55323	49575	41018	8557	3173
甘肃 Gansu	23478	20640	17258	3382	1007
青海 Qinghai	7927	7047	5369	1678	379
宁夏 Ningxia	8937	7759	6363	1396	345
新疆 Xinjiang	47026	40030	32746	7284	2941

数中女教职工数

Workers in General Secondary Schools

单位:人

数 Workers			代课教师 Substitute Teachers	临时工 Temporary Workers	兼任教师 Part-time Teachers
工勤人员 Workers	校办工厂、农场职工 Employees in School-run Factories & Farms				
	计 Total	其中:由厂、场收入支付工资的职工 Employees maintained by income of School-run businesses			
141319	11864	6579	47575	42179	7136
3432	611	148	1330	1152	335
1369	306	107	549	81	264
6098	613	431	2469	1820	134
4546	399	253	3073	1742	299
4575	218	74	1324	298	120
2910	71	32	660	1374	654
2302	278	127	238	271	63
5370	799	660	1088	585	102
3363	630	0	1134	452	637
9307	1909	1501	2490	4076	195
4227	874	722	3411	4737	994
4251	178	34	676	1690	179
4260	207	148	2236	976	228
3510	195	114	611	897	218
9652	712	241	700	527	95
6785	464	275	992	1083	724
7422	763	353	1614	1745	119
6772	812	516	1137	503	176
9885	174	58	5258	5155	99
9715	231	125	7295	2828	96
2383	34	27	69	198	14
2805	241	21	935	820	217
6655	387	157	1423	1344	301
2314	82	61	1298	1320	84
7961	104	60	1556	4363	87
220	7	0	22	74	69
2446	129	52	2008	630	221
1676	155	105	1006	498	101
489	12	8	28	183	7
768	65	47	176	455	45
3851	204	122	769	302	259

职业中学校数、班数、

Number of Schools , Classes , Graduates & Students

地 区 Region	学校数(所) Schools 计 Total	初中 Junior Sec. Schools	高中 Senior Sec. Schools	初高中合设 Junior & Senior Sec. Schools
总 计 **Total**	8849	1194	7189	466
北 京 Beijing	144	0	144	0
天 津 Tianjin	124	0	116	8
河 北 Hebei	463	52	382	29
山 西 Shanxi	339	92	199	48
内蒙古 Inner Mongolia	425	269	124	32
辽 宁 Liaoning	383	36	345	2
吉 林 Jilin	241	43	189	9
黑龙江 Heilongjiang	240	46	182	12
上 海 Shanghai	60	2	58	0
江 苏 Jiangsu	362	1	356	5
浙 江 Zhejiang	506	0	499	7
安 徽 Anhui	716	348	321	47
福 建 Fujian	262	4	243	15
江 西 Jiangxi	278	33	231	14
山 东 Shandong	492	8	463	21
河 南 Henan	609	8	596	5
湖 北 Hubei	290	53	230	7
湖 南 Hunan	539	24	495	20
广 东 Guangdong	414	6	386	22
广 西 Guangxi	240	12	183	45
海 南 Hainan	41	0	35	6
重 庆 Chongqing	172	4	159	9
四 川 Sichuan	349	13	316	20
贵 州 Guizhou	258	94	141	23
云 南 Yunnan	199	19	162	18
西 藏 Tibet	0	0	0	0
陕 西 Shaanxi	367	10	342	15
甘 肃 Gansu	170	7	157	6
青 海 Qinghai	31	2	25	4
宁 夏 Ningxia	29	3	22	4
新 疆 Xinjiang	106	5	88	13

毕业生数和招生数(总计)

Admitted in Vocational Schools (Regional Aggregates)

班数(个) Classes		毕业生数(人) Graduates		招生数(人) Students Admitted	
初中 Junior	高中 Senior	初中 Junior	高中 Senior	初中 Junior	高中 Senior
15896	97782	263600	1499236	322744	1503904
0	2745	23	35644	0	21965
0	1938	707	21876	0	20995
813	6963	13352	137752	19364	114972
807	2131	11832	36532	15622	36854
2922	1859	32694	23132	47978	26820
71	4352	1303	68872	617	49853
807	2042	14742	37406	22952	29566
587	2053	14817	29710	8023	23394
14	2207	62	39797	133	24300
11	4693	187	72283	110	58545
20	7124	119	87728	192	116729
4406	3603	84336	63990	104355	51633
72	4703	1656	56207	1322	73663
403	2335	7415	38736	6559	46577
129	9141	2566	150781	2606	147084
104	8963	4787	181727	2559	162640
638	2548	11465	41084	15178	37233
223	4907	2326	66474	5202	88245
137	4805	2742	62601	2959	83117
739	2296	15941	24874	15307	31944
12	255	69	3065	232	3331
63	2119	442	30616	1337	29970
165	4183	4035	55941	3458	61555
847	939	10646	13792	19023	12801
930	2446	14862	31250	9169	38501
4	6	50	124	81	0
178	3693	1488	55587	3793	74898
23	1321	712	14498	801	20660
25	275	1090	3555	284	3785
41	309	682	2713	1129	4646
705	828	6452	10889	12399	7628

职业中学校数、班数、

Number of Schools, Classes, Graduates & Students

地 区 Region	学校数(所) Schools 计 Total	初中 Junior Sec. Schools	高中 Senior Sec. Schools	初高中合设 Junior & Senior Sec. Schools
总 计 Total	3430	30	3288	112
北 京 Beijing	86	0	86	0
天 津 Tianjin	94	0	88	6
河 北 Hebei	184	3	173	8
山 西 Shanxi	98	7	76	15
内蒙古 Inner Mongolia	59	0	52	7
辽 宁 Liaoning	259	1	256	2
吉 林 Jilin	108	3	100	5
黑龙江 Heilongjiang	91	0	87	4
上 海 Shanghai	38	2	36	0
江 苏 Jiangsu	96	1	91	4
浙 江 Zhejiang	228	0	228	0
安 徽 Anhui	145	1	140	4
福 建 Fujian	102	1	95	6
江 西 Jiangxi	95	0	94	1
山 东 Shandong	229	1	222	6
河 南 Henan	253	1	252	0
湖 北 Hubei	173	5	165	3
湖 南 Hunan	264	0	260	4
广 东 Guangdong	127	1	122	4
广 西 Guangxi	117	0	110	7
海 南 Hainan	5	0	4	1
重 庆 Chongqing	89	2	82	5
四 川 Sichuan	105	0	102	3
贵 州 Guizhou	63	1	57	5
云 南 Yunnan	50	0	46	4
西 藏 Tibet	0	0	0	0
陕 西 Shaanxi	172	0	170	2
甘 肃 Gansu	35	0	35	0
青 海 Qinghai	10	0	9	1
宁 夏 Ningxia	11	0	11	0
新 疆 Xinjiang	44	0	39	5

毕业生数和招生数(城市)

Admitted in Vocational Schools (Urban)

班数(个) Classes		毕业生数(人) Graduates		招生数(人) Students Admitted	
初中 Junior	高中 Senior	初中 Junior	高中 Senior	初中 Junior	高中 Senior
574	49324	7393	758054	12156	681155
0	2036	23	24387	0	16691
0	1585	411	17531	0	16701
66	2821	780	53618	1985	40782
115	1020	1622	20276	3125	15617
11	791	135	10834	577	9941
8	3270	365	53915	123	37441
27	1056	185	17603	473	13038
19	1323	43	18838	149	14233
14	1618	62	26090	133	17138
11	1042	170	18914	110	9075
0	3519	53	45369	0	58156
39	1707	392	31411	761	21078
0	2067	0	24002	0	31146
2	973	0	14922	97	18396
17	5014	132	84793	410	74922
17	4347	180	86016	126	65777
57	1877	1328	31396	1319	24548
14	2544	128	36098	379	45551
4	1881	10	23638	37	28325
9	1408	128	15760	102	17659
6	84	69	823	54	779
30	1224	147	19154	612	14819
8	1772	0	26657	184	24824
22	424	224	6422	423	5763
28	1025	261	11704	520	15644
0	0	0	0	0	0
13	1655	102	24319	146	29953
0	508	85	5106	90	7265
3	120	9	1019	16	969
0	162	0	1316	0	1942
34	451	349	6123	205	2982

职业中学校数、班数、

Number of Schools, Classes, Graduates & Students

地区 Region	学校数(所) Schools 计 Total	初中 Junior Sec. Schools	高中 Senior Sec. Schools	初高中合设 Junior & Senior Sec. Schools
总计 Total	3028	166	2650	212
北京 Beijing	36	0	36	0
天津 Tianjin	23	0	22	1
河北 Hebei	210	11	180	19
山西 Shanxi	85	7	57	21
内蒙古 Inner Mongolia	92	23	50	19
辽宁 Liaoning	54	2	52	0
吉林 Jilin	90	20	69	1
黑龙江 Heilongjiang	107	23	80	4
上海 Shanghai	21	0	21	0
江苏 Jiangsu	197	0	196	1
浙江 Zhejiang	268	0	261	7
安徽 Anhui	92	8	76	8
福建 Fujian	123	0	118	5
江西 Jiangxi	116	10	99	7
山东 Shandong	81	4	74	3
河南 Henan	198	1	193	4
湖北 Hubei	37	4	32	1
湖南 Hunan	184	9	166	9
广东 Guangdong	130	5	118	7
广西 Guangxi	85	1	55	29
海南 Hainan	16	0	15	1
重庆 Chongqing	70	2	64	4
四川 Sichuan	209	6	190	13
贵州 Guizhou	103	18	70	15
云南 Yunnan	111	3	96	12
西藏 Tibet	0	0	0	0
陕西 Shaanxi	159	4	148	7
甘肃 Gansu	68	2	63	3
青海 Qinghai	19	1	15	3
宁夏 Ningxia	12	2	7	3
新疆 Xinjiang	32	0	27	5

毕业生数和招生数(县镇)

Admitted in Vocational Schools (County Seats & Towns)

班数(个) Classes		毕业生数(人) Graduates		招生数(人) Students Admitted	
初中 Junior	高中 Senior	初中 Junior	高中 Senior	初中 Junior	高中 Senior
3169	35612	47020	538059	63565	604812
0	547	0	8525	0	4060
0	232	0	2965	0	2489
296	3642	4240	73529	8236	66627
211	659	2362	9082	4268	12185
484	834	4832	8934	8358	13398
1	771	26	10875	0	8689
382	749	6393	14851	9466	12610
195	658	4700	9446	2122	8559
0	579	0	13288	0	6904
0	3026	17	42854	0	39161
20	3517	66	41422	192	57407
160	985	2945	16892	3409	14811
10	2163	733	26243	280	36235
203	1084	2986	18911	2925	22485
10	1571	513	26115	171	29593
5	3022	1039	64247	679	66702
46	467	701	6790	986	8725
78	1761	261	23489	1534	31321
114	1372	2418	17479	2542	27413
186	613	2370	6193	3672	9789
6	94	0	973	178	1289
30	787	275	10284	675	12934
84	2177	3363	26859	1992	33430
230	470	2470	6295	5525	6456
213	1181	1867	16107	2325	18983
4	6	50	124	81	0
83	1715	647	24555	1664	37811
10	486	123	5238	219	7919
11	136	743	2073	140	2334
24	114	379	1183	511	2085
73	194	501	2238	1415	2408

职业中学校数、班数、

Number of Schools, Classes, Graduates & Students

地区 Region		学校数(所) Schools			
		计 Total	初中 Junior Sec. Schools	高中 Senior Sec. Schools	初高中合设 Junior & Senior Sec. Schools
总计	**Total**	2391	998	1251	142
北京	Beijing	22	0	22	0
天津	Tianjin	7	0	6	1
河北	Hebei	69	38	29	2
山西	Shanxi	156	78	66	12
内蒙古	Inner Mongolia	274	246	22	6
辽宁	Liaoning	70	33	37	0
吉林	Jilin	43	20	20	3
黑龙江	Heilongjiang	42	23	15	4
上海	Shanghai	1	0	1	0
江苏	Jiangsu	69	0	69	0
浙江	Zhejiang	10	0	10	0
安徽	Anhui	479	339	105	35
福建	Fujian	37	3	30	4
江西	Jiangxi	67	23	38	6
山东	Shandong	182	3	167	12
河南	Henan	158	6	151	1
湖北	Hubei	80	44	33	3
湖南	Hunan	91	15	69	7
广东	Guangdong	157	0	146	11
广西	Guangxi	38	11	18	9
海南	Hainan	20	0	16	4
重庆	Chongqing	13	0	13	0
四川	Sichuan	35	7	24	4
贵州	Guizhou	92	75	14	3
云南	Yunnan	38	16	20	2
西藏	Tibet	0	0	0	0
陕西	Shaanxi	36	6	24	6
甘肃	Gansu	67	5	59	3
青海	Qinghai	2	1	1	0
宁夏	Ningxia	6	1	4	1
新疆	Xinjiang	30	5	22	3

毕业生数和招生数(农村)

Admitted in Vocational Schools (Rural)

班数(个) Classes		毕业生数(人) Graduates		招生数(人) Students Admitted	
初 中 Junior	高 中 Senior	初 中 Junior	高 中 Senior	初 中 Junior	高 中 Senior
12153	12846	209187	203123	247023	217937
0	162	0	2732	0	1214
0	121	296	1380	0	1805
451	500	8332	10605	9143	7563
481	452	7848	7174	8229	9052
2427	234	27727	3364	39043	3481
62	311	912	4082	494	3723
398	237	8164	4952	13013	3918
373	72	10074	1426	5752	602
0	10	0	419	0	258
0	625	0	10515	0	10309
0	88	0	937	0	1166
4207	911	80999	15687	100185	15744
62	473	923	5962	1042	6282
198	278	4429	4903	3537	5696
102	2556	1921	39873	2025	42569
82	1594	3568	31464	1754	30161
535	204	9436	2898	12873	3960
131	602	1937	6887	3289	11373
19	1552	314	21484	380	27379
544	275	13443	2921	11533	4496
0	77	0	1269	0	1263
3	108	20	1178	50	2217
73	234	672	2425	1282	3301
595	45	7952	1075	13075	582
689	240	12734	3439	6324	3874
0	0	0	0	0	0
82	323	739	6713	1983	7134
13	327	504	4154	492	5476
11	19	338	463	128	482
17	33	303	214	618	619
598	183	5602	2528	10779	2238

职业中学在校学生

Enrolment and Number of Graduates for Next Year

地区 Region		合计 Total	在校学 Enrolment 初中 Junior Sec. Schools 计 Subtotal	一年级 Grade 1	二年级 Grade 2	三年级 Grade 3
总计	**Total**	5032062	886429	322887	284449	279093
北京	Beijing	90283	0	0	0	0
天津	Tianjin	74618	0	0	0	0
河北	Hebei	416143	47735	19364	14721	13650
山西	Shanxi	136231	40175	15641	13619	10915
内蒙古	Inner Mongolia	207600	135391	48006	42584	44801
辽宁	Liaoning	170517	2297	617	814	866
吉林	Jilin	128021	46318	22952	12507	10859
黑龙江	Heilongjiang	105060	33537	8023	6732	18782
上海	Shanghai	84819	307	133	90	84
江苏	Jiangsu	167074	491	110	192	189
浙江	Zhejiang	295840	588	192	260	136
安徽	Anhui	452846	297320	104367	99268	93685
福建	Fujian	184902	3478	1322	1225	931
江西	Jiangxi	127129	19926	6567	6573	6786
山东	Shandong	430996	6642	2606	2109	1927
河南	Henan	479550	6046	2560	1770	1716
湖北	Hubei	148770	40110	15178	13586	11346
湖南	Hunan	213898	10632	5202	3620	1810
广东	Guangdong	217458	8168	2959	2855	2354
广西	Guangxi	125321	43512	15307	14005	14200
海南	Hainan	8459	431	232	161	38
重庆	Chongqing	77707	3023	1337	947	739
四川	Sichuan	159309	7397	3465	2250	1682
贵州	Guizhou	79937	45908	19035	15172	11701
云南	Yunnan	141991	44982	9210	16870	18902
西藏	Tibet	386	103	81	22	0
陕西	Shaanxi	182041	9637	3793	3220	2624
甘肃	Gansu	52573	1755	810	503	442
青海	Qinghai	8331	758	284	264	210
宁夏	Ningxia	12982	2003	1135	516	352
新疆	Xinjiang	51270	27759	12399	7994	7366

数、毕业班学生数(总计)

in Vocational Schools (Regional Aggregates)

单位:人

生数							毕业班学生数 Graduates for Next Year	
高中 Senior Sec. Schools								
计 Subtotal	二年制 2-year		三年制 3-year			四年制 4-year	初中 Junior Sec. Schools	高中 Senior Sec. Schools
	一年级 Grade 1	二年级 Grade 2	一年级 Grade 1	二年级 Grade 2	三年级 Grade 3			
4145633	279054	241738	1212857	1134415	1202799	74770	275284	1469885
90283	57	1639	19086	24693	30013	14795	0	35911
74618	196	36	17258	15407	17468	24253	286	22818
368408	27238	19049	87697	109402	124380	642	13650	146651
96056	12002	12940	24967	23984	22123	40	10915	35103
72209	1862	3801	24963	21053	20530	0	37070	24331
168220	2107	1895	47480	50905	65177	656	866	67281
81703	14617	18980	14902	15537	16866	801	15030	36049
71523	5335	6158	18059	19539	22351	81	18782	28509
84512	1686	2049	21030	23231	30182	6334	99	33391
166583	9333	6877	49180	42859	56054	2280	189	64186
295252	6574	7219	110029	88910	80483	2037	136	88003
155526	8486	7812	43198	48492	47514	24	93685	55326
181424	15696	9646	57442	52057	45046	1537	903	54922
107203	16032	12846	30182	24496	23647	0	6452	36829
424354	21503	17974	125260	122849	134253	2515	1927	153967
473504	15156	14059	147599	131689	160176	4825	1716	176421
108660	5008	4079	31102	30268	31666	6537	11079	36827
203266	20391	11148	67623	51636	50057	2411	1810	61855
209290	7654	9297	75476	62460	54287	116	2354	63584
81809	4641	2994	27282	22438	24433	21	14200	27476
8028	1429	1099	1902	1851	1747	0	38	2846
74684	9811	9552	20159	16202	18960	0	739	28512
151912	17889	14749	43626	36698	38672	278	1682	53421
34029	4141	3530	8660	9419	8263	16	11701	11793
97009	13277	14374	25224	23979	20155	0	18902	34529
283	0	0	0	283	0	0	0	0
172404	29857	21930	43995	37540	35403	3679	2314	58574
50818	2212	2330	18907	14637	12092	640	591	15433
7573	1495	1500	1565	1506	1507	0	210	3408
10979	692	179	4053	3263	2782	10	592	3178
23511	2677	1997	4951	7132	6512	242	7366	8751

职业中学在校学生

Enrolment and Number of Graduates for Next Year

在校学 Enrolment

地区 Region		合计 Total	初中 Junior Sec. Schools 计 Subtotal	一年级 Grade 1	二年级 Grade 2	三年级 Grade 3
总计	**Total**	2082509	27571	12156	8478	6937
北京	Beijing	66626	0	0	0	0
天津	Tianjin	62608	0	0	0	0
河北	Hebei	139900	3383	1985	359	1039
山西	Shanxi	54633	7002	3125	2612	1265
内蒙古	Inner Mongolia	31876	1911	577	536	798
辽宁	Liaoning	132321	280	123	111	46
吉林	Jilin	38572	906	473	254	179
黑龙江	Heilongjiang	47135	558	149	227	182
上海	Shanghai	62190	307	133	90	84
江苏	Jiangsu	35529	491	110	192	189
浙江	Zhejiang	151134	0	0	0	0
安徽	Anhui	73006	2051	761	691	599
福建	Fujian	80373	0	0	0	0
江西	Jiangxi	40966	97	97	0	0
山东	Shandong	236325	676	410	184	82
河南	Henan	212746	349	126	115	108
湖北	Hubei	82514	3246	1319	1044	883
湖南	Hunan	107428	639	379	132	128
广东	Guangdong	81228	78	37	29	12
广西	Guangxi	51265	371	102	131	138
海南	Hainan	3004	154	54	62	38
重庆	Chongqing	43900	1333	612	405	316
四川	Sichuan	68377	269	184	68	17
贵州	Guizhou	17077	790	423	312	55
云南	Yunnan	45502	1101	520	323	258
西藏	Tibet	0	0	0	0	0
陕西	Shaanxi	76610	533	146	180	207
甘肃	Gansu	17866	240	90	80	70
青海	Qinghai	2814	49	16	26	7
宁夏	Ningxia	5524	0	0	0	0
新疆	Xinjiang	13460	757	205	315	237

数、毕业班学生数(城市)

in Vocational Schools (Urban)

单位:人

生数							毕业班学生数 Graduates for Next Year	
高中 Senior Sec. Schools								
计 Subtotal	二年制 2-year		三年制 3-year			四年制 4-year	初中 Junior Sec. Schools	高中 Senior Sec. Schools
	一年级 Grade 1	二年级 Grade 2	一年级 Grade 1	二年级 Grade 2	三年级 Grade 3			
2054938	84482	74970	585504	590208	655915	63859	7456	747167
66626	27	191	14102	17662	20751	13893	0	25033
62608	11	6	13109	11987	13752	23743	286	18757
136517	10185	9058	30686	38211	47885	492	1039	58281
47631	3262	4503	12355	13725	13786	0	1265	18289
29965	435	2352	9506	8866	8806	0	833	11158
132041	796	873	36367	41049	52433	523	46	53455
37666	3586	4375	9305	9059	11120	221	205	15488
46577	2808	2476	11425	13363	16424	81	182	18900
61883	686	842	15076	17500	21911	5868	99	23835
35038	1373	901	7669	8561	16320	214	189	17303
151134	2110	1788	55932	46994	42819	1491	0	44864
70955	1563	1430	19519	23183	25236	24	599	26666
80373	4974	2607	26097	24257	22176	262	0	24783
40869	7086	4867	11163	9108	8645	0	0	13512
235649	6870	6519	67721	71510	80637	2392	82	87854
212397	1710	3181	63540	63231	77089	3646	108	81427
79268	2453	2149	20972	22439	24750	6505	873	27972
106789	11189	6529	34198	26215	26314	2344	128	33493
81150	1037	689	27307	26621	25496	0	12	26185
50894	835	348	16824	15179	17708	0	138	18058
2850	117	166	662	946	959	0	38	1125
42567	3676	3810	11143	10693	13245	0	316	17055
68108	5429	3074	19263	18937	21173	232	17	24247
16287	1130	887	4633	4978	4643	16	55	5530
44401	2551	3738	13093	13447	11572	0	258	15310
0	0	0	0	0	0	0	0	0
76077	7612	6285	21760	19486	19274	1660	374	26028
17626	214	460	6951	5520	4481	0	70	4941
2765	371	339	598	681	776	0	7	1115
5524	0	6	1932	1910	1666	10	0	1672
12703	386	521	2596	4890	4068	242	237	4831

职业中学在校学生

Enrolment and Number of Graduates for Next Year

地区 Region		合计 Total	在校学 Enrolment 初中 Junior Sec. Schools 计 Subtotal	一年级 Grade 1	二年级 Grade 2	三年级 Grade 3
总计	**Total**	1695272	159076	63620	49097	46359
北京	Beijing	18874	0	0	0	0
天津	Tianjin	7489	0	0	0	0
河北	Hebei	224571	17462	8236	5110	4116
山西	Shanxi	40578	11574	4285	3916	3373
内蒙古	Inner Mongolia	56457	22507	8358	6312	7837
辽宁	Liaoning	25513	35	0	0	35
吉林	Jilin	53089	19141	9466	5412	4263
黑龙江	Heilongjiang	32789	10183	2122	2024	6037
上海	Shanghai	21873	0	0	0	0
江苏	Jiangsu	107815	0	0	0	0
浙江	Zhejiang	141731	588	192	260	136
安徽	Anhui	52072	9918	3409	3461	3048
福建	Fujian	84772	453	280	134	39
江西	Jiangxi	60664	7547	2933	2526	2088
山东	Shandong	73678	411	171	100	140
河南	Henan	176807	702	679	17	6
湖北	Hubei	23311	2606	986	888	732
湖南	Hunan	76106	2739	1534	961	244
广东	Guangdong	70531	7047	2542	2468	2037
广西	Guangxi	30430	9695	3672	3247	2776
海南	Hainan	3017	277	178	99	0
重庆	Chongqing	29266	1597	675	523	399
四川	Sichuan	80068	3890	1992	1099	799
贵州	Guizhou	28810	12896	5525	4223	3148
云南	Yunnan	52338	8394	2349	3312	2733
西藏	Tibet	386	103	81	22	0
陕西	Shaanxi	86464	4429	1664	1609	1156
甘肃	Gansu	17936	276	219	17	40
青海	Qinghai	4467	218	140	78	0
宁夏	Ningxia	5262	1033	517	243	273
新疆	Xinjiang	8108	3355	1415	1036	904

数、毕业班学生数(县镇)

in Vocational Schools (County Seats & Towns)

单位:人

生数							毕业班学生数 Graduates for Next Year	
高中 Senior Sec. Schools								
计 Subtotal	二年制 2-year		三年制 3-year			四年制 4-year	初中 Junior Sec. Schools	高中 Senior Sec. Schools
	一年级 Grade 1	二年级 Grade 2	一年级 Grade 1	二年级 Grade 2	三年级 Grade 3			
1536196	142082	118848	461832	398749	405224	9461	48477	531628
18874	18	1021	3782	5692	7459	902	0	8648
7489	35	30	2332	2147	2435	510	0	2780
207109	16080	9649	50421	62100	68709	150	4116	80242
29004	2721	3229	9464	7771	5819	0	3373	9048
33950	1373	1379	12030	9743	9425	0	6410	10804
25478	688	469	8001	6878	9442	0	35	9911
33948	7690	10075	5020	5519	5064	580	6891	15349
22606	2271	3251	6288	5556	5240	0	6037	8491
21873	966	1073	5760	5577	8091	406	0	9242
107815	6434	4815	32728	27694	34122	2022	0	40082
141143	4129	5073	53266	41238	36891	546	136	42008
42154	1714	1650	13144	13833	11813	0	3048	13463
84319	9198	5765	26587	22535	18959	1275	11	24954
53117	7121	6363	15148	12488	11997	0	2374	18696
73267	8655	5093	20938	18706	19875	0	140	25407
176105	8805	8165	58899	45120	54297	819	6	63131
20705	1160	1085	7565	5694	5169	32	1202	6263
73367	6417	3218	24837	19672	19156	67	244	22374
63484	2608	2857	24912	18314	14793	0	2037	17650
20735	2611	1600	7178	4800	4546	0	2776	6146
2740	546	352	743	569	530	0	0	882
27669	5062	4901	7872	4835	4999	0	399	9900
76178	11729	10904	21755	15981	15763	46	799	26667
15914	2813	2459	3643	3869	3130	0	3148	5589
43944	8270	8517	10713	9146	7298	0	2733	15815
283	0	0	0	283	0	0	0	0
82035	18444	12905	19171	15847	14088	1580	1196	27637
17660	874	912	6747	4654	3947	526	189	5626
4249	1124	762	886	813	664	0	0	1827
4229	692	173	1428	1035	901	0	273	1291
4753	1834	1103	574	640	602	0	904	1705

职业中学在校学生

Enrolment and Number of Graduates for Next Year

地区 Region	合计 Total	初中 Junior Sec. Schools 计 Subtotal	一年级 Grade 1	二年级 Grade 2	三年级 Grade 3
		在校学 Enrolment			
总　计 Total	1254281	699782	247111	226874	225797
北　京 Beijing	4783	0	0	0	0
天　津 Tianjin	4521	0	0	0	0
河　北 Hebei	51672	26890	9143	9252	8495
山　西 Shanxi	41020	21599	8231	7091	6277
内蒙古 Inner Mongolia	119267	110973	39071	35736	36166
辽　宁 Liaoning	12683	1982	494	703	785
吉　林 Jilin	36360	26271	13013	6841	6417
黑龙江 Heilongjiang	25136	22796	5752	4481	12563
上　海 Shanghai	756	0	0	0	0
江　苏 Jiangsu	23730	0	0	0	0
浙　江 Zhejiang	2975	0	0	0	0
安　徽 Anhui	327768	285351	100197	95116	90038
福　建 Fujian	19757	3025	1042	1091	892
江　西 Jiangxi	25499	12282	3537	4047	4698
山　东 Shandong	120993	5555	2025	1825	1705
河　南 Henan	89997	4995	1755	1638	1602
湖　北 Hubei	42945	34258	12873	11654	9731
湖　南 Hunan	30364	7254	3289	2527	1438
广　东 Guangdong	65699	1043	380	358	305
广　西 Guangxi	43626	33446	11533	10627	11286
海　南 Hainan	2438	0	0	0	0
重　庆 Chongqing	4541	93	50	19	24
四　川 Sichuan	10864	3238	1289	1083	866
贵　州 Guizhou	34050	32222	13087	10637	8498
云　南 Yunnan	44151	35487	6341	13235	15911
西　藏 Tibet	0	0	0	0	0
陕　西 Shaanxi	18967	4675	1983	1431	1261
甘　肃 Gansu	16771	1239	501	406	332
青　海 Qinghai	1050	491	128	160	203
宁　夏 Ningxia	2196	970	618	273	79
新　疆 Xinjiang	29702	23647	10779	6643	6225

数、毕业班学生数(农村)

in Vocational Schools (Rural)

单位:人

生数							毕业班学生数 Graduates for Next Year	
高中 Senior Sec. Schools								
计 Subtotal	二年制 2-year		三年制 3-year			四年制 4-year	初中 Junior Sec. Schools	高中 Senior Sec. Schools
	一年级 Grade 1	二年级 Grade 2	一年级 Grade 1	二年级 Grade 2	三年级 Grade 3			
554499	52490	47920	165521	145458	141660	1450	219351	191090
4783	12	427	1202	1339	1803	0	0	2230
4521	150	0	1817	1273	1281	0	0	1281
24782	973	342	6590	9091	7786	0	8495	8128
19421	6019	5208	3148	2488	2518	40	6277	7766
8294	54	70	3427	2444	2299	0	29827	2369
10701	623	553	3112	2978	3302	133	785	3915
10089	3341	4530	577	959	682	0	7934	5212
2340	256	431	346	620	687	0	12563	1118
756	34	134	194	154	180	60	0	314
23730	1526	1161	8783	6604	5612	44	0	6801
2975	335	358	831	678	773	0	0	1131
42417	5209	4732	10535	11476	10465	0	90038	15197
16732	1524	1274	4758	5265	3911	0	892	5185
13217	1825	1616	3871	2900	3005	0	4078	4621
115438	5978	6362	36601	32633	33741	123	1705	40706
85002	4641	2713	25160	23338	28790	360	1602	31863
8687	1395	845	2565	2135	1747	0	9004	2592
23110	2785	1401	8588	5749	4587	0	1438	5988
64656	4009	5751	23257	17525	13998	116	305	19749
10180	1195	1046	3280	2459	2179	21	11286	3272
2438	766	581	497	336	258	0	0	839
4448	1073	841	1144	674	716	0	24	1557
7626	731	771	2608	1780	1736	0	866	2507
1828	198	184	384	572	490	0	8498	674
8664	2456	2119	1418	1386	1285	0	15911	3404
0	0	0	0	0	0	0	0	0
14292	3801	2740	3064	2207	2041	439	744	4909
15532	1124	958	5209	4463	3664	114	332	4866
559	0	399	81	12	67	0	203	466
1226	0	0	693	318	215	0	319	215
6055	457	373	1781	1602	1842	0	6225	2215

职业中学学生

Number of Female Students

地区 Region	合计 Total	在校学 Enrolment 初中 Junior Sec. Schools 计 Subtotal	一年级 Grade 1	二年级 Grade 2	三年级 Grade 3
总计 Total	2373645	404470	145963	130021	128486
北京 Beijing	47578	0	0	0	0
天津 Tianjin	41387	0	0	0	0
河北 Hebei	218439	23281	9655	7079	6547
山西 Shanxi	66058	18221	6904	6036	5281
内蒙古 Inner Mongolia	98269	63723	22594	19987	21142
辽宁 Liaoning	87354	1005	276	365	364
吉林 Jilin	63523	21423	10279	5926	5218
黑龙江 Heilongjiang	53929	16295	3894	3240	9161
上海 Shanghai	45469	107	39	33	35
江苏 Jiangsu	72343	218	49	86	83
浙江 Zhejiang	141228	120	26	57	37
安徽 Anhui	203704	134419	46950	45543	41926
福建 Fujian	89340	1660	633	600	427
江西 Jiangxi	52159	8369	2831	2774	2764
山东 Shandong	185982	2743	1106	857	780
河南 Henan	223341	2692	1155	815	722
湖北 Hubei	68041	17620	6925	5804	4891
湖南 Hunan	96847	4913	2473	1554	886
广东 Guangdong	100229	3641	1331	1188	1122
广西 Guangxi	53559	19426	6775	6270	6381
海南 Hainan	3775	197	92	80	25
重庆 Chongqing	37391	1161	499	372	290
四川 Sichuan	71441	3344	1649	985	710
贵州 Guizhou	34900	19538	8276	6410	4852
云南 Yunnan	65771	21221	3755	7999	9467
西藏 Tibet	154	34	17	17	0
陕西 Shaanxi	91466	4780	1849	1616	1315
甘肃 Gansu	25297	891	483	211	197
青海 Qinghai	4527	446	204	136	106
宁夏 Ningxia	6474	828	475	184	169
新疆 Xinjiang	23670	12154	4769	3797	3588

总数中女学生数

in Vocational Schools

单位:人

生数 高中 Senior Sec. Schools 计 Subtotal	二年制 2-year 一年级 Grade 1	二年制 2-year 二年级 Grade 2	三年制 3-year 一年级 Grade 1	三年制 3-year 二年级 Grade 2	三年制 3-year 三年级 Grade 3	四年制 4-year	毕业班学生数 Graduates for Next Year 初中 Junior Sec. Schools	毕业班学生数 Graduates for Next Year 高中 Senior Sec. Schools
1969175	119072	100136	566281	547031	595419	41236	125960	708246
47578	52	636	9129	13336	16303	8122	0	19314
41387	156	19	9491	8563	10037	13121	185	12941
195158	12685	8350	46043	58982	68702	396	6547	78785
47837	6259	6408	11600	11856	11695	19	5281	18122
34546	929	1283	11970	10147	10217	0	17592	11506
86349	816	1005	24144	25668	34347	369	364	35473
42100	7290	8724	8078	8224	9383	401	6502	18215
37634	2916	2902	9726	10377	11680	33	9161	14582
45362	629	886	10987	12882	16586	3392	43	18093
72125	3880	2624	20243	18752	25664	962	83	28746
141108	2106	2796	50532	43154	41250	1270	37	44224
69285	3361	2895	19619	21577	21825	8	41926	24720
87680	7348	4498	26694	24785	23376	979	427	28012
43790	6053	4635	12503	10216	10383	0	2606	15016
183239	8563	7268	52586	54007	59092	1723	780	67242
220649	6227	6033	68054	63543	74455	2337	722	81442
50421	1935	1493	14328	13780	15020	3865	4500	16771
91934	9475	4679	30429	22974	22754	1623	886	27903
96588	3159	4144	34065	28504	26664	52	1122	30808
34133	1720	1040	11729	9260	10374	10	6386	11387
3578	548	435	806	895	894	0	25	1334
36230	4006	4207	10029	8125	9863	0	290	13919
68097	6556	4754	20440	17075	19045	227	710	23799
15362	1641	1236	3627	4655	4197	6	4852	5433
44550	4653	5042	12427	12134	10294	0	9467	15336
120	0	0	0	120	0	0	0	0
86686	13089	9585	23201	19657	19241	1913	1175	29535
24406	890	837	8669	7456	6259	295	334	7441
4081	871	832	784	780	814	0	106	1984
5646	285	63	1974	1698	1624	2	263	1844
11516	974	827	2374	3849	3381	111	3588	4319

职业中学教

Number of Teachers, Staff & Workers in

教职工

Teachers, Staff &

地区 Region	合计 Total	专任教师 Full-time Teachers 计 Total	初中 Junior Sec. Schools	高中 Senior Sec. Schools	行政人员 Adm. Personnel
总计 Total	446863	320016	38252	281764	63443
北京 Beijing	11975	7067	0	7067	3297
天津 Tianjin	7550	4778	0	4778	2004
河北 Hebei	32634	23782	2624	21158	3716
山西 Shanxi	13997	10343	2619	7724	1572
内蒙古 Inner Mongolia	19400	14821	8578	6243	2055
辽宁 Liaoning	17858	12517	99	12418	3792
吉林 Jilin	12168	8355	1883	6472	2600
黑龙江 Heilongjiang	12009	8396	901	7495	2049
上海 Shanghai	6558	3886	66	3820	1769
江苏 Jiangsu	27850	20597	41	20556	3304
浙江 Zhejiang	20237	15411	48	15363	2511
安徽 Anhui	23915	19362	10618	8744	2437
福建 Fujian	14233	10382	202	10180	2165
江西 Jiangxi	10665	7056	802	6254	885
山东 Shandong	41492	28294	629	27665	6325
河南 Henan	33600	24899	312	24587	3955
湖北 Hubei	15105	11047	2292	8755	1767
湖南 Hunan	22375	15795	674	15121	2711
广东 Guangdong	19248	15005	393	14612	2371
广西 Guangxi	9877	6532	843	5689	1498
海南 Hainan	1354	1027	24	1003	133
重庆 Chongqing	9240	6073	120	5953	1632
四川 Sichuan	19400	13556	472	13084	2776
贵州 Guizhou	7082	5368	2312	3056	881
云南 Yunnan	9987	7091	639	6452	988
西藏 Tibet	0	0	0	0	0
陕西 Shaanxi	13987	9165	403	8762	2716
甘肃 Gansu	6230	4549	92	4457	689
青海 Qinghai	946	709	47	662	116
宁夏 Ningxia	1321	1049	117	932	114
新疆 Xinjiang	4570	3104	402	2702	615

职 工 数（总 计）

Vocational Schools (Regional Aggregates)

单位：人

数 Workers			代课教师 Substitute Teachers	临 时 工 Temporary Workers	兼任教师 Part-time Teachers
工勤人员 Workers	校办工厂、农场职工 Employees in School-run Factories & Farms				
	计 Total	其中：由厂、场收入支付工资的职工 Employees maintained by income of school-run businesses			
52998	10406	5752	11334	12745	22975
1430	181	89	241	715	454
612	156	48	386	93	501
4021	1115	834	417	1307	1153
1678	404	188	907	679	572
2363	161	37	601	377	217
1497	52	18	207	458	554
1043	170	131	47	150	155
1320	244	78	102	124	190
694	209	0	106	123	249
3379	570	343	847	1382	805
1950	365	258	1692	1767	3332
1910	206	86	462	638	1128
1553	133	78	924	305	1288
1167	1557	1375	232	214	720
5602	1271	730	252	350	880
3834	912	349	19	558	1557
1893	398	206	443	246	440
3250	619	261	247	196	941
1813	59	8	767	915	409
1610	237	100	283	200	2205
187	7	0	19	36	20
1252	283	110	394	174	482
2807	261	27	380	516	1183
755	78	20	279	224	327
1858	50	4	139	427	725
0	0	0	0	0	0
1707	399	183	700	294	2133
824	168	126	103	156	97
109	12	9	6	30	2
129	29	29	27	44	52
751	100	27	105	47	204

职业中学教

Number of Teachers, Staff & Workers in

地区 Region	教职工 Teachers, Staff &				
	合计 Total	专任教师 Full-time Teachers			行政人员 Adm. Personnel
		计 Total	初中 Junior Sec. Schools	高中 Senior Sec. Schools	
总计 Total	193027	130132	1705	128427	35541
北京 Beijing	8541	4917	0	4917	2511
天津 Tianjin	5673	3543	0	3543	1540
河北 Hebei	11691	7932	183	7749	1646
山西 Shanxi	5423	3701	368	3333	831
内蒙古 Inner Mongolia	4127	3008	52	2956	730
辽宁 Liaoning	12492	8808	14	8794	2660
吉林 Jilin	6374	4091	57	4034	1572
黑龙江 Heilongjiang	6719	4587	50	4537	1265
上海 Shanghai	4659	2769	66	2703	1291
江苏 Jiangsu	8194	5844	41	5803	1249
浙江 Zhejiang	9449	6970	0	6970	1310
安徽 Anhui	5836	3834	125	3709	1264
福建 Fujian	6422	4522	4	4518	1150
江西 Jiangxi	3364	2470	31	2439	447
山东 Shandong	19600	12659	57	12602	3366
河南 Henan	13563	9553	40	9513	2281
湖北 Hubei	9255	6423	238	6185	1421
湖南 Hunan	10804	7113	47	7066	1712
广东 Guangdong	7510	5532	11	5521	1213
广西 Guangxi	4180	2623	24	2599	847
海南 Hainan	451	378	19	359	48
重庆 Chongqing	4850	3005	36	2969	995
四川 Sichuan	7164	4875	12	4863	1225
贵州 Guizhou	1518	1077	71	1006	262
云南 Yunnan	3288	2390	69	2321	378
西藏 Tibet	0	0	0	0	0
陕西 Shaanxi	6021	3564	30	3534	1505
甘肃 Gansu	2374	1649	8	1641	293
青海 Qinghai	394	289	14	275	63
宁夏 Ningxia	500	367	0	367	53
新疆 Xinjiang	2591	1639	38	1601	413

职工数（城市）

Vocational Schools (Urban)

单位:人

数 Workers			代课教师 Substitute Teachers	临时工 Temporary Workers	兼任教师 Part-time Teachers
工勤人员 Workers	校办工厂、农场职工 Employees in School-run Factories & Farms				
	计 Total	其中:由厂、场收入支付工资的职工 Employees maintained by income of school-run businesses			
21357	5997	3367	4794	4791	15492
985	128	63	154	386	318
444	146	48	368	46	498
1487	626	547	260	300	604
656	235	128	468	304	279
345	44	8	60	44	134
981	43	15	141	334	529
544	167	131	3	85	9
699	168	72	47	63	71
457	142	0	81	48	233
693	408	328	68	174	264
958	211	161	706	830	2486
688	50	30	219	153	695
665	85	71	180	93	740
358	89	77	137	56	467
2438	1137	700	200	178	713
1283	446	118	0	294	946
1083	328	184	325	151	411
1514	465	250	152	101	690
729	36	3	240	340	328
551	159	44	76	112	1643
25	0	0	4	11	14
639	211	82	151	60	259
905	159	5	245	227	757
168	11	0	44	62	219
500	20	3	44	111	231
0	0	0	0	0	0
676	276	164	316	129	1768
312	120	102	15	50	36
41	1	0	1	2	2
53	27	27	18	25	40
480	59	6	71	22	108

职业中学教

Number of Teachers, Staff & Workers in

地区 Region	教职工 Teachers, Staff & 合计 Total	专任教师 Full-time Teachers 计 Total	初中 Junior Sec. Schools	高中 Senior Sec. Schools	行政人员 Adm. Personnel
总计 Total	165847	120175	7912	112263	19963
北京 Beijing	2245	1499	0	1499	466
天津 Tianjin	1170	706	0	706	344
河北 Hebei	17013	12761	927	11834	1734
山西 Shanxi	4449	3345	720	2625	417
内蒙古 Inner Mongolia	5635	3998	1469	2529	683
辽宁 Liaoning	4140	2772	7	2765	917
吉林 Jilin	4330	3093	953	2140	808
黑龙江 Heilongjiang	4478	3117	396	2721	708
上海 Shanghai	1813	1068	0	1068	455
江苏 Jiangsu	16578	12385	0	12385	1776
浙江 Zhejiang	10623	8305	48	8257	1181
安徽 Anhui	3893	2901	395	2506	456
福建 Fujian	6178	4537	29	4508	861
江西 Jiangxi	4998	3382	299	3083	332
山东 Shandong	8161	5626	43	5583	1193
河南 Henan	13558	10096	11	10085	1207
湖北 Hubei	2665	1931	156	1775	197
湖南 Hunan	8575	6376	174	6202	733
广东 Guangdong	6240	4863	329	4534	638
广西 Guangxi	4205	2825	451	2374	464
海南 Hainan	512	357	5	352	55
重庆 Chongqing	3758	2630	79	2551	527
四川 Sichuan	10870	7716	260	7456	1355
贵州 Guizhou	3455	2456	624	1832	460
云南 Yunnan	5380	3714	191	3523	531
西藏 Tibet	0	0	0	0	0
陕西 Shaanxi	6412	4387	208	4179	1007
甘肃 Gansu	2215	1614	10	1604	223
青海 Qinghai	538	408	26	382	53
宁夏 Ningxia	668	546	75	471	51
新疆 Xinjiang	1092	761	27	734	131

职 工 数 (县 镇)

Vocational Schools (County Seats & Towns)

单位: 人

数 Workers			代课教师 Substitute Teachers	临 时 工 Temporary Workers	兼任教师 Part-time Teachers
工勤人员 Workers	校办工厂、农场职工 Employees in School-run Factories & Farms				
	计 Total	其中:由厂、场收入支付工资的职工 Employees maintained by income of school-run businesses			
22652	3057	1463	4288	5812	5585
239	41	21	70	269	99
111	9	0	11	17	2
2095	423	284	104	830	529
572	115	48	206	211	168
869	85	25	63	84	58
446	5	2	10	75	18
426	3	0	42	56	146
577	76	6	17	39	56
224	66	0	24	72	16
2267	150	15	725	1064	501
983	154	97	939	924	787
466	70	25	54	196	325
732	48	7	719	197	358
640	644	491	64	129	180
1264	78	20	16	98	122
1843	412	217	0	177	527
489	48	15	52	32	21
1341	125	11	46	77	179
729	10	0	191	263	50
843	73	53	73	42	50
96	4	0	7	0	6
534	67	28	232	88	202
1712	87	22	101	258	387
487	52	13	115	105	105
1111	24	1	61	248	293
0	0	0	0	0	0
906	112	19	289	138	310
342	36	22	50	65	59
68	9	9	5	24	0
69	2	2	0	13	2
171	29	10	2	21	29

职业中学教

Number of Teachers, Staff & Workers in

地区 Region			教职工 Teachers, Staff &				
			合计 Total	专任教师 Full-time Teachers			行政人员 Adm. Personnel
				计 Total	初中 Junior Sec. Schools	高中 Senior Sec. Schools	
总计	Total		87989	69709	28635	41074	7939
北京	Beijing		1189	651	0	651	320
天津	Tianjin		707	529	0	529	120
河北	Hebei		3930	3089	1514	1575	336
山西	Shanxi		4125	3297	1531	1766	324
内蒙古	Inner Mongolia		9638	7815	7057	758	642
辽宁	Liaoning		1226	937	78	859	215
吉林	Jilin		1464	1171	873	298	220
黑龙江	Heilongjiang		812	692	455	237	76
上海	Shanghai		86	49	0	49	23
江苏	Jiangsu		3078	2368	0	2368	279
浙江	Zhejiang		165	136	0	136	20
安徽	Anhui		14186	12627	10098	2529	717
福建	Fujian		1633	1323	169	1154	154
江西	Jiangxi		2303	1204	472	732	106
山东	Shandong		13731	10009	529	9480	1766
河南	Henan		6479	5250	261	4989	467
湖北	Hubei		3185	2693	1898	795	149
湖南	Hunan		2996	2306	453	1853	266
广东	Guangdong		5498	4610	53	4557	520
广西	Guangxi		1492	1084	368	716	187
海南	Hainan		391	292	0	292	30
重庆	Chongqing		632	438	5	433	110
四川	Sichuan		1366	965	200	765	196
贵州	Guizhou		2109	1835	1617	218	159
云南	Yunnan		1319	987	379	608	79
西藏	Tibet		0	0	0	0	0
陕西	Shaanxi		1554	1214	165	1049	204
甘肃	Gansu		1641	1286	74	1212	173
青海	Qinghai		14	12	7	5	0
宁夏	Ningxia		153	136	42	94	10
新疆	Xinjiang		887	704	337	367	71

职 工 数 （农村）

Vocational Schools（Rural）

单位:人

数 Workers			代课教师 Substitute Teachers	临 时 工 Temporary Workers	兼任教师 Part-time Teachers
工勤人员 Workers	校办工厂、农场职工 Employees in School-run Factories & Farms				
	计 Total	其中:由厂、场收入支付工资的职工 Employees maintained by income of school-run businesses			
8989	1352	922	2252	2142	1898
206	12	5	17	60	37
57	1	0	7	30	1
439	66	3	53	177	20
450	54	12	233	164	125
1149	32	4	478	249	25
70	4	1	56	49	7
73	0	0	2	9	0
44	0	0	38	22	63
13	1	0	1	3	0
419	12	0	54	144	40
9	0	0	47	13	59
756	86	31	189	289	108
156	0	0	25	15	190
169	824	807	31	29	73
1900	56	10	36	74	45
708	54	14	19	87	84
321	22	7	66	63	8
395	29	0	49	18	72
355	13	5	336	312	31
216	5	3	134	46	512
66	3	0	8	25	0
79	5	0	11	26	21
190	15	0	34	31	39
100	15	7	120	57	3
247	6	0	34	68	201
0	0	0	0	0	0
125	11	0	95	27	55
170	12	2	38	41	2
0	2	0	0	4	0
7	0	0	9	6	10
100	12	11	32	4	67

职业中学教职工总

Number of Female Teachers, Staff

地区 Region		合计 Total	专任教师 Full-time Teachers 计 Total	初中 Junior Sec. Schools	高中 Senior Sec. Schools	教职工 Teachers, Staff & 行政人员 Adm. Personnel
总计	Total	180220	137147	12692	124455	20015
北京	Beijing	7474	4809	0	4809	1856
天津	Tianjin	4247	3044	0	3044	899
河北	Hebei	15800	13068	1320	11748	952
山西	Shanxi	6250	5186	1258	3928	395
内蒙古	Inner Mongolia	7663	6488	3400	3088	488
辽宁	Liaoning	10093	7842	28	7814	1705
吉林	Jilin	6074	4669	960	3709	1022
黑龙江	Heilongjiang	6011	4649	283	4366	784
上海	Shanghai	3408	2104	43	2061	928
江苏	Jiangsu	10473	8122	22	8100	892
浙江	Zhejiang	8629	6807	11	6796	775
安徽	Anhui	5631	4510	2055	2455	479
福建	Fujian	5659	4190	58	4132	670
江西	Jiangxi	3175	1918	130	1788	195
山东	Shandong	15665	12033	237	11796	1607
河南	Henan	12517	9927	129	9798	999
湖北	Hubei	5098	3784	602	3182	569
湖南	Hunan	7989	5922	223	5699	633
广东	Guangdong	7416	5838	129	5709	693
广西	Guangxi	3929	2539	343	2196	475
海南	Hainan	405	307	9	298	24
重庆	Chongqing	3518	2435	29	2406	543
四川	Sichuan	6768	5014	149	4865	804
贵州	Guizhou	2142	1657	574	1083	199
云南	Yunnan	4181	2826	224	2602	292
西藏	Tibet	0	0	0	0	0
陕西	Shaanxi	5015	3671	188	3483	707
甘肃	Gansu	1932	1446	23	1423	128
青海	Qinghai	393	310	18	292	40
宁夏	Ningxia	526	431	52	379	29
新疆	Xinjiang	2139	1601	195	1406	233

数中女教职工数

& Workers in Vocational Schools

单位:人

数 Workers			代课教师 Substitute Teachers	临时工 Temporary Workers	兼任教师 Part-time Teachers
工勤人员 Workers	校办工厂、农场职工 Employees in School-run Factories & Farms				
	计 Total	其中:由厂、场收入支付工资的职工 Employees maintained by income of school-run businesses			
19230	3828	2463	4128	4536	6802
754	55	27	112	219	193
238	66	23	191	23	261
1365	415	326	200	373	390
547	122	71	364	169	128
649	38	5	293	162	76
535	11	5	116	204	292
300	83	65	6	46	79
475	103	40	56	28	47
307	69	0	33	54	95
1296	163	105	269	498	145
899	148	109	681	747	1069
584	58	40	142	241	298
758	41	9	222	104	349
361	701	672	46	79	146
1561	464	328	68	86	133
1147	444	218	4	142	393
651	94	46	108	104	141
1214	220	80	59	53	269
876	9	2	271	393	120
813	102	70	113	103	508
72	2	0	3	28	1
441	99	36	162	35	152
890	60	5	138	138	335
272	14	2	72	94	104
1054	9	1	42	240	187
0	0	0	0	0	0
518	119	71	248	103	790
272	86	80	43	29	35
39	4	4	3	13	0
45	21	21	13	20	22
297	8	2	50	8	44

小学校数、班数、招生

Number of Schools, Classes, Graduates & Students

地区 Region	学校数(所) Schools	教学点数(个) Teaching Sites	班		
			计 Total	一年级 Grade 1	二年级 Grade 2
总计 Total	553622	178060	3835663	646872	638043
北京 Beijing	2169	0	24873	3568	3527
天津 Tianjin	2323	0	20534	3388	3339
河北 Hebei	36465	8259	245386	35592	36273
山西 Shanxi	37451	5970	132255	19364	18292
内蒙古 Inner Mongolia	10147	6299	77043	13678	13436
辽宁 Liaoning	13356	1094	108067	17365	17069
吉林 Jilin	9435	2035	81172	12441	12449
黑龙江 Heilongjiang	13995	3394	101391	18275	18080
上海 Shanghai	1034	0	20092	3026	3000
江苏 Jiangsu	19110	3099	177635	27120	27851
浙江 Zhejiang	11841	1015	92829	16497	17076
安徽 Anhui	24281	6341	168313	33663	31825
福建 Fujian	13935	7424	120245	19757	19294
江西 Jiangxi	21082	5932	124017	24646	22727
山东 Shandong	26017	7342	209592	35299	37269
河南 Henan	41269	7947	290987	52822	55419
湖北 Hubei	23372	5933	170915	28092	27931
湖南 Hunan	34521	4665	191216	27596	28509
广东 Guangdong	24202	9917	249678	43621	42668
广西 Guangxi	16109	28805	192384	30131	29481
海南 Hainan	4167	1185	32043	6252	5889
重庆 Chongqing	14730	1388	75802	13351	13225
四川 Sichuan	43326	6604	229085	39960	38592
贵州 Guizhou	17985	9607	140707	25045	23829
云南 Yunnan	22151	24213	164853	27216	26019
西藏 Tibet	842	2715	13494	3251	3168
陕西 Shaanxi	33336	2468	160198	23492	22542
甘肃 Gansu	21557	8986	103234	20869	18591
青海 Qinghai	3429	765	18066	3811	3290
宁夏 Ningxia	3267	811	21321	4670	4125
新疆 Xinjiang	6718	3847	78236	13014	13258

数、毕业生数(总计)

Admitted in Primary Schools (Regional Aggregates)

数 (个) Classes					毕业生数(人) Graduates	招生数(人) Students Admitted
三 年 级 Grade 3	四 年 级 Grade 4	五 年 级 Grade 5	六 年 级 Grade 6	复 式 班 Multiple-grade Classes		
649876	663154	643435	401217	193066	24191773	19464653
3613	4170	4912	5005	78	185059	92002
3516	3644	3848	2543	256	155253	100453
38229	41468	41329	36366	16129	1549252	1070513
19293	19838	20395	3263	31810	640894	631942
13814	14016	13757	1663	6679	432930	327021
17005	18625	18731	18773	499	722325	508907
12888	14137	14314	14195	748	486000	313295
18302	19549	20056	4170	2959	698124	442988
3074	3223	3832	3937	0	189754	104092
30181	32024	30702	26387	3370	1147774	955262
14915	15435	15784	9105	4017	718471	615772
31845	31382	30342	3151	6105	1211986	1165995
20684	21790	20749	12601	5370	686385	493384
23139	23458	22460	1154	6433	856148	677872
41513	44873	44048	5931	659	1951160	1044775
58402	59114	56392	5002	3836	2255704	1711119
28395	28711	27710	24070	6006	1160203	904559
31369	33820	30910	27903	11109	1302004	717496
41679	40866	39375	37966	3503	1484833	1557286
29701	29507	29638	27181	16745	1036978	767579
5487	5140	4701	4388	186	154099	156735
12707	12540	11737	11104	1138	496681	466086
37791	37825	36153	33763	5001	1397579	1256880
22940	21777	20417	19125	7574	732301	810492
25350	24433	22725	20993	18117	721486	702017
2788	1742	1379	1108	58	37039	57969
23121	23395	22285	21363	24000	769965	682226
17709	16817	15864	5814	7570	459255	552740
2977	2695	2588	1035	1670	75615	93584
3832	3571	3404	937	782	104758	119419
13617	13569	12898	11221	659	371758	364193

小学校数、班数、招生

Number of Schools, Classes, Graduates & Students

班

地区 Region	学校数(所) Schools	教学点数(个) Teaching Sites	计 Total	一年级 Grade 1	二年级 Grade 2
总计 **Total**	32154	5453	407317	68674	67501
北京 Beijing	627	0	10135	1551	1560
天津 Tianjin	443	0	6633	954	974
河北 Hebei	1639	282	19946	3223	3153
山西 Shanxi	802	41	11611	2087	2025
内蒙古 Inner Mongolia	599	45	9179	1724	1681
辽宁 Liaoning	1297	11	21552	3590	3446
吉林 Jilin	740	51	12640	2049	1971
黑龙江 Heilongjiang	1082	49	16372	3028	2987
上海 Shanghai	486	0	10825	1568	1543
江苏 Jiangsu	1545	254	20572	3221	3179
浙江 Zhejiang	998	62	14026	2510	2608
安徽 Anhui	1026	195	13128	2189	2173
福建 Fujian	671	86	9700	1534	1536
江西 Jiangxi	467	53	6475	1277	1196
山东 Shandong	2040	486	24675	4370	4210
河南 Henan	1811	295	22420	3838	3789
湖北 Hubei	3319	551	35511	5954	5984
湖南 Hunan	1640	153	16690	2518	2555
广东 Guangdong	2104	495	33713	6181	5868
广西 Guangxi	855	279	10985	1715	1754
海南 Hainan	128	1	1828	317	299
重庆 Chongqing	2773	130	18465	3195	3202
四川 Sichuan	714	153	10936	1935	1832
贵州 Guizhou	706	111	7418	1286	1236
云南 Yunnan	338	48	4759	808	801
西藏 Tibet	26	2	446	72	71
陕西 Shaanxi	2173	147	19547	3127	3070
甘肃 Gansu	497	1313	6000	1024	992
青海 Qinghai	102	0	1480	245	243
宁夏 Ningxia	96	0	1643	265	260
新疆 Xinjiang	410	160	8007	1319	1303

数、毕业生数(城市)

Admitted in Primary Schools (Urban)

数 (个) Classes						
三年级 Grade 3	四年级 Grade 4	五年级 Grade 5	六年级 Grade 6	复式班 Multiple-grade Classes	毕业生数(人) Graduates	招生数(人) Students Admitted
67160	70928	73689	58225	1140	3478149	2891190
1541	1600	1892	1991	0	79077	42851
1033	1086	1310	1276	0	62634	33690
3148	3491	3667	3234	30	175713	136476
2026	2131	2119	1191	32	97785	99540
1628	1807	1787	547	5	83443	74922
3248	3700	3984	3581	3	221179	151823
1944	2162	2256	2258	0	126041	90143
2910	3231	3370	846	0	177835	132628
1596	1706	2149	2263	0	110967	49479
3226	3464	3739	3668	75	166557	130689
2271	2337	2444	1807	49	119257	106823
2198	2264	2366	1885	53	112043	106712
1619	1734	1733	1536	8	72511	63707
1244	1304	1345	91	18	68694	60358
4435	4851	5074	1706	29	262330	182033
3952	4192	4304	2342	3	209841	173143
5948	6142	6265	5148	70	281706	239984
2682	2948	3068	2905	14	146813	105176
5607	5561	5361	5124	11	221932	287450
1816	1843	1917	1919	21	81350	62842
311	322	303	276	0	12659	14806
3053	3077	2985	2918	35	130154	111669
1761	1799	1857	1744	8	96879	92467
1222	1232	1220	1193	29	50732	54575
782	800	826	742	0	35627	34806
72	76	77	78	0	3562	3705
3102	3137	3250	3245	616	138925	117395
984	1052	1090	834	24	49712	49822
238	261	255	238	0	12885	12723
270	274	285	289	0	13523	11527
1293	1344	1391	1350	7	55783	57226

小学校数、班数、招生

Number of Schools, Classes, Graduates & Students

地　区 Region		学校数(所) Schools	教学点数(个) Teaching Sites	班　数 (个) Classes		
				计 Total	一年级 Grade 1	二年级 Grade 2
总　计	**Total**	81184	15088	682738	112961	112837
北　京	Beijing	663	0	7502	1022	999
天　津	Tianjin	452	0	5347	949	926
河　北	Hebei	3973	602	32589	4678	4824
山　西	Shanxi	2193	399	13492	2450	2269
内蒙古	Inner Mongolia	681	112	8458	1557	1564
辽　宁	Liaoning	706	46	9780	1575	1519
吉　林	Jilin	1376	435	15794	2389	2425
黑龙江	Heilongjiang	1019	134	12805	2266	2268
上　海	Shanghai	298	0	7147	1145	1112
江　苏	Jiangsu	9768	1516	90409	13628	13961
浙　江	Zhejiang	7519	574	60395	10716	11309
安　徽	Anhui	1431	305	12641	2491	2358
福　建	Fujian	3662	1493	39581	6539	6600
江　西	Jiangxi	7291	1811	46740	9350	8738
山　东	Shandong	1183	282	11960	2074	2156
河　南	Henan	5309	887	43403	7701	7907
湖　北	Hubei	1155	299	10319	1747	1700
湖　南	Hunan	9261	1149	56242	7923	8217
广　东	Guangdong	1962	531	29967	5154	5000
广　西	Guangxi	1432	1340	17997	2812	2829
海　南	Hainan	137	8	2296	383	373
重　庆	Chongqing	4137	370	22873	4014	3931
四　川	Sichuan	3776	290	34458	5670	5412
贵　州	Guizhou	1410	385	12831	2215	2130
云　南	Yunnan	1590	909	16325	2757	2652
西　藏	Tibet	91	78	1162	214	206
陕　西	Shaanxi	6948	466	42019	6342	6321
甘　肃	Gansu	824	483	6815	1270	1191
青　海	Qinghai	365	16	2850	529	515
宁　夏	Ningxia	115	9	1818	329	333
新　疆	Xinjiang	457	159	6723	1072	1092

数、毕业生数(县镇)

Admitted in Primary Schools (County Seats & Towns)

数 (个) Classes						
三年级 Grade 3	四年级 Grade 4	五年级 Grade 5	六年级 Grade 6	复式班 Multiple-grade Classes	毕业生数(人) Graduates	招生数(人) Students Admitted
115711	121757	120786	80179	18507	5037549	4035987
1044	1272	1571	1580	14	58062	27826
914	924	952	669	13	36974	29071
5074	5610	5893	5228	1282	231214	171790
2344	2489	2415	184	1341	90048	93384
1613	1710	1754	184	76	72978	56318
1486	1656	1722	1811	11	88158	66347
2493	2701	2792	2742	252	111452	72451
2313	2533	2656	735	34	114883	80212
1119	1131	1279	1361	0	61955	44568
15329	16428	15748	13235	2080	590561	490630
9853	10182	10349	5859	2127	475124	404545
2408	2411	2410	303	260	109573	107711
7283	7874	7547	3440	298	280928	211648
8882	9061	8778	367	1564	334748	276378
2314	2569	2637	209	1	136406	79449
8438	8898	8760	1391	308	386204	269010
1694	1695	1668	1503	312	84207	75192
9119	10079	9499	8848	2557	409130	212304
4981	4975	4931	4861	65	221904	246412
2850	2953	2978	2742	833	117101	90361
380	387	393	380	0	20369	17501
3847	3819	3637	3459	166	162394	152939
5426	5667	5955	6195	133	304769	250169
2100	2101	2060	2005	220	80897	82571
2582	2599	2642	2494	599	100337	96045
192	181	189	180	0	7007	7207
6467	6629	6369	6208	3683	228522	198515
1180	1192	1179	623	180	46466	53653
494	500	493	234	85	16780	18115
320	336	342	158	0	15280	15466
1172	1195	1188	991	13	43118	38199

小学校数、班数、招生

Number of Schools, Classes, Graduates & Students

地区 Region		学校数(所) Schools	教学点数(个) Teaching Sites	班		
				计 Total	一年级 Grade 1	二年级 Grade 2
总计	**Total**	440284	157519	2745608	465237	457705
北京	Beijing	879	0	7236	995	968
天津	Tianjin	1428	0	8554	1485	1439
河北	Hebei	30853	7375	192851	27691	28296
山西	Shanxi	34456	5530	107152	14827	13998
内蒙古	Inner Mongolia	8867	6142	59406	10397	10191
辽宁	Liaoning	11353	1037	76735	12200	12104
吉林	Jilin	7319	1549	52738	8003	8053
黑龙江	Heilongjiang	11894	3211	72214	12981	12825
上海	Shanghai	250	0	2120	313	345
江苏	Jiangsu	7797	1329	66654	10271	10711
浙江	Zhejiang	3324	379	18408	3271	3159
安徽	Anhui	21824	5841	142544	28983	27294
福建	Fujian	9602	5845	70964	11684	11158
江西	Jiangxi	13324	4068	70802	14019	12793
山东	Shandong	22794	6574	172957	28855	30903
河南	Henan	34149	6765	225164	41283	43723
湖北	Hubei	18898	5083	125085	20391	20247
湖南	Hunan	23620	3363	118284	17155	17737
广东	Guangdong	20136	8891	185998	32286	31800
广西	Guangxi	13822	27186	163402	25604	24898
海南	Hainan	3902	1176	27919	5552	5217
重庆	Chongqing	7820	888	34464	6142	6092
四川	Sichuan	38836	6161	183691	32355	31348
贵州	Guizhou	15869	9111	120458	21544	20463
云南	Yunnan	20223	23256	143769	23651	22566
西藏	Tibet	725	2635	11886	2965	2891
陕西	Shaanxi	24215	1855	98632	14023	13151
甘肃	Gansu	20236	7190	90419	18575	16408
青海	Qinghai	2962	749	13736	3037	2532
宁夏	Ningxia	3056	802	17860	4076	3532
新疆	Xinjiang	5851	3528	63506	10623	10863

数、毕业生数(农村)

Admitted in Primary Schools (Rural)

班数(个) Classes					毕业生数(人) Graduates	招生数(人) Students Admitted
三年级 Grade 3	四年级 Grade 4	五年级 Grade 5	六年级 Grade 6	复式班 Multiple grade Classes		
467005	470469	448960	262813	173419	15676075	12537476
1028	1298	1449	1434	64	47920	21325
1569	1634	1586	598	243	55645	37692
30007	32367	31769	27904	14817	1142325	762247
14923	15218	15861	1888	30437	453061	439018
10573	10499	10216	932	6598	276509	195781
12271	13269	13025	13381	485	412988	290737
8451	9274	9266	9195	496	248507	150701
13079	13785	14030	2589	2925	405406	230148
359	386	404	313	0	16832	10045
11626	12132	11215	9484	1215	390656	333943
2791	2916	2991	1439	1841	124090	104404
27239	26707	25566	963	5792	990370	951572
11782	12182	11469	7625	5064	332946	218029
13013	13093	12337	696	4851	452706	341136
34764	37453	36337	4016	629	1552424	783293
46012	46024	43328	1269	3525	1659659	1268966
20753	20874	19777	17419	5624	794290	589383
19568	20793	18343	16150	8538	746061	400016
31091	30330	29083	27981	3427	1040997	1023424
25035	24711	24743	22520	15891	838527	614376
4796	4431	4005	3732	186	121071	124428
5807	5644	5115	4727	937	204133	201478
30604	30359	28341	25824	4860	995931	914244
19618	18444	17137	15927	7325	600672	673346
21986	21034	19257	17757	17518	585522	571166
2524	1485	1113	850	58	26470	47057
13552	13629	12666	11910	19701	402518	366316
15545	14573	13595	4357	7366	363077	449265
2245	1934	1840	563	1585	45950	62746
3242	2961	2777	490	782	75955	92426
11152	11030	10319	8880	639	272857	268768

六年制小学校数、班

Number of Schools, Classes, Students Admitted

班

地　区 Region	学校数(所) Schools	教学点数(个) Teaching Sites	计 Total	一年级 Grade 1	二年级 Grade 2
总　计 Total	360939	122859	2661869	436009	423764
北　京 Beijing	2078	0	24610	3513	3472
天　津 Tianjin	1751	0	14054	2353	2330
河　北 Hebei	32658	7535	224819	33090	33436
山　西 Shanxi	4439	1149	23261	3272	3133
内蒙古 Inner Mongolia	1191	804	10051	563	1387
辽　宁 Liaoning	13113	1094	104923	16744	16452
吉　林 Jilin	8828	1502	77222	11147	11213
黑龙江 Heilongjiang	2547	413	17001	1857	2127
上　海 Shanghai	865	0	20023	3013	2987
江　苏 Jiangsu	18157	2880	172657	26715	27435
浙　江 Zhejiang	8709	508	66038	15019	12445
安　徽 Anhui	3555	1028	24781	6140	4362
福　建 Fujian	9308	5080	85316	13915	13347
江　西 Jiangxi	2392	281	13411	3646	2605
山　东 Shandong	4037	1345	37321	5989	5660
河　南 Henan	2386	743	29362	4529	4501
湖　北 Hubei	22888	5895	164961	27551	26678
湖　南 Hunan	33393	4574	186076	26571	27394
广　东 Guangdong	24201	9917	249639	43608	42657
广　西 Guangxi	14863	24382	180000	27979	27457
海　南 Hainan	3966	1161	32010	6247	5884
重　庆 Chongqing	14710	1375	75366	13237	13109
四　川 Sichuan	43078	6484	227927	39695	38332
贵　州 Guizhou	17985	9607	140707	25045	23829
云　南 Yunnan	21772	23839	160831	26308	25158
西　藏 Tibet	745	1929	11506	2622	2566
陕　西 Shaanxi	33336	2468	160198	23492	22542
甘　肃 Gansu	5992	2975	41100	7410	6709
青　海 Qinghai	1317	124	8393	1812	1498
宁　夏 Ningxia	688	17	6052	1052	1051
新　疆 Xinjiang	5991	3750	72253	11875	12008

数、招生数、毕业生数

& Graduates in 6－year Primary Schools

数　(个) Classes						
三年级 Grade 3	四年级 Grade 4	五年级 Grade 5	六年级 Grade 6	复式班 Multiple-grade Classes	毕业生数(人) Graduates	招生数(人) Students Admitted
424819	433059	416920	401217	126081	15516627	13287324
3564	4122	4856	5005	78	183372	90467
2016	2146	2410	2543	256	105877	71385
34282	37242	36803	36366	13600	1362607	993037
3217	3367	3383	3263	3626	120368	123181
1577	1699	1700	1663	1462	65157	15719
16442	17982	18031	18773	499	686823	482519
12388	13590	13941	14195	748	470742	275950
2388	2899	3011	4170	549	161155	47387
3061	3208	3817	3937	0	189175	103704
29735	30453	28640	26387	3292	1039183	930469
9044	8807	8981	9105	2637	433101	552954
3222	3317	3339	3151	1250	144309	245152
14247	14934	13695	12601	2577	395450	340464
1886	1862	1259	1154	999	30500	120354
6473	6899	6313	5931	56	269873	172496
4811	5245	5201	5002	73	213320	161788
27150	27381	26125	24070	6006	1079663	868113
30235	32855	30027	27903	11091	1255235	695378
41674	40861	39370	37966	3503	1484683	1556688
27714	27513	27413	27181	14743	959164	729786
5481	5132	4692	4388	186	153790	156593
12599	12491	11690	11104	1136	495787	463373
37547	37600	36000	33763	4990	1388651	1245523
22940	21777	20417	19125	7574	732301	810492
24562	23666	22083	20993	18061	701539	677979
2272	1537	1343	1108	58	34757	48779
23121	23395	22285	21363	24000	769965	682226
6549	6573	6116	5814	1929	183214	219042
1309	1171	1119	1035	449	32098	43227
1023	1005	976	937	8	33856	32619
12290	12330	11884	11221	645	340912	330480

小学在校学生数和

Enrolment and Number of Graduates for

地区 Region	在校学生 Enrolment 合计 Total	一年级 Grade 1	二年级 Grade 2	三年级 Grade 3
总计 Total	130132548	19898597	20989763	22886809
北京 Beijing	743109	92533	95583	102433
天津 Tianjin	717146	100761	105702	117378
河北 Hebei	8137268	1075332	1181250	1308208
山西 Shanxi	3436044	638031	629275	659293
内蒙古 Inner Mongolia	2015076	328202	351177	385038
辽宁 Liaoning	3444172	513691	506736	515435
吉林 Jilin	2415858	315162	333653	372477
黑龙江 Heilongjiang	2830578	444703	472466	517164
上海 Shanghai	797512	104531	107954	118574
江苏 Jiangsu	7185458	971661	1065849	1228953
浙江 Zhejiang	3537556	619771	658090	579774
安徽 Anhui	6442405	1170651	1198982	1281872
福建 Fujian	3691003	507340	555949	670951
江西 Jiangxi	4226750	705724	758919	872212
山东 Shandong	7748822	1044951	1178392	1497065
河南 Henan	11306260	1753984	2044253	2341777
湖北 Hubei	6677422	912430	1022479	1110962
湖南 Hunan	6639289	720609	810213	1034636
广东 Guangdong	9299314	1557300	1550159	1557559
广西 Guangxi	5367949	783492	833767	883078
海南 Hainan	1035810	166567	174048	180264
重庆 Chongqing	2761308	471804	462055	453600
四川 Sichuan	8026506	1292783	1274748	1301316
贵州 Guizhou	5002082	816806	816015	852355
云南 Yunnan	4720611	734088	764623	808428
西藏 Tibet	313807	58420	57417	55181
陕西 Shaanxi	4809315	714464	755254	818019
甘肃 Gansu	3164603	647847	596690	599702
青海 Qinghai	504750	103525	98576	95382
宁夏 Ningxia	657352	139718	122880	124551
新疆 Xinjiang	2477413	391716	406609	443172

毕业班学生数(总计)

Next Year in Primary Schools (Regional Aggregates)

单位:人

生数 四年级 Grade 4	五年级 Grade 5	六年级 Grade 6	毕业班学生数 Graduates for Next Year
25134611	25274594	15948174	24763234
126441	159031	167088	168768
136906	149323	107076	159345
1516840	1605046	1450592	1616253
707302	678779	123364	670365
448895	437154	64610	434358
612691	642357	653262	685263
456752	471866	465948	480422
611545	646615	138085	681056
130000	161138	175315	175892
1375238	1372947	1170810	1250541
631395	657687	390839	669133
1350459	1284093	156348	1275662
765488	739113	452162	703303
937708	903513	48674	900543
1833856	1925651	268907	1926039
2516624	2420926	228696	2411381
1215315	1283498	1132738	1216178
1310317	1428135	1335379	1379421
1591451	1551532	1491313	1491504
945143	994566	927903	995459
179609	173552	161770	162120
468871	459598	445380	445760
1394022	1400370	1363267	1369919
876188	856901	783817	783817
846641	819265	747566	769420
51637	48500	42652	42652
850486	858144	812948	812948
587317	524239	208808	498702
90235	83283	33749	79766
121911	112076	36216	110177
447328	425696	362892	397067

小学在校学生数和

Enrolment and Number of Graduates for

地区 Region		在校学 Enrolment			
		合计 Total	一年级 Grade 1	二年级 Grade 2	三年级 Grade 3
总计	**Total**	18166507	2896948	2874088	2943477
北京	Beijing	323762	42895	46074	47428
天津	Tianjin	277422	33741	38000	42984
河北	Hebei	888237	136641	134383	134652
山西	Shanxi	553794	99617	93924	93596
内蒙古	Inner Mongolia	423300	74938	74720	71326
辽宁	Liaoning	999878	151870	151088	144801
吉林	Jilin	605145	90175	88741	88006
黑龙江	Heilongjiang	757951	132656	133536	132162
上海	Shanghai	416808	49504	51536	57937
江苏	Jiangsu	888348	130947	131306	137132
浙江	Zhejiang	629724	106950	110849	99405
安徽	Anhui	666678	106766	107049	111899
福建	Fujian	421916	64248	64105	68954
江西	Jiangxi	323582	60786	57934	62829
山东	Shandong	1101761	182049	170940	191658
河南	Henan	1102786	173478	175619	193319
湖北	Hubei	1585037	240804	251225	261711
湖南	Hunan	776719	105262	107369	119269
广东	Guangdong	1580904	287464	270928	263726
广西	Guangxi	430582	62739	66142	70548
海南	Hainan	92484	14898	14616	15924
重庆	Chongqing	659439	112382	111609	106545
四川	Sichuan	527531	92588	85785	83306
贵州	Guizhou	325695	54664	52585	53110
云南	Yunnan	210729	34866	33712	33437
西藏	Tibet	21674	3599	3403	3532
陕西	Shaanxi	773417	118314	118212	123173
甘肃	Gansu	293470	50363	47967	48098
青海	Qinghai	78689	12723	13123	12846
宁夏	Ningxia	76070	11535	11647	12256
新疆	Xinjiang	352975	57486	55961	57908

毕业班学生数(城市)

Next Year in Primary Schools (Urban) 单位:人

生数 四年级 Grade 4	五年级 Grade 5	六年级 Grade 6	毕业班学生数 Graduates for Next Year
3263067	3467072	2721855	3501693
51516	65253	70596	71209
47057	57642	57998	61660
159683	171597	151281	176546
104759	104437	57461	100856
87900	87369	27047	86622
176680	194328	181111	212590
107736	114027	116460	125198
153783	163315	42499	169258
67114	89656	101061	101061
152169	169125	167669	173881
107931	116813	87776	118627
119551	123930	97483	118892
77172	78732	68705	77151
67306	70573	4154	70975
229375	244741	82998	250139
214813	224390	121167	221168
281566	301802	247929	296740
141348	155696	147775	153677
266057	253134	239595	239786
72923	78457	79773	79911
17035	15841	14170	14520
109471	110357	109075	109455
87032	91277	87543	92678
54738	56145	54453	54453
35400	38431	34883	38831
3815	3749	3576	3576
130224	141417	142077	142077
51834	55132	40076	53563
13884	13730	12383	13311
12999	13659	13974	13974
60196	62317	59107	59308

小学在校学生数和

Enrolment and Number of Graduates for

地区 Region	在校学 Enrolment 合计 Total	一年级 Grade 1	二年级 Grade 2	三年级 Grade 3
总计 Total	26928904	4079933	4268350	4620373
北京 Beijing	233779	28067	27720	30313
天津 Tianjin	180602	29133	29046	29670
河北 Hebei	1253914	172349	184144	194506
山西 Shanxi	485352	93639	90654	93464
内蒙古 Inner Mongolia	331942	56339	57195	60851
辽宁 Liaoning	422599	66455	63239	61782
吉林 Jilin	537538	72879	75429	83140
黑龙江 Heilongjiang	482825	80337	81568	86673
上海 Shanghai	306165	44922	45447	48159
江苏 Jiangsu	3686838	497221	540586	623513
浙江 Zhejiang	2327824	407254	437543	385310
安徽 Anhui	587830	108651	106351	114743
福建 Fujian	1477033	217182	231352	277061
江西 Jiangxi	1681404	285014	305587	344338
山东 Shandong	557319	79449	86990	108008
河南 Henan	1832510	272037	317503	371831
湖北 Hubei	457132	69764	72913	74169
湖南 Hunan	2030583	212479	241764	310309
广东 Guangdong	1460299	246412	239284	243286
广西 Guangxi	635935	92690	98356	104125
海南 Hainan	119069	17922	18617	19662
重庆 Chongqing	920462	154845	150854	151498
四川 Sichuan	1591598	252388	239702	245044
贵州 Guizhou	513954	82688	82078	84053
云南 Yunnan	618454	98207	95834	99704
西藏 Tibet	43530	7221	6406	6324
陕西 Shaanxi	1404165	204670	215797	235369
甘肃 Gansu	298438	55436	51872	53607
青海 Qinghai	100092	18661	17877	17867
宁夏 Ningxia	86663	15603	15318	15503
新疆 Xinjiang	263056	40019	41324	46491

毕业班学生数(县镇)

Next Year in Primary Schools (County Seats & Towns) 单位:人

生数			毕业班学生数 Graduates for Next Year
四年级 Grade 4	五年级 Grade 5	六年级 Grade 6	
5153055	5269882	3537311	5195044
40356	52713	54610	55677
32834	34129	25790	40332
228967	247214	226734	251860
101380	97718	8497	97374
74450	74562	8545	74281
73068	76362	81693	82020
99444	103961	102685	106552
100474	106245	27528	110601
49177	56352	62108	62429
710398	716352	598768	660924
418270	432836	246611	438808
121400	119310	17375	116608
314113	299316	138009	284756
372348	358164	15953	356549
132792	138882	11198	137548
410252	403834	57053	402237
79372	83544	77370	79573
397818	440929	427284	430012
247957	244831	238529	238529
113223	117645	109896	117577
20874	21139	20855	20855
157665	155127	150473	150473
266798	286214	301452	302703
86942	91207	86986	86986
108148	111315	105246	108325
7885	8143	7551	7551
248263	255605	244461	244461
54863	53801	28859	51123
18684	18501	8502	17626
16483	16409	7347	15921
48357	47522	39343	44773

小学在校学生数和

Enrolment and Number of Graduates for

地区 Region	在校学生 Enrolment 合计 Total	一年级 Grade 1	二年级 Grade 2	三年级 Grade 3
总计 Total	85037137	12921716	13847325	15322959
北京 Beijing	185568	21571	21789	24692
天津 Tianjin	259122	37887	38656	44724
河北 Hebei	5995117	766342	862723	979050
山西 Shanxi	2396898	444775	444697	472233
内蒙古 Inner Mongolia	1259834	196925	219262	252861
辽宁 Liaoning	2021695	295366	292409	308852
吉林 Jilin	1273175	152108	169483	201331
黑龙江 Heilongjiang	1589802	231710	257362	298329
上海 Shanghai	74539	10105	10971	12478
江苏 Jiangsu	2610272	343493	393957	468308
浙江 Zhejiang	580008	105567	109698	95059
安徽 Anhui	5187897	955234	985582	1055230
福建 Fujian	1792054	225910	260492	324936
江西 Jiangxi	2221764	359924	395398	465045
山东 Shandong	6089742	783453	920462	1197399
河南 Henan	8370964	1308469	1551131	1776627
湖北 Hubei	4635253	601862	698341	775082
湖南 Hunan	3831987	402868	461080	605058
广东 Guangdong	6258111	1023424	1039947	1050547
广西 Guangxi	4301432	628063	669269	708405
海南 Hainan	824257	133747	140815	144678
重庆 Chongqing	1181407	204577	199592	195557
四川 Sichuan	5907377	947807	949261	972966
贵州 Guizhou	4162433	679454	681352	715192
云南 Yunnan	3891428	601015	635077	675287
西藏 Tibet	248603	47600	47608	45325
陕西 Shaanxi	2631733	391480	421245	459477
甘肃 Gansu	2572695	542048	496851	497997
青海 Qinghai	325969	72141	67576	64669
宁夏 Ningxia	494619	112580	95915	96792
新疆 Xinjiang	1861382	294211	309324	338773

毕业班学生数(农村)

Next Year in Primary Schools (Rural)

单位:人

生数			
四年级 Grade 4	五年级 Grade 5	六年级 Grade 6	毕业班学生数 Graduates for Next Year
16718489	16537640	9689008	16066497
34569	41065	41882	41882
57015	57552	23288	57353
1128190	1186235	1072577	1187847
501163	476624	57406	472135
286545	275223	29018	273455
362943	371667	390458	390653
249572	253878	246803	248672
357288	377055	68058	401197
13709	15130	12146	12402
512671	487470	404373	415736
105194	108038	56452	111698
1109508	1040853	41490	1040162
374203	361065	245448	341396
498054	474776	28567	473019
1471689	1542028	174711	1538352
1891559	1792702	50476	1787976
854377	898152	807439	839865
771151	831510	760320	795732
1077437	1053567	1013189	1013189
758997	798464	738234	797971
141700	136572	126745	126745
201735	194114	185832	185832
1040192	1022879	974272	974538
734508	709549	642378	642378
703093	669519	607437	622264
39937	36608	31525	31525
471999	461122	426410	426410
480620	415306	139873	394016
57667	51052	12864	48829
92429	82008	14895	80282
338775	315857	264442	292986

六年制小学在校学生

Enrolment and Number of Graduates for

地区 Region	在校学生 Enrolment 合计 Total	一年级 Grade 1	二年级 Grade 2	三年级 Grade 3
总计 Total	91042853	13616952	13952537	14846286
北京 Beijing	734930	90998	93923	100832
天津 Tianjin	505731	70688	75274	72394
河北 Hebei	7514605	997568	1087076	1179169
山西 Shanxi	761566	125229	122333	124370
内蒙古 Inner Mongolia	321046	15755	49329	55844
辽宁 Liaoning	3307177	487358	480247	491942
吉林 Jilin	2299204	280478	299816	357303
黑龙江 Heilongjiang	519333	50627	59577	72948
上海 Shanghai	794876	104062	107471	118048
江苏 Jiangsu	7037451	967391	1060919	1224130
浙江 Zhejiang	2538080	571749	481341	352840
安徽 Anhui	1069537	248402	184604	153628
福建 Fujian	2635083	348799	374452	453928
江西 Jiangxi	491362	131156	102947	78949
山东 Shandong	1397349	172511	176959	233190
河南 Henan	1237223	164139	172663	200911
湖北 Hubei	6391793	889100	966756	1053320
湖南 Hunan	6469707	698657	782241	1000544
广东 Guangdong	9297591	1556688	1549649	1557352
广西 Guangxi	5104816	744293	787677	831734
海南 Hainan	1034620	166425	173892	180043
重庆 Chongqing	2752950	469069	459535	451324
四川 Sichuan	7978031	1281413	1264039	1291182
贵州 Guizhou	5002082	816806	816015	852355
云南 Yunnan	4600145	710258	739912	783587
西藏 Tibet	289176	50692	49932	47194
陕西 Shaanxi	4809315	714464	755254	818019
甘肃 Gansu	1411084	255486	234862	234920
青海 Qinghai	245509	48437	44713	41635
宁夏 Ningxia	219529	34479	35231	36752
新疆 Xinjiang	2271952	353775	363898	395899

数和毕业班学生数

Next Year in 6－year Primary Schools

单位：人

生数 四年级 Grade 4	五年级 Grade 5	六年级 Grade 6	毕业班学生数 Graduates for Next Year
16219370	16459534	15948174	15948174
124738	157351	167088	167088
83245	97054	107076	107076
1360815	1439385	1450592	1450592
134492	131778	123364	123364
68102	67406	64610	64610
584012	610356	653262	653262
438267	457392	465948	465948
94452	103644	138085	138085
129419	160561	175315	175315
1320985	1293216	1170810	1170810
361918	379393	390839	390839
161776	164779	156348	156348
517770	487972	452162	452162
77992	51644	48674	48674
277263	268519	268907	268907
232573	238241	228696	228696
1149821	1200058	1132738	1132738
1268793	1384093	1335379	1335379
1591248	1551341	1491313	1491313
886199	927010	927903	927903
179288	173202	161770	161770
468424	459218	445380	445380
1384412	1393718	1363267	1363267
876188	856901	783817	783817
821411	797411	747566	747566
50206	48500	42652	42652
850486	858144	812948	812948
242663	234345	208808	208808
39709	37266	33749	33749
38736	38115	36216	36216
403967	391521	362892	362892

小学在校学生数和毕业

Number of Female Students

地区 Region	在校学 Enrolment 合计 Total	一年级 Grade 1	二年级 Grade 2	三年级 Grade 3
总计 Total	61945602	9479996	9979824	10877518
北京 Beijing	357886	44769	46594	48785
天津 Tianjin	347216	48314	50592	57055
河北 Hebei	3980021	523937	579656	641019
山西 Shanxi	1666191	310913	305624	319731
内蒙古 Inner Mongolia	964359	156311	168056	183989
辽宁 Liaoning	1648675	243933	241981	247091
吉林 Jilin	1170431	151693	160777	180313
黑龙江 Heilongjiang	1374580	214907	229178	250992
上海 Shanghai	383974	50232	51792	56898
江苏 Jiangsu	3380770	457526	497910	577720
浙江 Zhejiang	1670927	292183	310242	273080
安徽 Anhui	3064826	555463	564337	610032
福建 Fujian	1744972	234408	257450	314273
江西 Jiangxi	1996149	335453	359707	410224
山东 Shandong	3724643	517241	561545	715251
河南 Henan	5431743	845686	983862	1122503
湖北 Hubei	3174451	434760	484660	528548
湖南 Hunan	3178138	344284	387323	493580
广东 Guangdong	4396388	735155	730828	735724
广西 Guangxi	2479705	361149	386961	408799
海南 Hainan	479929	76125	81108	82680
重庆 Chongqing	1315135	223515	222394	216258
四川 Sichuan	3810988	614463	604772	614747
贵州 Guizhou	2319257	383924	383260	397640
云南 Yunnan	2207097	347128	359369	377264
西藏 Tibet	144674	27069	26924	25597
陕西 Shaanxi	2289934	337724	358305	387883
甘肃 Gansu	1496900	309537	283934	282621
青海 Qinghai	234459	48899	46426	44227
宁夏 Ningxia	310671	66899	58330	59178
新疆 Xinjiang	1200513	186396	195927	213816

班学生总数中女生数

in Primary Schools

单位:人

生数			毕业班学生数 Graduates for Next Year
四年级 Grade 4	五年级 Grade 5	六年级 Grade 6	
11969586	12043878	7594800	11731936
60291	76468	80979	82062
66269	72311	52675	52675
738557	783281	713571	792386
342408	328518	58997	325640
215036	209786	31181	208479
292807	307809	315054	330426
220888	228970	227790	235369
297716	313667	68120	330176
62402	77482	85168	85458
646575	646591	554448	591922
296915	310260	188247	316029
647211	613831	73952	609092
367152	356826	214863	337068
443702	424307	22756	419918
882786	918574	129246	917004
1200068	1168840	110784	1162950
579923	609851	536709	575159
626153	686260	640538	670246
751845	734618	708218	708374
436144	457979	428673	459966
83289	81116	75611	75730
222974	218941	211053	211666
663596	664204	649206	653882
407157	393219	354057	354057
395197	381447	346692	357345
23932	22074	19078	19092
407654	410835	387533	387537
275055	247429	98324	214986
41352	37917	15638	34852
57076	52047	17141	17141
217456	208420	178498	195249

小学教职

Number of Teachers, Staff & Workers

地区 Region	教职 Teachers, Staff			
	合计 Total	专任教师 Full-time Teachers	行政人员 Adm. Personnel	工勤人员 Workers
总计 Total	6454862	5860316	415991	170124
北京 Beijing	71701	58002	9253	4281
天津 Tianjin	56948	46697	7575	2508
河北 Hebei	353278	329525	18220	5256
山西 Shanxi	196165	180362	11110	4613
内蒙古 Inner Mongolia	149283	129242	11075	8610
辽宁 Liaoning	216677	185884	27599	3015
吉林 Jilin	173182	150291	17515	5103
黑龙江 Heilongjiang	221859	193113	18858	9458
上海 Shanghai	62145	44955	11994	4418
江苏 Jiangsu	319959	289030	20878	8387
浙江 Zhejiang	175662	160396	10302	4416
安徽 Anhui	289125	273745	12414	2720
福建 Fujian	197272	183547	11086	2566
江西 Jiangxi	234242	223047	7490	3530
山东 Shandong	440161	408200	20956	10407
河南 Henan	489530	459277	21903	8172
湖北 Hubei	299994	274979	14466	9920
湖南 Hunan	324199	306387	8993	8539
广东 Guangdong	420835	364118	47496	9055
广西 Guangxi	230492	198977	24344	7079
海南 Hainan	56307	50339	3189	2775
重庆 Chongqing	133451	119014	9352	4893
四川 Sichuan	369525	331551	23450	14056
贵州 Guizhou	187305	174822	10175	2302
云南 Yunnan	225293	210507	9372	5393
西藏 Tibet	13936	13181	282	472
陕西 Shaanxi	199395	182297	13790	3204
甘肃 Gansu	131298	125172	3852	2200
青海 Qinghai	29371	27706	932	636
宁夏 Ningxia	36586	34694	1181	710
新疆 Xinjiang	149686	131259	6889	11430

工 数（总 计）

in Primary Schools (Regional Aggregates)

单位：人

工 数 & Workers		代课教师 Substitute Teachers	临时工 Temporary Workers	兼任教师 Part－time Teachers
校办工厂、农场职工 Employees in School－run Factories & Farms				
计 Total	其中：由厂、场收入支付工资的职工 Employees maintained by income of school－run businesses			
8431	1903	551429	87418	11498
165	43	536	2900	383
168	38	1197	364	148
277	49	36820	1964	348
80	17	17292	2738	126
356	71	11227	1084	142
179	53	3872	2136	242
273	123	1933	859	11
430	36	4283	1180	27
778	0	393	495	294
1664	350	22277	9775	318
548	87	4031	5657	595
246	53	7410	1230	280
73	0	5846	837	577
175	140	11168	1937	113
598	179	5571	1473	354
178	26	27196	10397	964
629	239	39121	3067	197
280	114	9118	1374	118
166	24	39897	6981	328
92	17	97202	2050	310
4	2	1828	345	111
192	7	7428	2926	380
468	33	22113	11264	2268
6	0	36961	2860	361
21	7	39241	4781	46
1	0	2378	359	1099
104	13	55016	2401	285
74	40	25424	1700	192
97	73	1257	394	2
1	0	1972	634	14
108	69	11421	1256	865

小学教职

Number of Teachers, Staff & Workers

地区 Region	教职 Teachers, Staff			
	合计 Total	专任教师 Full-time Teachers	行政人员 Adm. Personnel	工勤人员 Workers
总计 Total	1075403	927155	97019	47749
北京 Beijing	32266	24961	4737	2447
天津 Tianjin	25153	19519	3846	1681
河北 Hebei	51987	45678	4235	1923
山西 Shanxi	34615	30022	2709	1836
内蒙古 Inner Mongolia	27423	23132	2934	1190
辽宁 Liaoning	59245	48863	8876	1445
吉林 Jilin	41132	33850	5126	1968
黑龙江 Heilongjiang	52585	43334	6072	3034
上海 Shanghai	30456	22187	6008	2074
江苏 Jiangsu	51143	45741	3526	1446
浙江 Zhejiang	32596	29059	1794	1555
安徽 Anhui	34320	31700	1656	868
福建 Fujian	23631	21614	1365	633
江西 Jiangxi	18362	16889	1021	443
山东 Shandong	75371	65834	5732	3337
河南 Henan	60613	53714	4432	2375
湖北 Hubei	84877	75377	5893	3263
湖南 Hunan	44019	39455	2366	1998
广东 Guangdong	76981	64469	8463	3960
广西 Guangxi	24088	21118	1949	1002
海南 Hainan	4742	3952	253	537
重庆 Chongqing	40377	35310	2965	1990
四川 Sichuan	31630	27282	2600	1622
贵州 Guizhou	17052	15140	1316	591
云南 Yunnan	12003	10588	679	728
西藏 Tibet	1615	1476	60	79
陕西 Shaanxi	40476	35070	3809	1564
甘肃 Gansu	16028	14370	915	684
青海 Qinghai	4052	3725	211	112
宁夏 Ningxia	4182	3815	197	170
新疆 Xinjiang	22383	19911	1274	1194

工 数（城 市）

in Primary Schools (Urban)

单位:人

工 数 & Workers 校办工厂、农场职工 Employees in School-run Factories & Farms 计 Total	其中:由厂、场收入支付工资的职工 Employees maintained by income of school-run businesses	代课教师 Substitute Teachers	临时工 Temporary Workers	兼任教师 Part-time Teachers
3480	1010	26667	12859	3616
121	33	147	1903	341
107	24	132	125	132
151	44	596	499	70
48	15	695	324	106
167	31	564	220	53
61	19	87	791	158
188	120	13	32	5
145	19	160	231	13
187	0	322	323	260
430	134	722	606	49
188	32	184	929	314
96	1	658	111	8
19	0	62	78	284
9	0	131	52	90
468	170	292	174	64
92	25	213	306	100
344	152	3755	1067	102
200	112	442	164	78
89	10	8215	2445	199
19	3	1977	302	61
0	0	55	69	4
112	5	1331	625	162
126	5	246	286	196
5	0	811	214	68
8	4	82	71	11
0	0	22	1	27
33	12	4226	526	236
59	40	38	125	57
4	0	41	42	2
0	0	37	44	10
4	0	411	174	356

小学教职

Number of Teachers, Staff & Workers

地区 Region	教职 Teachers, Staff			
	合计 Total	专任教师 Full-time Teachers	行政人员 Adm. Personnel	工勤人员 Workers
总计 Total	1396831	1255146	92341	46058
北京 Beijing	20445	16658	2758	1012
天津 Tianjin	15375	12721	2059	554
河北 Hebei	61453	56191	3458	1739
山西 Shanxi	27816	25100	1587	1107
内蒙古 Inner Mongolia	24886	20575	2278	1932
辽宁 Liaoning	27230	23675	2824	664
吉林 Jilin	41070	33735	5755	1498
黑龙江 Heilongjiang	39017	32661	3742	2474
上海 Shanghai	25848	18021	5278	1986
江苏 Jiangsu	164790	148136	10907	4707
浙江 Zhejiang	111145	102138	6387	2323
安徽 Anhui	28035	26207	1280	459
福建 Fujian	73538	66915	5477	1114
江西 Jiangxi	91096	86829	2879	1307
山东 Shandong	35409	32156	1753	1477
河南 Henan	83451	77474	3554	2349
湖北 Hubei	23515	21459	962	984
湖南 Hunan	100764	95449	2371	2899
广东 Guangdong	66127	58484	5587	2012
广西 Guangxi	37753	33011	2684	2039
海南 Hainan	6917	5965	278	674
重庆 Chongqing	42182	37794	2778	1570
四川 Sichuan	84397	73146	6906	4113
贵州 Guizhou	26639	24549	1523	567
云南 Yunnan	33415	30472	1774	1164
西藏 Tibet	3002	2685	113	203
陕西 Shaanxi	57329	52396	3847	1063
甘肃 Gansu	14315	13338	448	523
青海 Qinghai	6518	6119	223	168
宁夏 Ningxia	5645	5283	143	218
新疆 Xinjiang	17709	15804	728	1159

工 数（县 镇）

in Primary Schools (County Seats & Towns)

单位：人

工 数 & Workers		代课教师 Substitute Teachers	临时工 Temporary Workers	兼任教师 Part-time Teachers
校办工厂、农场职工 Employees in School-run Factories & Farms				
计 Total	其中：由厂、场收入支付工资的职工 Employees maintained by income of school-run businesses			
3286	542	68601	18750	2426
17	0	240	376	3
41	9	519	148	13
65	4	3839	429	10
22	1	1461	193	8
101	21	388	114	17
67	9	168	123	7
82	3	320	170	0
140	16	237	47	0
563	0	13	138	28
1040	205	13316	6512	240
297	50	2651	3538	266
89	38	287	134	11
32	0	1757	66	194
81	67	3680	579	15
23	3	5	70	12
74	0	6552	1391	286
110	61	1425	77	14
45	1	1926	315	36
44	12	2623	1070	24
19	5	4337	151	156
0	0	52	60	13
40	2	1493	606	135
232	20	1621	985	597
0	0	1353	202	18
5	1	1642	368	20
1	0	70	47	192
23	1	15207	534	43
6	0	991	189	6
8	6	129	40	0
1	0	20	34	2
18	7	279	44	60

小学教职

Number of Teachers, Staff & Workers

地区 Region	合计 Total	专任教师 Full-time Teachers	行政人员 Adm. Personnel	工勤人员 Workers
	教职 Teachers, Staff			
总计 Total	3982628	3678015	226631	76317
北京 Beijing	18990	16383	1758	822
天津 Tianjin	16420	14457	1670	273
河北 Hebei	239838	227656	10527	1594
山西 Shanxi	133734	125240	6814	1670
内蒙古 Inner Mongolia	96974	85535	5863	5488
辽宁 Liaoning	130202	113346	15899	906
吉林 Jilin	90980	82706	6634	1637
黑龙江 Heilongjiang	130257	117118	9044	3950
上海 Shanghai	5841	4747	708	358
江苏 Jiangsu	104026	95153	6445	2234
浙江 Zhejiang	31921	29199	2121	538
安徽 Anhui	226770	215838	9478	1393
福建 Fujian	100103	95018	4244	819
江西 Jiangxi	124784	119329	3590	1780
山东 Shandong	329381	310210	13471	5593
河南 Henan	345466	328089	13917	3448
湖北 Hubei	191602	178143	7611	5673
湖南 Hunan	179416	171483	4256	3642
广东 Guangdong	277727	241165	33446	3083
广西 Guangxi	168651	144848	19711	4038
海南 Hainan	44648	40422	2658	1564
重庆 Chongqing	50892	45910	3609	1333
四川 Sichuan	253498	231123	13944	8321
贵州 Guizhou	143614	135133	7336	1144
云南 Yunnan	179875	169447	6919	3501
西藏 Tibet	9319	9020	109	190
陕西 Shaanxi	101590	94831	6134	577
甘肃 Gansu	100955	97464	2489	993
青海 Qinghai	18801	17862	498	356
宁夏 Ningxia	26759	25596	841	322
新疆 Xinjiang	109594	95544	4887	9077

工 数（农 村）

in Primary Schools (Rural)

单位:人

工数 & Workers：校办工厂、农场职工 Employees in School-run Factories & Farms：计 Total	其中:由厂、场收入支付工资的职工 Employees maintained by income of school-run businesses	代课教师 Substitute Teachers	临时工 Temporary Workers	兼任教师 Part-time Teachers
1665	351	456161	55809	5456
27	10	149	621	39
20	5	546	91	3
61	1	32385	1036	268
10	1	15136	2221	12
88	19	10275	750	72
51	25	3617	1222	77
3	0	1600	657	6
145	1	3886	902	14
28	0	58	34	6
194	11	8239	2657	29
63	5	1196	1190	15
61	14	6465	985	261
22	0	4027	693	99
85	73	7357	1306	8
107	6	5274	1229	278
12	1	20431	8700	578
175	26	33941	1923	81
35	1	6750	895	4
33	2	29059	3466	105
54	9	90888	1597	93
4	2	1721	216	94
40	0	4604	1695	83
110	8	20246	9993	1475
1	0	34797	2444	275
8	2	37517	4342	15
0	0	2286	311	880
48	0	35583	1341	6
9	0	24395	1386	129
85	67	1087	312	0
0	0	1915	556	2
86	62	10731	1038	449

小学教职工总数

Number of Primary School Teachers, Staff

地区 Region	教职 Teachers, Staff			
	合计 Total	专任教师 Full-time Teachers	行政人员 Adm. Personnel	工勤人员 Workers
总计 Total	292340	277207	4649	9815
北京 Beijing	0	0	0	0
天津 Tianjin	3	0	0	0
河北 Hebei	5619	5519	22	76
山西 Shanxi	29426	28849	172	403
内蒙古 Inner Mongolia	6634	6004	51	550
辽宁 Liaoning	16534	15559	718	240
吉林 Jilin	2224	2059	37	8
黑龙江 Heilongjiang	10307	9906	311	55
上海 Shanghai	0	0	0	0
江苏 Jiangsu	2475	1721	37	478
浙江 Zhejiang	38	23	2	7
安徽 Anhui	6246	6012	26	163
福建 Fujian	97	84	8	5
江西 Jiangxi	23785	22915	63	798
山东 Shandong	69377	67300	427	1606
河南 Henan	24511	23576	562	373
湖北 Hubei	55718	51925	1536	2164
湖南 Hunan	2292	1893	0	394
广东 Guangdong	7980	7539	177	257
广西 Guangxi	1973	1865	63	45
海南 Hainan	3090	2976	39	75
重庆 Chongqing	2797	2683	3	110
四川 Sichuan	5270	3298	194	1766
贵州 Guizhou	5444	5298	40	106
云南 Yunnan	248	248	0	0
西藏 Tibet	1674	1674	0	0
陕西 Shaanxi	6796	6647	129	20
甘肃 Gansu	156	156	0	0
青海 Qinghai	1063	1040	6	17
宁夏 Ningxia	204	191	1	12
新疆 Xinjiang	359	247	25	87

中民办教职工数

& Workers Maintained by the Communities

单位:人

工数 & Workers		代课教师 Substitute Teachers	临时工 Temporary Workers	兼任教师 Part-time Teachers
校办工厂、农场职工 Employees in School-run Factories & Farms				
计 Total	其中:由厂、场收入支付工资的职工 Employees maintained by income of school-run businesses			
669	509	177858	25862	848
0	0	0	0	0
3	3	570	8	4
2	2	26320	683	0
2	0	1320	374	8
29	15	7846	205	0
17	15	3348	1273	26
120	114	693	692	6
35	0	1355	686	0
0	0	0	0	0
239	210	10682	5019	19
6	4	653	1714	0
45	36	2029	547	0
0	0	457	194	0
9	8	3202	827	2
44	6	3650	384	80
0	0	9479	5638	337
93	72	31787	1878	64
5	5	1096	425	0
7	7	8362	1946	0
0	0	6106	83	0
0	0	53	11	0
1	0	676	61	1
12	12	5088	1135	68
0	0	5579	423	89
0	0	20	0	0
0	0	460	0	22
0	0	40121	985	9
0	0	5890	600	113
0	0	874	69	0
0	0	63	0	0
0	0	79	2	0

小学教职工总数

Number of Female Teachers, Staff &

地 区 Region		合 计 Total	专任教师 Full-time Teachers	行政人员 Adm. Personnel	工勤人员 Workers
总 计	**Total**	3143369	2967252	100598	72684
北 京	Beijing	52148	44098	5323	2655
天 津	Tianjin	38219	33016	3753	1392
河 北	Hebei	215405	209213	4149	1951
山 西	Shanxi	122643	117821	2784	2001
内蒙古	Inner Mongolia	76616	70051	3387	3064
辽 宁	Liaoning	133460	120934	11258	1220
吉 林	Jilin	101044	92353	6663	1864
黑龙江	Heilongjiang	130602	118263	8102	4048
上 海	Shanghai	42681	33380	6808	2278
江 苏	Jiangsu	146934	139284	3826	3493
浙 江	Zhejiang	99779	95192	2026	2406
安 徽	Anhui	103290	100633	1569	1006
福 建	Fujian	100224	97701	1240	1273
江 西	Jiangxi	91675	89000	1267	1318
山 东	Shandong	185248	177650	4178	3198
河 南	Henan	230891	223543	4317	2946
湖 北	Hubei	127509	120704	3055	3506
湖 南	Hunan	154536	149473	1737	3194
广 东	Guangdong	226982	215227	6937	4747
广 西	Guangxi	98544	92238	2843	3428
海 南	Hainan	21610	19529	296	1783
重 庆	Chongqing	59667	55883	1861	1867
四 川	Sichuan	158763	149261	4273	5075
贵 州	Guizhou	68812	66103	1662	1045
云 南	Yunnan	90114	85352	1498	3257
西 藏	Tibet	5833	5618	67	148
陕 西	Shaanxi	92737	88806	2552	1350
甘 肃	Gansu	44595	43090	530	926
青 海	Qinghai	13133	12623	201	282
宁 夏	Ningxia	16785	16269	173	343
新 疆	Xinjiang	92890	84944	2263	5620

The four data columns above sit under the spanning header 教 职 (Teachers, Staff).

中女教职工数

Workers in Primary Schools

单位:人

工 数 & Workers		代课教师 Substitute Teachers	临时工 Temporary Workers	兼任教师 Part-time Teachers
校办工厂、农场职工 Employees in School-run Factories & Farms				
计 Total	其中:由厂、场收入支付工资的职工 Employees maintained by income of school-run businesses			
2835	870	310286	49476	4816
72	19	430	1241	317
58	17	965	115	124
92	34	27311	994	51
37	14	13913	1934	51
114	33	6793	558	67
48	16	3067	1342	156
164	68	932	492	7
189	17	2322	500	14
215	0	332	275	240
331	110	14853	6319	109
155	24	2926	3990	305
82	30	4134	731	40
10	0	3943	578	197
90	48	5152	844	66
222	101	3125	753	94
85	21	18304	5956	682
244	117	16297	1511	84
132	73	5342	710	61
71	8	26059	4129	123
35	3	54128	1249	97
2	2	708	173	6
56	0	3315	1514	131
154	14	9779	5221	460
2	0	12065	1230	110
7	2	17772	3210	23
0	0	688	137	382
29	9	38274	1511	212
49	36	9610	1029	43
27	14	397	131	0
0	0	843	524	8
63	40	6507	575	556

小学学龄儿童

Net Enrolment Rate of School－age

地区 Region	校内外学龄儿童总数 Total Number of School－age Children	小学在校 Breakdown of		
		合计 Total	不足七周岁 Under 7 years	七周岁 7 years
总计 Total	124452795	123339407	1484834	18424453
北京 Beijing	705854	705527	85178	92561
天津 Tianjin	672034	671974	22658	96085
河北 Hebei	7985719	7975510	75399	1020469
山西 Shanxi	3339199	3330416	0	616173
内蒙古 Inner Mongolia	1951108	1940710	9389	296220
辽宁 Liaoning	3250643	3228610	0	481025
吉林 Jilin	2366967	2361864	34	300955
黑龙江 Heilongjiang	2750721	2717176	24855	424302
上海 Shanghai	754914	754849	95276	105017
江苏 Jiangsu	6830920	6815151	372212	919871
浙江 Zhejiang	3292179	3289715	0	535051
安徽 Anhui	6200156	6179441	125588	1068373
福建 Fujian	3470442	3465430	33447	470072
江西 Jiangxi	3902405	3885844	20026	636598
山东 Shandong	7520866	7503987	162096	975868
河南 Henan	10890612	10872886	35544	1704903
湖北 Hubei	6416032	6385722	324845	924410
湖南 Hunan	6450763	6349042	0	698123
广东 Guangdong	9053944	9026513	0	1468463
广西 Guangxi	5183655	5115009	0	735377
海南 Hainan	955998	953207	0	149068
重庆 Chongqing	2658222	2651667	0	449326
四川 Sichuan	7789761	7432696	0	1171646
贵州 Guizhou	4343699	4276531	0	667070
云南 Yunnan	4384113	4341030	6679	648966
西藏 Tibet	326872	280470	68	46320
陕西 Shaanxi	4675353	4646205	91540	675693
甘肃 Gansu	2932597	2898212	0	520011
青海 Qinghai	485597	457600	0	81581
宁夏 Ningxia	597560	581223	0	104437
新疆 Xinjiang	2313890	2245190	0	340419

入学率情况

Children in Primary Schools

单位:人

学龄儿童年龄分组 Students by age						学龄儿童入学率(%) Net Enrolment Rate of School－age Children
八周岁 8 years	九周岁 9 years	十周岁 10 years	十一周岁 11 years	十二周岁 12 years	十三周岁及以上 13 years and over	
19892639	21910179	24793997	23906098	12926045	1162	99.11
99650	116033	150752	161353	0	0	99.95
103457	112953	139495	145268	52058	0	99.99
1163343	1292563	1496905	1568868	1357963	0	99.87
621997	648382	699978	643297	100589	0	99.74
341813	373371	450731	391702	76474	1010	99.47
476225	497912	610506	622658	540284	0	99.32
330035	366444	453665	464270	446461	0	99.78
452726	496192	598255	597946	122900	0	98.78
114905	124557	157910	157184	0	0	99.99
1029543	1186571	1359229	1334150	613575	0	99.77
528671	551325	640808	645266	388594	0	99.93
1127506	1218967	1349930	1243014	46063	0	99.67
533592	663392	785083	690906	288938	0	99.86
704716	802530	886211	793001	42755	7	99.58
1159522	1485580	1834786	1695617	190518	0	99.78
1987584	2246426	2449537	2279829	169063	0	99.84
1015604	1110939	1237082	1135795	637047	0	99.53
829656	1065610	1324737	1366059	1064857	0	98.42
1483051	1499774	1550871	1529519	1494835	0	99.70
797149	839297	912000	959676	871510	0	98.68
157137	164349	165363	161872	155418	0	99.71
432585	434336	482367	442286	410767	0	99.75
1173597	1240470	1403718	1342963	1100302	0	95.42
679909	691668	775620	752466	709798	0	98.45
670396	708576	804559	783702	718152	0	99.02
49749	49286	46992	47444	40611	0	85.80
730226	789057	841027	838675	679987	0	99.38
526789	537007	554264	519830	240311	0	98.83
84251	86568	90070	80808	34177	145	94.23
108267	111982	120083	109598	26856	0	97.27
378988	398062	421463	401076	305182	0	97.03

小学女学龄儿童

Net Enrolment Rate of Female School－age

地　区 Region	校内外学龄儿童总数 Total Number of School－age Children	小　学　在　校 Breakdown of		
		合　计 Total	不足七周岁 Under 7 years	七周岁 7 years
总　计 **Total**	59424023	58869845	704114	8771070
北　京 Beijing	341549	341372	41830	44738
天　津 Tianjin	326743	326730	11189	46570
河　北 Hebei	3910690	3905723	37000	497189
山　西 Shanxi	1622514	1618605	0	302832
内蒙古 Inner Mongolia	935810	930791	4362	141429
辽　宁 Liaoning	1555734	1545370	0	229715
吉　林 Jilin	1148442	1146242	16	145449
黑龙江 Heilongjiang	1338332	1322002	11671	205250
上　海 Shanghai	364911	364876	46239	50723
江　苏 Jiangsu	3221078	3214066	174507	431735
浙　江 Zhejiang	1561574	1560658	0	252717
安　徽 Anhui	2941033	2931839	58290	502746
福　建 Fujian	1638341	1635939	15296	215585
江　西 Jiangxi	1842055	1834772	9140	297577
山　东 Shandong	3617679	3609899	78606	471207
河　南 Henan	5241449	5233792	17255	817013
湖　北 Hubei	3057812	3044625	152551	440824
湖　南 Hunan	3092274	3043205	0	332815
广　东 Guangdong	4287054	4274648	0	693698
广　西 Guangxi	2404564	2371115	0	339999
海　南 Hainan	442244	441100	0	69337
重　庆 Chongqing	1262872	1261358	0	213518
四　川 Sichuan	3711531	3532680	0	559012
贵　州 Guizhou	2044901	2007206	0	311175
云　南 Yunnan	2074229	2051631	3310	306556
西　藏 Tibet	157919	130969	27	21460
陕　西 Shaanxi	2228899	2215885	42825	323297
甘　肃 Gansu	1406837	1386756	0	252299
青　海 Qinghai	230504	214584	0	38388
宁　夏 Ningxia	288053	276788	0	49594
新　疆 Xinjiang	1126396	1094619	0	166623

入学率情况

Children in Primary Schools

单位：人

学 龄 儿 童 年 龄 分 组 Students by age						学龄儿童入学率(%) Net Enrolment Rate of School－age Children
八周岁 8 years	九周岁 9 years	十周岁 10 years	十一周岁 11 years	十二周岁 12 years	十三周岁及以上 13 years and over	
9486785	10459211	11850945	11429536	6167688	496	99.07
48147	55946	73059	77652	0	0	99.95
50002	55297	68092	70030	25550	0	100.00
570927	632655	733551	765429	668972	0	99.87
302524	314914	339795	310640	47900	0	99.76
163022	179388	216845	188965	36346	434	99.46
227702	238440	292696	298577	258240	0	99.33
159940	178743	219866	225102	217126	0	99.81
219754	240591	292493	292516	59727	0	98.78
55525	59972	76202	76215	0	0	99.99
483626	560911	642426	628461	292400	0	99.78
249977	260860	302375	306524	188205	0	99.94
532597	577443	643925	594857	21981	0	99.69
247052	310533	375060	334200	138213	0	99.85
332760	379515	422188	373618	19972	2	99.60
561279	714316	879567	813774	91150	0	99.78
957476	1080657	1177727	1101990	81674	0	99.85
479604	531170	589380	543274	307822	0	99.57
398721	510156	636494	654850	510169	0	98.41
701041	711594	735583	724861	707871	0	99.71
365749	388262	424094	446976	406035	0	98.61
72835	75280	76577	75110	71961	0	99.74
206125	206533	229481	210890	194811	0	99.88
560530	591569	666757	636244	518568	0	95.18
318755	323540	364363	355170	334203	0	98.16
316808	335327	380249	370266	339115	0	98.91
23122	23028	22011	22354	18967	0	82.93
351152	378278	399568	398177	322588	0	99.42
254411	256213	264472	246621	112740	0	98.57
39773	40274	42143	38229	15717	60	93.09
51750	53637	57181	51821	12805	0	96.09
184099	194169	206725	196143	146860	0	97.18

特殊教育学校基本情况(包括盲

Basic Statistics of Special Education Schools (Including

地区 Region	学校数(所) Schools	班数(个) Classes		毕业生数 Graduates		
		小学 Primary Schools	初中 Junior Sec. Schools	计 Total	小学 Primary Schools	初中 Junior Sec. Schools
总计 Total	1539	17751	1968	43430	35561	7869
北京 Beijing	24	203	79	1347	767	580
天津 Tianjin	24	144	19	503	425	78
河北 Hebei	95	719	27	1121	974	147
山西 Shanxi	39	296	28	604	509	95
内蒙古 Inner Mongolia	29	281	8	210	160	50
辽宁 Liaoning	74	829	97	818	540	278
吉林 Jilin	52	559	54	685	626	59
黑龙江 Heilongjiang	77	1359	93	1025	824	201
上海 Shanghai	34	346	118	868	350	518
江苏 Jiangsu	123	1635	140	3591	3078	513
浙江 Zhejiang	62	779	181	3701	2867	834
安徽 Anhui	70	440	39	1907	1691	216
福建 Fujian	76	1322	179	7483	6328	1155
江西 Jiangxi	33	131	14	1073	912	161
山东 Shandong	141	1142	169	1734	1305	429
河南 Henan	121	698	85	3353	2908	445
湖北 Hubei	74	438	39	1310	897	413
湖南 Hunan	57	1090	130	1138	937	201
广东 Guangdong	61	417	62	2819	2365	454
广西 Guangxi	49	902	16	1792	1601	191
海南 Hainan	3	50	4	159	106	53
重庆 Chongqing	42	404	147	1515	1239	276
四川 Sichuan	63	581	41	1190	1108	82
贵州 Guizhou	28	2231	123	960	912	48
云南 Yunnan	24	165	26	727	594	133
西藏 Tibet	1	4	0	0	0	0
陕西 Shaanxi	35	268	10	666	640	26
甘肃 Gansu	12	182	17	948	797	151
青海 Qinghai	7	48	7	78	43	35
宁夏 Ningxia	3	33	5	35	20	15
新疆 Xinjiang	6	55	11	70	38	32

聋哑学校及弱智儿童辅读学校)

Schools for the Blind, the Deaf-mute & the Retarded)

单位:人

招生数 Students Admitted			在校学生数 Enrolment			教职工数 Teachers, Staff & Workers	
计 Total	小学 Primary Schools	初中 Junior Sec. Schools	计 Total	小学 Primary Schools	初中 Junior Sec. Schools	计 Total	其中:专任教师 Of which: Full-time Teachers
52939	42271	10668	377599	337478	40121	43678	31983
824	419	405	7807	6109	1698	894	644
276	208	68	2567	2336	231	658	461
1507	1324	183	9669	9078	591	2203	1467
856	759	97	4265	3922	343	1170	856
476	442	34	3245	3076	169	974	754
916	728	188	7939	7008	931	2754	2043
709	684	25	6306	5955	351	1882	1331
1146	1021	125	7684	7060	624	2962	2221
1141	480	661	8893	7267	1626	1584	943
3902	3378	524	35889	33664	2225	3670	2742
2445	1353	1092	19749	15776	3973	1396	1139
2223	1841	382	18346	16709	1637	1262	960
6279	3852	2427	40708	34109	6599	1512	1261
3421	3164	257	13142	11772	1370	392	329
2163	1712	451	16818	14968	1850	5035	3389
4529	4071	458	29744	28300	1444	2929	2289
1655	1296	359	9739	8189	1550	1676	1231
2090	1682	408	12179	10842	1337	1203	918
2770	2224	546	27507	24118	3389	1329	1053
1629	1489	140	14755	13901	854	1715	1149
317	266	51	2086	1839	247	98	70
4105	3350	755	21160	18432	2728	731	569
1182	1018	164	8224	7771	453	1377	1113
2225	2017	208	15845	15109	736	2080	1482
1603	1281	322	15526	13639	1887	589	448
47	47	0	78	78	0	10	7
898	793	105	6869	6580	289	683	485
1094	968	126	6438	5742	696	363	269
233	182	51	3334	3172	162	126	97
101	80	21	414	371	43	120	80
177	142	35	674	586	88	301	183

特殊教育学校中盲

Basic Statistics of Schools for

地区 Region		学校数(所) Schools	班数(个) Classes		毕业生数 Graduates		
			小学 Primary Schools	初中 Junior Sec. Schools	计 Total	小学 Primary Schools	初中 Junior Sec. Schools
总计	**Total**	1108	7950	1033	11558	8035	3523
北京	Beijing	7	42	48	291	77	214
天津	Tianjin	9	51	19	152	74	78
河北	Hebei	81	472	25	478	411	67
山西	Shanxi	28	197	22	349	294	55
内蒙古	Inner Mongolia	18	133	6	125	89	36
辽宁	Liaoning	50	399	53	467	252	215
吉林	Jilin	24	239	52	244	197	47
黑龙江	Heilongjiang	65	583	60	632	436	196
上海	Shanghai	14	68	46	319	100	219
江苏	Jiangsu	73	565	107	1055	700	355
浙江	Zhejiang	44	299	43	616	369	247
安徽	Anhui	57	317	31	480	393	87
福建	Fujian	37	301	43	819	588	231
江西	Jiangxi	25	95	12	283	216	67
山东	Shandong	118	794	151	1175	770	405
河南	Henan	100	602	79	1180	947	233
湖北	Hubei	68	389	37	477	361	116
湖南	Hunan	54	552	38	383	276	107
广东	Guangdong	23	168	43	481	303	178
广西	Guangxi	23	252	3	275	261	14
海南	Hainan	2	34	4	47	25	22
重庆	Chongqing	41	149	11	156	116	40
四川	Sichuan	57	288	20	218	174	44
贵州	Guizhou	21	389	9	134	126	8
云南	Yunnan	14	119	26	232	156	76
西藏	Tibet	1	4	0	0	0	0
陕西	Shaanxi	29	189	6	100	98	2
甘肃	Gansu	10	146	16	247	165	82
青海	Qinghai	7	36	7	56	21	35
宁夏	Ningxia	2	27	5	30	15	15
新疆	Xinjiang	6	51	11	70	38	32

注:本表不包括普校附设的盲聋哑班的学生数

Nomber of students in the blind and deaf-mute classes attached to regular schools are not included.

聋哑学校基本情况

the Blind & the Deaf－mute

单位:人

招生数 Students Admitted			在校学生数 Enrolment			教职工数 Teachers Staff & Workers	
计 Total	小学 Primary Schools	初中 Junior Sec. Schools	计 Total	小学 Primary Schools	初中 Junior Sec. Schools	计 Total	其中:专任教师 Of which: Full－time Teachers
17792	14286	3506	103124	90578	12546	31641	22683
263	79	184	1272	666	606	367	252
137	69	68	684	453	231	335	226
896	805	91	4804	4463	341	1610	1210
594	516	78	2920	2673	247	953	666
252	223	29	1737	1651	86	654	507
576	487	89	4933	4278	655	1911	1399
326	301	25	3348	3023	325	1361	882
618	508	110	4311	3781	530	2466	1751
371	107	264	1417	836	581	792	421
1208	943	265	6974	5966	1008	2643	1784
653	514	139	3900	3396	504	1054	836
779	660	119	4936	4543	393	1123	836
941	621	320	5746	4745	1001	871	692
805	719	86	2372	2130	242	306	251
1524	1093	431	9946	8265	1681	4317	2863
1554	1354	200	10333	9544	789	2639	2042
867	766	101	4253	3920	333	1563	1141
872	695	177	4598	3998	600	1155	888
585	457	128	4180	3518	662	661	515
466	409	57	3128	2946	182	713	435
107	83	24	519	467	52	84	58
562	502	60	2493	2322	171	533	418
580	481	99	3048	2844	204	1065	823
654	601	53	3002	2854	148	520	399
473	338	135	2878	2363	515	518	383
47	47	0	56	56	0	10	7
353	336	17	2380	2319	61	600	440
325	270	55	1480	1289	191	322	237
156	110	46	554	478	76	102	81
82	61	21	359	316	43	99	64
166	131	35	563	475	88	294	176

幼儿园基本

Basic Statistics of Kindergartens

地区 Region	园数(所) Kindergartens 计 Total	班数(个) Classes 计 Total	其中:小学附设学前班 Of which: Pre-school Classes Attached to Primary Schools	入园人数(人) Children Admitted 计 Total	其中:小学附设学前班 Of which: Pre-school Classes Attached to Primary Schools
总计 Total	175836	771512	388273	15311062	9637442
北京 Beijing	2047	8636	1129	91724	30262
天津 Tianjin	240	4586	3408	108651	96056
河北 Hebei	4476	37085	29871	849730	711066
山西 Shanxi	10856	37973	19476	648411	323585
内蒙古 Inner Mongolia	1960	14002	9307	263357	196635
辽宁 Liaoning	9990	29549	12885	483092	274373
吉林 Jilin	4407	17236	10107	302811	208252
黑龙江 Heilongjiang	4503	22429	15291	369687	247923
上海 Shanghai	977	7931	1132	92577	12551
江苏 Jiangsu	13832	50190	11268	726826	212930
浙江 Zhejiang	15073	41271	5772	572051	118930
安徽 Anhui	3932	32257	19497	842901	604813
福建 Fujian	11885	27454	7263	436714	140221
江西 Jiangxi	6573	19384	10432	500453	322000
山东 Shandong	27258	65645	21437	1012612	449651
河南 Henan	2937	48582	36973	1214268	1037453
湖北 Hubei	3748	25004	15429	523542	371604
湖南 Hunan	5473	29896	24055	583324	466670
广东 Guangdong	12027	65447	25306	1337009	812642
广西 Guangxi	3846	24768	17287	600013	481405
海南 Hainan	706	4217	2219	89788	62119
重庆 Chongqing	6659	19866	9079	439176	249283
四川 Sichuan	12780	54690	22864	1193639	625593
贵州 Guizhou	1435	13867	10361	444311	368255
云南 Yunnan	1770	18921	12414	483052	380880
西藏 Tibet	21	160	91	3300	1767
陕西 Shaanxi	2803	25156	19966	501925	408540
甘肃 Gansu	2249	13733	7737	339131	243975
青海 Qinghai	201	2332	1716	57081	45071
宁夏 Ningxia	340	2855	1777	76301	58278
新疆 Xinjiang	832	6390	2724	123605	74659

情况（总计）

(Regional Aggregates)

在园幼儿数（人） Children Enrolled		教职工数（人） Teachers, Staff & Workers			
			其中: Of which		
计 Total	其中:小学附设学前班 Of which: Pre-school Classes Attached to Primary Schools	计 Total	园长 Kindergarten Heads	教师 Teachers	保健员 Health Nurses
22441806	11005548	1144297	89993	856455	63121
229012	31616	27257	1851	12595	1059
137445	96056	6941	458	3762	161
1004186	772662	46306	1560	40291	2416
1025982	467164	51694	4224	42565	1892
335667	210773	19666	1305	14680	1068
835542	349798	52422	5836	36383	2784
439184	247043	26189	3281	17609	2194
470317	263923	32840	3141	24221	2034
243825	30568	25652	1515	15286	1033
1457445	342422	89438	6824	72298	4151
1124527	197858	67773	6764	51168	4691
1161911	697847	31676	3102	26470	1148
786387	183572	47492	3344	39409	2053
620624	334526	26472	2547	21154	1775
1613045	524847	105727	9625	86057	3472
1563655	1179218	35959	2161	24369	846
726712	430641	40484	3075	29889	2873
628744	474219	39790	1941	31987	3482
2141789	893262	129060	11072	83552	7355
728381	503315	30538	2390	22942	2568
128139	69586	6921	688	4843	1212
640804	306896	28249	1983	22598	1504
1892626	762295	71622	4360	58128	4091
496044	373169	17655	1091	14204	1460
603534	380880	25849	1532	19164	1744
4491	1952	322	22	196	53
603562	435119	22132	1823	15767	1154
427960	249891	14890	1171	10782	844
63711	45179	2721	191	2115	202
93117	58652	3820	193	2672	332
213438	90599	16740	923	9299	1470

成人高等学校基本情况(总计)(不包

Basic Statistics of Adult Higher Educational
(Evening Schools & Divisions of Correspondence run by Regular

地区 Region	学校数(所) Schools: 计 Total	学校数(所) Schools: 其中:中央部委所属学校数 Inst. Under Central Ministries & Agencies	本专科学生数 Undergraduate Students: 毕业生数 Graduates	本专科学生数 Undergraduate Students: 招生数 Students Admitted	本专科学生数 Undergraduate Students: 在校学生数 Enrolment	合计 Total	校 Teachers,: 计 Subtotal	校 Teachers,: 专任 Full-time: 小计 Subtotal	校 Teachers,: 专任 Full-time: 教授 Prof.
总计 Total	772	27	328877	512701	1117700	186990	179652	93402	1626
北京 Beijing	49	14	21562	23095	61723	15364	14922	6723	329
天津 Tianjin	35	0	10263	13426	30924	6001	5936	3034	46
河北 Hebei	26	1	10902	24912	51331	6491	6260	2991	74
山西 Shanxi	24	0	6654	10765	21805	5321	5164	2574	12
内蒙古 Inner Mongolia	15	0	4649	9371	17601	3765	3736	1953	5
辽宁 Liaoning	49	2	16538	15738	39498	10315	9992	5045	99
吉林 Jilin	27	1	10377	12208	29747	4896	4583	2246	44
黑龙江 Heilongjiang	48	2	16915	21914	50458	11900	11398	5997	119
上海 Shanghai	35	0	6406	8374	23286	6639	6260	3012	50
江苏 Jiangsu	34	2	12544	15409	41174	10428	10175	5865	61
浙江 Zhejiang	22	0	11395	15852	49854	6298	6102	3421	41
安徽 Anhui	18	0	7724	11917	27069	4398	4340	2219	13
福建 Fujian	18	0	7439	11072	26964	2641	2479	1322	9
江西 Jiangxi	18	0	9404	15395	31484	4015	3522	1875	26
山东 Shandong	38	0	26863	21875	61275	14090	13436	7084	126
河南 Henan	34	1	15575	22971	47851	7949	7794	4183	33
湖北 Hubei	36	0	14490	25761	53893	9771	9414	5036	76
湖南 Hunan	30	0	22089	35452	66512	6511	5990	3181	40
广东 Guangdong	41	2	20091	32103	77513	10073	9963	5472	114
广西 Guangxi	11	0	6337	11499	28069	3506	3353	1704	16
海南 Hainan	4	0	255	803	1355	234	222	123	2
重庆 Chongqing	19	0	7316	11480	24337	4314	4040	2193	21
四川 Sichuan	44	1	26788	61401	102848	10886	10174	5331	106
贵州 Guizhou	10	0	6886	16403	26569	2265	2207	1109	22
云南 Yunnan	10	0	2122	3597	8394	1764	1740	917	1
西藏 Tibet	0	0	0	0	0	0	0	0	0
陕西 Shaanxi	30	1	11487	22314	43716	7025	6682	3292	49
甘肃 Gansu	18	0	4982	10529	17856	2409	2341	1322	12
青海 Qinghai	2	0	950	2605	4598	639	623	364	2
宁夏 Ningxia	4	0	1911	4994	9052	771	724	472	42
新疆 Xinjiang	23	0	7963	19466	40944	6311	6080	3342	36

括普通高等学校函授部、夜大学)

Institutions (Regional Aggregates)

Institutions of Higher Education are not included in Aggregates)

单位:人

教职工数 Teachers, Staff & Workers										兼任教师 Part-time Teachers
本部教职工 Staff & Workers in the School Proper							科研机构人员 Personnel in Affiliated Research Org.	校办厂、场职工 Employees in School-run Factories, Farms	附设机构人员 Personnel in Other Subsidiary Units	
教师 Teachers				教辅人员 Supporting Staff	行政人员 Adm. Personnel	工勤人员 Workers				
副教授 Asso. Prof.	讲师 Lecturers	助教 Assistants	教员 Instructors							
22492	43164	21683	4437	21930	40850	23470	952	3533	2853	35739
1586	2674	1332	802	2250	4143	1806	89	157	196	3737
932	1419	531	106	819	1283	800	12	43	10	1229
740	1243	793	141	870	1231	1168	34	59	138	595
600	1203	665	94	689	1152	749	21	104	32	270
416	994	467	71	466	761	556	4	25	0	336
1581	2367	869	129	1304	2149	1494	63	158	102	1097
556	1084	507	55	614	1168	555	19	1	293	604
1916	2706	1068	188	1316	2358	1727	89	262	151	1363
665	1776	448	73	862	1211	1175	52	190	137	1006
1046	2626	1699	433	1016	2115	1179	67	129	57	1643
696	1643	823	218	702	1276	703	3	173	20	1706
612	996	443	155	521	1088	512	3	33	22	1098
335	608	298	72	224	695	238	8	67	87	1228
455	839	468	87	453	706	488	40	444	9	806
1559	2960	2164	275	1669	3145	1538	48	372	234	1215
996	1789	1140	225	973	1772	866	36	78	41	1139
1334	2254	1129	243	1285	2147	946	69	221	67	1080
747	1649	591	154	603	1440	766	13	157	351	1540
1199	2471	1519	169	1131	2265	1095	35	25	50	4056
338	921	367	62	363	825	461	110	28	15	623
8	42	67	4	20	43	36	0	12	0	65
545	1167	413	47	390	899	558	18	136	120	2149
1369	2540	1157	159	1113	2480	1250	29	286	397	3937
222	584	263	18	202	651	245	10	31	17	673
159	497	222	38	218	333	272	0	8	16	236
0	0	0	0	0	0	0	0	0	0	0
816	1596	721	110	896	1592	902	19	203	121	1615
265	694	286	65	240	448	331	13	23	32	149
65	175	113	9	90	119	50	10	6	0	111
107	201	113	9	53	117	82	1	29	17	177
627	1446	1007	226	578	1238	922	37	73	121	256

成人高等学校本、专科学生数(总计)

Number of Students in Adult Higher Educational (Evening Schools & Divisions of Correspondence run by

地区 Region	毕业生数 Graduates			招生数 Students Admitted		
	计 Total	本科 Normal Courses	专科 Short-cycle Courses	计 Total	本科 Normal Courses	专科 Short-cycle Courses
总计 Total	3288772	1271	307606	512701	37053	475648
北京 Beijing	21562	1899	19663	23095	2991	20104
天津 Tianjin	10263	174	10089	13426	16	13410
河北 Hebei	10902	145	10757	24912	289	24623
山西 Shanxi	6654	60	6594	10765	140	10625
内蒙古 Inner Mongolia	4649	0	4649	9371	0	9371
辽宁 Liaoning	16538	708	15830	15738	636	15102
吉林 Jilin	10377	705	9672	12208	2173	10035
黑龙江 Heilongjiang	16915	596	16319	21914	2461	19453
上海 Shanghai	6406	479	5927	8374	0	8374
江苏 Jiangsu	12544	1741	10803	15409	2044	13365
浙江 Zhejiang	11395	1729	9666	15852	660	15192
安徽 Anhui	7724	845	6879	11917	1359	10558
福建 Fujian	7439	820	6619	11072	2284	8788
江西 Jiangxi	9404	667	8737	15395	1348	14047
山东 Shandong	26863	2427	24436	21875	1741	20134
河南 Henan	15575	930	14645	22971	1837	21134
湖北 Hubei	14490	628	13862	25761	2665	23096
湖南 Hunan	22089	1967	20122	35452	499	34953
广东 Guangdong	20091	1455	18636	32103	2776	29327
广西 Guangxi	6337	282	6055	11499	570	10929
海南 Hainan	255	0	255	803	0	803
重庆 Chongqing	7316	230	7086	11480	415	11065
四川 Sichuan	26788	1064	25724	61401	4356	57045
贵州 Guizhou	6886	707	6179	16403	2869	13534
云南 Yunnan	2122	93	2029	3597	0	3597
西藏 Tibet	0	0	0	0	0	0
陕西 Shaanxi	11487	555	10932	22314	1778	20536
甘肃 Gansu	4982	276	4706	10529	362	10167
青海 Qinghai	950	0	950	2605	0	2605
宁夏 Ningxia	1911	0	1911	4994	0	4994
新疆 Xinjiang	7963	89	7874	19466	784	18682

(不包括普通高等学校函授部、夜大学)

Institutions by Type of Courses (Regional Aggregates)
Institutions of Higher Education are not included in Aggregates)

单位:人

在校学生数 Enrolment			毕业班学生数 Graduates for Next Year		
计 Total	本科 Normal Courses	专科 Short－cycle Courses	计 Total	本科 Normal Courses	专科 Short－cycle Courses
1117700	88686	1029014	346875	22155	324720
61723	7865	53858	22701	2178	20523
30924	134	30790	11331	88	11243
51331	913	50418	13636	219	13417
21805	210	21595	6428	70	6358
17601	0	17601	4787	0	4787
39498	1906	37592	14620	632	13988
29747	3423	26324	11481	724	10757
50458	3548	46910	17948	576	17372
23286	232	23054	6332	232	6100
41174	5553	35621	13237	1589	11648
49854	10341	39513	12354	1281	11073
27069	3463	23606	8527	1300	7227
26964	4583	22381	8655	973	7682
31484	2559	28925	9175	753	8422
61275	8098	53177	21672	2391	19281
47851	4144	43707	15809	1218	14591
53893	4776	49117	15845	1143	14702
66512	1015	65497	19829	347	19482
77513	6490	71023	24509	1624	22885
28069	1518	26551	7844	440	7404
1355	0	1355	408	0	408
24337	1044	23293	8834	428	8406
102848	7736	95112	28051	1923	26128
26569	3795	22774	7303	607	6696
8394	94	8300	2631	94	2537
0	0	0	0	0	0
43716	3226	40490	12775	620	12155
17856	730	17126	5136	373	4763
4598	0	4598	1360	0	1360
9052	0	9052	1879	0	1879
40944	1290	39654	11778	332	11446

广播电视大

Basic Statistics of

地　区 Region	学校数(所) Schools 计 Total	其中:中央部委所属学校数 Inst. under Central Ministries & Agencies	本专科学生数 Undergraduate Students 毕业生数 Graduates	招生数 Students Admitted	在校学生数 Enrolment	校 Teachers, 合　计 Total	计 Subtotal	专　任 Full-time 小计 Subtotal	教授 Prof.
总　计 **Total**	45	1	98955	159092	347023	56768	55254	28307	183
北　京 Beijing	2	1	1456	1567	4939	1336	1306	465	4
天　津 Tianjin	1	0	3036	3525	8804	1028	1018	358	3
河　北 Hebei	1	0	2641	9835	18963	1610	1600	685	7
山　西 Shanxi	1	0	2190	1500	4214	796	793	305	1
内蒙古 Inner Mongolia	1	0	1835	3629	7244	1105	1092	469	3
辽　宁 Liaoning	3	0	4061	4271	12011	2304	2285	1114	16
吉　林 Jilin	2	0	4435	4962	12914	1464	1459	707	10
黑龙江 Heilongjiang	2	0	3996	4900	10209	3713	3599	1749	21
上　海 Shanghai	1	0	974	1027	3503	355	288	87	5
江　苏 Jiangsu	2	0	4644	3083	10607	5583	5551	3186	7
浙　江 Zhejiang	2	0	5526	4733	16821	3425	3309	1874	5
安　徽 Anhui	1	0	932	904	2135	1285	1285	620	1
福　建 Fujian	2	0	3338	2829	9192	873	786	348	0
江　西 Jiangxi	1	0	3609	5240	11447	827	821	406	2
山　东 Shandong	2	0	5607	4837	13025	7064	6777	3798	21
河　南 Henan	1	0	3436	3848	8355	1945	1864	918	3
湖　北 Hubei	2	0	4527	8487	16622	4363	4219	2393	10
湖　南 Hunan	1	0	6106	17429	32770	1148	1148	496	0
广　东 Guangdong	3	0	6170	10103	27698	4229	4204	2340	17
广　西 Guangxi	1	0	2595	4119	10559	1496	1478	725	2
海　南 Hainan	1	0	200	803	1355	129	129	70	2
重　庆 Chongqing	1	0	3737	6351	13104	928	922	456	3
四　川 Sichuan	2	0	9743	19446	29863	2636	2289	1211	8
贵　州 Guizhou	1	0	3078	5721	9983	957	922	396	5
云　南 Yunnan	1	0	1649	2500	5677	800	777	370	0
西　藏 Tibet	0	0	0	0	0	0	0	0	0
陕　西 Shaanxi	2	0	4129	9807	18904	2212	2201	1161	21
甘　肃 Gansu	1	0	1575	4450	7198	187	183	68	1
青　海 Qinghai	1	0	441	1457	2492	456	443	228	1
宁　夏 Ningxia	1	0	1054	2750	4763	166	166	73	2
新　疆 Xinjiang	2	0	2235	4979	11652	2348	2340	1231	2

学基本情况

Radio/TV Universities

单位:人

教职工数 Teachers, Staff & Workers — 本部教职工 Staff & Workers in the School Proper — 教师 Teachers — 副教授 Asso. Prof.	讲师 Lecturers	助教 Assistants	教员 Instructors	教辅人员 Supporting Staff	行政人员 Adm. Personnel	工勤人员 Workers	科研机构人员 Personnel in Affiliated Research Org.	校办厂、场职工 Employees in School-run Factories, Farms	附设机构人员 Personnel in Other Subsidiary Units	兼任教师 Part-time Teachers
5277	12961	8187	1699	7675	13549	5723	163	524	827	19951
141	246	64	10	307	412	122	15	3	12	820
94	200	51	10	213	325	122	3	7	0	663
139	315	190	34	304	389	222	5	5	0	340
54	162	81	7	125	261	102	0	3	0	48
91	230	129	16	186	286	151	0	13	0	275
321	462	266	49	364	553	254	4	3	12	341
170	343	171	13	272	412	68	5	0	0	350
376	798	457	97	558	841	451	9	11	94	644
22	56	4	0	114	71	16	10	37	20	41
402	1385	1079	313	547	1229	589	6	22	4	949
292	904	518	155	410	675	350	3	113	0	1403
139	253	160	67	189	373	103	0	0	0	762
61	165	104	18	97	272	69	0	0	87	562
101	186	101	16	116	212	87	2	0	4	582
626	1558	1408	185	893	1426	660	25	77	185	745
173	351	314	77	285	522	139	25	15	41	547
499	1068	642	174	579	864	383	6	101	37	500
103	254	95	44	127	398	127	0	0	0	876
364	1092	774	93	457	947	460	6	6	13	2735
116	429	152	26	165	391	197	6	12	0	468
7	28	29	4	13	36	10	0	0	0	51
109	255	83	6	136	233	97	0	6	0	1531
248	598	314	43	233	632	213	13	47	287	2599
62	189	133	7	136	284	106	1	21	13	497
57	211	87	15	122	184	101	0	7	16	79
0	0	0	0	0	0	0	0	0	0	0
254	548	268	70	343	583	114	5	5	1	1343
23	30	10	4	66	44	5	4	0	0	0
44	98	76	9	75	94	46	10	3	0	99
15	43	13	0	25	61	7	0	0	0	57
174	504	414	137	218	539	352	0	7	1	44

广播电视大学

Number of Students in Radio/TV

地区 Region	毕业生数 Graduates 计 Total	本科 Normal Courses	专科 Short-cycle Courses	招生数 Students Admitted 计 Total	本科 Normal Courses	专科 Short-cycle Courses
总计 Total	98955	890	98065	159092	889	158203
北京 Beijing	1456	128	1328	1567	0	1567
天津 Tianjin	3036	135	2901	3525	0	3525
河北 Hebei	2641	0	2641	9835	0	9835
山西 Shanxi	2190	0	2190	1500	0	1500
内蒙古 Inner Mongolia	1835	0	1835	3629	0	3629
辽宁 Liaoning	4061	0	4061	4271	0	4271
吉林 Jilin	4435	0	4435	4962	273	4689
黑龙江 Heilongjiang	3996	0	3996	4900	0	4900
上海 Shanghai	974	205	769	1027	0	1027
江苏 Jiangsu	4644	220	4424	3083	501	2582
浙江 Zhejiang	5526	12	5514	4733	0	4733
安徽 Anhui	932	0	932	904	0	904
福建 Fujian	3338	0	3338	2829	0	2829
江西 Jiangxi	3609	0	3609	5240	0	5240
山东 Shandong	5607	0	5607	4837	0	4837
河南 Henan	3436	0	3436	3848	0	3848
湖北 Hubei	4527	0	4527	8487	0	8487
湖南 Hunan	6106	0	6106	17429	0	17429
广东 Guangdong	6170	0	6170	10103	0	10103
广西 Guangxi	2595	97	2498	4119	115	4004
海南 Hainan	200	0	200	803	0	803
重庆 Chongqing	3737	0	3737	6351	0	6351
四川 Sichuan	9743	0	9743	19446	0	19446
贵州 Guizhou	3078	0	3078	5721	0	5721
云南 Yunnan	1649	93	1556	2500	0	2500
西藏 Tibet	0	0	0	0	0	0
陕西 Shaanxi	4129	0	4129	9807	0	9807
甘肃 Gansu	1575	0	1575	4450	0	4450
青海 Qinghai	441	0	441	1457	0	1457
宁夏 Ningxia	1054	0	1054	2750	0	2750
新疆 Xinjiang	2235	0	2235	4979	0	4979

本、专科学生数

Universities by Type of Courses

单位: 人

在校学生数 Enrolment			毕业班学生数 Graduates for Next Year		
计 Total	本科 Normal Courses	专科 Short－cycle Courses	计 Total	本科 Normal Courses	专科 Short－cycle Courses
347023	2312	344711	107099	950	106149
4939	179	4760	1631	179	1452
8804	70	8734	3481	70	3411
18963	0	18963	3000	0	3000
4214	0	4214	1561	0	1561
7244	0	7244	2302	0	2302
12011	0	12011	4746	0	4746
12914	273	12641	6012	0	6012
10209	0	10209	3726	0	3726
3503	232	3271	1055	232	823
10607	1083	9524	4188	200	3988
16821	75	16746	5807	75	5732
2135	0	2135	739	0	739
9192	0	9192	3423	0	3423
11447	0	11447	3298	0	3298
13025	0	13025	4107	0	4107
8355	0	8355	2425	0	2425
16622	0	16622	4868	0	4868
32770	0	32770	8234	0	8234
27698	0	27698	7986	0	7986
10559	306	10253	2894	100	2794
1355	0	1355	408	0	408
13104	0	13104	4865	0	4865
29863	0	29863	8313	0	8313
9983	0	9983	3437	0	3437
5677	94	5583	1958	94	1864
0	0	0	0	0	0
18904	0	18904	5604	0	5604
7198	0	7198	1640	0	1640
2492	0	2492	793	0	793
4763	0	4763	910	0	910
11652	0	11652	3688	0	3688

职工高等学

Basic Statistics of

地区 Region	学校数(所) Schools 计 Total	学校数(所) Schools 其中:中央部委所属学校数 Inst. Under Central Ministries & Agencies	本专科学生数 Undergraduate Students 毕业生数 Graduates	本专科学生数 Undergraduate Students 招生数 Students Admitted	本专科学生数 Undergraduate Students 在校学生数 Enrolment	合计 Total	校 Teachers, 计 Subtotal	校 Teachers, 专任 Full-time 小计 Subtotal	校 Teachers, 专任 Full-time 教授 Prof.
总计 Total	466	14	98582	141846	332363	73776	70164	38085	701
北京 Beijing	32	5	9120	8737	25277	9057	8874	4377	195
天津 Tianjin	29	0	5449	7350	17091	4030	3994	2272	34
河北 Hebei	12	1	3782	7674	16954	2832	2643	1259	38
山西 Shanxi	11	0	2276	4076	8549	2592	2501	1325	7
内蒙古 Inner Mongolia	5	0	967	1983	3780	516	506	289	1
辽宁 Liaoning	39	2	7574	9004	20951	6097	5912	2976	46
吉林 Jilin	16	1	3096	3260	9230	1617	1457	806	6
黑龙江 Heilongjiang	34	1	8168	9414	23839	5438	5327	2834	60
上海 Shanghai	30	0	4710	6117	16894	5426	5139	2576	34
江苏 Jiangsu	20	1	3130	6434	16198	2285	2137	1370	16
浙江 Zhejiang	14	0	1190	3754	7471	1949	1873	1077	16
安徽 Anhui	8	0	1880	3670	7465	1348	1320	778	1
福建 Fujian	8	0	868	2088	4532	411	411	256	1
江西 Jiangxi	11	0	2502	4534	9396	1436	1390	901	2
山东 Shandong	21	0	6714	4800	15953	3549	3271	1600	7
河南 Henan	18	0	4809	6772	16258	2836	2762	1556	9
湖北 Hubei	20	0	3606	5149	13610	2843	2686	1477	21
湖南 Hunan	21	0	8077	10553	19805	4055	3546	2061	32
广东 Guangdong	19	1	4725	6916	17147	2046	1995	1166	62
广西 Guangxi	3	0	571	1666	3180	425	381	233	0
海南 Hainan	2	0	55	0	0	105	93	53	0
重庆 Chongqing	13	0	2181	2599	5946	2143	1881	1001	12
四川 Sichuan	25	1	4020	8012	16452	3774	3539	1980	45
贵州 Guizhou	4	0	1124	2200	3540	342	332	241	0
云南 Yunnan	6	0	450	839	2125	675	674	392	0
西藏 Tibet	0	0	0	0	0	0	0	0	0
陕西 Shaanxi	18	1	2670	4140	9941	2574	2281	1146	4
甘肃 Gansu	12	0	1437	2277	4429	1179	1142	720	0
青海 Qinghai	1	0	509	1148	2106	183	180	136	1
宁夏 Ningxia	3	0	857	2244	4289	605	558	399	40
新疆 Xinjiang	11	0	2065	4436	9955	1408	1359	828	11

校基本情况

Workers' Colleges

单位: 人

教职工数 Teachers, Staff & Workers — 本部教职工 Staff & Workers in the School Proper — 教师 Teachers — 副教授 Asso. Prof.	讲师 Lecturers	助教 Assistants	教员 Instructors	教辅人员 Supporting Staff	行政人员 Adm. Personnel	工勤人员 Workers	科研机构人员 Personnel in Affiliated Research Org.	校办厂、场职工 Employees in School-run Factories, Farms	附设机构人员 Personnel in Other Subsidiary Units	兼任教师 Part-time Teachers
9357	18468	7863	1696	7991	14453	9635	361	1857	1394	11396
828	1634	976	744	1250	2395	852	30	112	41	2561
716	1051	392	79	439	750	533	4	32	0	534
308	552	307	54	343	463	578	15	36	138	246
285	629	356	48	319	474	383	10	49	32	159
104	160	22	2	65	106	46	2	8	0	7
838	1559	462	71	743	1223	970	54	95	36	648
169	417	202	12	150	284	217	0	0	160	216
921	1389	409	55	462	1100	931	28	36	47	600
578	1513	383	68	628	953	982	29	141	117	869
292	701	315	46	218	350	199	46	65	37	571
278	522	222	39	185	394	217	0	56	20	263
225	382	146	24	137	278	127	0	28	0	336
44	143	48	20	21	102	32	0	0	0	210
193	434	231	41	130	255	104	17	24	5	114
434	706	409	44	440	747	484	19	210	49	277
353	706	399	89	367	513	326	11	63	0	482
397	719	315	25	362	557	290	13	117	27	241
457	1085	402	85	339	712	434	2	157	350	494
305	477	300	22	222	438	169	5	13	33	582
69	109	51	4	33	76	39	37	7	0	140
1	14	38	0	7	7	26	0	12	0	14
268	540	158	23	139	449	292	18	124	120	546
436	1015	461	23	394	721	444	2	184	49	382
54	145	38	4	17	46	28	0	10	0	118
80	210	96	6	65	95	122	0	1	0	141
0	0	0	0	0	0	0	0	0	0	0
293	595	237	17	246	527	362	3	183	107	203
135	428	135	22	82	187	153	9	23	5	131
21	77	37	0	15	25	4	0	3	0	12
92	158	100	9	28	56	75	1	29	17	120
183	398	216	20	145	170	216	6	39	4	179

职工高等学校

Number of Students in Workers'

地区 Region	毕业生数 Graduates			招生数 Students Admitted		
	计 Total	本科 Normal Courses	专科 Short－cycle Courses	计 Total	本科 Normal Courses	专科 Short－cycle Courses
总计 Total	98582	1156	97426	141846	2440	139406
北京 Beijing	9120	248	8872	8737	995	7742
天津 Tianjin	5449	0	5449	7350	0	7350
河北 Hebei	3782	145	3637	7674	289	7385
山西 Shanxi	2276	60	2216	4076	140	3936
内蒙古 Inner Mongolia	967	0	967	1983	0	1983
辽宁 Liaoning	7574	91	7483	9004	16	8988
吉林 Jilin	3096	68	3028	3260	126	3134
黑龙江 Heilongjiang	8168	51	8117	9414	92	9322
上海 Shanghai	4710	274	4436	6117	0	6117
江苏 Jiangsu	3130	0	3130	6434	0	6434
浙江 Zhejiang	1190	0	1190	3754	0	3754
安徽 Anhui	1880	0	1880	3670	0	3670
福建 Fujian	868	0	868	2088	0	2088
江西 Jiangxi	2502	0	2502	4534	0	4534
山东 Shandong	6714	0	6714	4800	0	4800
河南 Henan	4809	0	4809	6772	0	6772
湖北 Hubei	3606	115	3491	5149	585	4564
湖南 Hunan	8077	0	8077	10553	0	10553
广东 Guangdong	4725	0	4725	6916	0	6916
广西 Guangxi	571	0	571	1666	0	1666
海南 Hainan	55	0	55	0	0	0
重庆 Chongqing	2181	6	2175	2599	8	2591
四川 Sichuan	4020	55	3965	8012	171	7841
贵州 Guizhou	1124	0	1124	2200	0	2200
云南 Yunnan	450	0	450	839	0	839
西藏 Tibet	0	0	0	0	0	0
陕西 Shaanxi	2670	43	2627	4140	18	4122
甘肃 Gansu	1437	0	1437	2277	0	2277
青海 Qinghai	509	0	509	1148	0	1148
宁夏 Ningxia	857	0	857	2244	0	2244
新疆 Xinjiang	2065	0	2065	4436	0	4436

本、专科学生数

Colleges by Type of Courses

单位:人

在校学生数 Enrolment			毕业班学生数 Graduates for Next Year		
计 Total	本科 Normal Courses	专科 Short-cycle Courses	计 Total	本科 Normal Courses	专科 Short-cycle Courses
332363	5185	327178	104946	1410	103536
25277	1877	23400	9621	406	9215
17091	0	17091	5842	0	5842
16954	913	16041	5275	219	5056
8549	210	8339	2333	70	2263
3780	0	3780	823	0	823
20951	173	20778	6884	82	6802
9230	352	8878	2945	226	2719
23839	172	23667	8344	80	8264
16894	0	16894	4472	0	4472
16198	0	16198	4220	0	4220
7471	0	7471	1789	0	1789
7465	0	7465	1911	0	1911
4532	0	4532	1417	0	1417
9396	0	9396	2439	0	2439
15953	0	15953	6233	0	6233
16258	0	16258	5372	0	5372
13610	1098	12512	4056	209	3847
19805	0	19805	7406	0	7406
17147	0	17147	5356	0	5356
3180	0	3180	720	0	720
0	0	0	0	0	0
5946	25	5921	2079	0	2079
16452	256	16196	5193	85	5108
3540	0	3540	982	0	982
2125	0	2125	541	0	541
0	0	0	0	0	0
9941	109	9832	3089	33	3056
4429	0	4429	1310	0	1310
2106	0	2106	567	0	567
4289	0	4289	969	0	969
9955	0	9955	2758	0	2758

农民高等学

Basic Statistics

地区 Region	学校数(所) Schools		本专科学生数 Undergraduate Students				校 Teachers,		
	计 Total	其中:中央部委所属学校数 Inst. Under Central Ministries & Agencies	毕业生数 Graduates	招生数 Students Admitted	在校学生数 Enrolment	合计 Total	计 Subtotal	专任 Full-time 小计 Subtotal	专任 Full-time 教授 Prof.
总 计 Total	3	0	365	410	791	213	212	131	0
吉 林 Jilin	3	0	365	410	791	213	212	131	0

注:农民高等学校都是专科学生数。

Note: All students in Peasants' colleges are enrolled in short-cycle courses.

独立函授学

Basic Statistics of

地区 Region	学校数(所) Schools		本专科学生数 Undergraduate Students				校 Teachers,		
	计 Total	其中:中央部委所属学校数 Inst. Under Central Ministries & Agencies	毕业生数 Graduates	招生数 Students Admitted	在校学生数 Enrolment	合计 Total	计 Subtotal	专任 Full-time 小计 Subtotal	专任 Full-time 教授 Prof.
总 计 Total	3	0	4403	5889	12707	768	758	459	23
北 京 Beijing	1	0	291	0	154	0	0	0	0
湖 北 Hubei	1	0	932	2366	5235	245	235	166	21
四 川 Sichuan	1	0	3180	3523	7318	523	523	293	2

独立函授学院

Number of Students in Independent

地区 Region	毕业生数 Graduates			招生数 Students Admitted		
	计 Total	本科 Normal Courses	专科 Short-cycle Courses	计 Total	本科 Normal Courses	专科 Short-cycle Courses
总 计 Total	4403	0	4403	5889	0	5889
北 京 Beijing	291	0	291	0	0	0
湖 北 Hubei	932	0	932	2366	0	2366
四 川 Sichuan	3180	0	3180	3523	0	3523

校基本情况
of Peasants ' Colleges

单位:人

副教授 Asso. Prof.	讲师 Lecturers	助教 Assistants	教员 Instructors	教辅人员 Supporting Staff	行政人员 Adm. Personnel	工勤人员 Workers	科研机构人员 Personnel in Affiliated Research Org.	校办厂、场职工 Employees in School-run Factories, Farms	附设机构人员 Personnel in Other Subsidiary Units	兼任教师 Part-time Teachers
教职工数 Teachers, Staff & Workers — 本部教职工 Staff & Workers in the School Proper — 教师 Teachers										
11	53	57	10	6	48	27	0	1	0	0
11	53	57	10	6	48	27	0	1	0	0

院基本情况
Independent Correspondence Colleges

单位:人

副教授 Asso. Prof.	讲师 Lecturers	助教 Assistants	教员 Instructors	教辅人员 Supporting Staff	行政人员 Adm. Personnel	工勤人员 Workers	科研机构人员 Personnel in Affiliated Research Org.	校办厂、场职工 Employees in School-run Factories, Farms	附设机构人员 Personnel in Other Subsidiary Units	兼任教师 Part-time Teachers
教职工数 Teachers, Staff & Workers — 本部教职工 Staff & Workers in the School Proper — 教师 Teachers										
155	207	56	18	126	129	44	4	3	3	1101
0	0	0	0	0	0	0	0	0	0	0
82	54	9	0	24	25	20	4	3	3	295
73	153	47	18	102	104	24	0	0	0	806

本、专科学生数
Correspondence Colleges by Type of Courses

单位:人

在校学生数 Enrolment			毕业班学生数 Graduates for Next Year		
计 Total	本科 Normal Courses	专科 Short-cycle Courses	计 Total	本科 Normal Courses	专科 Short-cycle Courses
12707	0	12707	4485	0	4485
154	0	154	154	0	154
5235	0	5235	1244	0	1244
7318	0	7318	3087	0	3087

教育学院
Basic Statistics of

地区 Region	学校数(所) Schools 计 Total	其中:中央部委所属学校数 Inst. Under Central Ministries & Agencies	本专科学生数 Undergraduate Students 毕业生数 Graduates	招生数 Students Admitted	在校学生数 Enrolment	合计 Total	校 Teachers, 计 Subtotal	专任 Full-time 小计 Subtotal	教授 Prof.
总计 Total	138	1	62491	131915	257847	27098	26322	14440	332
北京 Beijing	1	0	2852	4146	10339	717	631	263	10
天津 Tianjin	0	0	0	0	0	0	0	0	0
河北 Hebei	7	0	1001	2559	5785	819	813	479	9
山西 Shanxi	6	0	321	986	1472	761	709	389	2
内蒙古 Inner Mongolia	7	0	1478	3002	5450	2043	2037	1149	1
辽宁 Liaoning	2	0	777	969	2471	832	765	453	18
吉林 Jilin	2	0	724	2242	3709	602	588	342	21
黑龙江 Heilongjiang	7	1	2575	5609	11093	1189	1156	767	21
上海 Shanghai	0	0	0	0	0	0	0	0	0
江苏 Jiangsu	5	0	2707	3473	8359	1469	1436	750	30
浙江 Zhejiang	5	0	4371	6764	24630	665	661	364	15
安徽 Anhui	7	0	3580	6374	14543	1223	1193	628	11
福建 Fujian	4	0	1109	3820	7331	640	583	336	1
江西 Jiangxi	4	0	2168	4672	8360	777	777	394	17
山东 Shandong	10	0	7471	6513	18993	2082	2057	1113	52
河南 Henan	12	0	4075	8558	14987	1951	1951	1163	17
湖北 Hubei	7	0	2074	5309	9428	1009	966	464	10
湖南 Hunan	5	0	5005	5151	7659	440	436	228	2
广东 Guangdong	6	0	2243	7095	12526	1111	1111	590	13
广西 Guangxi	3	0	722	2207	3828	600	529	267	3
海南 Hainan	1	0	0	0	0	0	0	0	0
重庆 Chongqing	3	0	1151	2134	4559	1063	1057	646	5
四川 Sichuan	10	0	7145	25563	40351	2284	2253	1208	18
贵州 Guizhou	3	0	1924	7368	10318	492	488	244	15
云南 Yunnan	3	0	23	258	592	289	289	155	1
西藏 Tibet	0	0	0	0	0	0	0	0	0
陕西 Shaanxi	5	0	3007	6831	12290	1248	1219	585	13
甘肃 Gansu	4	0	1361	3074	4837	784	757	409	10
青海 Qinghai	0	0	0	0	0	0	0	0	0
宁夏 Ningxia	0	0	0	0	0	0	0	0	0
新疆 Xinjiang	9	0	2627	7238	13937	2008	1860	1054	17

基本情况

Educational Colleges

单位:人

教职工数 Teachers, Staff & Workers — 本部教职工 Staff & Workers in the School Proper — 教师 Teachers — 副教授 Asso. Prof.	讲师 Lecturers	助教 Assistants	教员 Instructors	教辅人员 Supporting Staff	行政人员 Adm. Personnel	工勤人员 Workers	科研机构人员 Personnel in Affiliated Research Org.	校办厂、场职工 Employees in School-run Factories, Farms	附设机构人员 Personnel in Other Subsidiary Units	兼任教师 Part-time Teachers
4211	6196	3067	634	2903	5416	3563	220	279	277	1096
97	114	31	11	106	164	98	8	27	51	85
0	0	0	0	0	0	0	0	0	0	0
96	191	162	21	69	136	129	0	6	0	9
108	181	80	18	97	129	94	0	52	0	0
212	582	301	53	193	346	349	2	4	0	44
283	114	38	0	69	135	108	0	18	49	0
132	160	29	0	96	91	59	14	0	0	0
351	304	70	21	137	170	82	33	0	0	51
0	0	0	0	0	0	0	0	0	0	0
219	281	167	53	120	348	218	15	7	11	0
106	160	66	17	87	121	89	0	4	0	40
206	266	89	56	155	215	195	3	5	22	0
121	147	46	21	46	150	51	0	57	0	280
126	134	97	20	102	129	152	0	0	0	68
328	469	245	19	251	464	229	0	25	0	72
299	457	331	59	148	460	180	0	0	0	33
159	191	85	19	216	197	89	43	0	0	0
57	121	31	17	54	104	50	4	0	0	35
178	291	101	7	156	246	119	0	0	0	121
63	141	51	9	41	135	86	62	9	0	15
0	0	0	0	0	0	0	0	0	0	0
145	311	167	18	96	171	144	0	6	0	18
375	507	250	58	204	538	303	14	17	0	134
76	107	39	7	20	185	39	0	0	4	46
22	76	39	17	31	54	49	0	0	0	16
0	0	0	0	0	0	0	0	0	0	0
154	264	133	21	164	235	235	1	15	13	0
84	180	111	24	75	137	136	0	0	27	18
0	0	0	0	0	0	0	0	0	0	0
0	0	0	0	0	0	0	0	0	0	0
214	447	308	68	170	356	280	21	27	100	11

教育学院本、

Number of Students in Educational

地区 Region	毕业生数 Graduates			招生数 Students Admitted		
	计 Total	本科 Normal Courses	专科 Short-cycle Courses	计 Total	本科 Normal Courses	专科 Short-cycle Courses
总计 Total	62491	16511	45980	131915	29534	102381
北京 Beijing	2852	1029	1823	4146	1552	2594
天津 Tianjin	0	0	0	0	0	0
河北 Hebei	1001	0	1001	2559	0	2559
山西 Shanxi	321	0	321	986	0	986
内蒙古 Inner Mongolia	1478	0	1478	3002	0	3002
辽宁 Liaoning	777	406	371	969	589	380
吉林 Jilin	724	442	282	2242	1594	648
黑龙江 Heilongjiang	2575	425	2150	5609	2199	3410
上海 Shanghai	0	0	0	0	0	0
江苏 Jiangsu	2707	1509	1198	3473	1534	1939
浙江 Zhejiang	4371	1717	2654	6764	660	6104
安徽 Anhui	3580	845	2735	6374	1359	5015
福建 Fujian	1109	656	453	3820	1937	1883
江西 Jiangxi	2168	601	1567	4672	1130	3542
山东 Shandong	7471	1982	5489	6513	1342	5171
河南 Henan	4075	604	3471	8558	1191	7367
湖北 Hubei	2074	471	1603	5309	1500	3809
湖南 Hunan	5005	1693	3312	5151	0	5151
广东 Guangdong	2243	1368	875	7095	2679	4416
广西 Guangxi	722	185	537	2207	382	1825
海南 Hainan	0	0	0	0	0	0
重庆 Chongqing	1151	224	927	2134	407	1727
四川 Sichuan	7145	873	6272	25563	3939	21624
贵州 Guizhou	1924	707	1217	7368	2869	4499
云南 Yunnan	23	0	23	258	0	258
西藏 Tibet	0	0	0	0	0	0
陕西 Shaanxi	3007	484	2523	6831	1750	5081
甘肃 Gansu	1361	250	1111	3074	353	2721
青海 Qinghai	0	0	0	0	0	0
宁夏 Ningxia	0	0	0	0	0	0
新疆 Xinjiang	2627	40	2587	7238	568	6670

专 科 学 生 数

Colleges by Type of Courses

单位: 人

在校学生数 Enrolment			毕业班学生数 Graduates for Next Year		
计 Total	本科 Normal Courses	专科 Short－cycle Courses	计 Total	本科 Normal Courses	专科 Short－cycle Courses
2578477	1792	186055	64934	16504	48430
10339	4040	6299	2587	866	1721
0	0	0	0	0	0
5785	0	5785	1552	0	1552
1472	0	1472	386	0	386
5450	0	5450	1429	0	1429
2471	1546	925	677	400	277
3709	2448	1261	666	328	338
11093	3040	8053	2701	330	2371
0	0	0	0	0	0
8359	4426	3933	2395	1354	1041
246301	0266	14364	4473	1206	3267
14543	3463	11080	4487	1300	3187
7331	3846	3485	1586	786	800
8360	2184	6176	2285	646	1639
18993	7247	11746	5865	1989	3876
14987	2709	12278	4737	820	3917
9428	2941	6487	2685	777	1908
7659	0	7659	1400	0	1400
12526	6295	6231	3206	1624	1582
3828	835	2993	919	214	705
0	0	0	0	0	0
4559	1019	3540	1574	428	1146
40351	7028	33323	8612	1632	6980
10318	3795	6523	1957	607	1350
592	0	592	132	0	132
0	0	0	0	0	0
12290	3093	9197	3100	573	2527
4837	721	4116	1656	373	1283
0	0	0	0	0	0
0	0	0	0	0	0
13937	850	13087	3867	251	3616

管理干部学

Basic Statistics of

地区 Region	学校数(所) Schools 计 Total	其中:中央部委所属学校数 Inst. Under Central Ministries & Agencies	本专科学生数 Undergraduate Students 毕业生数 Graduates	招生数 Students Admitted	在校学生数 Enrolment	合计 Total	计 Subtotal	校 Teachers, 专任 Full-time 小计 Subtotal	教授 Prof.
总　计 Total	117	11	64081	73549	166969	28367	26942	11980	387
北　京 Beijing	13	8	7843	8645	21014	4254	4111	1618	120
天　津 Tianjin	5	0	1778	2551	5029	943	924	404	9
河　北 Hebei	6	0	3478	4844	9629	1230	1204	568	20
山　西 Shanxi	6	0	1867	4203	7570	1172	1161	555	2
内蒙古 Inner Mongolia	2	0	369	757	1127	101	101	46	0
辽　宁 Liaoning	5	0	4126	1494	4065	1082	1030	502	19
吉　林 Jilin	4	0	1757	1334	3103	1000	867	260	7
黑龙江 Heilongjiang	5	0	2176	1991	5317	1560	1316	647	17
上　海 Shanghai	4	0	722	1230	2889	858	833	349	11
江　苏 Jiangsu	7	1	2063	2419	6010	1091	1051	559	8
浙　江 Zhejiang	1	0	308	601	932	259	259	106	5
安　徽 Anhui	2	0	1332	969	2926	542	542	193	0
福　建 Fujian	4	0	2124	2335	5909	717	699	382	7
江　西 Jiangxi	2	0	1125	949	2281	975	534	174	5
山　东 Shandong	5	0	7071	5725	13304	1395	1331	573	46
河　南 Henan	3	1	3255	3793	8251	1217	1217	546	4
湖　北 Hubei	6	0	3351	4450	8998	1311	1308	536	14
湖　南 Hunan	3	0	2901	2319	6278	868	860	396	6
广　东 Guangdong	13	1	6953	7989	20142	2687	2653	1376	22
广　西 Guangxi	4	0	2449	3507	10502	985	965	479	11
海　南 Hainan	0	0	0	0	0	0	0	0	0
重　庆 Chongqing	2	0	247	396	728	180	180	90	1
四　川 Sichuan	6	0	2700	4857	8864	1669	1570	639	33
贵　州 Guizhou	2	0	760	1114	2728	474	465	228	2
云　南 Yunnan	0	0	0	0	0	0	0	0	0
西　藏 Tibet	0	0	0	0	0	0	0	0	0
陕　西 Shaanxi	5	0	1681	1536	2581	991	981	400	11
甘　肃 Gansu	1	0	609	728	1392	259	259	125	1
青　海 Qinghai	0	0	0	0	0	0	0	0	0
宁　夏 Ningxia	0	0	0	0	0	0	0	0	0
新　疆 Xinjiang	1	0	1036	2813	5400	547	521	229	6

院基本情况

Institutes for Administration

单位：人

教职工数 Teachers, Staff & Workers										兼任教师 Part-time Teachers
本部教职工 Staff & Workers in the School Proper							科研机构人员 Personnel in Affiliated Research Org.	校办厂、场职工 Employees in School-run Factories, Farms	附设机构人员 Personnel in Other Subsidiary Units	
教师 Teachers				教辅人员 Supporting Staff	行政人员 Adm. Personnel	工勤人员 Workers				
副教授 Asso. Prof.	讲师 Lecturers	助教 Assistants	教员 Instructors							
3481	52792	453	380	3229	7255	4478	204	869	352	2195
520	680	261	37	587	1172	734	36	15	92	271
122	168	88	17	167	208	145	5	4	10	32
197	185	134	32	154	243	239	14	12	0	0
153	231	148	21	148	288	170	11	0	0	63
9	22	15	0	22	23	10	0	0	0	10
139	232	103	9	128	238	162	5	42	5	108
74	111	48	20	90	333	184	0	0	133	38
268	215	132	15	159	247	263	19	215	10	68
65	207	61	5	120	187	177	13	12	0	96
133	259	138	21	131	188	173	0	35	5	123
20	57	17	7	20	86	47	0	0	0	0
42	95	48	8	40	222	87	0	0	0	0
109	153	100	13	60	171	86	8	10	0	176
35	85	39	10	105	110	145	21	420	0	42
171	227	102	27	85	508	165	4	60	0	121
171	275	96	0	173	277	221	0	0	0	77
197	222	78	25	104	504	164	3	0	0	44
130	189	63	8	83	226	155	7	0	1	135
352	611	344	47	296	634	347	24	6	4	618
90	242	113	23	124	223	139	5	0	15	0
0	0	0	0	0	0	0	0	0	0	0
23	61	5	0	19	46	25	0	0	0	54
237	267	85	17	180	485	266	0	38	61	16
30	143	53	0	29	136	72	9	0	0	12
0	0	0	0	0	0	0	0	0	0	0
0	0	0	0	0	0	0	0	0	0	0
115	189	83	2	143	247	191	10	0	0	69
23	56	30	15	17	80	37	0	0	0	0
0	0	0	0	0	0	0	0	0	0	0
0	0	0	0	0	0	0	0	0	0	0
56	97	69	1	45	173	74	10	0	16	22

管理干部学院

Number of Students in Institutes for

地区 Region	毕业生数 Graduates 计 Total	本科 Normal Courses	专科 Short-cycle Courses	招生数 Students Admitted 计 Total	本科 Normal Courses	专科 Short-cycle Courses
总计 Total	64081	2714	61367	73549	4190	69359
北京 Beijing	7843	494	7349	8645	444	8201
天津 Tianjin	1778	39	1739	2551	16	2535
河北 Hebei	3478	0	3478	4844	0	4844
山西 Shanxi	1867	0	1867	4203	0	4203
内蒙古 Inner Mongolia	369	0	369	757	0	757
辽宁 Liaoning	4126	211	3915	1494	31	1463
吉林 Jilin	1757	195	1562	1334	180	1154
黑龙江 Heilongjiang	2176	120	2056	1991	170	1821
上海 Shanghai	722	0	722	1230	0	1230
江苏 Jiangsu	2063	12	2051	2419	9	2410
浙江 Zhejiang	308	0	308	601	0	601
安徽 Anhui	1332	0	1332	969	0	969
福建 Fujian	2124	164	1960	2335	347	1988
江西 Jiangxi	1125	66	1059	949	218	731
山东 Shandong	7071	445	6626	5725	399	5326
河南 Henan	3255	326	2929	3793	646	3147
湖北 Hubei	3351	42	3309	4450	580	3870
湖南 Hunan	2901	274	2627	2319	499	1820
广东 Guangdong	6953	87	6866	7989	97	7892
广西 Guangxi	2449	0	2449	3507	73	3434
海南 Hainan	0	0	0	0	0	0
重庆 Chongqing	247	0	247	396	0	396
四川 Sichuan	2700	136	2564	4857	246	4611
贵州 Guizhou	760	0	760	1114	0	1114
云南 Yunnan	0	0	0	0	0	0
西藏 Tibet	0	0	0	0	0	0
陕西 Shaanxi	1681	28	1653	1536	10	1526
甘肃 Gansu	609	26	583	728	9	719
青海 Qinghai	0	0	0	0	0	0
宁夏 Ningxia	0	0	0	0	0	0
新疆 Xinjiang	1036	49	987	2813	216	2597

本、专科学生数

Administration by Type of Courses

单位: 人

在校学生数 Enrolment			毕业班学生数 Graduates for Next Year		
计 Total	本科 Normal Courses	专科 Short-cycle Courses	计 Total	本科 Normal Courses	专科 Short-cycle Courses
166969	9397	157572	65068	3291	61777
21014	1769	19245	8708	727	7981
5029	64	4965	2008	18	1990
9629	0	9629	3809	0	3809
7570	0	7570	2148	0	2148
1127	0	1127	233	0	233
4065	187	3878	2313	150	2163
3103	350	2753	1515	170	1345
5317	336	4981	3177	166	3011
2889	0	2889	805	0	805
6010	44	5966	2434	35	2399
932	0	932	285	0	285
2926	0	2926	1390	0	1390
5909	737	5172	2229	187	2042
2281	375	1906	1153	107	1046
13304	851	12453	5467	402	5065
8251	1435	6816	3275	398	2877
8998	737	8261	2992	157	2835
6278	1015	5263	2789	347	2442
20142	195	19947	7961	0	7961
10502	377	10125	3311	126	3185
0	0	0	0	0	0
728	0	728	316	0	316
8864	452	8412	2846	206	2640
2728	0	2728	927	0	927
0	0	0	0	0	0
0	0	0	0	0	0
2581	24	2557	982	14	968
1392	9	1383	530	0	530
0	0	0	0	0	0
0	0	0	0	0	0
5400	440	4960	1465	81	1384

普通高等学校举办函授

Number of Students by Type of Courses in Correspondence Divisions、Evening Schools

地区 Region	函授部、夜大学 Divisions of Correspondence and Evening Schools								
	毕业生数 Graduates			招生数 Students Admitted			在校学生数 Enrolment		
	计 Total	本科 Normal Courses	专科 Short-cycle Courses	计 Total	本科 Normal Courses	专科 Short-cycle Courses	计 Total	本科 Normal Courses	专科 Short-cycle Courses
总计 Total	416030	94371	321659	790899	224250	566649	1899191	529109	1370082
北京 Beijing	41514	10718	30796	65078	22873	42205	171162	51743	119419
天津 Tianjin	8649	2503	6146	13378	6168	7210	33358	13115	20243
河北 Hebei	17536	3061	14475	35688	6296	29392	87075	16048	71027
山西 Shanxi	10089	2221	7868	27187	5564	21623	54158	12277	41881
内蒙古 Inner Mongolia	4496	1256	3240	13756	7724	6032	24670	11737	12933
辽宁 Liaoning	22629	5427	17202	33941	10763	23178	86063	25831	60232
吉林 Jilin	17178	5879	11299	23944	9630	14314	68854	27468	41386
黑龙江 Heilongjiang	13324	4187	9137	20006	8037	11969	55372	20038	35334
上海 Shanghai	23181	7071	16110	31646	12389	19257	86250	33923	52327
江苏 Jiangsu	34636	7325	27311	52420	18552	33868	139420	40495	98925
浙江 Zhejiang	16339	5510	10829	32190	8889	23301	98751	43516	55235
安徽 Anhui	12097	1449	10648	33780	5056	28724	65115	8898	56217
福建 Fujian	5100	998	4102	9259	3457	5802	24099	6828	17271
江西 Jiangxi	7912	1513	6399	19507	4847	14660	42820	9964	32856
山东 Shandong	31460	7307	24153	46494	8418	38076	127618	30250	97368
河南 Henan	21737	3302	18435	30787	6916	23871	73715	17179	56536
湖北 Hubei	24380	6296	18084	45211	15880	29331	107929	34964	72965
湖南 Hunan	22881	4345	18536	47534	9441	38093	98417	22782	75635
广东 Guangdong	15147	2622	12525	41691	8758	32933	94091	18643	75448
广西 Guangxi	9523	1232	8291	30356	4151	26205	59090	8741	50349
海南 Hainan	1727	236	1491	3983	662	3321	8554	1243	7311
重庆 Chongqing	7441	1933	5508	13459	3912	9547	37496	10543	26953
四川 Sichuan	10285	2377	7908	32781	11789	20992	64682	20036	44646
贵州 Guizhou	1301	119	1182	7050	2578	4472	10664	3244	7420
云南 Yunnan	6904	501	6403	17769	4417	13352	37271	6746	30525
西藏 Tibet	0	0	0	864	96	768	1432	123	1309
陕西 Shaanxi	18269	3552	14717	28070	7459	20611	72692	16633	56059
甘肃 Gansu	5370	1055	4315	10649	3124	7525	24961	6654	18307
青海 Qinghai	401	0	401	877	119	758	1573	119	1454
宁夏 Ningxia	1121	157	964	3579	1040	2539	6407	1718	4689
新疆 Xinjiang	3403	219	3184	17965	5245	12720	35432	7610	27822

部、夜大学、成人脱产班分本专科学生数

& Short－cycle Courses for Adults run by Regular Institutions of Higher Education

单位:人

成人脱产班 Short－cycle courses for Adults								
毕业生数 Graduates			招生数 Students Admitted			在校学生数 Enrolment		
计 Total	本科 Normal Courses	专科 Short-cycle Courses	计 Total	本科 Normal Courses	专科 Short-cycle Courses	计 Total	本科 Normal Courses	专科 Short-cycle Courses
135530	9246	126284	257880	51277	206603	519551	99828	419723
8252	851	7401	16116	5236	10880	30145	9134	21011
2185	166	2019	2426	833	1593	5636	1555	4081
3124	181	2943	8214	1039	7175	16337	3606	12731
2554	242	2312	3873	387	3486	7593	1045	6548
2321	31	2290	4814	962	3852	8762	1513	7249
6798	672	6126	14908	4671	10237	31169	10278	20891
3177	537	2640	7250	3235	4015	13449	5447	8002
5351	170	5181	8231	1747	6484	20848	4285	16563
1397	105	1292	2209	547	1662	5347	1155	4192
10227	152	10075	18511	2609	15902	36616	4667	31949
4931	215	4716	10367	906	9461	19917	2894	17023
5074	733	4341	11986	2694	9292	21771	5572	16199
1787	0	1787	2594	132	2462	6090	285	5805
1691	27	1664	3830	371	3459	7353	555	6798
3819	228	3591	3686	292	3394	9593	1203	8390
10009	15	9994	16225	1264	14961	35617	2210	33407
11453	2169	9284	16394	6118	10276	43636	14465	29171
5631	396	5235	11536	1958	9578	23497	4457	19040
7024	43	6981	9287	231	9056	23262	358	22904
4358	46	4312	1924	228	1696	8015	279	7736
1087	26	1061	1260	100	1160	2572	141	2431
6625	278	6347	10804	3141	7663	21794	5004	16790
9352	327	9025	35365	5923	29442	52344	7847	44497
4790	369	4421	11656	1256	10400	20394	2098	18296
1703	217	1486	3632	483	3149	6168	593	5575
232	0	232	340	28	312	567	28	539
4652	633	4019	9066	2889	6177	19546	5950	13596
1489	92	1397	4732	891	3841	8195	1537	6658
844	195	649	2071	404	1667	3558	622	2936
694	62	632	1138	172	966	1993	227	1766
2899	68	2831	3435	530	2905	7767	818	6949

成人高等学校其

Number of Other Students in Adult Higher

地区 Region	招生数 Entrants									
	分专业学生总数中			第二学科学历	预科班	证书教育 Certificate-oriented education		岗位培训 Job-specific training		成人中专班 Spec. Sec. Classes for Adult
	高中起点本科	高中起点专科	专升本	Students for secand diploms		单科班 Single subject courses	专业证书班 Classes for certificate-oriented trainees	资格性培训 Qualification-oriented training	适应性培训 Adaptation training	
总计 Total	2670	536926	37052	15077	13104	377632	49346	274430	775201	90330
北京 Beijing	666	20245	2325	1184	0	10372	2369	11191	10213	4266
天津 Tianjin	0	12906	21	359	209	2260	395	8462	14874	1082
河北 Hebei	209	25342	141	2547	340	110	2668	6388	16664	9856
山西 Shanxi	0	13425	140	35	64	0	2508	5202	1697	855
内蒙古 Inner Mongolia	0	8079	0	509	0	104	172	3635	1834	1332
辽宁 Liaoning	0	18210	636	86	0	0	2470	678	1642	3882
吉林 Jilin	1050	7460	399	747	0	62	3868	1345	35788	4129
黑龙江 Heilongjiang	0	22973	2461	540	1456	0	221	8722	5944	3463
上海 Shanghai	0	8151	0	166	113	25218	1934	65035	578279	483
江苏 Jiangsu	242	22319	1684	598	0	300989	5858	24156	18341	4206
浙江 Zhejiang	0	20761	5892	202	5300	7840	1631	21293	8012	4121
安徽 Anhui	0	14534	642	2355	0	0	1677	6711	7083	1669
福建 Fujian	0	11479	2301	411	502	4935	324	7869	21049	1553
江西 Jiangxi	60	9803	158	51	0	19	316	1007	360	926
山东 Shandong	96	29688	1645	100	0	180	3425	37240	5545	3951
河南 Henan	134	27177	1703	103	46	1951	2857	21390	2938	2550
湖北 Hubei	114	24837	2551	56	1217	1042	2559	4358	7989	1185
湖南 Hunan	39	39170	460	85	347	0	507	5160	5517	1748
广东 Guangdong	0	29890	2776	225	111	3073	9219	9838	8522	7773
广西 Guangxi	42	11993	536	158	0	0	0	327	2891	1802
海南 Hainan	0	1044	0	0	0	0	0	0	0	259
重庆 Chongqing	0	11023	407	159	304	383	2185	2800	2748	0
四川 Sichuan	0	62445	4356	4113	2726	14977	973	1039	1809	10798
贵州 Guizhou	0	15279	2869	61	210	442	83	2439	589	0
云南 Yunnan	0	5521	0	0	0	9	40	137	176	3543
西藏 Tibet	0	0	0	0	0	0	0	0	0	0
陕西 Shaanxi	18	23605	1760	91	0	3632	761	13512	13278	6451
甘肃 Gansu	0	10524	405	14	0	0	111	73	245	5867
青海 Qinghai	0	2676	0	3	0	0	0	4003	0	35
宁夏 Ningxia	0	5094	0	10	0	0	0	420	1174	1773
新疆 Xinjiang	0	21273	784	109	159	34	215	0	0	772

他学生数(总计)
Educational Institutions (Regional Aggregates)

单位:人

电大注册视听生	其他 Others	在校学生数 Enrolment:分专业学生总数中 高中起点本科	高中起点专科	专升本	第二学科学历 Students for secand diploms	预科班	证书教育 Certificate-oriented education:单科班 Single subject courses	专业证书班 Classes for certificate-oriented trainees	岗位培训 Job-specific training:资格性培训 Qualification-oriented training	适应性培训 Adaptation training	成人中专班 Spec. Sec. Classes for Adult	电大注册视听生	其他 Others
116047	54189	6781	1187414	77916	41526	13275	80753	69027	165711	145337	266785	336910	126040
1609	2142	1824	53574	6009	3430	163	3418	1621	4850	2072	15014	4674	3007
849	292	0	31129	166	1453	306	3971	1888	1949	1428	2830	3344	1872
0	650	681	51278	348	8799	340	5324	6312	23952	13735	26055	0	650
105	4864	0	25709	210	50	21	0	1274	6490	1697	2440	131	12056
8510	225	0	15294	0	886	0	104	35	3312	148	5342	15237	445
7639	1926	89	47813	1817	233	0	0	5651	984	11124	13510	14217	27954
4074	26	2200	23241	625	1161	0	85	4182	7380	21600	9101	4682	652
3733	1355	0	56670	3548	1365	1608	130	683	7085	5791	9596	19000	1776
12140	19916	0	22475	232	458	113	13086	1600	21226	13497	2069	38809	30548
1506	1435	444	59080	5031	1643	0	337	10128	19191	9747	12156	4128	2890
5838	7142	0	51702	10341	495	5300	2853	2360	15730	2406	13471	18414	10975
11750	471	0	33055	2141	5829	0	39	3839	3412	0	3035	22312	791
6487	1700	0	28685	4690	974	552	5020	1449	5328	12090	5207	16846	1726
5304	1652	110	23009	265	131	0	51	595	755	1777	2412	10589	3395
0	292	320	73253	7778	746	0	484	1511	4512	7024	11788	0	4692
13840	1049	462	54711	3682	196	232	4124	4032	6557	2330	11244	29943	3844
482	138	284	58407	4430	182	699	1314	2535	610	1044	6153	482	1075
5973	112	130	78262	885	172	405	0	192	2176	2525	6480	16290	122
240	2721	0	73379	6490	696	111	2287	12872	15079	15304	19611	2650	7116
940	157	81	28069	1404	318	0	0	0	641	5273	5392	4016	685
0	0	0	2044	0	0	0	29	0	0	0	846	255	123
0	2223	0	24062	1019	371	304	1566	2263	1280	2748	0	0	3928
5253	1527	47	105243	7736	11002	2726	30678	2270	1526	2895	30645	49491	1958
1400	367	0	27114	3795	182	210	1194	83	611	789	0	4398	916
3632	0	0	13784	94	3	0	11	120	137	176	15344	7393	382
0	0	0	0	0	0	0	0	0	0	0	0	0	0
3340	406	109	46488	3117	206	0	4454	1095	6862	6434	18093	9789	466
4651	60	0	17926	773	20	0	0	111	73	475	12311	11030	250
2407	0	0	4776	0	10	0	0	0	4003	0	696	5232	0
0	0	0	9352	0	77	0	0	72	0	1208	3894	0	0
4345	1341	0	47830	1290	438	185	194	254	0	0	2050	23558	1746

成人中等专业学校基本情况

Basic Statistics of Adult Specialized

(Limited to State－planned enrolment

地　区	Region	学校数(所) Schools	毕业生数 Graduates	招生数 Students Admitted 合计 Total	招高中毕业起点 Graduates From Senior Sec. School	招初中毕业起点 Graduates From Junior Sec. School	在校学生数 Enrolment
总　计	**Total**	4634	793245	533899	179400	354499	1692552
北　京	Beijing	102	21646	15166	1485	13681	49782
天　津	Tianjin	96	20903	11231	745	10486	42511
河　北	Hebei	228	39389	29792	18693	11099	114527
山　西	Shanxi	187	28708	23247	15981	7266	45742
内蒙古	Inner Mongolia	118	20340	10483	3330	7153	34859
辽　宁	Liaoning	206	23766	15212	2185	13027	59213
吉　林	Jilin	129	19875	9256	1493	7763	38187
黑龙江	Heilongjiang	292	30736	20544	2246	18298	61292
上　海	Shanghai	91	24320	15472	7404	8068	58462
江　苏	Jiangsu	238	54815	19354	10250	9104	98524
浙　江	Zhejiang	150	28561	22994	6881	16113	72140
安　徽	Anhui	148	25827	15411	3732	11679	44018
福　建	Fujian	217	18989	21301	4827	16474	60683
江　西	Jiangxi	131	8553	3359	526	2833	15788
山　东	Shandong	316	64156	47430	21471	25959	123164
河　南	Henan	277	72837	40168	18339	21829	128679
湖　北	Hubei	178	32667	13705	5195	8510	50008
湖　南	Hunan	215	36827	28397	12627	15770	58873
广　东	Guangdong	308	56375	50194	7248	42946	150405
广　西	Guangxi	137	28597	14627	3178	11449	60069
海　南	Hainan	21	1589	473	164	309	1763
重　庆	Chongqing	89	19387	14044	1015	13029	47582
四　川	Sichuan	251	33286	25109	10276	14833	68440
贵　州	Guizhou	34	9329	8256	0	8256	26219
云　南	Yunnan	141	20645	15531	1220	14311	48044
西　藏	Tibet	0	0	0	0	0	0
陕　西	Shaanxi	124	23246	18135	10028	8107	67803
甘　肃	Gansu	96	7880	9877	4718	5159	24669
青　海	Qinghai	17	2977	1830	992	838	6138
宁　夏	Ningxia	21	3352	4412	2202	2210	11490
新　疆	Xinjiang	76	13667	8889	949	7940	23478

注：本表未包括普通中等专业学校举办的成人中专学生。

Note: Adult student enroled in specialized secondary schools are not included.

(总计)(列入计划,学制两年以上)

Secondary Schools (Regional Aggregates) and Courses Lasting 2 Years and Over)

单位:人

毕业班学生数 Graduates for Nert Year	教职工数 Teachers, Staff & Workers					兼任教师 Part-time Teachers
	合计 Total	专任教师 Full-time Teachers	教辅人员 Supportin Staff	行政人员 Adm. Personnel	工勤人员 Workers	
696513	208446	118288	22141	38282	29735	53205
17336	5858	2632	707	1481	1038	922
18271	4093	2143	346	996	608	988
45460	10189	6088	990	1822	1289	1387
19238	5610	3095	646	1042	827	1197
15756	6388	3495	786	1281	826	1048
25917	13255	8287	1058	2309	1601	3127
16593	8432	5312	1030	1316	774	478
28546	12489	7505	1160	2047	1777	753
20123	3529	1677	511	805	536	2426
49759	13418	7097	1205	2536	2580	2816
26370	4286	2409	406	893	578	3576
20116	4856	2522	605	986	743	1781
17925	8110	4707	953	1503	947	2350
6824	3538	2147	220	691	480	583
50924	15371	8753	1558	2999	2061	2140
62910	18149	10475	2575	2770	2329	3264
26488	8880	5062	1000	1389	1429	3379
22740	8324	4923	731	1311	1359	1694
52569	13128	8470	903	1826	1929	3864
24804	8525	4644	825	1529	1527	1898
1121	694	339	28	114	213	99
22178	3421	1814	288	836	483	2124
27436	8802	4521	1109	1738	1434	2651
7749	2651	1484	300	681	186	2984
18334	4256	2197	498	906	655	1330
0	0	0	0	0	0	0
24763	4344	2188	623	1021	512	1351
9050	2194	1253	234	453	254	1135
2273	766	434	98	147	87	179
3747	831	443	78	165	145	210
11193	4059	2172	670	689	528	1471

广播电视中等专业学校基本

Basic Statistics of Radio/TV

(Limited to State-planned enrolment

地　区 Region	学校数(所) Schools	毕业生数 Graduates	招生数 Students Admitted 合计 Total	招高中毕业起点 Graduates From Senior Sec. School	招初中毕业起点 Graduates From Junior Sec. School	在校学生数 Enrolment
总　计 Total	148	203005	134278	48015	86263	483029
北　京 Beijing	1	4082	3061	0	3061	10818
天　津 Tianjin	3	2069	853	0	853	4279
河　北 Hebei	5	12602	9763	9212	551	43108
山　西 Shanxi	3	7272	3280	0	3280	10243
内蒙古 Inner Mongolia	2	3157	1350	0	1350	5297
辽　宁 Liaoning	7	11545	7906	1909	5997	28521
吉　林 Jilin	2	7071	2608	0	2608	12438
黑龙江 Heilongjiang	20	3139	1221	143	1078	4493
上　海 Shanghai	2	9860	9077	5482	3595	29144
江　苏 Jiangsu	3	11527	2310	386	1924	18498
浙　江 Zhejiang	16	8690	7170	1337	5833	22518
安　徽 Anhui	10	6326	1725	435	1290	8113
福　建 Fujian	5	5404	4952	1574	3378	14747
江　西 Jiangxi	0	0	0	0	0	0
山　东 Shandong	13	6274	4369	2915	1454	10309
河　南 Henan	5	19225	11615	7977	3638	42798
湖　北 Hubei	5	7404	2955	2081	874	9597
湖　南 Hunan	12	5933	3895	445	3450	9267
广　东 Guangdong	4	5708	1932	317	1615	15346
广　西 Guangxi	3	3678	1693	298	1395	9483
海　南 Hainan	1	164	134	134	0	50
重　庆 Chongqing	2	8505	5895	0	5895	23575
四　川 Sichuan	5	11862	9899	4648	5251	28567
贵　州 Guizhou	3	3394	4147	0	4147	15539
云　南 Yunnan	4	14228	11301	1132	10169	34217
西　藏 Tibet	0	0	0	0	0	0
陕　西 Shaanxi	3	12788	8875	4779	4096	41226
甘　肃 Gansu	2	2617	5669	2192	3477	11877
青　海 Qinghai	2	1062	420	420	0	2019
宁　夏 Ningxia	1	449	471	199	272	1468
新　疆 Xinjiang	4	6970	5732	0	5732	15474

情况（列入计划,学制两年以上）
Specialized Secondary Schools and Courses Lasting 2 Years and Over)

单位:人

毕业班学生数 Graduates for Next Year	教职工数 Teachers, Staff & Workers 合计 Total	专任教师 Full-time Teachers	教辅人员 Supportin Staff	行政人员 Adm. Personnel	工勤人员 Workers	兼任教师 Part-time Teachers
201611	18770	9461	3906	3523	1880	21226
4082	35	5	4	23	3	0
2756	166	84	31	26	25	341
18346	1526	806	333	276	111	1026
3510	1010	587	169	158	96	1107
2751	21	14	4	3	0	291
11989	917	507	169	185	56	1959
5755	1016	689	97	144	86	275
3087	482	267	49	79	87	313
8535	70	17	23	27	3	17
8377	1596	750	196	313	337	1045
8119	528	288	94	117	29	1604
4772	422	195	82	104	41	597
4546	916	418	239	185	74	671
0	0	0	0	0	0	0
4947	1209	697	142	223	147	517
22934	1985	848	677	302	158	2090
6355	768	361	200	130	77	1940
4385	709	421	54	153	81	792
6721	114	52	22	33	7	419
3884	561	206	165	139	51	550
122	42	15	2	9	16	72
12230	317	165	49	66	37	1456
11732	305	179	66	40	20	366
4293	733	336	192	152	53	536
12610	780	306	254	147	73	841
0	0	0	0	0	0	0
12853	838	390	164	192	92	1098
3438	4	4	0	0	0	0
959	191	111	38	21	21	62
571	115	60	16	28	11	110
6952	1394	683	375	248	88	1131

职工中等专业学校基本情

Basic Statistics of Specialized

(Limited to State-planned enrolment

地　区 Region	学校数(所) Schools	毕业生数 Graduates	招生数 Students Admitted			在校学生数 Enrolment
			合计 Total	招高中毕业起点 Graduates From Senior Sec. School	招初中毕业起点 Graduates From Junior Sec. School	
总　计 Total	1807	296695	192723	27954	164769	650856
北　京 Beijing	61	9122	7494	820	6674	24589
天　津 Tianjin	56	12953	8504	506	7998	28094
河　北 Hebei	48	10639	8461	306	8155	27936
山　西 Shanxi	54	7363	3288	594	2694	12017
内蒙古 Inner Mongolia	45	4909	3215	559	2656	12925
辽　宁 Liaoning	81	8141	4402	0	4402	20448
吉　林 Jilin	48	9769	5210	1365	3845	19758
黑龙江 Heilongjiang	126	19702	9175	682	8493	32426
上　海 Shanghai	85	14374	6301	1851	4450	29065
江　苏 Jiangsu	147	23313	8202	1917	6285	46865
浙　江 Zhejiang	71	14525	9882	1074	8808	36399
安　徽 Anhui	69	9751	8108	1217	6891	19176
福　建 Fujian	94	7954	9165	484	8681	25230
江　西 Jiangxi	30	4784	2494	376	2118	10579
山　东 Shandong	157	32203	20192	6036	14156	60902
河　南 Henan	77	14032	6107	244	5863	23335
湖　北 Hubei	114	13232	6104	1203	4901	24014
湖　南 Hunan	51	13851	4776	433	4343	15279
广　东 Guangdong	147	28324	29399	2975	26424	84383
广　西 Guangxi	25	5366	4591	359	4232	15292
海　南 Hainan	1	84	41	0	41	156
重　庆 Chongqing	35	6842	6071	170	5901	17746
四　川 Sichuan	53	7779	5922	1031	4891	16500
贵　州 Guizhou	19	2174	2937	0	2937	6824
云　南 Yunnan	10	2193	1792	12	1780	7081
西　藏 Tibet	0	0	0	0	0	0
陕　西 Shaanxi	32	4294	3790	1167	2623	12155
甘　肃 Gansu	30	2469	1447	249	1198	5912
青　海 Qinghai	11	837	1145	343	802	2802
宁　夏 Ningxia	7	2094	3319	1501	1818	8565
新　疆 Xinjiang	23	3622	1189	480	709	4403

况（列入计划，学制两年以上）
Secondary Schools for Staff & Workers and Courses Lasting 2 Years and Over)

单位：人

毕业班学生数 Graduates for Next Year	教职工数 Teachers, Staff & Workers 合计 Total	专任教师 Full-time Teachers	教辅人员 Supportin Staff	行政人员 Adm. Personnel	工勤人员 Workers	兼任教师 Part-time Teachers
2535207	8304	42626	7078	16344	12256	16931
7616	2575	1029	353	669	524	532
9407	2401	1313	189	526	373	505
9358	3000	1735	206	611	448	210
4785	1595	761	149	339	346	35
6033	2561	1340	228	607	386	129
8870	5120	2644	506	1121	849	884
8628	2805	1561	261	577	406	58
13559	6026	3255	540	1146	1085	359
11558	2996	1397	408	744	447	2401
24830	5948	3220	424	1229	1075	1116
14555	1849	1016	163	406	264	1463
7257	2224	1176	245	533	270	647
8368	3038	1687	255	650	446	1043
4440	1256	648	94	329	185	72
27142	6277	3472	586	1317	902	1196
9544	3221	1696	284	795	446	526
10672	4804	2784	473	753	794	390
5244	2098	1161	202	390	345	663
27956	6753	4528	501	966	758	2030
5395	3072	1663	257	576	576	391
53	14	6	1	5	2	23
6506	1348	673	106	376	193	545
6273	2536	1201	227	590	518	920
1818	860	548	66	176	70	254
2873	531	268	37	131	95	44
0	0	0	0	0	0	0
3292	625	274	71	167	113	154
2378	991	578	69	257	87	133
728	438	243	52	93	50	26
2354	405	224	21	83	77	22
2028	937	525	104	182	126	160

农民中等专业学校基本情

Basic Statistics of Specialized

(Limited to State－planned enrolment

地区 Region	学校数(所) Schools	毕业生数 Graduates	招生数 Students Admitted			在校学生数 Enrolment
			合计 Total	招高中毕业起点 Graduates From Senior Sec. School	招初中毕业起点 Graduates From Junior Sec. School	
总计 Total	381	69926	58742	4692	54050	164793
北京 Beijing	15	5054	1987	104	1883	8290
天津 Tianjin	5	753	133	0	133	608
河北 Hebei	8	905	666	40	626	2067
山西 Shanxi	2	0	0	0	0	0
内蒙古 Inner Mongolia	4	1771	974	60	914	7067
辽宁 Liaoning	27	3997	2904	276	2628	9847
吉林 Jilin	14	2190	1246	108	1138	4810
黑龙江 Heilongjiang	41	6957	9776	1049	8727	22976
上海 Shanghai	1	86	23	0	23	182
江苏 Jiangsu	0	0	0	0	0	0
浙江 Zhejiang	3	444	28	0	28	460
安徽 Anhui	4	663	559	0	559	1885
福建 Fujian	16	1141	1831	80	1751	4216
江西 Jiangxi	2	0	0	0	0	0
山东 Shandong	33	8742	8083	1264	6819	19260
河南 Henan	49	11146	7335	591	6744	19720
湖北 Hubei	19	4172	1268	4	1264	4544
湖南 Hunan	30	4732	4613	19	4594	10075
广东 Guangdong	55	8688	11563	623	10940	29876
广西 Guangxi	19	4280	2425	288	2137	9801
海南 Hainan	2	0	75	0	75	150
重庆 Chongqing	10	1596	860	23	837	2594
四川 Sichuan	18	2321	2303	148	2155	5558
贵州 Guizhou	0	0	0	0	0	0
云南 Yunnan	0	0	0	0	0	0
西藏 Tibet	0	0	0	0	0	0
陕西 Shaanxi	0	126	15	15	0	378
甘肃 Gansu	3	139	75	0	75	416
青海 Qinghai	0	0	0	0	0	0
宁夏 Ningxia	1	23	0	0	0	13
新疆 Xinjiang	0	0	0	0	0	0

况（列入计划，学制两年以上）
Secondary Schools for Peasants
and Courses Lasting 2 Years and Over)

单位：人

毕业班学生数 Graduates for Next Year	教职工数 Teachers, Staff & Workers 合计 Total	专任教师 Full-time Teachers	教辅人员 Supportin Staff	行政人员 Adm. Personnel	工勤人员 Workers	兼任教师 Part-time Teachers
65679	18101	11673	1253	2316	2859	2170
3211	921	432	94	196	199	318
333	44	30	0	12	2	50
738	244	153	14	32	45	22
0	0	0	0	0	0	0
2246	578	311	130	80	57	356
4732	1312	838	54	200	220	249
1731	542	353	53	94	42	15
11204	1604	1083	94	220	207	62
30	67	34	11	9	13	8
0	0	0	0	0	0	0
245	132	87	0	22	23	0
960	88	56	19	12	1	78
1138	578	354	58	91	75	107
0	0	0	0	0	0	0
7880	2128	1434	139	322	233	189
7885	2565	1715	163	267	420	176
2444	694	439	55	86	114	21
3637	1572	1051	105	161	255	76
8982	3069	2100	131	267	571	328
4217	908	532	77	106	193	47
75	49	36	0	0	13	0
1112	265	175	13	35	42	21
2480	692	432	40	96	124	42
0	0	0	0	0	0	0
0	0	0	0	0	0	0
0	0	0	0	0	0	0
247	0	0	0	0	0	0
152	34	22	0	5	7	5
0	0	0	0	0	0	0
0	15	6	3	3	3	0
0	0	0	0	0	0	0

教师进修学校基本情况

Basic Statistics of In-service

(Limited to State-planned enrolment

地区 Region		学校数(所) Schools	毕业生数 Graduates	招生数 Students Admitted			在校学生数 Enrolment
				合计 Total	招高中毕业起点 Graduates From Senior Sec. School	招初中毕业起点 Graduates From Junior Sec. School	
总计	**Total**	2008	126031	87349	65071	22278	218068
北京	Beijing	16	788	209	31	178	863
天津	Tianjin	17	81	60	0	60	227
河北	Hebei	158	13554	9684	9095	589	36893
山西	Shanxi	118	12087	15679	15387	292	19772
内蒙古	Inner Mongolia	59	4038	3129	1343	1786	5570
辽宁	Liaoning	90	83	0	0	0	397
吉林	Jilin	64	0	0	0	0	0
黑龙江	Heilongjiang	105	938	372	372	0	1366
上海	Shanghai	3	0	71	71	0	71
江苏	Jiangsu	80	10907	1024	504	520	12660
浙江	Zhejiang	53	729	1297	578	719	3386
安徽	Anhui	40	4198	1576	1285	291	3783
福建	Fujian	73	1204	926	861	65	5304
江西	Jiangxi	94	0	0	0	0	0
山东	Shandong	88	12702	11598	8644	2954	25836
河南	Henan	129	15492	6117	2248	3869	19710
湖北	Hubei	30	4866	2586	1765	821	8734
湖南	Hunan	101	9611	13481	11218	2263	20222
广东	Guangdong	100	11931	6620	3333	3287	17776
广西	Guangxi	65	9109	1905	482	1423	11818
海南	Hainan	17	1281	163	0	163	1277
重庆	Chongqing	38	1166	990	766	224	2058
四川	Sichuan	156	4211	4583	3924	659	9200
贵州	Guizhou	3	121	107	0	107	203
云南	Yunnan	125	1215	203	42	161	996
西藏	Tibet	0	0	0	0	0	0
陕西	Shaanxi	72	1743	1338	1171	167	3351
甘肃	Gansu	54	487	1502	1441	61	2611
青海	Qinghai	0	0	0	0	0	0
宁夏	Ningxia	11	414	161	41	120	383
新疆	Xinjiang	49	3075	1968	469	1499	3601

(列入计划,学制两年以上)
Teacher Training Schools and Courses Lasting 2 Years and Over)

单位:人

毕业班学生数 Graduates for Next Year	教职工数 Teachers, Staff & Workers 合计 Total	专任教师 Full-time Teachers	教辅人员 Supportin Staff	行政人员 Adm. Personnel	工勤人员 Workers	兼任教师 Part-time Teachers
961987	2663	44354	6710	11375	10224	2632
379	1627	889	161	387	190	3
84	880	457	57	269	97	12
15100	5005	3162	412	794	637	91
9662	2786	1703	280	424	379	52
2738	2485	1591	234	322	338	49
326	5807	4280	318	782	427	35
0	4002	2687	619	469	227	130
696	4373	2899	477	600	397	19
0	396	229	69	25	73	0
5927	4446	2441	445	616	944	54
979	1690	984	139	321	246	145
2181	1090	617	100	156	217	94
356	2687	1841	240	362	244	68
0	2126	1425	112	317	272	75
7538	4851	2655	579	938	679	96
10144	5831	3727	530	739	835	19
5576	1437	865	131	195	246	43
7926	3314	1965	325	447	577	66
7560	3128	1743	246	550	589	175
7226	2259	1351	125	280	503	27
826	589	282	25	100	182	4
1049	1352	745	104	322	181	55
3607	3700	1970	384	737	609	207
55	73	49	4	12	8	2
726	2113	1189	164	311	449	142
0	0	0	0	0	0	0
1982	1764	976	140	471	177	79
1120	836	518	61	124	133	704
0	0	0	0	0	0	0
222	288	150	38	46	54	6
2213	1728	964	191	259	314	180

干部中等专业学校基本情

Basic Statistics of Specialized

(Limited to State-planned enrolment

地　　区 Region		学校数(所) Schools	毕业生数 Graduates	招生数 Students Admitted			在校学生数 Enrolment
				合计 Total	招高中毕业起点 Graduates From Senior Sec. School	招初中毕业起点 Graduates From Junior Sec. School	
总　计	**Total**	213	38409	19948	4324	15624	71018
北　京	Beijing	8	898	317	26	291	1184
天　津	Tianjin	15	5047	1681	239	1442	9303
河　北	Hebei	8	1487	1218	40	1178	4523
山　西	Shanxi	4	83	0	0	0	24
内蒙古	Inner Mongolia	5	457	199	12	187	490
辽　宁	Liaoning	1	0	0	0	0	0
吉　林	Jilin	0	90	0	0	0	105
黑龙江	Heilongjiang	0	0	0	0	0	0
上　海	Shanghai	0	0	0	0	0	0
江　苏	Jiangsu	6	2360	222	21	201	3962
浙　江	Zhejiang	1	51	70	55	15	318
安　徽	Anhui	19	2962	1303	408	895	5459
福　建	Fujian	27	1306	1882	441	1441	5003
江　西	Jiangxi	3	278	435	88	347	1176
山　东	Shandong	20	3406	2527	1981	546	5223
河　南	Henan	15	4154	1712	47	1665	6476
湖　北	Hubei	5	1952	720	142	578	2552
湖　南	Hunan	16	2643	1452	332	1120	3525
广　东	Guangdong	1	100	168	0	168	722
广　西	Guangxi	20	3698	2148	96	2052	7815
海　南	Hainan	0	0	0	0	0	0
重　庆	Chongqing	3	158	121	3	118	487
四　川	Sichuan	17	4194	2076	275	1801	6625
贵　州	Guizhou	7	685	853	0	853	2075
云　南	Yunnan	0	1182	471	34	437	1968
西　藏	Tibet	0	0	0	0	0	0
陕　西	Shaanxi	3	92	0	0	0	110
甘　肃	Gansu	6	586	255	2	253	1568
青　海	Qinghai	3	540	118	82	36	325
宁　夏	Ningxia	0	0	0	0	0	0
新　疆	Xinjiang	0	0	0	0	0	0

况(列入计划,学制两年以上)

Secondary Schools for Cadres
and Courses Lasting 2 Years and Over)

单位:人

毕业班学生数 Graduates for Next Year	教职工数 Teachers, Staff & Workers					兼任教师 Part-time Teachers
	合计 Total	专任教师 Full-time Teachers	教辅人员 Supportin Staff	行政人员 Adm. Personnel	工勤人员 Workers	
327081	1028	5589	1040	2643	1756	2183
647	435	171	24	128	112	69
5691	602	259	69	163	111	80
1918	414	232	25	109	48	38
0	32	13	7	7	5	0
306	239	103	19	80	37	5
0	99	18	11	21	49	0
105	0	0	0	0	0	0
0	0	0	0	0	0	0
0	0	0	0	0	0	0
2199	670	295	61	183	131	24
209	73	30	10	18	15	17
2704	824	385	108	136	195	155
1571	525	284	54	120	67	137
405	128	70	11	25	22	8
2579	804	418	100	192	94	91
3085	1527	853	100	371	203	50
1071	885	504	129	183	69	864
1402	609	313	45	150	101	85
236	25	20	2	1	2	0
3095	1300	722	120	268	190	317
0	0	0	0	0	0	0
266	128	51	14	34	29	23
2676	1016	506	78	269	163	186
805	381	198	33	99	51	12
930	104	56	7	23	18	2
0	0	0	0	0	0	0
0	34	14	1	18	1	0
606	74	26	4	17	27	0
202	100	48	8	28	16	20
0	0	0	0	0	0	0
0	0	0	0	0	0	0

成人中学基

Basic Statistics of General Secondary

地　区 Region		学校数(所) Schools	教学班(点)(个) External Teaching Sites (Classes)	毕业生数 Graduates 合计 Total	毕业生数 Graduates 其中:女生 Of which Female Students	招 Students 合计 Total
总　计	Total	3940	11403	386597	189663	451319
北　京	Beijing	28	185	4436	2303	2881
天　津	Tianjin	31	141	4446	2135	3623
河　北	Hebei	98	197	5892	3048	5230
山　西	Shanxi	581	688	32899	11561	34145
内蒙古	Inner Mongolia	6	18	809	211	269
辽　宁	Liaoning	196	459	11397	6381	9970
吉　林	Jilin	55	152	6293	2150	3981
黑龙江	Heilongjiang	117	642	7901	4305	9939
上　海	Shanghai	368	2871	112142	60653	189809
江　苏	Jiangsu	576	1466	62344	35186	53810
浙　江	Zhejiang	246	892	16585	7754	16621
安　徽	Anhui	52	45	1445	622	2374
福　建	Fujian	36	86	1178	492	1815
江　西	Jiangxi	61	85	4713	2585	3891
山　东	Shandong	274	420	18640	8853	20173
河　南	Henan	32	136	9617	4322	8012
湖　北	Hubei	33	122	13613	4670	8512
湖　南	Hunan	296	741	23295	11020	20470
广　东	Guangdong	349	841	23658	11383	24468
广　西	Guangxi	26	73	625	316	1925
海　南	Hainan	7	15	277	167	625
重　庆	Chongqing	131	316	5576	1903	8238
四　川	Sichuan	182	315	7787	3440	7468
贵　州	Guizhou	27	38	1081	403	1458
云　南	Yunnan	18	53	508	200	1638
西　藏	Tibet	0	0	0	0	0
陕　西	Shaanxi	87	162	4398	1632	5182
甘　肃	Gansu	2	9	106	49	119
青　海	Qinghai	1	6	0	0	126
宁　夏	Ningxia	4	21	779	306	420
新　疆	Xinjiang	20	208	4157	1613	4127

本情况（总计）

Schools for Adults (Regional Aggregates)

单位: 人

生数 Admitted	在校学生数 Enrolment		教职工数 Teachers, Staff & Workers		兼任教师 Part-time Teachers
其中: 女生 Of which: Female Students	合计 Total	其中: 女生 Of shich: Female Students	合计 Total	其中: 专任教师 Of which: Full-time Teachers	
223757	511641	242484	29606	17753	25171
1567	9560	4838	574	317	322
1964	8066	4303	438	231	232
2795	7139	3744	635	459	361
11825	34763	12131	1194	431	965
128	338	177	45	21	19
4943	17916	9290	1971	1474	971
1382	7796	2621	661	344	308
5113	12637	6401	1200	832	1204
99442	123759	63682	5105	2924	6001
30637	74134	41078	5059	3583	5101
7824	33166	15022	1745	1301	1614
794	3955	1523	500	246	188
821	3424	1591	193	147	299
2113	4563	2516	216	144	291
9833	24869	11423	2044	741	1682
3221	12009	5051	163	128	166
4531	6081	2628	476	344	196
10299	36683	16564	2718	1477	1479
12069	44006	20003	1548	799	1550
1035	3347	1676	305	203	84
221	666	243	33	20	28
2966	12172	4602	784	449	538
3382	11015	4649	1124	610	742
380	3699	385	77	61	123
835	2122	1059	224	188	220
0	0	0	0	0	0
1787	5388	1902	250	147	166
62	432	194	54	32	22
0	279	145	15	15	0
117	750	289	37	19	82
1671	6907	2754	218	66	217

职 工 中 学

Basic Statistics of General Secondary

地 区 Region	学校数(所) Schools	教学班(点)(个) External Teaching Sites (Classes)	毕业生数 Graduates		招 Students
			合 计 Total	其中:女生 Of which Female Students	合 计 Total
总 计 Total	1320	5690	191666	97846	266346
北 京 Beijing	27	185	4436	2303	2850
天 津 Tianjin	21	131	4234	2020	3270
河 北 Hebei	54	79	2481	1193	2185
山 西 Shanxi	35	44	3463	1169	3817
内蒙古 Inner Mongolia	3	8	698	147	134
辽 宁 Liaoning	72	161	5343	3171	3124
吉 林 Jilin	42	130	5562	1844	3425
黑龙江 Heilongjiang	61	442	1778	877	5222
上 海 Shanghai	298	2590	105905	57599	181353
江 苏 Jiangsu	209	525	17666	8549	14478
浙 江 Zhejiang	82	286	5324	2898	6025
安 徽 Anhui	36	38	1305	550	2192
福 建 Fujian	21	21	408	228	513
江 西 Jiangxi	23	37	1861	883	1367
山 东 Shandong	43	131	10115	4632	10587
河 南 Henan	8	48	882	381	1899
湖 北 Hubei	12	27	843	370	613
湖 南 Hunan	72	237	5118	2281	5450
广 东 Guangdong	74	285	7537	3850	9384
广 西 Guangxi	6	21	97	61	458
海 南 Hainan	7	15	277	167	625
重 庆 Chongqing	25	87	1782	763	1657
四 川 Sichuan	30	55	1949	944	2260
贵 州 Guizhou	3	14	0	0	558
云 南 Yunnan	18	14	52	21	412
西 藏 Tibet	0	0	0	0	0
陕 西 Shaanxi	12	29	1096	456	1404
甘 肃 Gansu	2	9	106	49	119
青 海 Qinghai	0	0	0	0	0
宁 夏 Ningxia	4	6	320	87	420
新 疆 Xinjiang	20	35	1028	353	545

基本情况

Schools for Staff & Workers

单位:人

生数 Admitted	在校学生数 Enrolment		教职工数 Teachers, Staff & Workers		兼任教师 Part-time Teachers
其中:女生 Of which: Female Students	合计 Total	其中:女生 Of which: Female Students	合计 Total	其中:专任教师 Of which: Full-time Teachers	
134961	261399	125948	16606	9580	13216
1561	9323	4796	557	311	306
1843	7737	4149	400	213	201
1131	3142	1661	261	142	216
1301	3957	1403	213	129	93
56	134	56	24	14	14
1669	5459	3164	778	540	373
1134	7186	2298	529	295	144
3047	5340	3079	919	641	1032
95114	117825	60936	4417	2290	5322
6525	25999	13102	2572	1775	2062
3155	10899	5433	593	401	505
705	3590	1349	489	237	129
257	1363	785	123	80	99
573	1904	862	165	107	142
5071	8849	4098	995	338	563
779	1539	550	76	46	80
315	1779	600	121	107	50
2476	12418	5175	1144	747	445
4480	17811	6684	801	420	622
240	855	427	162	114	13
221	666	243	33	20	28
741	2906	1334	212	85	168
1208	3167	1693	419	92	332
0	2768	0	77	61	25
308	412	308	219	183	161
0	0	0	0	0	0
569	1510	614	123	79	31
62	432	194	54	32	22
0	0	0	0	0	0
117	750	289	37	19	22
303	1679	666	93	62	16

农民中学

Basic Statistics of General Secondary

地区 Region	学校数(所) Schools	教学班(点)(个) External Teaching Sites (Classes)	毕业生数 Graduates 合计 Total	毕业生数 Graduates 其中:女生 Of which Female Student	招 Students 合计 Total
总计 Total	2620	5713	194931	91817	184973
北京 Beijing	1	0	0	0	31
天津 Tianjin	10	10	212	115	353
河北 Hebei	44	118	3411	1855	3045
山西 Shanxi	546	644	29436	10392	30328
内蒙古 Inner Mongolia	3	10	111	64	135
辽宁 Liaoning	124	298	6054	3210	6846
吉林 Jilin	13	22	731	306	556
黑龙江 Heilongjiang	56	200	6123	3428	4717
上海 Shanghai	70	281	6237	3054	8456
江苏 Jiangsu	367	941	44678	26637	39332
浙江 Zhejiang	164	606	11261	4856	10596
安徽 Anhui	16	7	140	72	182
福建 Fujian	15	65	770	264	1302
江西 Jiangxi	38	48	2852	1702	2524
山东 Shandong	231	289	8525	4221	9586
河南 Henan	24	88	8735	3941	6113
湖北 Hubei	21	95	12770	4300	7899
湖南 Hunan	224	504	18177	8739	15020
广东 Guangdong	275	556	16121	7533	15084
广西 Guangxi	20	52	528	255	1467
海南 Hainan	0	0	0	0	0
重庆 Chongqing	106	229	3794	1140	6581
四川 Sichuan	152	260	5838	2496	5208
贵州 Guizhou	24	24	1081	403	900
云南 Yunnan	0	39	456	179	1226
西藏 Tibet	0	0	0	0	0
陕西 Shaanxi	75	133	3302	1176	3778
甘肃 Gansu	0	0	0	0	0
青海 Qinghai	1	6	0	0	126
宁夏 Ningxia	0	15	459	219	0
新疆 Xinjiang	0	173	3129	1260	3582

基 本 情 况

Schools for Peasants

单位:人

生 数 Admitted	在校学生数 Enrolment		教职工数 Teachers, Staff & Workers		兼任教师 Part－time Teachers
其中:女生 Of which: Female Students	合 计 Total	其中:女生 Of which: Female Students	合 计 Total	其中:专任教师 Of which: Full－time Teachers	
88796	250242	116536	13000	8173	11955
6	237	42	17	6	16
121	329	154	38	18	31
1664	3997	2083	374	317	145
10524	30806	10728	981	302	872
72	204	121	21	7	5
3274	12457	6126	1193	934	598
248	610	323	132	49	164
2066	7297	3322	281	191	172
4328	5934	2746	688	634	679
24112	48135	27976	2487	1808	3039
4669	22267	9589	1152	900	1109
89	365	174	11	9	59
564	2061	806	70	67	200
1540	2659	1654	51	37	149
4762	16020	7325	1049	403	1119
2442	10470	4501	87	82	86
4216	4302	2028	355	237	146
7823	24265	11389	1574	730	1034
7589	26195	13319	747	379	928
795	2492	1249	143	89	71
0	0	0	0	0	0
2225	9266	3268	572	364	370
2174	7848	2956	705	518	410
380	931	385	0	0	98
527	1710	751	5	5	59
0	0	0	0	0	0
1218	3878	1288	127	68	135
0	0	0	0	0	0
0	279	145	15	15	0
0	0	0	0	0	60
1368	5228	2088	125	4	201

成人技术培训学

Basic Statistics of Technical Training

地区 Region	学校数(所) Schools	毕业生数 Graduates 合计 Total	其中: Of which 长班 A	短班 B	招 Students 合计 Total
总计 Total	485556	93962241	7972348	85989893	80594371
北京 Beijing	2564	1207323	97932	1109391	949395
天津 Tianjin	3207	617465	61427	556038	589774
河北 Hebei	44898	7395999	403846	6992153	6559214
山西 Shanxi	29322	2428159	71550	2356609	2059052
内蒙古 Inner Mongolia	9258	1066751	46645	1020106	1000784
辽宁 Liaoning	11157	3442569	162265	3280304	3445035
吉林 Jilin	8505	1706853	152588	1554265	2177703
黑龙江 Heilongjiang	11314	3727185	298377	3428808	3344970
上海 Shanghai	917	1003919	814234	189685	1073719
江苏 Jiangsu	28228	7307203	860061	6447142	6512382
浙江 Zhejiang	16392	2942538	266015	2676523	3032706
安徽 Anhui	13729	4057749	116074	3941675	3739188
福建 Fujian	11724	2458831	222922	2235909	2339951
江西 Jiangxi	11272	1512540	92702	1419838	1495816
山东 Shandong	63066	8335473	393106	7942367	7340342
河南 Henan	36466	7138735	506578	6632157	6675121
湖北 Hubei	12304	2294247	112091	2182156	1815629
湖南 Hunan	31312	2418036	176759	2241277	2288457
广东 Guangdong	3674	820787	102626	718161	587859
广西 Guangxi	13077	3821723	132110	3689613	3508719
海南 Hainan	1624	378385	21689	356696	374481
重庆 Chongqing	17694	4197426	364929	3832497	3188537
四川 Sichuan	35661	8251238	2045796	6205442	5469898
贵州 Guizhou	15235	3144664	49775	3094889	3165266
云南 Yunnan	12570	5669176	81484	5587692	2321321
西藏 Tibet	0	0	0	0	0
陕西 Shaanxi	24992	2589581	87755	2501826	2025933
甘肃 Gansu	9993	1914821	68341	1846480	1975075
青海 Qinghai	1071	436558	64276	372282	328661
宁夏 Ningxia	1654	298400	30400	268000	224600
新疆 Xinjiang	2676	1377907	67995	1309912	984783

A. Lengthy courses (total teaching time no less than 150h.)

B. Short courses (total leaching time less than 150h.)

校基本情况（总计）

Schools for Adults (Regional Aggregates)

单位：人

生数 Admitted 其中：Of which 长班 A	生数 Admitted 其中：Of which 短班 B	在校学生数 Enrolment 合计 Total	在校学生数 Enrolment 其中：Of which 长班 A	在校学生数 Enrolment 其中：Of which 短班 B	教职工数 Teachers, Staff & Workers 合计 Total	教职工数 Teachers, Staff & Workers 其中：专任教师 Of which: Full-time Teachers	兼任教师 Part-time Teachers
6805623	73788748	63866462	5677392	58189070	494048	193258	1018944
119585	829810	199621	56306	143315	12633	5845	13557
72181	517593	72470	24692	47778	2753	2119	5936
337643	6221571	4036841	358884	3677957	30802	12031	81807
63873	1995179	2176364	75682	2100682	39191	7851	50889
37846	962938	890652	43087	847565	8886	3549	17450
146774	3298261	2444461	152148	2292313	20732	8215	28120
196849	1980854	1560837	166901	1393936	15808	8603	11984
208221	3136749	2850914	146738	2704176	18626	10668	28548
838530	235189	288385	180011	108374	9261	4830	9630
724644	5787738	5256811	708399	4548412	30966	24313	57434
279651	2753055	2229132	283068	1946064	15909	5783	35916
124115	3615073	3521910	124083	3397827	11713	1720	43115
208241	2131710	1924562	122890	1801672	4868	2355	26145
69105	1426711	1563308	70365	1492943	5805	1434	26291
463433	6876909	4945908	300935	4644973	77593	35554	113521
487019	6188102	3711082	368574	3342508	9474	7039	56427
101156	1714473	1318555	110304	1208251	18685	10242	32573
195443	2093014	1670909	112127	1558782	47716	11092	56023
64433	523426	490898	82027	408871	7224	1241	11127
172601	3336118	3350000	159966	3190034	21074	4379	44434
35300	339181	402825	37994	364831	305	214	4365
307738	2880799	3197070	315827	2881243	6291	2417	25401
1246110	4223788	5673245	1350383	4322862	20041	7061	64100
40851	3124415	3158125	58648	3099477	15837	3530	40802
38011	2283310	2384513	38040	2346473	2585	1295	34816
0	0	0	0	0	0	0	0
60093	1965840	1530613	66527	1464086	13349	5456	52064
73486	1901589	1287002	59701	1227301	19856	1940	30322
1298	327363	343840	2349	341491	535	105	1995
28800	195800	234900	31900	203000	1900	610	3500
62593	922190	1150709	68836	1081873	3630	1767	10652

职工技术培训

Basic Statistics of Technical Training

地 区 Region	学校数(所) Schools	毕业生数 Graduates 合计 Total	其中: Of which 长班 A	短班 B	招 Students 合计 Total
总 计 Total	10630	5888900	1478925	4409975	5428815
北 京 Beijing	583	656619	77936	578683	500461
天 津 Tianjin	85	62010	9298	52712	64265
河 北 Hebei	1331	376460	43141	333319	249267
山 西 Shanxi	266	36249	6165	30084	28392
内蒙古 Inner Mongolia	77	28185	3148	25037	26531
辽 宁 Liaoning	315	369739	24856	344883	342968
吉 林 Jilin	130	74788	9535	65253	70073
黑龙江 Heilongjiang	434	490556	55677	434879	405485
上 海 Shanghai	717	872431	710725	161706	925612
江 苏 Jiangsu	1056	896925	154104	742821	921501
浙 江 Zhejiang	591	259188	128374	130814	324350
安 徽 Anhui	45	11745	939	10806	6914
福 建 Fujian	369	61364	17958	43406	58789
江 西 Jiangxi	65	18978	6538	12440	20019
山 东 Shandong	1927	594644	61938	532706	539076
河 南 Henan	554	359207	61193	298014	348895
湖 北 Hubei	249	54971	13182	41789	44928
湖 南 Hunan	542	87617	10728	76889	91345
广 东 Guangdong	46	12323	7897	4426	8254
广 西 Guangxi	162	76473	7905	68568	47998
海 南 Hainan	54	9466	1059	8407	8123
重 庆 Chongqing	81	40945	1590	39355	34060
四 川 Sichuan	352	131348	32664	98684	114348
贵 州 Guizhou	9	600	600	0	553
云 南 Yunnan	72	123858	982	122876	90754
西 藏 Tibet	0	0	0	0	0
陕 西 Shaanxi	266	87661	14167	73494	68070
甘 肃 Gansu	138	35803	6972	28831	37661
青 海 Qinghai	6	15682	1104	14578	15354
宁 夏 Ningxia	55	8100	1700	6400	10000
新 疆 Xinjiang	53	34965	6850	28115	24769

学校基本情况

Schools for Staff & Workers

单位: 人

生数 Admitted 其中: Of which 长班 A	短班 B	在校学生数 Enrolment 合计 Total	其中: Of which 长班 A	短班 B	教职工数 Teachers, Staff & Workers 合计 Total	其中: 专任教师 Of which: Full-time Teachers	兼任教师 Part-time Teachers
1525672	3903143	3640631	910206	2730425	88920	47359	79936
99432	401029	114737	38515	76222	10205	5294	8102
9045	55220	11756	5702	6054	665	521	759
25511	223756	164109	28769	135340	4762	2407	6634
5574	22818	35706	7964	27742	1323	700	1054
3050	23481	15232	3877	11355	576	427	561
27634	315334	224951	27331	197620	6718	3361	6075
12578	57495	59946	10834	49112	2630	1538	1212
83187	322298	157085	45881	111204	3919	2118	5552
727474	198138	250738	158967	91771	8860	4489	8663
118738	802763	955593	135963	819630	8311	5770	8663
142748	181602	268104	146248	121856	6401	2276	5439
114	6800	6625	137	6488	455	230	348
15199	43590	54444	12080	42364	1375	608	1384
5583	14436	22145	7529	14616	766	562	943
78308	460768	585849	117827	468022	14998	7179	10673
62058	286837	124935	28486	96449	2960	1255	2886
14162	30766	48942	19885	29057	2039	1495	1357
16838	74507	78418	20770	57648	3924	2310	1947
6608	1646	8570	6630	1940	192	26	212
7688	40310	48143	10918	37225	1245	730	1394
1138	6985	12246	2190	10056	88	51	167
1602	32458	34060	1602	32458	339	125	306
30826	83522	115792	31944	83848	1854	1134	1948
397	156	2700	2574	126	100	90	69
47	90707	90783	76	90707	883	544	421
0	0	0	0	0	0	0	0
10708	57362	60506	14169	46337	1187	655	1525
9206	28455	31546	11708	19838	1168	844	773
825	14529	16405	1876	14529	99	80	33
2800	7200	8600	2600	6000	450	300	190
6594	18175	31965	7154	24811	428	240	646

农民技术培训

Basic Statistics of Technical

地区 Region	学校数(所) Schools	毕业生数 Graduates 合计 Total	其中: Of which 长班 A	短班 B	招 Students 合计 Total
总计 Total	474926	88073341	6493423	81579918	75165556
北京 Beijing	1981	550704	19996	530708	448934
天津 Tianjin	3122	555455	52129	503326	525509
河北 Hebei	43567	7019539	360705	6658834	6309947
山西 Shanxi	29056	2391910	65385	2326525	2030660
内蒙古 Inner Mongolia	9181	1038566	43497	995069	974253
辽宁 Liaoning	10842	3072830	137409	2935421	3102067
吉林 Jilin	8375	1632065	143053	1489012	2107630
黑龙江 Heilongjiang	10880	3236629	242700	2993929	2939485
上海 Shanghai	200	131488	103509	27979	148107
江苏 Jiangsu	27172	6410278	705957	5704321	5590881
浙江 Zhejiang	15801	2683350	137641	2545709	2708356
安徽 Anhui	13684	4046004	115135	3930869	3732274
福建 Fujian	11355	2397467	204964	2192503	2281162
江西 Jiangxi	11207	1493562	86164	1407398	1475797
山东 Shandong	61139	7740829	331168	7409661	6801266
河南 Henan	35912	6779528	445385	6334143	6326226
湖北 Hubei	12055	2239276	98909	2140367	1770701
湖南 Hunan	30770	2330419	166031	2164388	2197112
广东 Guangdong	3628	808464	94729	713735	579605
广西 Guangxi	12915	3745250	124205	3621045	3460721
海南 Hainan	1570	368919	20630	348289	366358
重庆 Chongqing	17613	4156481	363339	3793142	3154477
四川 Sichuan	35309	8119890	2013132	6106758	5355550
贵州 Guizhou	15226	3144064	49175	3094889	3164713
云南 Yunnan	12498	5545318	80502	5464816	2230567
西藏 Tibet	0	0	0	0	0
陕西 Shaanxi	24726	2501920	73588	2428332	1957863
甘肃 Gansu	9855	1879018	61369	1817649	1937414
青海 Qinghai	1065	420876	63172	357704	313307
宁夏 Ningxia	1599	290300	28700	261600	214600
新疆 Xinjiang	2623	1342942	61145	1281797	960014

学校基本情况

Training Schools for Peasants

单位:人

生数 Admitted		在校学生数 Enrolment			教职工数 Teachers, Staff & Workers		兼任教师 Part-time Teachers
其中: Of which		合计 Total	其中: Of which		合计 Total	其中:专任教师 Of which: Full-time Teachers	
长班 A	短班 B		长班 A	短班 B			
5279951	69885605	60225831	4767186	55458645	405128	145899	939008
20153	428781	84884	17791	67093	2428	551	5455
63136	462373	60714	18990	41724	2088	1598	5177
312132	5997815	3872732	330115	3542617	26040	9624	75173
58299	1972361	2140658	67718	2072940	37868	7151	49835
34796	939457	875420	39210	836210	8310	3122	16889
119140	2982927	2219510	124817	2094693	14014	4854	22045
184271	1923359	1500891	156067	1344824	13178	7065	10772
125034	2814451	2693829	100857	2592972	14707	8550	22996
111056	37051	37647	21044	16603	401	341	967
605906	4984975	4301218	572436	3728782	22655	18543	48771
136903	2571453	1961028	136820	1824208	9508	3507	30477
124001	3608273	3515285	123946	3391339	11258	1490	42767
193042	2088120	1870118	110810	1759308	3493	1747	24761
63522	1412275	1541163	62836	1478327	5039	872	25348
385125	6416141	4360059	183108	4176951	62595	28375	102848
424961	5901265	3586147	340088	3246059	6514	5784	53541
86994	1683707	1269613	90419	1179194	16646	8747	31216
178605	2018507	1592491	91357	1501134	43792	8782	54076
57825	521780	482328	75397	406931	7032	1215	10915
164913	3295808	3301857	149048	3152809	19829	3649	43040
34162	332196	390579	35804	354775	217	163	4198
306136	2848341	3163010	314225	2848785	5952	2292	25095
1215284	4140266	5557453	1318439	4239014	18187	5927	62152
40454	3124259	3155425	56074	3099351	15737	3440	40733
37964	2192603	2293730	37964	2255766	1702	751	34395
0	0	0	0	0	0	0	0
49385	1908478	1470107	52358	1417749	12162	4801	50539
64280	1873134	1255456	47993	1207463	18688	1096	29549
473	312834	327435	473	326962	436	25	1962
26000	188600	226300	29300	197000	1450	310	3310
55999	904015	1118744	61682	1057062	3202	1527	10006

成人小学

Basic Statistics of

地　区 Region	学校数(所) Schools	教学班(点)(个) External Teaching Sites (Classes)	毕业生数 Graduates 合计 Total	其中:女生 Of which Female Students	招 Students 合计 Total
总　计 Total	156839	291168	4994482	2802983	4525177
北　京 Beijing	0	0	0	0	0
天　津 Tianjin	227	519	4916	2649	6453
河　北 Hebei	15451	13336	285563	133176	241597
山　西 Shanxi	9850	11371	189961	90874	164843
内蒙古 Inner Mongolia	5492	12056	119982	57008	118788
辽　宁 Liaoning	725	1966	94555	32540	98805
吉　林 Jilin	2690	3784	55445	31675	69551
黑龙江 Heilongjiang	5764	8422	75041	41469	76100
上　海 Shanghai	36	224	5758	3531	7077
江　苏 Jiangsu	6531	9275	236612	120356	220805
浙　江 Zhejiang	1983	3019	60375	36222	45659
安　徽 Anhui	6109	12341	284036	176382	236624
福　建 Fujian	6278	8339	105851	89065	81661
江　西 Jiangxi	8564	14202	230159	164332	135331
山　东 Shandong	14225	14614	418957	222096	389186
河　南 Henan	18758	26376	470336	265352	504327
湖　北 Hubei	6010	8675	143090	79324	134645
湖　南 Hunan	11457	17910	151869	92742	202390
广　东 Guangdong	809	3736	159195	79981	185503
广　西 Guangxi	5118	9570	179452	93038	147028
海　南 Hainan	136	277	4437	2952	1641
重　庆 Chongqing	2742	6969	73126	39151	50681
四　川 Sichuan	4413	19203	330431	169016	348740
贵　州 Guizhou	4387	20492	285360	180178	316615
云　南 Yunnan	0	19368	415233	257285	37222
西　藏 Tibet	0	0	0	0	0
陕　西 Shaanxi	12199	18315	211159	117874	245936
甘　肃 Gansu	4841	17020	204833	118479	285728
青　海 Qinghai	478	2061	32358	17891	46600
宁　夏 Ningxia	1079	1687	62915	40880	49569
新　疆 Xinjiang	487	6041	103477	47465	76072

基本情况

Adults Primary Schools

单位: 人

生数 Admitted	在校学生数 Enrolment		教职工数 Teachers, Staff & Workers		兼任教师 Part－time Teachers
其中: 女生 Of which: Female Students	合计 Total	其中: 女生 Of which: Female Students	合计 Total	其中: 专任教师 Of which: Full－time Teachers	
2556477	4808763	2752388	162388	47556	422042
0	0	0	0	0	0
3739	1163	830	159	128	329
126349	125801	67222	6727	1995	28920
81434	188504	96145	10523	1504	14066
57311	122872	60570	6327	2700	12977
35561	23280	11576	1335	673	2408
39039	46250	25060	2908	1764	4057
42448	78425	45945	7628	4811	9625
3768	3290	1558	104	35	154
140689	151285	108194	4989	2187	15482
27745	46622	26836	1753	707	5019
150932	279731	177350	1875	294	18477
67770	89568	73779	1234	383	9579
96983	176278	124643	4882	785	23403
179538	373314	186902	18135	6418	18347
293123	522788	297572	1872	1206	25817
75225	125004	72486	5450	2540	13471
123705	243080	145318	16334	4431	21950
91972	235926	113163	3221	662	3817
76219	165398	80235	9895	1471	17839
1135	2408	1556	39	38	292
28682	51681	29532	3775	1508	11104
184416	401658	203478	9102	3412	26030
202695	319027	203158	13970	2177	45388
22454	326862	199401	795	367	23148
0	0	0	0	0	0
144960	207216	124829	8660	2779	29105
168492	260194	155638	17815	1653	30323
24360	47808	24043	388	68	2145
31785	51120	32728	551	472	1767
33948	142210	62641	1942	388	7003

职工小学

Basic Statistics of

地区 Region	学校数(所) Schools	教学班(点)(个) External Teaching Sites (Classes)	毕业生数 Graduates		招 Students
			合计 Total	其中:女生 Of which Female Students	合计 Total
总计 Total	675	2165	118011	62427	119456
北京 Beijing	0	0	0	0	0
天津 Tianjin	4	105	380	195	462
河北 Hebei	50	89	6477	2225	3900
山西 Shanxi	23	48	1303	580	1163
内蒙古 Inner Mongolia	1	1	50	20	60
辽宁 Liaoning	5	0	2457	1350	3077
吉林 Jilin	60	343	8804	4909	8197
黑龙江 Heilongjiang	17	82	400	257	61
上海 Shanghai	7	111	2732	1542	4078
江苏 Jiangsu	146	467	21417	15989	22419
浙江 Zhejiang	40	51	4502	2136	3918
安徽 Anhui	0	4	82	62	66
福建 Fujian	12	32	492	257	533
江西 Jiangxi	4	4	144	80	150
山东 Shandong	17	68	33260	14850	37830
河南 Henan	128	266	15267	7792	13207
湖北 Hubei	24	32	1703	753	2519
湖南 Hunan	86	150	3056	1286	3352
广东 Guangdong	10	209	9589	5890	9121
广西 Guangxi	3	3	32	18	257
海南 Hainan	0	0	0	0	0
重庆 Chongqing	0	4	42	34	61
四川 Sichuan	10	48	1594	1022	1508
贵州 Guizhou	2	15	840	0	382
云南 Yunnan	0	0	0	0	0
西藏 Tibet	0	0	0	0	0
陕西 Shaanxi	18	24	2497	924	2181
甘肃 Gansu	3	3	678	126	918
青海 Qinghai	3	2	1	1	12
宁夏 Ningxia	0	0	0	0	0
新疆 Xinjiang	2	4	212	129	24

基本情况

Worker Primary Schools

单位:人

生数 Admitted 其中:女生 Of which: Female Students	在校学生数 Enrolment 合计 Total	在校学生数 Enrolment 其中:女生 Of which: Female Students	教职工数 Teachers, Staff & Workers 合计 Total	教职工数 Teachers, Staff & Workers 其中:专任教师 Of which: Full-time Teachers	兼任教师 Part-time Teachers
65014	125518	66587	2365	1102	2784
0	0	0	0	0	0
234	120	64	12	9	6
1834	2358	899	232	104	160
539	1820	889	69	6	63
30	60	30	3	1	2
1731	620	381	69	48	30
4558	8297	4608	468	252	779
36	61	36	6	6	76
1834	2978	1344	90	21	132
18346	23470	17521	361	116	550
1939	559	162	121	40	97
42	67	43	0	0	3
331	573	361	1	0	27
123	150	123	4	0	4
16770	37830	16770	105	43	0
7200	20852	11614	5	4	163
1265	2680	1290	26	18	66
1471	7471	2639	378	218	188
4782	10825	5936	249	116	239
110	225	89	21	5	16
0	0	0	0	0	0
48	61	48	5	5	10
944	1508	944	14	4	83
0	382	0	41	34	38
0	0	0	0	0	0
0	0	0	0	0	0
628	2153	647	35	21	28
195	366	125	44	31	13
7	1	1	1	0	1
0	0	0	0	0	0
17	31	23	5	0	10

农民小学

Basic Statistics of

地区 Region	学校数(所) Schools	教学班(点)(个) External Teaching Sites (Classes)	毕业生数 Graduates		招 Students
			合计 Total	其中:女生 Of which Female Students	合计 Total
总计 Total	156164	289003	4876471	2740556	4405721
北京 Beijing	0	0	0	0	0
天津 Tianjin	223	414	4536	2454	5991
河北 Hebei	15401	13247	279086	130951	237697
山西 Shanxi	9827	11323	188658	90294	163680
内蒙古 Inner Mongolia	5491	12055	119932	56988	118728
辽宁 Liaoning	720	1966	92098	31190	95728
吉林 Jilin	2630	3441	46641	26766	61354
黑龙江 Heilongjiang	5747	8340	74641	41212	76039
上海 Shanghai	29	113	3026	1989	2999
江苏 Jiangsu	6385	8808	215195	104367	198386
浙江 Zhejiang	1943	2968	55873	34086	41741
安徽 Anhui	6109	12337	283954	176320	236558
福建 Fujian	6266	8307	105359	88808	81128
江西 Jiangxi	8560	14198	230015	164252	135181
山东 Shandong	14208	14546	385697	207246	351356
河南 Henan	18630	26110	455069	257560	491120
湖北 Hubei	5986	8643	141387	78571	132126
湖南 Hunan	11371	17760	148813	91456	199038
广东 Guangdong	799	3527	149606	74091	176382
广西 Guangxi	5115	9567	179420	93020	146771
海南 Hainan	136	277	4437	2952	1641
重庆 Chongqing	2742	6965	73084	39117	50620
四川 Sichuan	4403	19155	328837	167994	347232
贵州 Guizhou	4385	20477	284520	180178	316233
云南 Yunnan	0	19368	415233	257285	37222
西藏 Tibet	0	0	0	0	0
陕西 Shaanxi	12181	18291	208662	116950	243755
甘肃 Gansu	4838	17017	204155	118353	284810
青海 Qinghai	475	2059	32357	17890	46588
宁夏 Ningxia	1079	1687	62915	40880	49569
新疆 Xinjiang	485	6037	103265	47336	76048

基本情况

Peasant Primary Schools

单位:人

生数 Admitted	在校学生数 Enrolment		教职工数 Teachers, Staff & Workers		兼任教师 Part－time Teachers
其中:女生 Of which: Female Students	合计 Total	其中:女生 Of which: Female Students	合计 Total	其中:专任教师 Of which: Full－time Teachers	
24914634	683245	2685801	160023	46454	419258
0	0	0	0	0	0
3505	1043	766	147	119	323
124515	123443	66323	6495	1891	28760
80895	186684	95256	10454	1498	14003
57281	122812	60540	6324	2699	12975
33830	22660	11195	1266	625	2378
34481	37953	20452	2440	1512	3278
42412	78364	45909	7622	4805	9549
1934	312	214	14	14	22
122343	127815	90673	4628	2071	14932
25806	46063	26674	1632	667	4922
150890	279664	177307	1875	294	18474
67439	88995	73418	1233	383	9552
96860	176128	124520	4878	785	23399
162768	335484	170132	18030	6375	18347
285923	501936	285958	1867	1202	25654
73960	122324	71196	5424	2522	13405
122234	235609	142679	15956	4213	21762
87190	225101	107227	2972	546	3578
76109	165173	80146	9874	1466	17823
1135	2408	1556	39	38	292
28634	51620	29484	3770	1503	11094
183472	400150	202534	9088	3408	25947
202695	318645	203158	13929	2143	45350
22454	326862	199401	795	367	23148
0	0	0	0	0	0
144332	205063	124182	8625	2758	29077
168297	259828	155513	17771	1622	30310
24353	47807	24042	387	68	2144
31785	51120	32728	551	472	1767
33931	142179	62618	1937	388	6993

农民小学中扫

Basic Statistics of Literacy Classes

地区 Region	学校数(所) Schools	教学班(点)(个) External Teaching Sites (Classes)	毕业生数 Graduates 合计 Total	其中:女生 Of which Female Students	招 Students 合计 Total
总 计 Total	104863	199061	2528475	1526102	2106083
北 京 Beijing	0	0	0	0	0
天 津 Tianjin	0	0	0	0	0
河 北 Hebei	12893	7026	63243	28413	45575
山 西 Shanxi	3896	4637	44384	23767	26194
内蒙古 Inner Mongolia	4693	9043	26749	16207	26593
辽 宁 Liaoning	135	935	62946	22608	65823
吉 林 Jilin	1081	1767	6688	3570	4320
黑龙江 Heilongjiang	2559	3842	10969	6358	9517
上 海 Shanghai	14	48	1259	909	1192
江 苏 Jiangsu	1681	3146	32761	23514	20197
浙 江 Zhejiang	1618	2297	41435	24942	30766
安 徽 Anhui	4537	10731	204287	127588	185391
福 建 Fujian	3702	5011	58586	50081	38083
江 西 Jiangxi	7385	11969	198164	142669	101633
山 东 Shandong	8478	8478	86243	55678	59790
河 南 Henan	12069	15443	209621	125657	248610
湖 北 Hubei	4342	5625	64707	37420	60310
湖 南 Hunan	6135	10209	63940	38919	79389
广 东 Guangdong	58	125	1551	935	1950
广 西 Guangxi	3617	6293	76513	34558	51248
海 南 Hainan	112	239	4033	2732	1415
重 庆 Chongqing	1211	4502	22114	13195	17220
四 川 Sichuan	2916	12881	167775	89011	204426
贵 州 Guizhou	4339	20291	277087	176815	308047
云 南 Yunnan	0	16622	381294	238366	0
西 藏 Tibet	0	0	0	0	0
陕 西 Shaanxi	11082	16780	143452	84669	176931
甘 肃 Gansu	4728	14519	152483	83333	239747
青 海 Qinghai	343	1895	26397	15041	25476
宁 夏 Ningxia	1067	1556	59728	39243	46829
新 疆 Xinjiang	172	3151	40066	19904	29411

盲班基本情况

in Peasant Primary Schools

单位:人

生 数 Admitted	在校学生数 Enrolment		教职工数 Teachers, Staff & Workers		兼任教师 Part-time Teachers
其中:女生 Of which Female Students	合 计 Total	其中:女生 Of which Female Students	合 计 Total	其中:专任教师 Of which: Full-time Teachers	
1289302	2493163	1515087	110064	29319	312156
0	0	0	0	0	0
0	0	0	0	0	0
26177	50747	28547	5364	1356	23524
14197	29698	16602	4369	403	6140
16590	34269	21074	5385	2257	10270
23925	3077	1466	502	145	1257
2725	4643	2962	1768	1001	1651
4935	11740	7126	3566	2032	3854
835	140	102	0	0	0
15218	19359	15250	1648	763	4871
18643	31110	18141	1332	527	4214
121156	228018	146776	1768	247	15627
31989	41083	34753	450	111	5655
75072	138489	100055	3897	676	19677
39666	68880	45321	8664	3189	10340
153478	227381	134321	1238	688	15897
36156	64287	40334	3520	1876	9328
49904	100347	59756	8214	2284	13345
913	2389	1749	126	77	94
28272	79713	37643	7273	976	12425
1008	1991	1278	18	18	244
10818	17220	10818	3109	1155	8131
111426	250287	128134	7235	2291	19915
198989	309984	199445	13850	2105	45173
0	278988	171340	570	215	19471
0	0	0	0	0	0
111043	158197	98546	7951	2601	26627
137673	211390	123143	16229	1495	27192
14371	26419	13959	331	55	2015
30453	48380	31396	550	471	1625
13670	54937	25050	1137	305	3594

全国农业广播电

Basic Data on China Agricultural

地区 Region	学校数(所) Schools	毕(结)业生数 Graduates 合计 Total	其中:女生 Of which Female Students	中专学历 Secondary Diploma Education	单、多科结业 Completed One or More Courses	自考及联办大专 College-level Education	绿色证书 Training 培训数 Numbers of Training	其中:获证数 Obtained the Certificate
总　计 Total	39	895990	285798	157399	43187	19866	609766	532211
中央校 Central School	1							
北　京 Beijing	1	2904	1587	1661		208	610	610
天　津 Tianjin	1	7039	1760	1396		14	1752	1752
河　北 Hebei	1	26484	9437	13533	751	2319	9332	9332
山　西 Shanxi	1	31550	17353	4021	600	1095	23074	7170
内蒙古 Inner Mongolia	1	2206	1014	1711		495		
辽　宁 Liaoning	1	43175	17314	11582	379	394	30300	30300
吉　林 Jilin	1	26593	5977	6023		90	3554	3554
黑龙江 Heilongjiang	4	7689	2318	7342		129		
上　海 Shanghai	1	12370	2203	1135	70	105	11001	11001
江　苏 Jiangsu	1	122216	54413	6300		1110	113500	113500
浙　江 Zhejiang	1	2244	981	2041		203		
安　徽 Anhui	1	18358	4180	6411	8381	1769	1428	1428
福　建 Fujian	1	47205	1943	1806		399	45000	15000
江　西 Jiangxi	1	1508	485	1508				
山　东 Shandong	1	94411	42465	22143	2061	6701	62253	62253
河　南 Henan	1	32353	12475	14061	759	1	13983	8744
湖　北 Hubei	1	17243	5961	3135	549	1005	11450	10950
湖　南 Hunan	1	6234	3978	5720		129		
广　东 Guangdong	2	17535	9835	829		286	16420	16420
广　西 Guangxi	1	160659	1612	856	1013	80	141171	141171
海　南 Hainan	2	301	112	301				
重　庆 Chongqing	1	13209	3290	5449		150	7000	7000
四　川 Sichuan	1	34711	10413	12047	5880	342	16442	16442
贵　州 Guizhou	1	14722	6308	2441	1167	1360	6834	6834
云　南 Yunnan	2	83153	45078	5628	19686	217	55288	29440
西　藏 Tibet	1							
陕　西 Shaanxi	1	25269	10258	8326	1539	224	8180	8180
甘　肃 Gansu	1	32055	9616	3397	284	629	27180	27180
青　海 Qinghai	1	2235	1340	623		12	1600	1526
宁　夏 Ningxia	1	1506	176	407			1099	1099
新　疆 Xinjiang	2	8853	1916	5566	68	401	1325	1325

视学校基本情况

Broadcasting and T.V. School

单位:人

职业资格证书 Professional Qualified Certificate	招生数 Students Emrollment							
	合计 Total	其中:女生 Of which Female Students	中专学历 Secondary Diploma Education	自考及联办大专 College-level Education	绿色证书 Green Certificate Training	中专后继续教育 Post-secondary Diploma Education		
						小计 Total	农业推广专业 Agritechnology Extension	农村经济管理专业 Economics Management
65762	897504	278372	105390	35269	728451	25895	15179	10403
425	2269	1074	352	1071	400	266		266
3877	2842	1120	765		1752	325	101	224
549	33087	16272	7688	5170	19470	180	145	35
2760	21004	11552	3217	649	16274	864	328	536
	3097	865	913	1526		658	460	198
520	61355	20578	3121	683	55850	1483	703	780
16926	8254	2017	2322	581	5351	327	327	
218	3720	1064	2334	112		1274	692	582
59	2866	1092	858	49	1267	388	42	346
1306	116527	48777	1447	2193	111000	1887	919	968
	3324	1240	2237			1087	749	338
369	25989	5847	6263	3080	16646			
	55483	4665	3227	556	51700			
	440	63	440					
1253	93997	36679	14263	5746	73035	88	88	
3550	33999	1936	8735	154	24880	158	139	19
1104	22701	8468	2602	1078	18061	694	535	159
385	7781	4828	6034	764		1296	300	683
	16797	9641	64	118	16615			
17539	98818	2562	995	133	95631	2059	1522	537
	246	79	110			136	136	
610	14730	4110	4530	200	10000			
	48026	17029	11559	3437	31975	1179	950	229
2920	17345	8609	3833	1431	10418	1663	1663	
2334	84111	28706	7197	1405	74700	30		30
1200	234				1200			
7000	52848	21650	3663	1072	46210	1903	1517	386
565	50668	13407	1856	1244	43738	3830	2255	1575
	2493	1015	385	210	1600	298	162	136
	1828	653	471		538	819	705	114
1493	9659	2540	3909	2607	140	3003	741	2262

全国农业广播电视学校基本情况(续)

Basic Data on China Agricultural Broadcasting and T.V. School

地区 Region	中专学历在校生数 Students in School for Secondary Diploma Education	实用技术培训 Applicable Technology Training	跨世纪青年农民培训 Trans-century Youth Farmers Training	教职工数 Teachers, Staff and Works					兼职教师(不在教工数中) Part-time Teachers
				小计 Total	专任教师 Full-time Teachers	教辅人员 Tutors	行政人员 Adm. Personnel	工勤人员 Workers	
总计 Total	370646	5590011	582100	21416	10317	5331	3767	2001	23691
中央校 Central School				61	23	30	2	6	350
北京 Beijing	1614	2416		239	121	56	44	18	204
天津 Tianjin	1921	21384	1369	91	55	21	8	7	299
河北 Hebei	29315	237173	44129	1456	786	324	231	115	513
山西 Shanxi	10114	344606	30871	867	460	210	140	57	666
内蒙古 Inner Mongolia	6849			524	274	130	70	50	348
辽宁 Liaoning	12777	165073	18101	637	358	130	113	36	1285
吉林 Jilin	11662	33330		856	590	65	157	44	244
黑龙江 Heilongjiang	11091	356	4100	1747	1017	243	373	114	1214
上海 Shanghai	2405	13230	100	359	177	54	59	69	124
江苏 Jiangsu	13296	1520000	12200	823	319	121	136	247	763
浙江 Zhejiang	6415			246	127	54	52	13	815
安徽 Anhui	31238	199136	29537	783	304	250	171	58	1469
福建 Fujian	8041	120000	18000	685	287	208	130	60	563
江西 Jiangxi	2398			366	108	128	88	42	399
山东 Shandong	18467	391822	49510	1634	836	492	196	110	1588
河南 Henan	31830	294985	14645	1737	704	632	264	137	2053
湖北 Hubei	4598	160210	19370	523	226	163	86	48	1004
湖南 Hunan	15104	46033	1862	997	442	248	194	113	1824
广东 Guangdong	1816			118	22	3	70	23	213
广西 Guangxi	2321	717870	175605	538	190	158	139	51	550
海南 Hainan	375			252	150	15	39	48	13
重庆 Chongqing	18865	150000		310	162	47	64	37	1240
四川 Sichuan	47337	125117	20013	1218	590	361	160	107	1756
贵州 Guizhou	11958	28123	15476	441	167	179	73	22	479
云南 Yunnan	15159	317368	32935	722	279	254	124	65	838
西藏 Tibet				14	10	0	2	2	
陕西 Shaanxi	26991	434303	29586	967	449	197	208	113	1099
甘肃 Gansu	6753	82668	28067	551	261	137	84	69	498
青海 Qinghai	1323	200	1500	145	80	30	14	21	39
宁夏 Ningxia	1472	142702		115	60	16	28	11	110
新疆 Xinjiang	17141	41906	35124	1394	683	375	248	88	1131

第二部分

Part Ⅱ

办 学 条 件

Physical Facilities

一、教育经费

Public Expenditure on Education

全国教育经费来源和支出情况

Sources of Educational Fund and Expenditure for Education

单位：万元

Unit: in 10 Thousand Yuan

年份 Year	合计 Total	国家财政性教育经费 Government Appropriation for Education	预算内教育经费 Budgetary	社会团体和公民个人办学经费 Funds of Social Organizations and Citizens for Running Schools	社会捐资和集资办学经费 Donations and Fund-Raising for Running Schools	学费和杂费 Tuition and Miscellanecous Fee	其他教育经费 Other Educational Funds
1991	7315028.2	6178286.0	4597308.1		628209.7	323475.6	185056.9
1992	8670490.5	7287505.8	5387381.7		696285.2	439319.3	247380.2
1993	10599374.4	8677618.3	6443914.0	33322.7	701856.1	871476.9	315100.4
1994	14887812.6	11747395.6	8839794.7	107795.2	974487.1	1469228.1	588906.6
1995	18779501.1	14115233.3	10283930.0	203671.5	1628414.0	2012422.5	819759.8
1996	22623393.5	16717045.5	12119133.6	261998.9	1884189.5	2610391.2	1149798.4
1997	25317325.7	18625416.3	13577262.1	301746.4	1706587.6	3260792.0	1422783.4
1998	29490592.0	20324526.0	15655917.0	480314.0	1418537.0	3697474.0	3569741.0
1999	33490416.4	22871756.1	18157579.3	628957.1	1258694.2	4636107.9	4094901.1

各地区教育经费来源和支出情况(1999年)

Sources of Educational Fund and Expenditure for Education by Region (1999)

单位：万元

Unit: in 10 Thousand Yuan

地区 Region		合计 Total	国家财政性教育经费 Government Appropriation for Education	预算内教育经费 Budgetary	社会团体和公民个人办学经费 Funds of Social Organizations and Citizens for Running Schools	社会捐资和集资办学经费 Donations and Fund-Raising for Running Schools	学费和杂费 Tuition and Miscellaneous Fee	其他教育经费 Other Educational Funds
北京	Beijing	1930682.1	1351040.3	1215707.3	27879.7	59651.3	156558.1	335552.7
天津	Tianjin	579702.8	378038.1	312684.2	24774.0	7995.1	66548.7	102346.9
河北	Hebei	1382481.6	979261.1	734078.9	38242.9	50243.6	232593.7	82140.3
山西	Shanxi	694615.7	494727.2	383246.2	15153.8	40132.8	93789.2	50812.7
内蒙古	Inner Mongolia	533015.7	424876.5	327781.9	4859.5	5969.7	61058.8	36251.2
辽宁	Liaoning	1252493.0	925731.4	740488.2	13745.7	9056.0	164576.1	139383.8
吉林	Jilin	837866.3	614027.4	483691.0	7098.9	36424.2	105577.3	74738.5
黑龙江	Heilongjiang	1044767.3	789124.0	534222.7	17788.5	10828.7	141628.6	85397.5
上海	Shanghai	1744475.7	1211291.5	1013799.1	53690.2	55831.4	180052.7	243609.9
江苏	Jiangsu	2617051.4	1697212.6	1341304.3	39844.9	127053.1	340528.2	412412.6
浙江	Zhejiang	1828190.9	1111919.9	754905.5	102456.3	116915.4	200811.8	296087.5
安徽	Anhui	1034183.8	703397.2	568487.5	5869.9	21208.9	198009.0	105698.8
福建	Fujian	1042181.7	735496.4	646322.6	21232.6	40629.4	114516.4	130306.9
江西	Jiangxi	658618.3	439787.6	358056.0	3910.8	12682.6	114356.2	87881.1
山东	Shandong	2087357.0	1482785.2	1123022.9	26397.8	60062.1	308456.7	209655.2
河南	Henan	1531727.2	1038857.2	806748.0	21042.7	100604.3	245601.6	125621.4
湖北	Hubei	1538420.6	873787.6	659990.8	12710.6	83102.7	294998.9	273820.8
湖南	Hunan	1397292.1	800694.3	596317.7	18661.9	71783.6	321074.6	185077.7
广东	Guangdong	3144558.4	1868329.5	1574511.7	111354.0	175376.7	615607.7	373890.5
广西	Guangxi	840142.7	576463.2	441202.9	6582.0	22801.4	107068.6	127227.5
海南	Hainan	212244.1	142904.2	109806.9	4843.9	8546.7	34733.3	21216.0
重庆	Chongqing	601278.1	387028.6	320873.0	5318.0	27080.6	64760.2	117090.7
四川	Sichuan	1375095.2	967090.3	748879.1	8776.3	38173.2	129239.0	231816.4
贵州	Guizhou	433565.9	348292.3	288349.3	2703.8	7166.3	48028.8	27374.7
云南	Yunnan	900880.6	755374.0	663114.7	10268.3	26209.8	52661.5	56367.0
西藏	Tibet	76981.0	74104.0	72992.0		2400.0	121.9	355.1
陕西	Shaanxi	852509.0	605862.4	501509.5	14867.3	21555.1	126343.0	83881.2
甘肃	Gansu	476792.9	385206.3	313533.7	2905.7	11858.7	46171.6	30650.6
青海	Qinghai	106626.5	92794.6	82427.7	239.4	1022.3	7226.0	5344.2
宁夏	Ningxia	128222.1	102230.6	84555.6	284.5	2338.7	14216.3	9152.0
新疆	Xinjiang	606396.7	514020.6	354986.4	5453.2	3989.8	49193.4	33739.7

各类学校教育经费来源和支出情况(1999 年)

Sources of Educational Fundand Expenditurefor Education in Various Schools (1999)

单位: 万元 Unit: in 10 Thousand Yuan

学校类别 Type of Schools	合 计 Total	国家财政性教育经费 Government Appropriation for Education	预算内教育经费 Budgetary	社会团体和公民个人办学经费 Funds of Social Organizations and Citizens for Running Schools	社会捐资和集资办学经费 Donations and Fund-Raising for Running Schools	学费和杂费 Tuition and Miscel-lanecous Fee	其他教育经费 Other Educa-tional Funds
全国总计 National Total	33490416.4	22871756.1	18157597.3	628957.1	1258694.2	4636107.9	4094901.1
中央 Gentral Government	4227406.2	2766078.3	2153961.0		116522.4	449375.3	895430.2
地方 Local Government	29263010.2	20105677.8	16003636.3	628957.1	1142171.8	4186732.6	3199470.9
按学校类别分组 Grouped by Type of Schools							
高等学校 Institutions of Higher Education	7646450.3	4728311.9	4444956.8	39083.0	163891.0	1378830.9	1336333.5
普通高等学校 Regular IHEs	7087280.0	4431601.2	4226112.2	32565.1	161676.6	1207835.5	1253601.6
成人高等学校 IHEs for Adults	559170.3	296710.7	218844.6	6517.9	2214.4	170995.4	82731.9
中等专业学校 Specialized Sec. Schools	2473986.6	1360576.9	1216931.4	19121.4	23103.8	794065.9	277118.6
中等技术学校 Technical Schools	1651712.1	902594.6	822182.7	10416.0	10788.7	571488.8	156424.0
中等师范学校 Teacher Training Schools	447778.7	245920.8	222491.5		8383.2	129704.4	63770.3
成人中等学校 Specialized Secondary Schools for Adults	374495.8	212061.5	172257.2	8705.4	3931.9	92872.7	56924.3
技工学校 Technical Schools	342343.8	273278.0	95450.6		819.9	44912.0	23333.9
中学 Secondary Schools	9848874.7	6671228.9	4863612.0	353184.4	552386.7	1180676.4	1091398.3
普通中学 Regular Secondary Schools	9818888.9	6658801.6	4856432.5	344947.8	552197.8	1176271.8	1086669.9
高级中学 Senior Secondary Schools	1636004.5	866169.5	617045.5	67774.8	130722.5	293220.2	278117.5
完全中学 Complete Secondary Schools	2665420.1	1667596.6	1233096.3	140002.9	162098.1	325634.4	370088.1
初级中学 Junior Secondary Schools	5517464.3	4125035.5	3006290.7	137170.1	259377.2	557417.2	438464.3
农村 Rural	2885042.8	2208547.8	1710254.3		146980.0	329767.1	199747.9
成人中学 Secondary Schools for Adults	29985.8	12427.3	7179.5	8236.6	188.9	4404.6	4728.4
职业中学 Vocational Schools	1124704.9	700239.8	539429.4	44721.9	25417.6	228777.1	125548.5
小学 Primary Schools	9948143.0	7711763.9	5875623.5	172846.4	442076.4	928366.6	693089.7
普通小学 Regular Primary Schools	9939983.1	7704708.3	5870219.0	172370.0	441972.8	928213.2	692718.8
农村 Rular Areas	5735693.6	4548153.3	3620974.2		277933.8	608566.7	301039.8
成人小学 Primary Schools for Adults	8159.9	7055.6	5404.5	476.4	103.6	153.4	370.9
特殊教育学校 Special Edu. Schools	93157.0	81966.6	70601.1		1965.3	1973.0	7252.1
幼儿园 Kindergartens	455440.3	275445.9	252127.7		14045.5	78506.0	87442.9
其他 Others	1557315.8	1068944.2	798864.8		34988.0		453383.6

二、教育基本建设投资

Capital Construction Investment in the Educational Sector

教育基本建设

Data on the Completion of Capital Construction Investment

学校类别 Type of School	投资合计 Total Investment Completed in the Current yeal (in 10 thousand Yuan)	其中:住宅 of which: Housing	本年完成投资 Investment by source of Fund 国家预算内 Budgetary Allocation 计 Subtotal	中央 Central
总　计 **Total**	6694814	1283991	1184262	560258
普通高等学校 Regular Institutions of Higher Education	2493775	441472	673100	465923
中等师范学校 Teacher Teaining Schools	90333	18163	8538	1428
普通中学 Regular Secondary Schools	2335292	451658	271563	29532
职业中学 Vocational Schools	191802	27344	15964	2808
小学 Primary Schools	1192452	201184	196682	58809
特殊教育学校 Special Education Schools	19155	1959	3726	858
幼儿园 Kindergartens	58555	5010	4181	53
其他 Other	313450	137201	10508	847

注:1、此表数据为2000年1月1日至2000年12月31日投资完成情况。

2、普通中等专业学校因无中等技术学校数据,所以只反映中等师范学校投资完成情况。

3、本表"普通高等学校"数据为部委所属普通高等学校与地方所属普通高等学校之合。

4、1999年《中国教育统计年鉴》350页"教育基本建设投资完成情况(1999)"表中"普通高等学校"数据为地方所属普通高等高校,未含部委所属普通高等学校数据。

投资完成情况(2000)

in the Educationral Sector (2000)

按资金来源分(万元) (in 10 Thousand Yuan)					本年竣工建筑面积(平方米) Building Floor Area Completed (in m²)	
	自筹资金 Self-raised Fund					
		其 中				
省级 Local	计 Subtotal	学校自筹 Raised by School	个人集资 Individual donations	其他 Other Sources	合 计 Total	其中：教工住宅 of which: Housing for Teachers, Staff & workers
624004	4953029	2017522	819619	557523	66996973	18191562
207177	1567899	808270	135316	252776	14425473	4865288
7110	77997	37976	11734	3798	1026161	354937
242031	1882485	731793	347950	181244	28090190	7123005
13156	157604	67375	20830	18234	2428577	478873
137873	910670	242121	194322	85100	17778327	3608913
2868	13571	2909	1971	1858	213363	36619
4128	48109	20397	6082	6265	729826	88317
9661	294694	106681	101414	8248	2305056	1635610

教育基本建设

Data on the Completion of Capital Construction Investment

地区	Region	投资合计 Total Investment Completed in the Current yeal (in 10 thousand Yuan)	其中：住宅 Of which: Housing	本年完成投资 Investment by source of Fund		
				国家预算内 Budgetary Allocation		
				计 Subtotal	中央 Central	省级 Local
总计	Total	5814985	1101387	852083	228079	624004
北京市	Beijing	113127	37286	17528	5786	11742
天津市	Tianjin	88259	18322	17605	6576	11029
河北省	Hebei	258030	53619	34222	5454	28768
山西省	Shanxi	83838	31267	10590	5248	5342
内蒙古	Inner Mongolia	107581	20280	24793	11101	13692
辽宁省	Liaoning	223764	61562	22008	12203	9805
大连市	Dalian	41426	826	10436	4531	5905
吉林省	Jilin	135858	36120	7137	3655	3482
黑龙江省	Heilongjiang	108876	24831	11268	5239	6029
上海市	Shanghai	312035	14318	5364	0	5364
江苏省	Jiangsu	602490	95754	34437	7806	26631
浙江省	Zhejiang	449185	23607	28440	1807	26633
宁波市	Ningbo	48652	3289	7663	0	7663
安徽省	Anhui	169252	29013	19770	5919	13851
福建省	Fujian	96985	11803	9647	1058	8589
厦门市	Xiamen	8179	0	3316	30	3286
江西省	Jiangxi	105642	18885	15781	7229	8552
山东省	Shandong	325591	95153	18843	2488	16355
青岛市	Qingdao	37176	3073	2219	20	2199
河南省	Henan	272959	46424	28551	8002	20549
湖北省	Hubei	209244	51698	30637	9248	21389
湖南省	Hunan	235405	40268	21970	8748	13222
广东省	Guangdong	518411	109510	168606	6048	162558
深圳市	Shenzhen	65337	2376	61982	350	61632
广西	Guangxi	116068	28538	22374	9636	12738
海南省	Hainan	40641	13133	6827	2248	4579
重庆市	Chongqing	110716	21225	13888	6477	7411
四川省	Sichuan	217788	61023	16964	8591	8373
贵州省	Guizhou	81393	15001	19068	11419	7649
云南省	Yunnan	174243	28821	63433	13458	49975
西藏	Xizang	20335	3964	15165	6030	9135
陕西省	Shanxi	162077	42131	17728	8080	9648
甘肃省	Gansu	93335	19543	22419	13954	8465
青海省	Qinghai	25575	4302	8232	5103	3129
宁夏	Ningxia	24291	5203	7411	6501	910
新疆	Xinjiang	104882	23322	18077	11389	6688
新疆生产建设兵团		26339	5897	7684	6647	1037

投资完成情况(2000)

in the Educationral Sector (2000)

按资金来源分(万元) (in 10 Thousand Yuan)				本年新增固定资产 Fixed Assets Increased in the Current year (in 10 Thousand Yuan)	本年竣工建筑面积(平方米) Building Floor Area Completed (in m^2)	
自筹资金 Self-raised Fund			其他(含利用外资) Other Sources			
计 Subtotal	其中: Of which: 学校自筹 Raised by School	个人集资 Individual donations			合计 Total	其中: 教工住宅 of which: Housing for Teachers, Staff & workers
4419285	2017522	819619	543617	4605249	63392925	16512098
87778	38733	10380	7821	79830	490924	211682
45474	26109	8280	25180	79521	593085	150350
203681	108448	51828	20127	223779	2599431	833915
64164	17755	26727	9084	49837	907986	375053
76905	36890	23646	5883	119723	1309552	312593
175598	93705	45546	26158	155060	1492350	519313
20730	1650	921	10260	36103	280421	5352
106280	54742	33550	22441	110206	1696837	421533
93710	44190	31212	3898	79291	1229054	467645
292289	128076	899	14382	191848	1065198	32965
509294	271280	86367	58759	467125	6362242	1617880
350607	166751	15443	70138	289567	3292551	281776
39076	10761	1686	1913	37996	518549	21509
142304	81917	19629	7178	167252	2653280	567943
70721	32276	4528	16617	81641	1267080	177835
4714	1112	0	149	4897	45146	0
78102	33138	15995	11759	88652	1903308	435905
295566	171248	71712	11182	236152	3747388	1303769
34957	18135	3101	0	35065	452691	46137
225712	113244	51243	18696	224590	4057857	919448
161960	92978	39332	16647	149841	2614772	975661
186624	101029	31291	26811	201540	3353717	917412
309322	74713	27519	40483	386115	3988762	720608
3355	3355	0	0	68985	378914	23193
88381	27653	21473	5313	95105	1977351	589454
27479	9781	7271	6335	35120	415955	160845
84624	41041	21334	12204	135607	1903913	696552
179879	76030	39700	20945	176683	3349260	1309872
57196	14174	12139	5129	72087	1582504	407980
95408	23949	18163	15402	152554	2313589	501365
3490	433	1924	1680	16654	143061	13162
128782	48033	44575	15567	132621	2160767	675929
58335	19334	18181	12581	89990	1229937	330539
9528	2711	3030	7815	19598	250727	54542
15237	258	4599	1643	20709	373307	66657
73779	25988	22030	13026	74343	1065571	288642
18244	5902	4365	411	19562	325888	77082

三、仪器设备

Instrument and Equipment

教学、科研仪器设备分省情况(2000)

Classification of Instruments and Equipment for Instruction and Scientific Research by Province (2000)

单位:万元

Unit: in 10 Thousand Yuan

地区 Region	教学科研仪器设备数 No. of Instruments and Equipment for Instruction and Scientific Research		五万元以上仪器设备数 No. of Instruments and Equipment Valued above 50 Thousand Yuan	
	台、件 Set & Piece	金额(万元) Book Value (in 10 Thousand Yuan)	台、件 Set & Piece	金额(万元) Book Value (in 10 Thousand Yuan)
合计 Total	3900524	3269845	33797	1108187
北京 Beijing	387975	498344	6150	214947
天津 Tianjin	98535	100360	1122	41649
河北 Hebei	140639	89929	765	21128
山西 Shanxi	66438	47798	547	13658
内蒙古 Inner Mongolia	27433	18688	180	4988
辽宁 Liaoning	194783	145417	1340	38042
吉林 Jilin	109897	93062	816	34956
黑龙江 Heilongjiang	130076	111117	1162	37498
上海 Shanghai	250484	281240	3066	121203
江苏 Jiangsu	331053	268797	2751	83444
浙江 Zhejiang	154968	123838	1316	36691
安徽 Anhui	123599	83435	886	21740
福建 Fujian	96186	70927	733	22276
江西 Jiangxi	78484	53051	531	13871
山东 Shandong	182437	141350	1321	43477
河南 Henan	144099	90478	653	15308
湖北 Hubei	241984	199277	1807	102513
湖南 Hunan	166281	113189	1221	28060
广东 Guangdong	237303	196401	1901	62268
广西 Guangxi	67321	42025	336	9190
海南 Hainan	16680	10139	78	1439
重庆 Chongqing	81545	52196	367	9683
四川 Sichuan	163782	135728	1696	46622
贵州 Guizhou	36657	21808	184	4229
云南 Yunnan	69732	46989	419	10200
西藏 Tibet				
陕西 Shaanxi	199728	169840	1764	53622
甘肃 Gansu	52130	36116	335	9956
青海 Qinghai	6646	3157	26	448
宁夏 Ningxia	11191	6493	52	1097
新疆 Xinjiang	32458	18656	272	3984

第三部分

Part Ⅲ

科学研究活动及其他

Scientific Research Activites & Other

一、 自然科学与技术

Natural Science and Technology

全国普通高等学校科技人力情况(1999年)

Scientific and Technical Manpower in Regular HEIs (1999)

单位：人

	科技活动人员 Personnel Engaged in S&T Activities		研究与发展人员 R & D Personnel		研究与发展全时人员 R & D FTEs (Full－time Equivalents)	
	计 Total	其中:科学家和工程师 Of Which: Scientists & Engineers	计 Total	其中:科学家和工程师 Of Which: Scientists & Engineers	计 Total	其中:科学家和工程师 Of Which: Scientists & Engineers
合　计: Total:	606684	541856	250609	240581	144420	138499
按学校规格分 Breakdown by category of HEIs						
重点院校 Key HEIs	173879	155277	90182	85137	59562	56308
一般院校 Ordinary Degree Level HEIs	386051	344417	148161	143387	79271	76693
高等专科学校 Short－cycle HEIs	46754	42162	12266	12057	5587	5498
按学校隶属分 Breakdown by Control						
部委院校 HEIs under Other Central Ministries	158616	140743	70157	66691	42543	40438
教育部直属院校 HEIs Under Ministry of Education	89689	81250	48288	45886	32526	30868
地方院校 HEIs under Local Governments	358379	319863	132164	128004	69351	67193
按学校类型分 Breakdown by Type of HEIs						
综合大学 Comprehensive Universities	74400	66527	35197	34217	21951	21329
工科院校 Engineering	210944	194942	99955	96245	61591	59105
农林院校 Agriculture	35972	32925	20538	19530	12103	11530
医药院校 Meclicine & Pharmacy	223674	191748	72709	68872	37341	35341
师范院校 Teachers Training	54412	49414	20589	20136	10625	10405
其他院校 Others	7282	6300	1621	1581	809	789

全国普通高等学校科技人力情况(2000 年)

Scientific and Technical Manpower in Regular HEIs (2000)

单位：人

	科技活动人员 Personnel Engaged in S&T Activities		研究与发展人员 R & D Personnel		研究与发展全时人员 R & D FTEs (Full-time Equivalents)	
	计 Total	其中：科学家和工程师 Of Which: Scientists & Engineers	计 Total	其中：科学家和工程师 Of Which: Scientists & Engineers	计 Total	其中：科学家和工程师 Of Which: Scientists & Engineers
合 计: Total:	613193	581662	229197	224851	129613	126841
按学校规格分 Breakdown by category of HEIs						
重点院校 Key HEIs	208460	194660	91671	89296	59671	57929
一般院校 Ordinary Degree Level HEIs	364087	348939	129039	127160	66122	65132
高等专科学校 Short-cycle HEIs	40646	38063	8487	8395	3820	3780
按学校隶属分 Breakdown by Control						
部委院校 HEIs under Other Central Ministries	28208	26009	12324	11769	8245	7814
教育部直属院校 HEIs Under Ministry of Education	176047	164018	74095	72415	47802	46618
地方院校 HEIs under Local Governments	408938	391635	142778	140667	73566	72409
按学校类型分 Breakdown by Type of HEIs						
综合大学 Comprehensive Universities	141329	132986	53221	52143	31690	30953
工科院校 Engineering	199608	188749	84390	82721	51477	50364
农林院校 Agriculture	33963	31596	17105	16497	10208	9842
医药院校 Medicine & Pharmacy	170894	164949	52032	51327	25327	24908
师范院校 Teachers Training	55202	51865	19654	19411	9642	9527
其他院校 Others	12197	11517	2795	2752	1269	1247

全国普通高等学校科技人力中科学家和工程师技术职务(职称)情况(1999年)

Statistics of Scientists and Engineer among S & T Manpower in Regular HEIs by Level of Post (1999)

单位：人

	科技活动人员 Personnel Engaged in S&T Activities			研究与发展人员 R & D Personnel			研究与发展全时人员 R & D FTEs (Full-time Equivalents)		
	高级 Senior	中级 Middle	初级 Junior	高级 Senior	中级 Middle	初级 Junior	高级 Senior	中级 Middle	初级 Junior
合　计: Total	168763	220175	152918	105345	94107	41129	64672	51993	21834
按学校规格分 Breakdown by category of HEIs									
重点院校 Key HEIs	60407	61209	33661	42005	30778	12354	28807	19741	7760
一般院校 Ordinary Degree Level HEIs	97834	139596	106987	59222	57398	26767	33820	29619	13254
高等专科学校 Short-cycle HEIs	10522	19370	12270	4118	5931	2008	2045	2633	820
按学校隶属分 Breakdown by Control									
部委院校 HEIs under Other Central Ministries	44441	57207	39095	28723	26062	11906	18138	15267	7033
教育部直属院校 HEIs Under Ministry of Education	34327	32309	14614	24107	15972	5807	16868	10342	3658
地方院校 HEIs under Local Governments	89995	130659	99209	52515	52073	23416	29666	26384	11143
按学校类型分 Breakdown by Type of HEIs									
综合大学 Comprehensive Universities	24026	26526	15975	16996	12392	4829	11292	7448	2589
工科院校 Engineering	70603	81608	42731	45943	36931	13371	29568	21867	7670
农林院校 Agriculture	11530	13159	8236	8342	7555	3633	5146	4312	2072
医药院校 Meclicine & Pharmacy	44661	75303	71784	24403	28596	15873	13131	14176	8034
师范院校 Teachers Training	16169	20730	12515	9043	7923	3170	5198	3842	1365
其他院校 Others	1774	2849	1677	618	710	253	337	348	104

全国普通高等学校科技人力中
科学家和工程师技术职务(职称)情况(2000 年)

Statistics of Scientists and Engineer among S & T Manpower in Regular HEIs by Level of Post (2000)

单位: 人

	科技活动人员 Personnel Engaged in S&T Activities			研究与发展人员 R & D Personnel			研究与发展全时人员 R & D FTEs (Full-time Equivalents)		
	高级 Senior	中级 Middle	初级 Junior	高级 Senior	中级 Middle	初级 Junior	高级 Senior	中级 Middle	初级 Junior
合　计: Total	178002	219828	174626	101530	84524	35050	60967	46242	17487
按学校规格分 Breakdown by category of HEIs									
重点院校 Key HEIs	70370	72632	48503	43857	31739	11921	29613	19989	7137
一般院校 Ordinary Degree Level HEIs	97617	131085	114702	54317	49062	21960	29768	24568	9892
高等专科学校 Short-cycle HEIs	10015	16111	11421	3356	3723	1169	1586	1685	458
按学校隶属分 Breakdown by Control									
部委院校 HEIs under Other Central Ministries	10535	9848	5342	6548	3772	1225	4268	2607	765
教育部直属院校 HEIs Under Ministry of Education	58228	61510	41490	35360	25832	9873	23806	16022	5872
地方院校 HEIs under Local Governments	109239	148470	127794	59622	54920	23952	32893	27613	10850
按学校类型分 Breakdown by Type of HEIs									
综合大学 Comprehensive Universities	41251	49307	40239	24323	18728	8110	15461	10709	4207
工科院校 Engineering	68810	75354	42345	40272	30868	10291	25519	18239	5793
农林院校 Agriculture	11521	12028	7418	7677	5985	2515	4747	3488	1409
医药院校 Medicine & Pharmacy	35817	57720	68164	18890	20549	11114	9632	9958	4912
师范院校 Teachers Training	17370	20599	13204	9190	7245	2651	5014	3359	1018
其他院校 Others	3233	4820	3256	1178	1149	369	594	489	148

全国普通高等学校科技经费情况（1999 年）

S & T Expenditure in Regular HEIs (1999)

单位：千元
Unit: in Thousand Yuan

	拨入 Revenues				支出 Expenditures				
	合计 Total	政府资金 Government Funds	企事业单位委托 Contract Research Fund	其他 Others	合计 Total	劳务费 Personnel Costs	业务费 Non-Personnel Expenses	转拨外单位经费 Expenses on External Services	其他 Others
合　计：Total	9931231	4611282	4504530	815419	8552499	835192	4795857	353898	2567552
按学校规格分 Breakdown by category of HEIs									
重点院校 Key HEIs	6915233	3109691	3352478	453064	5877943	623239	3377984	255685	1621035
一般院校 Ordinary Degree Level HEIs	2935982	1468576	1113987	353419	2601424	201448	1392510	94807	912659
高等专科学校 Short-cycle HEIs	80016	33015	38065	8936	73132	10505	25363	3406	33858
按学校隶属分 Breakdown by Control									
部委院校 HEIs under Other Central Ministries	3199452	1662899	1320805	215748	2680605	218465	1448619	137902	875619
教育部直属院校 HEIs Under Ministry of Education	4384069	1753254	2334831	295984	3777640	466750	2255929	146566	908395
地方院校 HEIs under Local Governments	2347710	1195129	848894	303687	2094254	149977	1091309	69430	783538
按学校类型分 Breakdown by Type of HEIs									
综合大学 Comprehensive Universities	1848061	881300	867072	99689	1626244	131690	972049	63950	458555
工科院校 Engineering	6573745	2673085	3438607	462053	5633296	545936	3166680	225049	1695631
农林院校 Agriculture	497693	405098	43905	48690	438313	66150	234245	23388	114530
医药院校 Medicine & Pharmacy	674874	442840	71273	160761	552066	51587	268926	26902	204651
师范院校 Teachers Training	321861	197034	81593	43234	288102	38713	146253	14604	88532
其他院校 Others	14997	11925	2080	992	14478	1116	7704	5	5653

全国普通高等学校科技经费情况（2000 年）

S & T Expenditure in Regular HEIs (2000)

单位：千元
Unit: in Thousand Yuan

	拨入 Revenues				支出 Expenditures				
	合计 Total	政府资金 Government Funds	企事业单位委托 Contract Research Fund	其他 Others	合计 Total	劳务费 Personnel Costs	业务费 Non-Personnel Expenses	转拨外单位经费 Expenses on External Services	其他 Others
合　计: Total	14269289	7642755	5357552	1268982	12019525	2079929	7906368	684603	1348625
按学校规格分 Breakdown by category of HEIs									
重点院校 Key HEIs	10081485	5264789	4003791	812905	8264080	1186531	5574873	532095	970581
一般院校 Ordinary Degree Level HEIs	4076524	2310020	1324190	442314	3646416	849384	2275220	150840	370972
高等专科学校 Short-cycle HEIs	111280	67946	29571	13763	109029	44014	56275	1668	7072
按学校隶属分 Breakdown by Control									
部委院校 HEIs under Other Central Ministries	1821384	1228056	546900	46428	1443555	135708	961151	120409	226287
教育部直属院校 HEIs Under Ministry of Education	8065655	3938421	3354068	773166	6621203	1050396	4454538	401423	714846
地方院校 HEIs under Local Governments	4382250	2476278	1456584	449388	3954767	893825	2490679	162771	407492
按学校类型分 Breakdown by Type of HEIs									
综合大学 Comprehensive Universities	3433886	1816001	1329571	288314	2948554	479253	1982398	145599	341304
工科院校 Engineering	8673156	4179891	3807113	686152	7222747	1122904	4809017	442857	847969
农林院校 Agriculture	739229	606021	61238	71970	593700	115398	368916	44162	65224
医药院校 Meclicine & Pharmacy	795813	608962	53086	133765	700319	219573	385162	28684	66900
师范院校 Teachers Training	550534	385962	84736	79836	479325	123251	310570	21962	23542
其他院校 Others	76671	45918	21808	8945	74880	19550	50305	1339	3686

全国普通高等学校研究与发展课题、成果情况 (1999 年)

Statistics of R & D Projects and Achievements in Regular HEI (1999)

单位：千元

Unit: in Thousand Yuan

	科技课题 R&D Projects			出版科技专著 (部)	发表学术论文 (篇)	成果获奖 Achievements Awards		技术转让 Technological Transfer		专利授权数 No. of Awarded	专利出售 Income from License Arrangements	
	课题数 (项) No. of Projects	投入人数 No. of Input of S&T Manpower	实际支出 Actual Exp.	No. of Monographs Published	No. of Papers Published	合计 Total	其中：国家奖 Of Which: National Awards	合同数 No. of Contracts	收入 Actual Revenues		项数 No. of Items	实现金额 Income
合 计： **Total**	128553	142847	6950521	4986	269682	8061	247	3973	694871	1273	298	70096
按学校规格分 Breakdown by category of HEIs												
重点院校 Key HEIs	59995	62078	4967398	2069	103259	2917	186	2357	499946	830	275	52539
一般院校 Ordinary Degree Level HEIs	64689	75504	1924687	2731	146851	4744	58	1553	192078	414	22	17257
高等专科学校 Short－cycle HEIs	3869	5265	58436	186	19572	400	3	63	2847	29	1	300
按学校隶属分 Breakdown by Control												
部委院校 HEIs under Other Central Ministries	36586	41008	2226569	1543	69734	2406	95	1301	186614	351	44	15138
教育部直属院校 HEIs Under Ministry of Education	36158	36092	3241495	1032	62410	1370	108	1369	353483	543	225	39713
地方院校 HEIs under Local Governments	55809	65747	1482457	2411	137538	4285	44	1303	154774	379	29	15245
按学校类型分 Breakdown by Type of HEIs												
综合大学 Comprehensive Universities	20885	21243	1231006	494	40411	1017	35	664	203219	268	62	7873
工科院校 Engineering	64539	66352	4851827	2031	109936	3212	155	2746	370049	762	220	45589
农林院校 Agriculture	9932	12122	312855	529	17202	587	19	232	41734	66	9	12770
医药院校 Medicine & Pharmacy	23751	32725	364395	1603	70851	2542	26	198	66689	112	6	3364
师范院校 Teachers Training	8742	9606	180206	296	28970	617	11	113	12519	63	1	500
其他院校 Others	704	799	10232	33	2312	86	1	20	661	2	0	0

全国普通高等学校研究与发展课题、成果情况 (2000 年)

Statistics of R & D Projects and Achievements in Regular HEI (2000)

单位：千元
Unit: in Thousand Yuan

	科技课题 R&D Projects			出版科技专著(部)	发表学术论文(篇)	成果获奖 Achievements Awards		技术转让 Technological Transfer		专利授权数	专利出售 Income from License Arrangements	
	课题数(项) No. of Projects	投入人数 No. of Input of S&T Manpower	实际支出 Actual Exp.	No. of Monographs Published	No. of Papers Published	合计 Total	其中：国家奖 Of Which: National Awards	合同数 No. of Contracts	收入 Actual Revenues	No. of Awarded	项数 No. of Items	实现金额 Income
合　计：**Total**	108440	220620	8640760	5347	284135	34161	53	4946	1185374	1952	299	125396
按学校规格分 Breakdown by category of HEIs												
重点院校 Key HEIs	57118	128774	6607652	2290	122048	1476	97	3243	963087	1310	253	91161
一般院校 Ordinary Degree Level HEIs	49145	87889	1982485	2871	144141	1886	55	1677	221331	584	44	34140
高等专科学校 Short－cycle HEIs	2177	3957	50623	186	17946	54	1	26	956	58	2	95
按学校隶属分 Breakdown by Control												
部委院校 HEIs under Other Central Ministries	7502	15395	1087176	256	16227	201	16	531	151128	130	7	1490
教育部直属院校 HEIs Under Ministry of Education	47257	107739	5383053	1816	101061	1225	79	2894	824564	1143	246	89941
地方院校 HEIs under Local Governments	53681	97486	2170531	3275	166847	1990	58	1521	209682	679	46	33965
按学校类型分 Breakdown by Type of HEIs												
综合大学 Comprehensive Universities	26278	49119	2080448	949	69971	828	40	618	255702	500	72	17860
工科院校 Engineering	50471	110098	5547665	2120	108505	1237	71	3628	830922	1164	213	105157
农林院校 Agriculture	8661	16845	554010	539	16604	328	15	226	26558	71	8	1540
医药院校 Medicine & Pharmacy	14243	30157	224266	1338	54545	863	26	347	56813	96	3	700
师范院校 Teachers Training	7718	12784	194587	345	29399	149	1	110	15170	89	3	139
其他院校 Others	1069	1617	39784	56	5111	11	0	17	209	32	0	0

二、社会科学

Social Science

全国普通高等学校人文

Professional Manpower in Regular HEIs

		学校数(所) No. of HEIs	社会活动人员(人) Personnel Engaged in Social Science Research (in Person)				
			合计 Total	高级 Senior	中级 Middle	初级 Junior	辅助人员 Auxiliary
按学校规格分 Breakdown by category of HEIs	合计 Total						
	重点院校 Key HEIs	92	44164	16895	16619	8969	1681
	一般院校 Ordinary Degree Level HEIs	477	146303	42613	58177	40259	5254
	高等专科学校 Short-cycle HEIs	233	45772	8942	19451	15587	1792
按学校隶属关系分 Breakdown by Control	教育部直属院校 HEIs Under Ministry of Education	34	27258	12389	10056	4027	786
	其他部委院校 HEIs under Other Central Ministries	259	67671	19132	26777	18832	2930
	地方院校 HEIs under Local Governments	509	141310	36929	57414	41956	5011
按学校类型分 Breakdown by Type of HEIs	综合大学 Comprehensive Universities	73	43895	15172	16922	10374	1427
	全国重点理工农医院校 National Key HEIs Science and Technology, Agriculture and Medicine	340	64852	17242	26160	18816	2634
	师范院校 Teachers Training	224	68093	18964	27406	19466	2257
	语言院校 Languages	14	6371	1937	2533	1641	260
	财经院校 Finance and Economics	71	27381	8051	11299	7059	972
	政法院校 Political Science & Law	24	8510	2032	3347	2685	446
	艺术院校 Art	29	7622	2421	2925	1979	297
	民族院校 Minorities	13	5236	1388	2125	1473	250
	体育院校 Physical Culture	14	4279	1243	1530	1322	184

注1:“科研活动人员”：指高等学校职工中，在本年度内从事大专以上教学、研究与咨询工作以及直接为教学、研究与咨询工作服务的教师和其他技术职务人员、辅助人员。

注 2:“高级”:指具有副教授以上及其他相应高级技术职务(职称)的人员。

注 3:“中级”:指具有讲师及其他相应中级技术职务(职称)的人员。

注 4:“初级”:指具有助教及其他相应初级技术职务(职称)的人员,包括具有技术员任职资格或中专毕业以上学历而未评定任职资格的教师及其他技术职务系列人员。

注 5:“辅助人员”:指具有高中及以下学历未评定职称的从事与社科教学、科研活动的实施有关的工作人员,包括教学、研究秘书,办事员等一切为社科活动提供直接服务的人员。

注 6:“研究与发展人员”:指从事社科研究与发展工作时间占本人全部工作时间 10% 以上的人员,90% 以上为全时人员,10%～90% 为非全时人员,几个全时人员从事社科研究与发展工作的百分比累计达 100% 时,折合为一个全时人员。

注 7:“研究与发展全时人员”:为全时人员与非全时折合全时人员之和。

社会科学人力情况 (1999年)

in the Fields of the Humanities and Social Acience (1999)

研究与发展人员(人) R & D Personnel (in Person)					研究与发展全时人员(人年) R & D FTEs (Man/Year)				
合计 Total	高级 Senior	中级 Middle	初级 Junior	辅助人员 Auxiliary	合计 Total	高级 Senior	中级 Middle	初级 Junior	辅助人员 Auxiliary
66476	32086	24816	7789	1785	30520.8	15634.0	10570.1	2751.9	1564.8
14276	8092	4324	1105	755	7503.5	4179.7	2096.3	485.5	742.0
43593	20991	16442	5270	890	19726.9	10211.4	6978.8	1830.9	705.8
8607	3003	4050	1414	140	3290.4	1242.9	1495.0	435.5	117.0
10382	6580	2633	468	701	5557.8	3348.3	1291.1	217.4	701.0
18024	8366	7026	2313	319	8405.5	4113.1	3158.8	887.8	245.8
38070	17140	15157	5008	765	16557.5	8172.6	6120.2	1646.7	618.0
16536	8804	5593	1609	530	8233.8	4554.2	2560.3	611.3	508.0
13611	6196	5283	1768	364	6429.9	2982.7	2412.3	700.9	334.0
19590	9380	7520	2284	406	8287.2	4368.0	2896.2	677.0	346.0
1518	731	509	162	116	761.9	395.6	213.5	49.8	103.0
8290	3982	3107	1042	159	3476.4	1798.3	1183.9	364.2	130.0
2098	882	879	278	59	1137.5	483.2	504.8	90.5	59.0
1410	682	515	177	36	692.3	374.2	238.8	72.5	6.8
1836	698	819	245	74	762.4	303.2	314.7	95.5	49.0
1587	731	591	224	41	739.4	374.6	245.6	90.2	29.0

Note 1: "Personnel Engaged in Social Science Research":referring to HEI faculty and other employees who are engaged in teaching, research and consulting activities at subdegree level and over in the given year, as well as teachnical service and auxiliary personel directly serving the needs of thd fore-going personnel.

Note 2: "Senior": referring to personnel with the rank of associate professor and higher or personnel with similar professional ranks.

Note 3: "Middle":referring to lecturers and other personnel with similar posts or professional qualifications.

Note 4: "Junior":referring to teaching assistants and other staff members with similar qualifications, and those assuming junior level technical posts, including personnel with the qualification of technicians and personnel with at least the completion of specialized technicians and personnel with at least the completion of specialized secondary education, even without formal determination of their posts or professional ranks.

Note 5: "Auxiliary":referring to personnel with the ecucational attainment of the completion of senior secondary schools or lower and without professional qualifications whose work is in one way or another related to social scienceteaching and research activities, including secretaries and clerical workers.

Note 6: "R&D Personnel":referring to all personnel employed by HEIs who devote at least 10% of their total working time to social science research and development. Those with the percentage of time over 90% are regarded as full-time personnel; those ranging from 10%-90% are regarded as part-time personnel; and several part-time personnel with the aggregate percentage reaching 100% are counted as an FTE(full-time equivalent).

Note 7: "R&D FTES":referring to the aggregate number of full-time staff members and FTES converted from part-time staff members.

全国普通高等学校人文、社会

Humanities and Social Sciences

		学校数（所）No. of HEIs	拨入 Revenues 合计 Total	科研事业费 Primary Research Funds	国家社科规划、基金项目经费 Funds Allocated to Projects Supported by NSSP Funds	中央其他部门社科专项经费 Earmarked SSRF Provided by Other Central Agencies	省市自治区社科专项经费 Earmarked SSRF Provided by Prov. Authorities
按学校规格分 Breakdown by category of HEIs	合计 Total	802	3444498	1724606	158797	201298	391132
	重点院校 Key HEIs	92	1433220	580507	83841	89979	148834
	一般院校 Ordinary Degree Level HEIs	477	1798818	1022594	74356	88832	213842
	高等专科学校 Short-cycle HEIs	233	212460	121505	600	22487	28456
按学校隶属分 Breakdown by Control	教育部直属院校 HEIs Under Ministry of Education	34	1181831	554228	72577	48854	51594
	其他部委院校 HEIs under Other Central Ministries	259	876863	336441	37696	108695	151948
	地方院校 HEIs under Local Governments	509	1385804	833937	48524	43749	187590
按学校类型分 Breakdown by Type of HEIs	综合大学 Comprehensive Universities	73	1175620	615255	63312	47260	83815
	全国重点理工农医院校 National Key HEIs Science and Technology, Agriculture and Medicine	340	883757	250755	33983	63663	183655
	师范院校 Teachers Training	224	718127	459631	34591	25536	68647
	语言院校 Languages	14	69229	25680	1640	23325	2370
	财经院校 Finance and Economics	71	348020	216457	20671	18411	27621
	政法院校 Political Science & Law	24	125663	79702	1230	7932	13901
	艺术院校 Art	29	33582	21947	100	3780	2853
	民族院校 Minorities	13	60463	36064	1810	7791	4000
	体育院校 Physical Culture	14	30037	19115	1460	3600	4270

注1: "科研事业费"：指学校上级主管部门从科学事业费、教育事业费中通过切块和按项目戴帽下达，以及高校从教育事业费中安排的社科研究与发展经费。

注 2:"国家社科规划、基金项目经费"：指国家社会科学基金委员会拨付的社会科学规划项目经费（包括全国教育科学领导小组拨付的教育科学五年一次的规划项目经费）和社会科学基金年度项目经费（包括青年基金项目经费）。

注 3:"中央其他部门社科专项经费"：指中央（国务院）各部门（非学校上级主管部门）拨给学校的各种专项社科研究经费，包括中国社会科学院拨付给学校的专项科研经费。

注 4:"省、市、自治区社科专项经费"：指各省、市、自治区社会科学领导机构拨付的社科研究规划（基金）项目经费，以及列入省、市、自治区党委、政府和其他委厅局（非高校上级主管部门）计划以外拨付给学校的各种专项科研费。

注 5:"自筹经费"：指学校从自有资金或其他各种收入中提取并转用于社科研究与发展的经费。

注 6:"科研人员费"：指学校当年以货币或实物形式直接或间接付给从事社科研究与发展活动人员的劳动报酬及各种费用。

科学研究与发展经费情况(1999年)

R & D Expenditure in Regular HEIs (1999)

单位：百元 **Unit: in Hundred Yuan**

企事业单位委托项目经费 Contract Research Funds Provided by Ent.& Inst.	自筹经费 Self-raised Fubds	其他收入 Other Revenues	支出 Expenditures								
			合计 Total	内部支出 Intramural Expenditures							转拨给外单位经费 Extra-mural Exp.
				小计 Subtotal	科研人员费 Personnel Costs	业务费 Operating Expenses	仪器设备费 Instruments and Equipment	图书资料费 Books and Information	管理费 Manage-ment	其他 Other Items	
482527	241826	244312	2986002	2926183	561495	1189848	356315	427390	85675	305460	59819
274035	73291	182733	1103990	1064816	251279	451146	78360	140129	34864	109038	39174
206242	134485	58467	1649561	1630226	272470	664368	218958	253816	48002	172612	19335
2250	34050	3112	232451	231141	37746	74334	58997	33445	2809	23810	1310
235560	57485	161533	883740	852586	244177	300316	47679	126614	28914	104886	31154
155203	49365	37515	793877	786851	159946	390918	66397	92677	29916	46997	7026
91764	134976	45264	1308385	1286746	157372	498614	242239	208099	26845	153577	21639
178996	56856	130126	1021356	992755	238969	380806	109915	157195	25211	80659	28601
210472	65847	75382	695489	677060	84085	354154	46936	85095	36764	70026	18429
51122	57720	20880	631756	621492	91834	211406	92624	105282	12302	108044	10264
4800	7514	3900	84596	84536	7683	26562	27978	14829	1095	6389	60
31250	26580	7030	298999	297039	79819	119870	33588	37752	7457	18553	1960
4207	14825	3866	126369	126194	25192	37302	33627	15394	822	13857	175
0	4586	316	34508	34508	5856	16190	4162	4394	337	3569	0
1550	6678	2570	63873	63873	22888	27384	4983	5386	1038	2194	0
130	1220	242	29056	28726	5169	16174	2502	2063	649	2169	330

Note 1: "Primary research Funds":referring to research funds allocated by the supervisory bodies of HEIs either in block grants or in grants earnarked for specific projects out of general research funds of higher education funds, including the money used for social science R&D arranged by HEIs the mselves out of higher education funds.

Note 2: "Funds Allocated to Projects Sponsored by the National Social Science Research Programme(NSSRP)Funds":referring to funds allocated to support the research projects constituting partof the National social Science Research Programme by the National social Science fund Committed (including educational research funds allocated ty the National Steering Group for Educational Sciences at 5−year intervals) and the annual allocations of the Social Science Fund (including funds for young investigators.

Note 3: "Earmarked Social Science Research Funds (SSRF)Provided by Other Central Agencies":referring to earmarked research funds provided by central agencies other than the supervisory bodies of HEIs, including funds allocated ty the Chinese Academy of Social Sciences (CASS).

Note 4: "Earmarked Social Science Research Funds (SSRF) Provided ty Provincial Authorities":referring to earmarked research funds provided by the social science leading bodies of various provinces, atutonomous regions and municipalities directly under the Central Govenment and by the subordinate departments of provincial−level governments other than the educational departments to support the conduct of research projects either incorporated into a local social science research programme or not.

Note 5: "Self−raised funds":referring to the funds drawn from institutional funds drawn from institutional funds or other revenues used to support social science R&D efforts.

Note 6: "Personnel Costs":referring to the emoluments paid in money or in kind directly paid or indirectly giver to personnel engaged in social science R&D activities.

全国普通高等学校人文、社会

Basic Statistics of Humunities and Social Sciences

		课题数(项) No.of Projects	当年投入人数(人年) Input of Man-years	其中:研究生 Of Which: Graduate Students	当年拨入经费(百元) Revenues (100 Yuan)	当年支出经费(百元) Expenditures (100 Yuan)
	合计 Total	29760	29742.5	4085.7	1980918	1414283.2
按学校规格分 Breakdown by category of HEIs	重点院校 Key HEIs	8282	7950.4	1707.4	921179	591835.0
	一般院校 Ordinary Degree Level HEIs	18617	18925.6	2294.3	987709	766134.7
	高等专科学校 Short-cycle HEIs	2861	2866.5	84.0	72030	56313.5
按学校隶属分 Breakdown by Control	教育部直属院校 HEIs Under Ministry of Education	7315	5816.0	1095.6	749844	465912.0
	其他部委院校 HEIs under Other Central Ministries	6762	8414.2	1265.9	533522	410309.0
	地方院校 HEIs under Local Governments	15683	15512.3	1724.2	697552	538062.2
按学校类型分 Breakdown by Type of HEIs	综合大学 Comprehensive Universities	8654	8227.8	1269.3	716214	511244.0
	全国重点理工农医院校 National Key HEIs Science and Technology, Agriculture and Medicine	6326	6290.7	987.1	619481	451509.0
	师范院校 Teachers Training	8812	8125.1	1047.9	348293	238022.0
	语言院校 Languages	793	696.7	45.6	37058	30195.0
	财经院校 Finance and Economics	3059	3361.7	441.5	160139	99732.5
	政法院校 Political Science & Law	800	1092.3	100.0	34888	22102.0
	艺术院校 Art	361	505.1	40.0	19015	20194.0
	民族院校 Minorities	440	711.9	110.0	28757	26849.7
	体育院校 Physical Culture	515	731.2	44.3	17073	14435.0

科学研究与发展课题、成果情况 (1999 年)

R & D Project and Achievements in Regular HEIs (1999)

出版专著 (部) Monographs Published (Titles)	发表论文 (篇) No. of Papers Published				应用成果 (项) No. of Application-oriented Results (Items)	
	合计 Total	国内学术刊物 In Domestic Journals		国外学术刊物 In Foreign Journals	提交有关部门数 No. of Results Submitted to Relevant Agencies	鉴定成果数 No. of Results Appraised
		国内外公开发行 Published an Distributed at Home and Abroad	国内公开发行 Openly Distributed at Home			
6307	140492	72077	66739	1676	5462	2163
2535	30708	16081	13906	721	2848	1035
3306	86052	44365	40764	923	2372	947
466	23732	11631	12069	32	242	181
2106	21916	12319	8968	629	2673	926
1447	40161	20140	19626	395	1430	660
2754	78415	39618	38145	652	1359	577
2239	32633	16510	15364	759	1680	939
1226	31996	14392	17239	365	2001	253
1621	42425	24103	17994	328	873	298
161	2031	689	1305	37	204	20
402	20050	11803	8166	81	520	210
230	5093	1580	3483	30	46	32
188	1968	780	1167	21	51	25
199	2970	1646	1302	22	79	55
41	1326	574	719	33	8	31

普通高等学校

Applicants of Student for Regular

地　区 Region	报名总数 Total	性 别 Sex		年 龄 分 布 Age Distribution			考 试 Examinations Participated			
		男 Male	女 Female	18周岁以下 Under 18 years of age	18至25周岁 18－25 years of age	25周岁以上 Over 25 years of age	全国统考 National Exam.	保送生 For Recommended Students	小语种 For Small foreign Language Students	二学位 For Second Degree
比例(%)		58.88	41.12	4.95	95.03	0.02	94.66	0.32	0.51	0.01
合　计 Total	3884823	2287509	1597314	192355	3691607	861	3677344	12338	19669	431
北　京 Beijing	68823	31951	36872	659	68144	20	55900	115		
天　津 Tianjin	44674	21875	22799	290	44384		36979	201		
河　北 Hebei	210838	113967	96871	1875	208958	5	210766	72		
山　西 Shanxi	108418	62687	45731	7405	101013		107899	275	16	
内蒙古 Inner Mongolia	106472	54305	52167	4860	101612		97363	196		
辽　宁 Liaoning	138899	71947	66952	1790	137109		127917	194	31	
吉　林 Jilin	84223	45350	38873	1257	82958	8	83032	1015	176	
黑龙江 Heilongjiang	111626	58698	52928	2358	109215	53	111029	597		
上　海 Shanghai	107895	52043	55852	1356	106539		83819	946	93	316
江　苏 Jiangsu	249406	156162	93244	13340	236051	15	247736	1670		
浙　江 Zhejiang	151111	85647	65464	7304	143805	2	150494	617		
安　徽 Anhui	183144	122959	60185	21642	161470	32	182738	156	210	40
福　建 Fujian	108963	70230	38733	7024	101924	15	98614	354		
江　西 Jiangxi	124766	86063	38703	23669	101097		120261	583		
山　东 Shandong	350878	208000	142878	15519	335315	44	332036	993		
河　南 Henan	288194	174498	113696	20843	267283	68	268813	787	18594	
湖　北 Hubei	194376	120917	73459	14648	179697	31	179863	623		75
湖　南 Hunan	190166	119962	70204	9372	180789	5	172360	910		
广　东 Guangdong	204655	127183	77472	1597	203010	48	185523	192	107	
广　西 Guangxi	98903	63166	35737	1976	96927		98864	39		
海　南 Hainan	17529	12144	5385	390	17139		17312	10		
重　庆 Chongqing	64070	35790	28280	2099	61971		56900	316		
四　川 Sichuan	167861	98396	69465	3962	163899		156765	717		
贵　州 Guizhou	65955	43073	22882	16015	49569	371	63526	116		
云　南 Yunnan	79039	44339	34700	1528	77511		79003	36		
西　藏 Tibet	3234	1833	1401	394	2833	7	3234			
陕　西 Shaanxi	146634	86011	60623	2264	144269	101	139701	465		
甘　肃 Gansu	96122	59461	36661	2912	93196	14	92232	78	440	
青　海 Qinghai	23357	11460	11897	979	22368	10	23051			
宁　夏 Ningxia	27795	15291	12504	1365	26430		27053	60		
新　疆 Xinjiang	66797	32101	34696	1663	65122	12	66561	5	2	

招生报名情况(一)(2000年)

Higher Educational Institutions (1) (2000)

单位：人

类型 by Applicants				分类情况 Categories of Major Fields								
实践青年 For Youths at practical work	职教师资 For Teachers of Vocational Edu.	高职班 For Vocational Classes of post Sec. Edu.	运动训练民族体育 Training for Athletics & physical Edu. for Nationalities	文史 Literature and History	外语(文) Foreign Languages	艺术(文) Arts	体育(文) Physical Education	理工 Science and Engineering	外语(理) Foreign Languages	艺术(理) Arts	体育(理) Physical Education	综合 Compre-hensive
0.05	0.84	3.60	0.01	25.93	3.08	2.86	0.37	57.76	2.17	0.31	1.48	6.05
1877	32637	140019	508	1007452	119625	111089	14264	2243841	84268	11968	57306	235010
	1133	11675		16815				39200				12808
		7494		7608		1211	96	35140		140	479	
				59599	1	6201		141874	315		2848	
	228			23586	3140	2835		76064		384	2409	
17	165	8731		26828	3000	3266		63778			869	8731
267		10490		38064		6194	424	91570		602	2045	
				25896				58327				
				29264		6346		71698		1069	3249	
17	1755	20844	105	35647		67	113	71801			267	
				44004	15728	6384		177237		1387	4666	
				48022		6703		93811			2551	24
				65656		6314		106858		329	3987	
		9995		38408		3238		65009		166	2142	
43		3879		31441		5924		79645			3877	3879
		17849		76558	31562	15399	5774	221585				
				101781		8538		172223		1010	4642	
1401		12139	275	58804		7985	4	124325		757	2501	
	16896			69219	6713	2326	5667	101659	34	310	4238	
		18833										204655
				24912	4151	2330		64550		261	2699	
		207		5423	651	260		10818		14	363	
	3957	2849	48	18158	10	2812	851	35308	16	1087	1221	4607
	7933	2366	80	18712	34797	5736	1266	29798	72933	2508	2111	
		2313		22689		1612	33	40502		174	945	
				29138	2787	2594		42800		266	1454	
				1869				1365				
60	550	5858		37386	6394	3193		96337		323	3001	
71		3301		21689	4967	2395	10	63213	718	16	3114	
		306		8236		158	26	14357		2	272	306
		682		6532	1553	268		16879	1675	539	349	
1	20	208		15508	4171	800		36110	8577	624	1007	

普通高等学校

Applicants of Student for Regular

地区 Region		应试外语语种 Foregin Languages to be Tested					体检 Physical Exam.		
	英语 English	俄语 Russian	日语 Japanese	德语 German	法语 France	西班牙语 Spanish	合格 Qualified	专业受限 Professon Limited	不合格 Unqualified
比例(%)	98.26	0.64	0.29	0.001	0.001	0.0	88.30	11.69	0.01
合计 Total	3817183	24768	11186	52	52	5	3430260	454260	303
北京 Beijing	68248	6	267	1			68823		
天津 Tianjin	44573	56	45				44674		
河北 Hebei	209742	649	447				198291	12528	19
山西 Shanxi	108400		18				108418		
内蒙古 Inner Mongolia	88666	4250	1412				106472		
辽宁 Liaoning	132699	3282	2918				37421	101478	
吉林 Jilin	79286	742	4195				84223		
黑龙江 Heilongjiang	99396	11340	890				111626		
上海 Shanghai	107799	10	57	15	14		107895		
江苏 Jiangsu	249387		1	13	5		249406		
浙江 Zhejiang	151025	59	27				151111		
安徽 Anhui	182934	207	3				183144		
福建 Fujian	108846		117				12303	96559	101
江西 Jiangxi	124766						124766		
山东 Shandong	348255	2117	504	1	1		350878		
河南 Henan	288116	30	40	4		4	288194		
湖北 Hubei	193838	372	135	15	16		194376		
湖南 Hunan	189851	296	19				190166		
广东 Guangdong	185518		4	1			163829	40826	
广西 Guangxi	98903						9277	89626	
海南 Hainan	17529						17529		
重庆 Chongqing	63851	195	24				9633	54400	37
四川 Sichuan	167282	522	39	1	16	1	167861		
贵州 Guizhou	65754	192	9				9262	56566	127
云南 Yunnan	79027	5	7				79039		
西藏 Tibet	3234						938	2277	19
陕西 Shaanxi	146620	8	5	1			146634		
甘肃 Gansu	95824	298					96122		
青海 Qinghai	23354	3					23357		
宁夏 Ningxia	27795						27795		
新疆 Xinjiang	66665	129	3				66797		

招生报名情况(二)(2000年)

Higher Educational Institutions (2) (2000)

单位：人

考生类别 Categories of Applicants				毕业类别 Categories of Graduates					
城市应届高中毕业生 Urban Sec. Schools Graduates in Current Year	农村应届高中毕业生 Rural Sec. Schools Graduates in Current Year	城市往届高中毕业生 Urban Sec. Schools Graduates in Previous Year	农村往届高中毕业生 Rural Sec. Schools Graduates in Previous Year	高中毕业 General Senior Sec. School Graduates	中等师范毕业 Teachers Training School Graduates	其他中专毕业 Specialized Sec. School Graduates	职业高中毕业 Vacational Senior Sec. School Graduates	技工学校毕业 Skilled Worker School Graduates	其他 Others
39.64	34.81	10.25	15.29	93.32	0.46	1.59	2.96	0.09	1.58
1539963	1352501	398360	593999	3625403	17811	61582	115065	3405	61557
54910	7994	4833	1086	54058	1184	3167	9780	547	87
32431	8439	2330	1474	36506	997	2598	4187	386	39
61583	92968	16522	39765	209197	296	330	870	9	136
36496	37617	13857	20448	105333	381	760	1447	68	429
28684	39462	13047	25279	96203	306	593	9249	108	13
76840	45308	7063	9688	125670	965	3703	7637	691	233
46086	19044	11031	8062	83186	226	617	153	9	32
55646	27592	15441	12947	110884	52	255	374	24	37
91611	9648	5376	1260	84980	349	21865	385	3	316
97703	112362	12407	26934	248082	28	660	464	21	151
50086	73216	8540	19269	148351	182	1028	1428	64	58
59548	54605	34021	34970	182265	40	12			827
35297	50860	6903	15903	96572	1818	898	1398	216	8061
48200	37409	20942	18215	119215	120	851	3828	280	472
107750	146656	27459	69013	328940	50	2264	4937	106	14581
70952	111933	31659	73650	237198	45	5448	19304	295	25904
87116	64752	16022	26486	178709	1738	7470	6182	41	236
66929	75814	16430	30993	170834	1153	5279	12534	142	224
103872	76749	11962	12072	185822	5951	600	12082	200	
39168	34990	11227	13518	98903					
8211	5089	2169	2060	17264	1	42	222		
36161	19474	4474	3961	55836	325	1257	5914	151	587
72137	63727	12180	19817	156792	231	867	9916	9	46
25342	20422	8363	11828	63254	229	339	1967		166
22478	8142	29585	18834	78534	120	140	214	6	25
1600	755	560	319	3200	1	17	4	1	11
49058	44559	23056	29961	139627	629	53	120	18	6187
24551	29203	14631	27737	93314	62	83	32		2631
8446	5692	4690	4529	22683	255	115	285	7	12
10427	7148	4757	5463	27760					35
30644	20872	6823	8458	66231	77	271	152	6	60

普通高等学校

Applicants of Student for Regular

地区 Region	政治面貌 Political Party 中共党员 Member of C.P.C	共青团员 Member of C.Y.L	考生特征 Categories of Applicants 台籍 Youth from Taiwan prov.	华侨 Overseas Chinese	残疾 Handicapped Youth	优秀干部 Outstanding Student Leaders	三好学生 Three-merit-reward Owners
比例(%)	0.22	95.76	0.01	0.13	0.03	0.36	0.47
合　计 Total	8486	3720284	344	5204	1342	13877	18218
北　京 Beijing	59	63687	17	101	36	745	2313
天　津 Tianjin	12	43288	4	7		142	330
河　北 Hebei	320	202402	11	126	78	465	1563
山　西 Shanxi	478	103544	3	27	14	197	335
内蒙古 Inner Mongolia	75	103721	3	41	20	547	1202
辽　宁 Liaoning	135	135932	44	165	49	1553	1428
吉　林 Jilin	29	83600	7	31	3	232	131
黑龙江 Heilongjiang	121	110025		1			
上　海 Shanghai	42	100958					
江　苏 Jiangsu	206	242853	13	30	19	172	709
浙　江 Zhejiang	76	146075					
安　徽 Anhui	479	175678	5	3	172	7	373
福　建 Fujian	251	103252	127	553		120	236
江　西 Jiangxi	172	116495	10	99	96	599	1703
山　东 Shandong	269	345728					
河　南 Henan	542	284850					
湖　北 Hubei	77	190627					
湖　南 Hunan	343	184428	2	11	172	2239	414
广　东 Guangdong	1088	194127	15	1349	130		
广　西 Guangxi	258	95932		440	46	3152	2958
海　南 Hainan	25	15727	17	1802	37	15	22
重　庆 Chongqing	240	59514	4	27	29	145	268
四　川 Sichuan	1182	161119	12	74	122	1426	2295
贵　州 Guizhou	290	58984	18	103	154	1137	1226
云　南 Yunnan	432	75155	4	204	144	232	339
西　藏 Tibet	46	3046					
陕　西 Shaanxi	175	146459					
甘　肃 Gansu	299	87497					
青　海 Qinghai	132	20410	1	10	21	687	274
宁　夏 Ningxia	284	2001					
新　疆 Xinjiang	349	63170	27			65	99

招生报名情况(三) (2000 年)

Higher Educational Institutions (3) (2000)

单位：人

		民族 Nationalities					
体育特长 Specialities in Physical Education	艺术特长 Specialities in Arts	汉族 Han	蒙族 Meng	藏族 Zang	维族 Wei	朝鲜族 Korean	其他民族 Others
1.16	1.25	93.29	0.78	0.17	0.50	0.22	5.04
44917	48556	3624016	30256	6647	19590	8602	195712
75		63490	274	99	15	53	4892
		42789	72	91		25	1697
9587	11960	199029	659	5		51	11094
926	21	107943	20		2	5	448
627	516	78610	21890	4	1	148	5819
5553	6567	115957	3462	1	2	1348	18129
29	270	73575	691		1	5236	4720
		104940	673	1	3	1622	4387
238		106847					1048
119		248203					1203
		150497	19	2		10	583
4029	6640	181360					1784
59	1	107535	13			1	1414
4819	5977	124310	21	1	1	7	426
		348211	151	7	3	33	2473
		284184	398	13	15		3584
		186324	39	2	6	6	7999
322		173551	22	3	27	8	16555
		203578	17	4	4	8	1044
705		61301					37602
141	56	16266	10				1253
919		62510	1	6	1		1552
4315	4175	164471		819			2571
2		39900	151	11	10	4	25879
10860	9292	60550	89	181	1	4	18214
		1368	3	1809			54
		145520	51	5	1	11	1046
		92401	91	894	1	12	2723
153	62	17299	452	2655	3	3	2945
		22682					5113
1439	3019	38815	987	34	19493	7	7461

附 表

Appendixes

国内生产总值
Gross Domestic Product

单位：亿元

本表按当年价格计算。 Data in value terms in this table are calculated at current prices. **Unit: in 100 Million Yuan**

年份 Year	国民生产总值 Gross National Product	国内生产总值 Gross Domestic Product								人均国内生产总值（元） Per Capita GDP (Yuan)
		合计 Total	第一产业 Primary Industry	第二产业 Secondary Industry			第三产业 Tertiary Industry			
				小计 Subtotal	工业 Industry	建筑业 Construction	小计 Subtotal	交通运输仓储邮电通信业 Transportation, Post and Telecommunications	批发和零售贸易餐饮业 Wholesale, Retail & Catering Trade	
1952	679.0	679.0	342.9	141.8	119.8	22.0	194.3	29.0	80.3	119
1953	824.0	824.0	378.0	192.5	163.5	29.0	253.5	35.0	115.5	142
1954	859.0	859.0	392.0	211.7	184.7	27.0	255.3	38.0	120.3	144
1955	910.0	910.0	421.0	222.2	191.2	31.0	266.8	39.0	119.8	150
1956	1028.0	1028.0	443.9	280.7	224.7	56.0	303.4	46.0	131.4	165
1957	1068.0	1068.0	430.0	317.0	271.0	46.0	321.0	49.0	133.0	168
1958	1307.0	1307.0	445.9	483.5	414.5	69.0	377.6	71.0	136.6	200
1959	1439.0	1439.0	383.8	615.5	538.5	77.0	439.7	94.0	145.7	216
1960	1457.0	1457.0	340.7	648.2	568.2	80.0	468.1	104.0	133.1	218
1961	1220.0	1220.0	441.1	388.9	362.1	26.8	390.0	69.2	110.8	185
1962	1149.3	1149.3	453.1	359.0	325.4	33.9	336.9	57.4	80.5	173
1963	1233.3	1233.3	497.5	407.0	365.6	42.0	328.2	55.0	76.1	181
1964	1454.0	1454.0	559.0	513.5	461.1	52.4	381.5	58.4	94.0	208
1965	1716.1	1716.1	651.1	602.2	546.5	55.7	462.8	77.4	118.3	240
1966	1868.0	1868.0	702.2	709.5	648.6	60.9	456.3	85.1	148.1	254
1967	1773.9	1773.9	714.2	602.8	544.9	57.9	456.9	72.3	153.5	235
1968	1723.1	1723.1	726.3	537.3	490.3	47.0	459.5	70.5	138.9	222
1969	1937.9	1937.9	736.2	689.1	626.1	63.0	512.6	84.9	163.6	243
1970	2252.7	2252.7	793.3	912.2	828.1	84.1	547.2	100.2	178.1	275
1971	2426.4	2426.4	826.3	1022.8	926.6	96.2	577.3	108.4	178.3	288
1972	2518.1	2518.1	827.4	1084.2	989.9	94.3	606.5	118.0	194.3	292
1973	2720.9	2720.9	907.5	1173.0	1072.5	100.5	640.4	125.5	211.0	309
1974	2789.9	2789.9	945.2	1192.0	1083.6	108.4	652.7	126.1	206.6	310
1975	2997.3	2997.3	971.1	1370.5	1244.9	125.6	655.7	141.6	175.8	327
1976	2943.7	2943.7	967.0	1337.2	1204.6	132.6	639.5	139.6	147.2	316
1977	3201.9	3201.9	942.1	1509.1	1372.4	136.7	750.7	156.9	213.8	339
1978	3624.1	3624.1	1018.4	1745.2	1607.0	138.2	860.5	172.8	265.5	379
1979	4038.2	4038.2	1258.9	1913.5	1769.7	143.8	865.8	184.2	220.2	417
1980	4517.8	4517.8	1359.4	2192.0	1996.5	195.5	966.4	205.0	213.6	460
1981	4860.3	4862.4	1545.6	2255.5	2048.4	207.1	1061.3	211.1	255.7	489
1982	5301.8	5294.7	1761.6	2383.0	2162.3	220.7	1150.1	236.7	198.6	525
1983	5957.4	5934.5	1960.8	2646.2	2375.6	270.6	1327.5	264.9	231.4	580
1984	7206.7	7171.0	2295.5	3105.7	2789.0	316.7	1769.8	327.1	412.4	692
1985	8989.1	8964.4	2541.6	3866.6	3448.7	417.9	2556.2	406.9	878.4	853
1986	10201.4	10202.2	2763.9	4492.7	3967.0	525.7	2945.6	475.6	943.2	956
1987	11954.5	11962.5	3204.3	5251.6	4585.8	665.8	3506.6	544.9	1159.3	1104
1988	14922.3	14928.3	3831.0	6587.2	5777.2	810.0	4510.1	661.0	1618.0	1355
1989	16917.8	16909.2	4228.0	7278.0	6484.0	794.0	5403.2	786.0	1687.0	1512
1990	18598.4	18547.9	5017.0	7717.4	6858.0	859.4	5813.5	1147.5	1419.7	1634
1991	21662.5	21617.8	5288.6	9102.2	8087.1	1015.1	7227.0	1409.7	2087.0	1879
1992	26651.9	26638.1	5800.0	11699.5	10284.5	1415.0	9138.6	1681.8	2735.0	2287
1993	34560.5	34634.4	6882.1	16428.5	14143.8	2284.7	11323.8	2123.2	3090.7	2939
1994	46670.0	46759.4	9457.2	22372.2	19359.6	3012.6	14930.2	2685.9	4050.4	3923
1995	57494.9	58478.1	11993.0	28537.9	24718.3	3819.6	17947.2	3054.7	4932.3	4854
1996	66850.5	67884.6	13844.2	33612.9	29082.6	4530.3	20427.5	3494.0	5560.3	5576
1997	73142.7	74462.6	14211.2	37222.7	32412.1	4810.6	23028.7	3797.2	6159.9	6053
1998	78017.8	79395.7	14599.6	38691.8	33429.8	5262.0	26104.3	5029.3	6609.6	6392
1999	80422.8	81910.9	14457.2	40417.9	34975.2	5442.7	27035.8	4459.5	6842.3	6534

注：1980年以后一、二、产业之和与国民生产总值的差额为国外净要素收入.

Since 1980, the difference between the total of primary, secondary & teriary industries and the gross national product has been the net factor income from abroad.

各地区国内生产总值(1999 年)

Gross Domestic Product by Region (1999)

本表绝对数按当年价格计算，指数按可比价格计算

Absolute figures in this table are calculated at current prices while indices are calculated at comparable prices.

单位：亿元

Unit: in 100 Million Yuan

地区 Region	国内生产总值 Gross Domestic Product							人均国内生产总值(元) Per Capita GDP (Yuan)
	合计 Total	第一产业 Primary Industry	第二产业 Secondary Industry			第三产业 Tertiary Industry		
			小计 Subtotal	工业 Industry	建筑业 Construction	小计 Subtotal	教育、文化艺术和广播电影电视业 Education, Culture, Arts, Radio, Film and Television	
北京 Beijing	2174.46	87.48	840.23	649.34	190.89	1246.75	119.95	19846
天津 Tianjin	1450.06	71.01	711.93	640.21	71.72	667.12	41.28	15976
河北 Hebei	4569.19	805.97	2243.59	1950.21	293.38	1519.63	95.71	6932
山西 Shanxi	1506.78	159.96	760.72	650.62	110.10	586.10	42.95	4727
内蒙古 Inner Mongolia	1268.20	342.91	515.46	428.33	87.13	409.83	34.18	5350
辽宁 Liaoning	4171.69	520.80	2001.48	1795.71	205.77	1649.41	101.06	10086
吉林 Jilin	1669.56	423.48	671.74	552.34	119.40	574.34	48.27	6341
黑龙江 Heilongjiang	2897.41	377.23	1587.76	1399.85	187.91	932.42	69.78	7660
上海 Shanghai	4034.96	80.00	1953.98	1758.68	195.30	2000.98	115.69	30805
江苏 Jiangsu	7697.82	1003.51	3920.15	3387.99	532.16	2774.16	168.13	10665
浙江 Zhejiang	5364.89	631.94	2902.81	2630.00	272.81	1830.14	102.84	12037
安徽 Anhui	2908.59	741.14	1278.91	1135.98	142.93	888.54	63.64	4707
福建 Fujian	3550.24	628.86	1507.29	1268.95	238.34	1414.09	87.39	10797
江西 Jiangxi	1962.98	464.40	758.15	613.12	145.03	740.43	54.13	4661
山东 Shandong	7662.10	1221.00	3705.44	3251.77	453.67	2735.66	169.61	8673
河南 Henan	4576.10	1123.14	2070.88	1788.84	282.04	1382.08	98.15	4894
湖北 Hubei	3857.99	653.99	1887.93	1692.46	195.47	1316.07	90.63	6514
湖南 Hunan	3326.75	778.25	1297.74	1096.56	201.18	1250.76	124.12	5105
广东 Guangdong	8464.31	1021.30	4264.32	3705.88	558.44	3178.69	161.52	11728
广西 Guangxi	1953.27	554.48	695.83	579.26	116.57	702.96	64.27	4148
海南 Hainan	471.23	176.42	94.95	59.43	35.52	199.86	13.16	6383
重庆 Chongqing	1479.71	284.28	604.39	492.39	112.00	591.04	48.78	4826
四川 Sichuan	3711.61	941.02	1556.68	1293.53	263.15	1213.91	83.80	4452
贵州 Guizhou	911.86	267.57	348.59	284.16	64.43	295.70	30.20	2475
云南 Yunnan	1855.74	412.17	825.12	680.01	145.11	618.45	57.53	4452
西藏 Tibet	105.61	34.19	24.00	9.97	14.03	47.42	5.41	4262
陕西 Shaanxi	1487.61	267.51	641.90	487.26	154.64	578.20	63.49	4101
甘肃 Gansu	931.98	191.21	432.79	327.68	96.11	316.98	18.84	3668
青海 Qinghai	238.39	40.54	97.88	69.96	27.92	99.97	10.58	4662
宁夏 Ningxia	241.49	48.01	102.68	80.70	21.98	90.80	7.70	4473
新疆 Xinjiang	1168.55	268.51	460.71	317.93	142.78	439.33	42.80	6470

国家财政收支总额及增长速度

Total Government Revenue and Expenditures and Their Increase Rate

年份 Year	财政收入(亿元) Total Revenue (100 million Yuan)	财政支出(亿元) Total Expenditures (100 million Yuan)	收支差额(亿元) Balance (100 million Yuan)	增长速度(%) Increase Rate (%) 财政收入 Total Revenue	 财政支出 Total Expenditures
1970	662.9	649.41	13.49	25.8	23.5
1971－1975	3919.71	3917.94	1.77	4.2	4.8
1971	744.73	732.17	12.56	12.3	12.7
1972	766.56	765.86	0.70	2.9	4.6
1973	809.67	808.78	0.89	5.6	5.6
1974	783.14	790.25	－7.11	－3.3	－2.3
1975	815.61	820.88	－5.27	4.1	3.8
1976－1980	5089.61	5282.44	－192.83	7.3	8.4
1976	776.58	806.20	－29.62	－4.8	－1.8
1977	874.46	843.53	30.93	12.6	4.6
1978	1132.26	1122.09	10.17	29.5	33.0
1979	1146.38	1281.79	－135.41	1.2	14.2
1980	1159.93	1228.83	－68.90	1.2	－4.1
1981－1985	7402.75	7483.18	－80.43	11.6	10.3
1981	1175.79	1138.41	37.81	1.4	－7.5
1982	1212.33	1229.98	－17.65	3.1	8.0
1983	1366.95	1409.52	－42.57	12.8	14.6
1984	1642.86	1701.02	－58.16	20.2	20.7
1985	2004.82	2004.25	0.57	22.0	17.8
1986－1990	12280.601	12865.67	－585.07	7.9	9.0
1986	2122.01	2204.91	－82.90	5.8	10.0
1987	2199.35	2262.18	－62.83	3.6	2.6
1988	2357.24	2491.21	－133.97	7.2	10.1
1989	2664.90	2823.78	－158.88	13.1	13.3
1990	2937.10	3083.59	－146.49	10.2	9.2
1991－1995	22442.10	24387.46	－1945.36	16.3	17.2
1991	3149.48	3386.62	－237.14	7.2	9.8
1992	3483.37	3742.20	－258.83	10.6	10.5
1993	4348.95	4642.30	－293.35	24.8	24.1
1994	5218.10	5792.62	－574.52	20.0	24.8
1995	6242.20	6823.72	－581.52	19.6	17.8
1996	7407.99	7937.55	－529.56	18.7	16.3
1997	8651.14	9233.56	－582.42	16.8	16.3
1998	9875.95	10798.18	－922.23	14.2	16.9
1999	11444.08	13187.67	－1743.59	15.9	22.1

注：1、1985年及以前，价格补贴冲减财政收入，1985年以后改列财政支出。为统一口径，本表对1985年及以前数字做了调整。

2、本表不包括国内外债务部分。

a) Government price subsidies ware listed as negative revenue items prior to 1986, but they have been listed as expenditure items in government accounts since 1986.

b) Domestic and foreign debts are excluded in this table.

中央财政和地方财政收支总额

Total Revenue and Expenditures of Central and Local Governments

单位: 亿元

Unit: in 100 million Yuan

年 份 Year	财政收入 Total Revenue			财政支出 Total Expenditures		
	合计 Total	中央 Central Government	地方 Local Government	合计 Total	中央 Central Government	地方 Local Government
1970	662.90	182.95	479.95	649.41	382.37	267.04
1971－1975	3919.71	576.43	3343.28	3919.44	2125.14	1794.30
1975	815.61	96.63	718.98	820.88	409.40	411.48
1976－1980	5089.61	904.32	4185.29	5282.44	2625.34	2657.10
1976	776.58	98.91	677.67	806.20	377.63	428.57
1977	874.46	113.85	760.61	843.53	393.70	449.83
1978	1132.26	175.77	956.49	1122.09	532.12	589.97
1979	1146.38	231.34	915.04	1281.79	655.08	626.71
1980	1159.93	284.45	875.48	1228.83	666.81	562.02
1981－1985	7402.75	2583.02	4819.73	7483.18	3725.64	3757.54
1981	1175.79	311.07	864.72	1138.41	625.65	512.76
1982	1212.33	346.84	865.49	1229.98	651.81	578.17
1983	1366.95	490.01	876.94	1409.52	759.60	649.92
1984	1642.86	665.47	977.39	1701.02	893.33	807.69
1985	2004.82	769.63	1235.19	2004.25	795.25	1209.00
1986－1990	12280.60	4104.41	8176.19	12865.67	4420.27	8445.40
1986	2122.01	778.42	1343.59	2204.91	836.36	1368.55
1987	2199.35	736.29	1463.06	2262.18	845.63	1416.55
1988	2357.24	774.76	1582.38	2491.21	845.04	1646.17
1989	2664.90	822.52	1842.38	2823.78	888.77	1935.01
1990	2937.10	992.42	1944.68	3083.59	1004.47	2079.12
1991－1995	22442.10	9038.39	13403.71	24387.46	7323.13	17064.33
1991	3149.48	938.25	2211.23	3386.62	1090.81	2295.81
1992	3483.37	979.51	2503.86	3742.20	1170.44	2571.76
1993	4348.95	957.51	3391.44	4642.30	1312.06	3330.24
1994	5218.10	2906.50	2311.60	5792.62	1754.43	4038.19
1995	6242.20	3256.62	2985.58	6823.72	1995.39	4828.33
1996	7407.99	3661.07	3746.92	7973.55	2151.27	5786.28
1997	8651.14	4226.92	4424.22	9233.56	2532.50	6701.06
1998	9875.95	4892.00	4983.95	10798.18	3125.60	7672.58
1999	11444.08	5849.21	5594.87	13187.67	4152.33	9035.34

注: 1、中央财政收入和地方财政收入是各级负责组织征收的收入数。

2、本表中不包括国内外债务收入、债务还本付息支出和利用国外借款收入安排的基本建设支出。

a) The revenue of the central and local governments refer to revenue actually collected by the central and local governments.

b) Revenue in this table does not include revenue from domestic and foreign borrowings, and expenditure does not include the payment of the principal and interestt of domestic and foreign debts and the expenditure for capital construcation using foreign loans.

人口数及构成

Population and Its Composition

本表各年人口包括中国人民解放军现役军人数据，未包括香港特别行政区、台湾省和澳门地区的人口数据。

Data in this table include the military personnel, but exclude the population of Hong Kong, Macao and Taiwan.

单位：万人

Unit: in 10 thousand persons

年份 Year	年底总人口 Total Population (year-end)	按性别分 By Sex 男 Male 人口数 Population	比重(%) Proportion	女 Female 人口数 Population	比重(%) Proportion	按城乡分 By Residence 市镇总人口 Urban 人口数 Population	比重(%) Proportion	乡村总人口 Rural 人口数 Population	比重(%) Proportion
1952	57482	29833	51.90	27649	48.10	7163	12.46	50319	87.54
1957	64653	33469	51.77	31184	48.23	9949	15.39	54704	84.61
1962	67295	34517	51.29	32778	48.71	11659	17.33	55636	82.67
1965	72538	37128	51.18	35410	48.82	13045	17.98	59493	82.02
1970	82992	42686	51.43	40306	48.57	14424	17.38	68568	82.62
1975	92420	47564	51.47	44856	48.53	16030	17.34	76390	82.66
1978	96259	49567	51.49	46692	48.51	17245	17.92	79014	82.08
1980	98705	50785	51.45	47920	48.55	19140	19.39	79565	80.61
1985	105851	54725	51.70	51126	48.30	25094	23.71	80757	76.29
1986	107507	55581	51.70	51926	48.30	26366	24.52	81141	75.48
1987	109300	56290	51.50	53010	48.50	27674	25.32	81626	74.68
1988	111026	57201	51.52	53825	48.48	28661	25.81	82365	74.19
1989	112704	58099	51.55	54605	48.45	29540	26.21	83164	73.79
1990	114333	58904	51.52	55429	48.48	30191	26.41	84142	73.59
1991	115823	59466	51.34	56357	48.66	30543	26.37	85280	73.63
1992	117171	59811	51.05	57360	48.95	32372	27.63	84799	72.37
1993	118517	60472	51.02	58045	48.98	33351	28.14	85166	71.86
1994	119850	61246	51.10	58604	48.90	34301	28.62	85549	71.38
1995	121121	61808	51.03	59313	48.97	35174	29.04	85947	70.96
1996	122389	62200	50.82	60189	49.18	35950	29.37	86439	70.63
1997	123626	63131	51.07	60495	48.93	36989	29.92	86637	70.08
1998	124810	63629	50.98	61181	49.02	37942	30.40	86868	69.60
1999	125909	64189	50.98	61720	49.02	38892	30.89	87017	69.11

注：1982－1989年数据是根据1982年、1990年两次人口普查数据调整的，1990年以后数据是人口变动抽样调查调整数，其余年份数据为户籍统计数（下表同）。

Data in 1982－1989 ware adjusted on the basis of the 1982 and 1990 National Population Censuses. Since 1990, data have been estimated on the basis of the annual National Sample Surveys on Population Changes. Data of other years were taken from the annual reports of the Minstry of Public Security. (The next table is the same.)

各地区总人口和出生率、死亡率、自然增长率(1999 年)

Total Population and Birth Rate, Death Rate and Natural Growth Rate by Region(1999)

地　区 Region	年底总人口(万人) Total Population (year-end) (10 000 Persons)	出生率 Birth Rate (‰)	死亡率 Death Rate (‰)	自然增长率 Natural Growth Rate (‰)
全　国 **National Total or Average**	125909	15.23	6.46	8.77
北　京 Beijing	1257	6.50	5.60	0.90
天　津 Tianjin	959	9.68	6.73	2.95
河　北 Hebei	6614	12.99	6.26	6.73
山　西 Shanxi	3204	15.93	6.07	9.86
内蒙古 Inner Mongolia	2362	13.32	6.08	7.24
辽　宁 Liaoning	4171	10.38	7.05	3.33
吉　林 Jilin	2658	10.68	5.45	5.23
黑龙江 Heilongjiang	3792	10.55	5.49	5.06
上　海 Shanghai	1474	5.40	6.50	-1.10
江　苏 Jiangsu	7213	10.50	6.94	3.56
浙　江 Zhejiang	4475	10.64	6.35	4.29
安　徽 Anhui	6237	15.70	6.50	8.60
福　建 Fujian	3316	11.06	5.85	5.21
江　西 Jiangxi	4231	16.51	7.02	9.49
山　东 Shandong	8883	11.08	6.27	4.81
河　南 Henan	9387	14.07	6.35	7.72
湖　北 Hubei	5938	11.57	6.37	5.20
湖　南 Hunan	6532	11.72	7.12	4.60
广　东 Guangdong	7270	15.32	5.40	9.92
广　西 Guangxi	4713	14.96	6.93	8.03
海　南 Hainan	762	17.26	5.23	12.03
重　庆 Chongqing	3075	11.90	6.94	4.96
四　川 Sichuan	8550	13.80	7.02	6.78
贵　州 Guizhou	3710	21.92	7.68	14.24
云　南 Yunnan	4192	19.48	7.82	11.66
西　藏 Tibet	256	23.20	7.40	15.80
陕　西 Shaanxi	3618	12.51	6.38	6.13
甘　肃 Gansu	2543	15.61	6.44	9.17
青　海 Qinghai	510	20.68	6.78	13.90
宁　夏 Ningxia	543	17.97	5.65	12.32
新　疆 Xinjiang	1774	18.76	6.96	11.80

注：1、全国人口中包括现役军人数，分地区数字中则未包括。
2、全国数据未包括香港特别行政区、台湾省和澳门地区的人口数据。
3、全国数据根据抽样误差和调查误差进行了修正。

a) The military personnel ware included in the national total population, but excluded in the regional total population.

b) The national total population excluded the population of Hong Kong, Macao and Taiwan.

c) The national total population was readjusted for the sampling error and investigation error.

各地区按性别和

Population by Sex,

本表是1999年人口变动抽样调查数据，抽样比为0.976‰。

Date in this table are obtained from the Sample Survey on Population Changes in 1999. The sampling fraction is 0.976‰.

地 区 Region	6岁及6岁以上人口 Population Aged 6 and Over			不识字或识字很少 Illiterate			
	合计 Total	男 Male	女 Female	小计 Subtotal	男 Male	女 Female	小计 Subtotal
全 国 **National Total**	1124495	569900	554594	150340	45578	104761	432927
北 京 Beijing	11730	5874	5856	685	156	529	2110
天 津 Tianjin	8921	4413	4508	661	155	506	2416
河 北 Hebei	60425	30548	29878	6087	1947	4140	23120
山 西 Shanxi	28512	14572	13940	2453	904	1549	9700
内蒙古 Inner Mongolia	21477	11017	10460	3133	1083	2049	7267
辽 宁 Liaoning	38532	19517	19015	2634	797	1837	12571
吉 林 Jilin	24581	12556	12025	1623	568	1054	8395
黑龙江 Heilongjiang	34967	17858	17109	3113	985	2128	11625
上 海 Shanghai	13930	6881	7049	1098	213	885	2689
江 苏 Jiangsu	66417	32979	33437	9715	2285	7429	23056
浙 江 Zhejiang	41036	20735	20301	5772	1635	4137	15194
安 徽 Anhui	56064	28583	27480	9770	3157	6613	22520
福 建 Fujian	30151	15156	14995	4756	1250	3506	12726
江 西 Jiangxi	37933	19395	18538	4269	1181	3087	17032
山 东 Shandong	81692	40829	40863	14228	3932	10295	27458
河 南 Henan	85193	43315	41878	11815	3779	8037	29885
湖 北 Hubei	54501	27667	26834	6735	2003	4732	21017
湖 南 Hunan	60079	30772	29307	5650	1573	4077	25049
广 东 Guangdong	63651	31800	31850	5670	1510	4159	25628
广 西 Guangxi	42479	21769	20710	4758	1345	3414	20122
海 南 Hainan	6723	3515	3208	906	270	636	2563
重 庆 Chongqing	27590	13997	13593	3638	1143	2495	12583
四 川 Sichuan	76647	38979	37667	11633	3899	7734	34433
贵 州 Guizhou	32150	16803	15346	6889	2025	4864	14647
云 南 Yunnan	36583	18390	18194	7775	2569	5206	18290
西 藏 Tibet	2209	1094	1115	1181	506	675	925
陕 西 Shaanxi	32840	16826	16014	5011	1716	3295	11921
甘 肃 Gansu	22609	11439	11170	5022	1667	3355	8577
青 海 Qinghai	4465	2268	2198	1282	445	837	1557
宁 夏 Ningxia	4751	2402	2349	972	321	652	1643
新 疆 Xinjiang	15659	7950	7709	1405	558	847	6209

受教育程度分的人口

Educational Level and Region

单位:人

小学 Primary School		初中 Junior Secondary School			高中 Senior Secondary School			大专以上 College and Higher Level		
男 Male	女 Female	小计 Subtotal	男 Male	女 Female	小计 Subtotal	男 Male	女 Female	小计 Subtotal	男 Male	女 Female
215597	217331	386057	218032	168025	120422	69126	51296	34748	21568	13181
1039	1071	3928	2138	1789	2764	1341	1422	2244	1199	1045
1204	1212	3240	1713	1527	1898	949	949	705	393	313
11152	11968	23057	12761	10296	6456	3619	2837	1705	1068	637
4670	5031	11932	6497	5435	3338	1852	1486	1088	649	439
3721	3545	7281	4099	3182	2980	1619	1361	816	494	322
6232	6339	16280	8646	7634	4835	2566	2269	2211	1276	935
4093	4301	9233	4991	4243	4119	2187	1932	1211	716	494
5694	5932	14693	8093	6600	4240	2326	1914	1296	761	535
1272	1416	4975	2585	2391	3628	1864	1764	1540	947	593
11335	11721	22598	12731	9867	8381	4894	3487	2668	1734	933
7721	7473	14297	8056	6241	4757	2663	2094	1016	660	355
10794	11726	19060	11635	7425	3806	2377	1429	907	620	287
6196	6529	8951	5404	3547	3036	1822	1214	681	483	198
8076	8956	11855	7110	4745	3853	2419	1434	925	609	316
13358	14100	30917	17722	13195	7726	4905	2821	1363	912	452
14897	14988	34174	19057	15117	7704	4548	3156	1615	1035	581
10347	10670	18865	10757	8107	6174	3466	2708	1710	1093	617
12548	12501	20686	11465	9221	7046	4108	2938	1649	1079	570
12183	13445	22289	12018	10271	7720	4612	3108	2345	1477	868
9987	10135	14209	8350	5859	3025	1866	1158	365	221	144
1285	1278	2224	1277	947	785	505	280	246	177	69
6420	6163	8245	4646	3599	2495	1382	1113	628	405	223
17856	16577	23131	12923	10207	5959	3385	2574	1491	915	575
8098	6549	7606	4849	2757	2282	1365	917	726	466	259
9725	8565	8271	4810	3461	1810	1026	784	437	260	178
536	389	94	46	48	7	4	3	2	1	1
6012	5908	10716	6000	4716	4107	2402	1705	1085	695	390
4363	4214	6119	3638	2481	2300	1381	918	592	390	202
858	698	973	597	376	475	254	221	178	113	65
852	791	1485	845	639	497	283	215	154	101	52
3069	3140	4676	2573	2103	2221	1135	1086	1148	615	533

各地区分性别的15岁及15岁以上文盲半文盲人口

Illiterate and Semi-Literate Population Aged 15 and by Sex and Region

本表是1999年人口变动抽样调查数据，抽样比为0.976‰。

Date in this table are obtained from the Sample Survey on Population Changes in 1999. The sampling fraction is 0.976‰.

单位：人

地 区 Region	15岁及15岁以上人口 Population Aged 15 and Over			文盲、半文盲人口 Illiterate and Semi-literate			文盲、半文盲占15岁及以上比例 % to population aged 15 & over		
	合计 Total	男 Male	女 Female	小计 Subtotal	男 Male	女 Female	小计 Subtotal	男 Male	女 Female
全　国 National Total	921819	463566	458253	140026	40341	99685	15.14	8.81	21.56
北　京 Beijing	10413	5183	5230	672	148	524	6.45	2.85	10.01
天　津 Tianjin	7653	3762	3891	615	130	485	8.03	3.44	12.47
河　北 Hebei	48958	24618	24340	5593	1672	3921	11.42	6.79	16.11
山　西 Shanxi	22886	11675	11211	2092	707	1385	9.14	6.06	12.35
内蒙古 Inner Mongolia	17933	9144	8789	2949	988	1961	16.44	10.80	22.31
辽　宁 Liaoning	33314	16778	16536	2391	663	1728	7.18	3.95	10.45
吉　林 Jilin	21157	10781	10376	1440	481	959	6.81	4.46	9.25
黑龙江 Heilongjiang	29444	14999	14445	2877	870	2008	9.77	5.80	13.90
上　海 Shanghai	12469	6150	6318	1083	206	877	8.68	3.35	13.88
江　苏 Jiangsu	56498	27705	28794	9484	2165	7319	16.79	7.82	25.42
浙　江 Zhejiang	35491	17825	17666	5573	1533	4041	15.70	8.60	22.87
安　徽 Anhui	45455	22919	22535	9220	2873	6347	20.28	12.54	28.17
福　建 Fujian	24090	12001	12089	4447	1095	3352	18.46	9.12	27.73
江　西 Jiangxi	30243	15317	14925	3977	1039	2938	13.15	6.78	19.69
山　东 Shandong	68276	33866	34410	13759	3682	10077	20.15	10.87	29.28
河　南 Henan	67645	33997	33647	11035	3370	7664	16.31	9.91	22.78
湖　北 Hubei	43458	21901	21556	6512	1908	4604	14.98	8.71	21.36
湖　南 Hunan	49099	24986	24113	5464	1462	4002	11.13	5.85	16.60
广　东 Guangdong	50707	24958	25749	4679	948	3731	9.23	3.80	14.49
广　西 Guangxi	33458	16942	16515	4132	1015	3117	12.35	5.99	18.87
海　南 Hainan	5292	2736	2556	772	202	569	14.58	7.40	22.27
重　庆 Chongqing	23144	11682	11462	3414	1013	2401	14.75	8.67	20.95
四　川 Sichuan	63830	32211	31619	10702	3450	7252	16.77	10.71	22.94
贵　州 Guizhou	25844	13433	12410	6321	1804	4518	24.46	13.43	36.40
云　南 Yunnan	29530	14842	14688	7187	2298	4888	24.34	15.48	33.28
西　藏 Tibet	1604	783	822	1062	449	613	66.18	57.33	74.60
陕　西 Shaanxi	26058	13259	12798	4766	1589	3176	18.29	11.99	24.82
甘　肃 Gansu	17999	9053	8947	4615	1476	3139	25.64	16.30	35.09
青　海 Qinghai	3587	1806	1781	1095	355	740	30.52	19.66	41.53
宁　夏 Ningxia	3764	1898	1866	878	283	595	23.32	14.89	31.90
新　疆 Xinjiang	12521	6353	6168	1223	469	754	9.77	7.38	12.22

注：本表"文盲、半文盲人口"指15岁及15岁以上不识字及识字很少人口。

Illiterate and semi-illiterate population in this table refers to the population aged 15 and over, who are unable or very difficult to read.

TRANSLATOR'S NOTES

Considering that many foreign readers might not be familiar with the educational system of China, it is appropriate to give some explanations to part of the English terms used in this book.

1. "Secondary school" is used throughout instead of the conventional "middle school" to indicate zhongxue (中学), in view of the fact that in the United States and the United Kingdom, "middle school" means quite different things from Zhongxue in China, the upper stage of which leads to higher education directly.

2. "Putong gaodeng xuexiao" (普通高等学校) is rendered into "regular higher educational institutions" so as to distinguish them from institutions for adult. But "putong zhongxue" (普通中学) is rendered into "general secondary schools" so as to distinguish them from schools for adults as well as from vocational-technical schools.

3. "Zhiye jishu xueyuan" (职业技术学院) is rendered into "short-cycle vocational colleges".

4. "Zhuanke xuexiao" (专科学校) is rendered into "short-cycle colleges".

5. "Guangbo dianshi daxue" (广播电视大学), "zhigong gaodeng xuexiao" (职工高等学校), "nongmin gaodeng xuexiao" (农民高等学校), "guanli ganbu xueyuan" (管理干部学院), and "jiaoyu xueyuan" (教育学院) are rendered into radio/TV universities, workers' colleges, peasants' colleges, institutes for administration, and educational colleges respectively.

6. In summary tables showing the number of schools and enrolments and the number of staff and workers, the number of schools is always given in an absolute number, while the other figures are given in 10 thousand.

7. In the statistical tables the translator has freely used the device of English letters to indicate the more clumsy terms or phrases, with the full translations given at the bottom of the table.

TRANSLATOR'S NOTES

Considering that many foreign readers might not be familiar with the educational system of China, it is appropriate to give some explanations to part of the English terms used in this book.

1. "Secondary school" is used throughout instead of the conventional "middle school" to indicate Zhongxue (中学), in view of the fact that in the United States and the United Kingdom, "middle school" means quite different things from Zhongxue in China, the upper stage of which leads to higher education directly.

2. "Putong gaodeng xuexiao" (普通高等学校) is rendered into "regular higher educational institutions" so as to distinguish them from institutions for adult. But "putong zhongxue" (普通中学) is rendered into "general secondary schools" so as to distinguish them from schools for adults as well as from vocational - technical school.

3. "Zhiye jishu xueyuan" (职业技术学院) is rendered into "short-cycle vocational colleges".

4. "Zhuanke xuexiao" (专科学校) is rendered into "Short-cycle colleges".

5. "Guangbo dianshi daxue" (广播电视大学), "zhigong gaodeng xuexiao" (职工高等学校), "nongmin gaodeng xuexiao" (农民高等学校), "guanli ganbu xueyuan" (管理干部学院) and "jiaoyu xueyuan" (教育学院) are rendered into radio/TV universities, workers' colleges, peasants' colleges, institutes for administration, and educational colleges respectively.

6. In summary tables showing the number of schools and enrolments and the number of staff and workers, the number of schools is always given in an absolute number while the other figures are given in 10 thousand.

7. In the statistical tables the translator has freely used the device of English letters to indicate the more clumsy terms or phrases, with the full translations given at the bottom of the table.